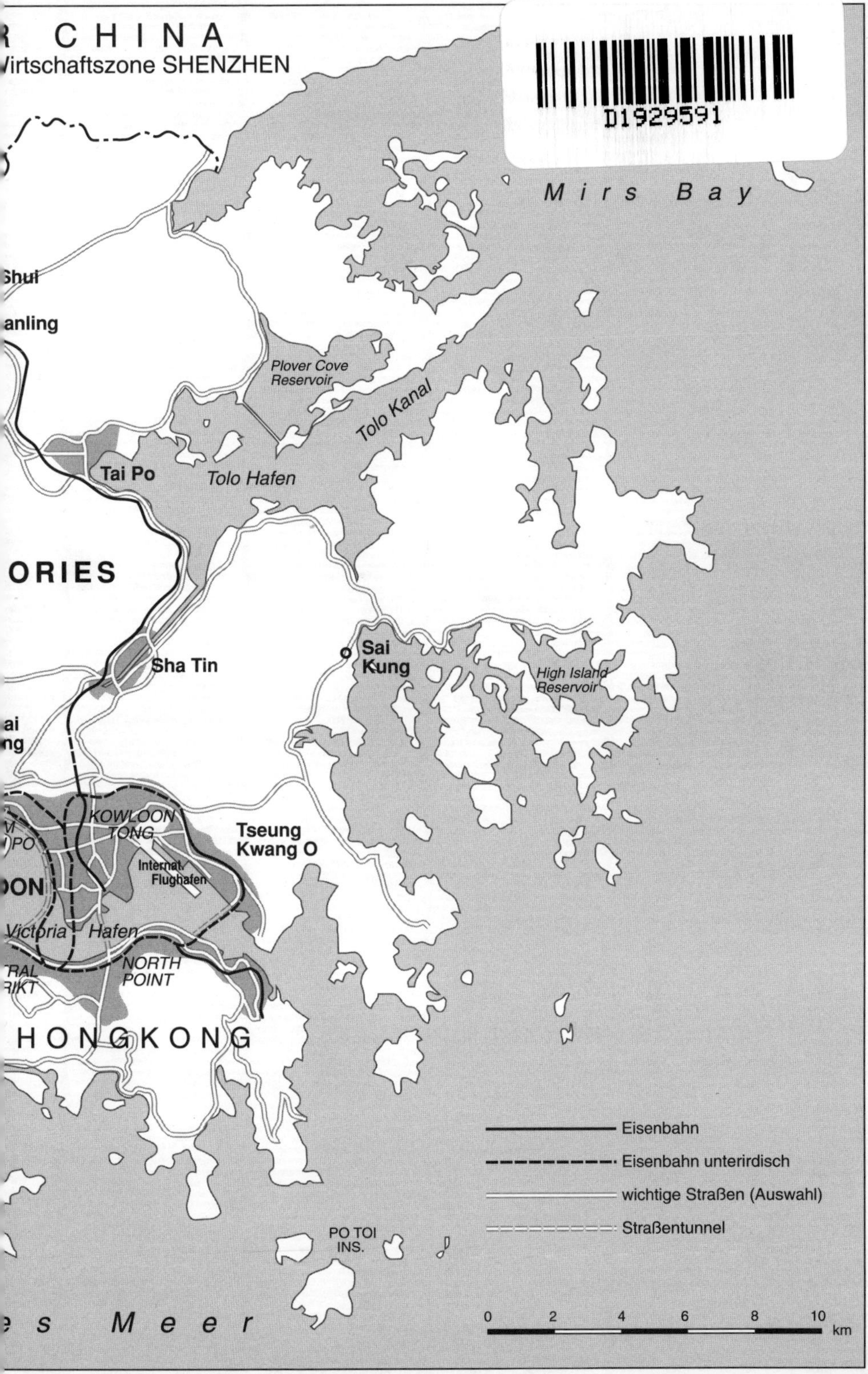
CHINA
SHENZHEN
Mirs Bay
Plover Cove Reservoir
Tolo Kanal
Tai Po
Tolo Hafen
Sha Tin
Sai Kung
High Island Reservoir
KOWLOON TONG
Internat. Flughafen
Tseung Kwang O
Hafen
NORTH POINT
HONGKONG
PO TOI INS.
Meer
Eisenbahn
Eisenbahn unterirdisch
wichtige Straßen (Auswahl)
Straßentunnel
0
2
4
6
8
10
km

Karl-Heinz Ludwig

Die Rückkehr des Drachen

Karl-Heinz Ludwig

Die Rückkehr des Drachen

Countdown in Hongkong

ECON

Die Deutsche Bibliothek – CIP-Einheitsaufnahme

Ludwig, Karl-Heinz:
Die Rückkehr des Drachen : Countdown in Hongkong / Karl-Heinz Ludwig. –
Düsseldorf: ECON, 1995
ISBN 3-430-16208-4

Lektorat: Dr. Doris Mendlewitsch
Gesetzt aus der Garamond, Linotype
Satz: Heinrich Fanslau GmbH, Düsseldorf
Papier: Papierfabrik Schleipen GmbH, Bad Dürkheim
Druck und Bindearbeiten: F. Pustet, Regensburg
Printed in Germany
ISBN 3-430-16208-4

Der Fürst von Sche fragte
nach dem Wesen der Regierung.
Der Meister sprach:
»Wenn die Nahen erfreut werden
und die Fernen herankommen.«

Konfuzius

Inhalt

Zur Umschrift chinesischer Wörter

Obwohl sich für die Schreibung chinesischer Namen und Begriffe mit lateinischen Buchstaben das 1958 von der Volksrepublik China eingeführte Pinyin-*System gegen das Wade-Giles-System international immer mehr durchsetzt, war eine konsequente Anwendung der* Pinyin-*Umschrift im vorliegenden Buch nicht sinnvoll. Hochchinesisch* (putonghua), *auf dessen Aussprache* pinyin *basiert, und Kantonesisch, das in Hongkong gesprochen wird, unterscheiden sich phonetisch so sehr, daß die Anwendung eines einheitlichen Transkriptionssystems nur Verwirrung gestiftet hätte. Es wurde daher pragmatisch die im Einzelfall jeweils übliche Umschrift verwendet.*

Das gilt auch für die Schreibweise von Hongkong – wörtlich übersetzt: »Duftender Hafen« –, das nach dem Pinyin-*System »Xianggang«, nach dem Yale-System für das Kantonesische jedoch »Hèunggóng« transkribiert wird. (»Hong Kong« ist die falsche englische Aussprache des kantonesischen Namens.) Obwohl die offizielle Schreibweise, die seit dem 31. Juli 1993 auch von der* South China Morning Post *übernommen wurde, »Hong Kong« ist, wurde hier das dem deutschen Leser vertraute »Hongkong« als Bezeichnung für das gesamte bis 1997 unter britischer Herrschaft stehende Territorium beibehalten. Die Schreibweise »Hong Kong« bezeichnet nur die gleichnamige Insel. Ansonsten gilt, daß in Namen und amtlichen Bezeichnungen die offizielle, zumindest aber eine der gebräuchlicheren Schreibweisen verwendet wurde. So heißt es Hongkong and Shanghai Banking Corporation oder HongkongBank, aber Hong Kong and Macao Affairs Office.*

Hongkong Transit

Ein Gespenst geht um in Hongkong – das Gespenst des Kommunismus. Die meisten der über 6 Millionen Einwohner Hongkongs sehen dem Tag, an dem die Souveränität über die kapitalistische Enklave an der südchinesischen Küste auf die Volksrepublik China übergeht, mit gemischten Gefühlen entgegen. Für viele ist es ein Alptraum, am 1. Juli 1997 erneut jenem Regime ausgeliefert zu werden, dem sie einst den Rücken gekehrt hatten.

Wer kann, geht. Verließen zwischen 1980 und 1986 jährlich kaum mehr als 20 000 Menschen Hongkong, waren es in den folgenden drei Jahren bereits doppelt so viele. Nach dem Massaker auf dem Platz des Himmlischen Friedens in Peking am 4. Juni 1989 stieg die Zahl auf über 60 000 und erreichte 1992 mit 66 000 Personen ihren Höhepunkt.[1]

Daß seither die Zahl der Emigranten, die vor allem in Kanada, Australien und in den USA Zuflucht suchten, zurückging, hatte in erster Linie wirtschaftliche Gründe: Viele der Einwanderer fanden in ihrer tief in der Rezession steckenden neuen Wahlheimat keinen Job. Einige Tausend kehrten daher notgedrungen Jahr für Jahr zurück.[2]

Dennoch werden in den letzten fünfzehn Jahren britischer Herrschaft über 700 000 Menschen Hongkong verlassen haben. Das sind mindestens 12 Prozent der Bevölkerung. Auf Deutschland übertragen wären das 9,4 Millionen – so viele Einwohner, wie Berlin, Hamburg, München, Köln, Frankfurt, Essen und Dortmund zusammen haben.

Doch der Exodus wurde mehr als ausgeglichen: Trotz ständig sinkender Geburtenraten stieg die Bevölkerungszahl seit 1980 um eine Million. Zum traditionellen Zustrom legaler wie illegaler Immigranten aus China kamen dabei in jüngster Zeit immer mehr Ausländer. Denn während in Amerika, Australien und Europa

Millionen ihre Arbeit verloren, herrschte in Hongkong chronischer Arbeitskräftemangel.

Seit der Reise Deng Xiaopings durch den Süden Chinas Anfang 1992, mit der er seinen Reformkurs gegen den Widerstand der hartgesottenen Planwirtschaftler unter Führung seines Erzrivalen Chen Yun festigte, boomte die Wirtschaft der Provinz Guangdong (66 Millionen Einwohner) und ihrer Sonderwirtschaftszonen Zhuhai und Shenzhen wie nie zuvor. Und mit ihr die Hongkongs. Die Vision vom Perlfluß-Delta als dem »Fünften Tiger« nach Hongkong, Korea, Singapur und Taiwan beherrschte die Köpfe. »Hongkong plus« lautete das Zauberwort: Hongkongs Zukunft als Verwaltungs- und Finanzzentrum, dessen riesiges *hinterland* mit seinen Heerscharen billiger Arbeitskräfte und kaufwütiger Konsumenten die Phantasie der Unternehmer in aller Welt beflügelt, schien gesichert.

Die wirtschaftliche Verflechtung des Territoriums mit China ist längst in vollem Gange:

- 60 Milliarden US-Dollar hat Hongkong bis Ende 1994 in China investiert, das sind 63 Prozent der gesamten ausländischen Direktinvestitionen von 96 Milliarden. Die Höhe der chinesischen Investitionen in Hongkong kennt niemand genau, sie wird aber – ohne Immobilien – auf mindestens 20 Milliarden geschätzt.
- Hongkonger Unternehmen verlagern ihre Produktion zunehmend nach Südchina. In der Provinz Guangdong beschäftigen sie direkt oder indirekt etwa 3 Millionen Menschen, soviel wie alle Arbeitskräfte Hongkongs zusammen.
- 1994 stammten von den gesamten Reexporten Hongkongs 89 Prozent oder 108 Milliarden US-Dollar aus China oder waren für China bestimmt. Damit war Hongkong, das zu etwa einem Drittel zu Chinas Deviseneinnahmen beiträgt, mit einem Anteil von 17,7 Prozent am gesamten Außenhandel Chinas der wichtigste Handelspartner nach Japan.

Für die meisten Geschäftsleute Hongkongs hat das Gespenst des Kommunismus seinen Schrecken offenbar verloren. Aus ihrer Sicht ist der von Deng propagierte »Sozialismus mit chinesischen Merkmalen« eher ein Eldorado denn ein Reich des Bösen, läßt sich hier nach den Regeln des Frühkapitalismus doch mehr Mehrwert erwirtschaften als irgendwo sonst. Fragt man sie, was nach 1997 kommt, antworten sie lakonisch: 1998.

Fragt man hingegen den Mann und die Frau auf der Straße, bekommt man meist ausweichende Antworten oder gar keine. Dafür gibt es zweierlei Gründe: Gleichmut und Angst.

Hongkongs Bevölkerung, seit 1842 unter britischer Herrschaft, lebte anderthalb Jahrhunderte unter einem Kolonialregime, das sie zwar weitgehend unbehelligt ließ, ihr formell aber nicht die geringsten politischen Rechte einräumte. Politische Passivität, ja Apathie war die Folge. Das ist nicht verwunderlich, war doch die Mitgliedschaft in einer politischen Partei bis Dezember 1990 illegal. Die ersten Direktwahlen einer kleinen Zahl von Abgeordneten im Legislativrat fanden erst im September 1991 statt. Der Exekutivrat, gern als »Kabinett« des Gouverneurs bezeichnet, unterliegt bis heute keinerlei parlamentarischer Kontrolle und hat nur beratende Funktion. Bis vor wenigen Jahren lag die politische Macht allein in den Händen einer kleinen kolonialen Elite.

Das bedeutet nicht, daß Chinesen keinen Einfluß gehabt hätten, war doch Hongkongs kantonesische Aristokratie selbst Teil des kolonialen Establishment: Die Gründer noch heute mächtiger Familienclans wie Robert Ho Tung, Lo Cheung-shiu und Lee Hysan waren vor über hundert Jahren Zöglinge britischer Schulen. Daß die von Gouverneur Sir Mark Aitchison Young nach dem Ende des Zweiten Weltkriegs vorgeschlagenen demokratischen Reformen schon in den Ansätzen steckenblieben, lag nicht zuletzt am Widerstand anglisierter Chinesen, allen voran Sir Man-kam Lo. Der Bürgerkrieg in China machte Youngs Plänen dann endgültig den Garaus.

Der britischen Kolonialverwaltung bescherte der Sieg der Kommunisten 1949 drei Jahrzehnte erstaunlicher politischer Stabilität. Die Flüchtlinge, die Hongkongs Bevölkerung vom Ende der japanischen Besetzung im September 1945 bis Ende 1950 von 600 000 auf 2,4 Millionen Einwohner anschwellen ließen, hatten nur zwei Wünsche: Ruhe und Reichtum. Froh, den Schrecken der diversen Bewegungen und Kampagnen in China entkommen zu sein, bestärkte sie der Terror der Roten Garden, dessen Schockwellen in Gestalt schwerer Unruhen 1967 auch Hongkong erschütterten, noch in ihrer politischen Abstinenz. Demokratie war kein Thema. Schließlich garantierte die Präsenz der Briten, daß Chinesen in

Hongkong ihre Bräuche und Traditionen bewahren konnten wie nirgendwo sonst auf der Welt. Selbst Polygamie wurde auch dann noch geduldet, nachdem sie 1967 offiziell abgeschafft war. In Hongkong lebte das alte China fort wie in einer Nußschale.

Daß auf der Flucht vor den Kommunisten Kulis wie Kapitalisten gleichermaßen nach Hongkong strömten, war die Grundlage für Hongkongs Wirtschaftswunder: Während die Industriellen – viele von ihnen aus Shanghai – Know-how, Kapital und oft sogar ihre Maschinen mitbrachten, gab es Arbeitskräfte en masse. Als das westliche Handelsembargo gegen China wegen des Korea-Krieges 1950 den Warenaustausch mit China fast völlig zum Erliegen brachte und die klassische Entrepôt-Funktion der Kronkolonie jäh beendete, mauserte sich Hongkong innerhalb kürzester Zeit zur nach Japan bedeutendsten Industriemacht Asiens. Vom wirtschaftlichen Desaster des »Großen Sprungs nach vorn« von 1958 über immer neue Säuberungen bis zu den Wirren der »Kulturrevolution«: stets schwappte eine neue Flüchtlingswelle nach Hongkong, das dabei erstaunlich stabil und von Peking unangetastet blieb.

Froh, unter britischen Fittichen vor den Kommunisten Zuflucht gefunden zu haben, kamen die Leute gar nicht erst auf die Idee, politische Rechte zu fordern. In China hatte man sie ja auch nie gehabt. Der Kampf ums Überleben war schwer genug in einer Gesellschaft ohne soziales Netz. Für demokratische Flausen blieb weder Zeit noch Kraft. Der kleinen Zahl jener, denen der Geld-Gott hold war, öffneten sich die Tore zu den inneren Zirkeln der Macht ohnehin von selbst.

Für die Entwicklung eines demokratischen Bewußtseins fehlte den Menschen aber vor allem das Gefühl, in Hongkong zu Hause zu sein. Die meisten waren Wanderarbeiter oder Flüchtlinge. Sie waren nur zum Geldverdienen hier oder weil sie nicht im Sozialismus leben wollten. Ihre Heimat war noch immer Shanghai und Ningbo, Foshan und Guangzhou. Und dorthin wollten sie eines Tages zurück.

Erst gegen Ende der siebziger Jahre änderte sich die Situation. Eine neue Generation, in Hongkong geboren und aufgewachsen, bildete erstmals die Mehrheit der Bevölkerung. Ihre Heimat war Hongkong. China war ihnen fremd. Viele von ihnen waren – zum Teil in England oder den USA – hervorragend ausgebildet, weltoffen, selbstbewußt und sahen nicht ein, warum sie nicht das Recht haben sollten, über ihr Schicksal selbst zu bestimmen. Sie forderten ein politisches Mitspracherecht. Dafür waren sie auch bereit, Verantwortung zu übernehmen.

Um dieselbe Zeit meldete sich nach dem Tod Mao Zedongs und der Verhaftung der »Viererbande« auch Chinas Nachkriegsgeneration zu Wort. Die Hölle der Kulturrevolution, die ihre Jugend zerstört hatte, noch frisch im Gedächtnis, war sie nicht willens, sich weiterhin von verknöcherten Funktionären gängeln zu lassen. Die Öffnung des Landes und die Reformpolitik Deng Xiaopings gab ihnen Hoffnung. An die »Mauer der Demokratie« in Peking klebten sie ihre Manifeste, in denen sie verlangten, den »Vier Modernisierungen« als fünfte und wichtigste Demokratie und Achtung der Menschenrechte folgen zu lassen.

Die Verhaftung und Verurteilung Wei Jingshengs im November 1979, die der Demokratiebewegung ein vorläufiges Ende setzte, war auch für Hongkong ein Alarmzeichen: Allmählich begann man sich bewußt zu werden, daß die politische Zukunft alles andere als gesichert war, denn der weitaus größte Teil des Territoriums war nur gepachtet.

Während die Regierung Thatcher noch hoffte, den Status quo irgendwie über den Ablauf des Pachtvertrages am 30. Juni 1997 hinaus zu bewahren, traf sie zugleich Vorkehrungen gegen eine mögliche Masseneinwanderung: Der bereits 1962 mit dem Commonwealth Immigration Act durch die Unterscheidung zwischen »British Citizen« und »British Overseas Citizen« (BOC) – zwischen Bürgern mit und ohne freiem Einreise- und Wohnrecht im Vereinigten Königreich – eingeführten Zwei-Klassen-Staatsbürgerschaft fügte sie als dritte Kategorie die eines »British Dependent Territories Citizen« (BDTC) hinzu. Das neue Gesetz, 1981 verabschiedet und am 1. Januar 1983 in Kraft getreten, machte die 3 Millionen in Hongkong geborenen chinesischen Untertanen Ihrer Majestät zu Bürgern dritter Klasse ohne Aufenthaltsrecht in Großbritannien.

Die derart Ausgesperrten fühlten sich verraten und verkauft. Der Run auf fremde Pässe begann.

Mit der Schaffung der zusätzlichen Kategorie eines »British National (Overseas)«, BN(O), entzog sich Großbritannien 1985 endgültig seinen imperialen Verpflichtungen: Zwar wird es damit

Bürgern Hongkongs möglich sein, auch dann noch mit von britischen Behörden ausgestellten Dokumenten zu reisen, wenn sie mit der Übergabe des Territoriums an China automatisch den BDTC-Status verloren haben, Rechtsansprüche aber ergeben sich daraus nicht.

Sollte die britische Regierung geglaubt haben, sich unauffällig aus der Verantwortung stehlen und demokratische Prinzipien, die sie anderswo so vehement verteidigte, um des lieben Friedens mit Peking willen ignorieren zu können – spätestens seit dem Massaker auf dem Platz des Himmlischen Friedens ließ sich das Fiasko ihrer Hongkong-Politik nicht mehr bemänteln. Der Schock über die brutale Niederschlagung der chinesischen Demokratiebewegung durch die Kommunisten erschütterte das Vertrauen auch in die 1984 von Großbritannien und China unterzeichnete »Gemeinsame Erklärung« über die Zukunft Hongkongs. Was, fragte man sich, waren Autonomie- und Demokratieversprechen von Leuten wert, die vor keinem Mittel zurückschreckten, um sich an der Macht zu halten?

Die Tragödie von 1989 wurde zum Wendepunkt: London schickte sich an, seine Appeasementpolitik aufzugeben, gewährte 50 000 für Wirtschaft und Verwaltung wichtigen Personen samt Familien[3] vollwertige britische Pässe und entsandte 1992 mit Chris Patten einen Gouverneur nach Hongkong, der die Kolonialverfassung auf trickreiche Weise in ein Repräsentativsystem ummodelte. Peking indessen torpedierte alles, was nur entfernt nach Demokratie, Selbstbestimmung, Menschenrechten oder unabhängiger Justiz roch, ließ keine Gelegenheit ungenutzt, die britische Autorität zu unterminieren, und baute seine Machtbasis in Hongkong systematisch aus. Die letzten Jahre vor der Übergabe wurden so zum politisch spannendsten Kapitel in der Geschichte des Territoriums.

Hongkong, um dessen Zukunft es ging, glich in dem ganzen Streit einem Fisch: »Der eine will ihn gebraten, der andere will ihn gedünstet, aber niemand fragt den Fisch, was er will.«[4]

Während die Mehrheit der Bevölkerung – aus Gleichmut, Resignation oder Furcht vor dem »Großen Bruder«, dessen als Büro der Nachrichtenagentur Neues China firmierende Zentrale nicht erst seit 1984 jede politische Regung in Hongkong registriert – scheinbar teilnahmslos schwieg, wuchs die Zahl derer, die sich den

Schneid um keinen Preis abkaufen ließen und nicht müde wurden, für die Erhaltung des bestehenden Rechtssystems zu kämpfen. Die Herrschaft von Recht und Gesetz, die den einzelnen vor staatlicher Willkür schützt, ist für sie kein bourgeoiser Luxus, sondern Voraussetzung für Prosperität und Stabilität.

Die Herren in Peking sehen dies anders. In ihren Augen ist das Bestreben, Hongkongs Autonomie durch die Bewahrung englischen Rechts, eine bis in die letzte Instanz unabhängige Gerichtsbarkeit und die Unterwerfung der Exekutive unter parlamentarische Kontrolle zu sichern, nichts als ein hinterlistiger Versuch der sich verabschiedenden Kolonialmacht und deren fünfter Kolonne, Chinas Souveränität zu begrenzen und den britischen Einfluß über 1997 hinaus zu erhalten. Die Formel »ein Land, zwei Systeme« war stets allein auf die Wirtschaft gemünzt. Etwas anderes zu glauben oder zu behaupten ist naiv oder Augenwischerei.

Sollte die chinesische Führung, die »Patriotismus« zum Maßstab politischen Wohlverhaltens auch in Hongkong erhoben hat, ihre Drohung wahr machen und das zarte Pflänzchen Demokratie in ihrem Vorgarten wie Unkraut ausrotten, würde sie damit zugleich jene entwurzeln, die Hongkong so sehr als Heimat empfinden, daß sie sich bislang noch nicht zur Auswanderung entschließen konnten. Des Rechts beraubt, sich mit dem Wahlzettel Gehör zu verschaffen, könnten auch sie mit den Füßen abstimmen. Hongkong wäre dann wirklich, was Spötter es schon lange nennen: der Welt größte Transit-Lounge.

Bisher hat Hongkongs Wirtschaft die Massenauswanderung – darunter viele der besten Köpfe – überraschend gut verkraftet. Dies muß allerdings keineswegs auch künftig so sein, denn im Falle einer ernsten Krise könnten in kürzester Zeit Hunderttausende[5] das Territorium verlassen.

Daß Hongkong einen solchen Aderlaß kaum unbeschadet überstehen würde, ist kurzfristig möglicherweise die beste Garantie für einen sanften Übergang von britischer zu chinesischer Herrschaft, bedeutete ein plötzlicher Zusammenbruch der Wirtschaft und Verwaltung Hongkongs doch einen verheerenden Rückschlag auch für die Wirtschaft Chinas. Das aber kann sich die Partei nicht leisten.

Auf lange Sicht aber steht Hongkong, das dank der Reformpolitik Deng Xiaopings seit dem Ende der siebziger Jahre zur achtgrößten Handelsmacht[6] der Welt aufgestiegen war, vor der vielleicht schwierigsten Epoche seiner Geschichte: Heimgekehrt ins Reich der Mitte, wird es von den Zeitläuften in China künftig nicht mehr nur gestreift, sondern vom Wirbel der Ereignisse selbst erfaßt werden. Vorboten des ersten der Taifune, den die politischen Wetterfrösche heraufziehen sehen, haben Hongkong bereits erreicht – Ausläufer des Machtkampfs um die Nachfolge Deng Xiaopings.

»Eine einzige Minute auf dem dann chinesischen Territorium würde meinem Vater genügen – und sei es im Rollstuhl«, hatte seine Tochter Deng Rong 1993 geschrieben. Ob er das Ende der »nationalen Erniedrigung« noch erleben wird?

Der Countdown läuft: Eine riesige Anzeigetafel auf dem Platz des Himmlischen Friedens in Peking gibt auf die Sekunde genau an, wie lange die britische Herrschaft auf chinesischem Boden noch währt. Doch wenn die Uhr abgelaufen ist, ist Deng wohl schon bei Mao und Marx.

I. Opium, Tee und Territorien

»Hurra! Victoria!«

Am 1. Juli 1997 endet das wohl erstaunlichste Kapitel der Kolonialgeschichte.

Begonnen hatte es am 26. Januar 1841 mit dem Hissen des Union Jack auf dem »Possession Mount« auf der Insel Hong Kong. Kurz zuvor, am 20. Januar, hatte Captain Charles Elliot, der Bevollmächtigte Ihrer Majestät, der Königin von England, den Bevollmächtigten des Sohnes des Himmels, Qishan, gezwungen, der Konvention von Chuanbi zuzustimmen. Die nach einem Dorf in der Nähe von Guangzhou (Kanton) genannte Vereinbarung sah vor: 1. die Abtretung der Insel Hong Kong samt Hafen an die britische Krone; 2. die Zahlung einer Entschädigung in Höhe von sechs Millionen Silberdollar[1] an die britische Regierung; 3. unmittelbare, gleichberechtigte Beziehungen zwischen beiden Staaten sowie 4. die Öffnung Guangzhous innerhalb von zehn Tagen nach Chinesisch Neujahr für den Handel.

Beiden Bevollmächtigten bekam die Vereinbarung schlecht.

Qishan wurde vom Daoguang-Kaiser, als dieser von der Übereinkunft erfuhr, sofort seines Amtes enthoben. In Ketten nach Peking gebracht, machte man ihm dort für die unautorisierte Abtretung chinesischen Territoriums und die Zustimmung zur Zahlung einer Entschädigung den Prozeß. Das Urteil lautete auf Konfiszierung des gesamten Vermögens seiner Familie. Dabei hatte Qishan sich lediglich bereit erklärt, den Thron zu informieren und um Zustimmung zu bitten, es jedoch abgelehnt, sein Siegel – das im chinesischen Kulturraum Ostasiens der westlichen Unterschrift entspricht – unter die Übereinkunft zu setzen. Die darüber hinaus verhängte Todesstrafe allerdings wurde im Mai 1842 in Verbannung an den Amur umgewandelt.

Auch der Brite erregte den Unwillen seiner Regierung. Lord Palmerston, Londons Außenminister, ließ Königin Victoria wissen, Captain Elliot habe die ihm zu Gebote stehenden militärischen Mittel nicht voll ausgeschöpft und sich mit minimalen Zugeständnissen zufriedengegeben. Am 21. April 1841 erteilte er ihm einen strengen Verweis, in dem es unter anderem heißt: »Sie haben unsere Anweisungen nicht befolgt und mißachtet [...] Sie haben die Abtretung von Hong Kong erreicht, einer öden Insel, auf der es kaum ein Haus gibt; und selbst diese Abtretung, wie sie genannt wird, scheint mir aufgrund der Klausel, mit der sie belastet ist, nicht die Abtretung der Souveränität über die Insel zu sein, welche allein durch die Unterschrift des Kaisers erfolgen könnte, sondern nur die Erlaubnis, daß wir dort auf der gleichen Grundlage eine Siedlung errichten dürfen, auf der die Portugiesen eine Niederlassung in Macao unterhalten [...]«[2] Noch bevor Elliots Rechtfertigungsschreiben London erreichen konnte, entließ ihn das Kabinett, verwarf die Konvention und ernannte Sir Henry Pottinger zum neuen Bevollmächtigten für China.

Damit waren die Weichen für die Fortdauer des Konflikts mit China gestellt, bei dem es England und den anderen westlichen Ländern allein um die rücksichtslose Durchsetzung ihrer Handelsinteressen ging.

Bis ins frühe 19. Jahrhundert hatten die fremden Händler in China fast ausschließlich mit Gold und Silber bezahlt. Die Ladung der nach China segelnden Schiffe der East India Company bestand oft zu mehr als neunzig Prozent aus Silber. In der Gegenrichtung hatte man Tee, Seide, Rhabarber und Porzellan geladen – letzteres vor allem als Ballast für die Schiffe, die durch die leichten Teeballen nicht genügend Tiefgang bekamen. Für die Chinesen galt noch immer, was der Qianlong-Kaiser am 3. Oktober 1793 stolz an König George III. geschrieben hatte: »Wir besitzen alle Dinge. Ich messe fremden Dingen oder sinnreichen Erfindungen keinen Wert bei und habe keine Verwendung für die Erzeugnisse Eures Landes.«[3]

Die Wende kam um die Mitte der zwanziger Jahre des 19. Jahrhunderts: Waren zwischen 1800 und 1810 noch rund 26 Millionen *liang*[4] Silber nach China geflossen, so nahmen zwischen 1828 und 1836 bereits fast 38 Millionen den umgekehrten Weg. Und es wurden immer mehr.[5] Dabei war es nur ein einziges Produkt, mit dem es den ebenso teesüchtigen wie seetüchtigen Briten gelang, nicht nur ihr enormes Handelsbilanzdefizit mit China auszugleichen, sondern auch noch einen Großteil der Kolonisierung Indiens zu finanzieren: Opium.

Opium war in China seit dem frühen 8. Jahrhundert als Medikament zur Schmerzbetäubung bekannt. Als Droge war es um die Mitte des 17. Jahrhunderts in Mode gekommen, wobei die Nachfrage so rapide stieg, daß sich der Yongzheng-Kaiser bereits 1729 aus moralischen Gründen veranlaßt sah, den Handel mit und das Rauchen von Opium zu verbieten. Wie ein Krebsgeschwür befiel das Übel alle sozialen Schichten und begann das Reich der Mitte sozial und wirtschaftlich zu zerrütten. Alle Bemühungen, dieser Entwicklung Einhalt zu gebieten, waren jedoch zum Scheitern verurteilt, nachdem die Briten 1773 die Portugiesen als Hauptimporteure abgelöst und die East India Company die Opiumproduktion in Bengalen monopolisiert hatte. Die Company, die den Anbau der Mohnblume in Indien nach Kräften förderte, hatte mittels spitzfindiger juristischer Tricks zwar rechtlich und offiziell mit dem Opiumhandel nichts zu tun, doch ändert das nichts an der Tatsache, daß sie »die Mutter allen Schmuggels und aller Schmuggler«[6] war, wie William Jardine es einmal formulierte. Und der mußte es wissen, kontrollierte doch das von ihm und James Matheson gegründete und seit 1832 unter dem Namen Jardine, Matheson and Company private Handelshaus rund ein Drittel des gesamten Opiumhandels in China.

Hatten die Briten zwischen 1800 und 1820 jährlich etwa 4500 Kisten Opium[7] nach China importiert, so war die Einfuhr seit den frühen zwanziger Jahren rapide gestiegen. Ursache dafür war die zunehmende Aushöhlung des Monopols der East India Company, das am 22. April 1834 endgültig abgeschafft wurde, durch den freien Handel sowie die Ausdehnung des Schmuggels auf ganz Südostchina bis Shanghai und zum Yangzi. Waren es um 1830 knapp 20 000 Kisten, so waren es 1838/39 bereits 40 000. Dies deckte den Bedarf von mindestens zwei Millionen Opiumsüchtigen. Die Gesamtzahl der um 1840 Opium rauchenden Chinesen wird auf bis zu zehn Millionen geschätzt. Allein zwischen 10 und 20 Prozent der Beamten der Zentralregierung und 20 bis 30 Prozent der Provinzbeamten – vor allem von Guangdong und Fujian – sollen es regelmäßig konsumiert haben.

Die sozialen und wirtschaftlichen Folgen des Opiumhandels waren für China verheerend. In dem Maße, wie die Nachfrage nach Opium stieg, sank die Nachfrage nach anderen, harmloseren Konsumgütern, für die immer weniger Geld übrigblieb. Die Folge war ein weitgehender Zusammenbruch des Binnenmarktes. Hinzu kam das rapide wachsende Defizit durch den in beängstigendem Maße zunehmenden Abfluß von Silber, das seit dem 15. Jahrhundert in China als Zahlungsmittel diente. Verstärkt wurde der Druck auf die chinesische Wirtschaft und Staatskasse durch den seit Mitte der zwanziger Jahre des 19. Jahrhunderts immer rascheren Verfall des Silberwertes im Vergleich zum Gold. Die chinesische Regierung hatte also gar keine andere Wahl, als zu versuchen, den Drogenhandel zu unterbinden.

Doch ihre Mittel waren bescheiden, denn China besaß weder eine zuverlässig funktionierende Zollbehörde noch eine effiziente Marine, die den Schmuggel entlang der Tausende von Kilometern langen südostchinesischen Küste hätten verhindern oder wenigstens eindämmen können. Zudem ging den Verwaltungsbeamten aller Ebenen jegliches moralische Verantwortungsgefühl ab: Allzuoft steckten die mit der Bekämpfung des Rauschgifthandels beauftragten Beamten mit den Schmugglern unter einer Decke und lieferten lediglich »Gratisproben« der teuflischen Droge als angeblich beschlagnahmte Konterbande bei den Behörden ab.

Im fernen Peking war man sich des Ernstes der Lage durchaus bewußt. Aber der Kaiser und seine Regierung waren unschlüssig, wie dem Schwarzhandel am besten zu begegnen sei: durch eine radikale Verbotspolitik einschließlich der Todesstrafe für alle Drogensüchtigen, die ihr Laster nicht innerhalb eines Jahres aufgäben; durch eine Legalisierung der Opiumeinfuhr bei gleichzeitiger Erhebung hoher Importzölle in Verbindung mit einer Verpflichtung der ausländischen Händler, als Gegenleistung chinesische Produkte zu kaufen; oder durch eine völlige Freigabe des Drogenhandels und -konsums. Am Ende siegten die Verfechter eines harten Kurses: Der Kaiser ernannte am 31. Dezember 1838 Lin Zexu aus Fujian zum Kaiserlichen Kommissar und beauftragte ihn mit der Unterbindung des Opiumhandels.

Lin, der bereits in Hubei und Hunan mit großem Erfolg ein 6-Punkte-Programm zur Drogenbekämpfung durchgesetzt hatte, traf am 10. März 1839 in Guangzhou ein. Unverzüglich machte er sich an die Arbeit. Während er sogleich mit aller Härte gegen die chinesischen Vermittler, Händler und Verbraucher vorging, unternahm er zunächst nur vorsichtige, wenn auch entschlossene Schritte, um die Fremden – allen voran die Briten – zur Aufgabe ihrer skrupellosen Geschäftemacherei zu bewegen. Angesichts der Überlegenheit der Royal Navy versuchte er es zuerst auf diplomatische Weise. Mit erstaunlichem Weitblick bemühte er sich dabei um ein Verständnis der Denkweise und Rechtsvorstellungen seiner Gegner und ließ sich von dem amerikanischen Missionsarzt Dr. Peter Parker aus Emmerich de Vattels »Le Droit des gens« jene Passagen übersetzen, die sich auf das Recht der Staaten bezogen, Schmuggel zu verbieten und Krieg zu erklären. Mit zwei Briefen, der erste erreichte London vermutlich nie, wandte er sich sogar an Königin Victoria, um die junge Monarchin zu bewegen, den Mohnanbau und die Opiumproduktion zu unterbinden.

»Unter der Menge der Barbaren«, heißt es im zweiten Brief vom Januar 1840, »gibt es in ungleicher Verteilung sowohl gute als auch schlechte Menschen. Folglich finden sich auch solche, die Opium schmuggeln, um das chinesische Volk zu verführen, und so bewirken, daß sich das Gift in allen Provinzen verbreitet [...] Der Reichtum Chinas dient den Barbaren zum Profit [...] Wo ist ihr Gewissen? Ich habe gehört, daß das Rauchen von Opium in Euerem Land streng verboten ist [...] Warum laßt Ihr es zu, daß es weitergegeben wird zum Schaden anderer Länder? Angenommen, es gäbe Leute eines anderen Landes, die Opium nach England brächten, um es dort zu verkaufen, und die Euer Volk dazu verführten, es zu kaufen und zu rauchen; gewiß wäre es Euerem ehrenwerten Herrscher im Innersten zuwider und würde ihn zutiefst erbittern [...] Natürlich werdet Ihr nicht wünschen, anderen zuzufügen, was Ihr selbst nicht wünscht [...] Möget Ihr, o Königin, Eure Schurken unter Kontrolle halten und die Böswilligen aussieben, bevor sie nach China kommen, um den Frieden Eurer Nation zu bewahren und weiterhin Eure aufrichtige Höflichkeit und Euren Gehorsam zu zeigen.«[8]

Das Schreiben blieb völlig wirkungslos. Das Foreign Office nahm es offiziell nicht einmal zur Kenntnis. Dabei mangelte es auch in Westminster nicht an Kritikern der Politik Palmerstons. So erklärte kein Geringerer als William Ewart Gladstone, der spätere Premierminister, die Chinesen »haben das Recht, uns wegen unseres sturen Beharrens auf diesem abscheulichen, schändlichen Handel von ihrer Küste zu verjagen«,[9] während der Außenminister zynisch bemerkte, das Opium sei allein Chinas Problem. Schließlich sei es nicht Aufgabe der Briten, über die Moral der Chinesen zu wachen.

Die Eskalation des Konflikts war ohnehin nicht mehr aufzuhalten, denn Kommissar Lin hatte bereits am 3. Juni 1839 alle 20 306 ihm von Captain Charles Elliot ausgelieferten Kisten Opium – über 1400 Tonnen – vernichten lassen. Da Elliot das Opium jedoch zuvor aufgrund eines Erlasses im Namen der britischen Regierung von den privaten Händlern übergeben worden war, handelte es sich bei Lins Aktion juristisch um die Vernichtung britischen Staatseigentums.

Hinzu kam eine Auseinandersetzung zwischen Lin und Elliot, da dieser sich geweigert hatte, eine Gruppe britischer Seeleute, die am 7. Juli 1839 auf der Halbinsel Kowloon einen Tempel geplündert und dabei einen Dorfbewohner namens Lin Weixi umgebracht hatten, chinesischer Gerichtsbarkeit auszuliefern. Lin hatte daraufhin die portugiesischen Behörden in Macao gezwungen, alle Briten aus Macao auszuweisen. Tatsächlich hatten am 26. August 1839 sämtliche britischen Staatsbürger die portugiesische Enklave in Richtung auf das mit 5000 bis 7000 Einwohnern nur dünn besiedelte Felseneiland Hong Kong verlassen, auf das die Kaufleute ohnehin längst ein Auge geworfen hatten, wie folgender Aufruf in ihrer Zeitung *Canton Register* vom April 1836 zeigt:

> Wenn der Löwe seine Pranke auf irgendeinen Teil Südchinas legen soll, dann auf Hong Kong: Laßt es den Löwen unter seinem Schutz zum freien Hafen erklären, und in zehn Jahren wird es das bedeutendste Handelszentrum östlich des Kaps sein.[10]

Im Juni 1840 traf das erste Expeditionskorps vor der chinesischen Küste ein. Es war von der britischen Regierung ohne vorherige Konsultation des Parlaments im Oktober 1839 entsandt worden. Kommandeur des Flottenverbands war Konteradmiral George Elliot, ein Vetter von Captain Charles Elliot. Ohne Guangzhou anzugreifen, fuhren die Kanonenboote nach Norden weiter, wo sie bald Tianjin und somit auch das nahe Peking bedrohten. Nun verlor der Kaiser jegliches Vertrauen in Lin. Er machte dessen hartes, kompromißloses Vorgehen gegen den Opiumhandel in Guangzhou für die Bedrohung verantwortlich und ermächtigte Qishan, den Generalgouverneur der Hauptstadtprovinz Zhili, einen der reichsten Männer Chinas, mit den beiden Elliots zu verhandeln. Als es Qishan tatsächlich gelang, die Barbaren allein mit diplomatischen Mitteln zum Verlassen der nordchinesischen Gewässer zu bewegen, ernannte er ihn zum Kaiserlichen Kommissar, während er Lin in Ungnade entließ und nach Ili in Zentralasien, nahe der russischen Grenze, in die Verbannung schickte.

Doch selbst der konziliante Qishan vermochte den Ausbruch offener Feindseligkeiten nicht zu verhindern. Auch er konnte nicht nachgeben, als Captain Elliot, der seinen erkrankten Vetter am 29. November 1840 als Bevollmächtigter Londons abgelöst hatte, in den Verhandlungen Ende Dezember in Guangzhou die Abtretung Hong Kongs und eine Entschädigung für das auf Befehl von Lin vernichtete Opium sowie andere von den Briten geltend gemachte Schäden forderte. Qishan wußte: Der Hof würde dem niemals zustimmen. Erst nachdem die Briten das Feuer eröffnet und den Chinesen bei Chuanbi eine empfindliche Niederlage beigebracht hatten, blieb ihm keine andere Wahl, als sich am 19. Januar 1841 den Waffenstillstandsbedingungen des Gegners zu unterwerfen.

Sechs Tage später, am »25. Januar, landeten Sir Edward Belcher und einige andere Offiziere der H.M.S. Sulphur [Schwefel] auf der Insel Hong Kong beim Possession Point und tranken auf dem Possession Mount unter dreifachem ›Hurra!‹ auf das Wohl Ihrer Majestät, der Königin Victoria. Am nächsten Tag, dem 26., traf das Geschwader ein, auf dem Possession Mount hißte man den Union Jack, und Commodore Sir J. Gordon Bremer ergriff unter einem *feu-de-joie* der Handelsmarine und dem *Royal Salute* der Kriegsschiffe formell von der Insel Besitz.«[11]

Hold on, John!

Nach der Ablehnung der Konvention von Chuanbi durch London wie durch Peking war eine friedliche Lösung nicht mehr möglich. Captain Elliot tat alles, um bis zum Eintreffen seines Nachfolgers am 10. August 1841 militärisch die Initiative zu behalten und die britische Position zu stärken.

Wie Admiral Elliot vor ihm, umging auch Sir Henry Pottinger zunächst die Stadt Guangzhou. Mit seiner Flotte, die im Frühjahr 1842 aus Indien noch erhebliche Verstärkung erhalten sollte, fuhr er gleich nach Norden und besetzte in rascher Folge einen strategisch wichtigen Punkt nach dem anderen. Die chinesische Seite hatte der britischen Streitmacht nichts entgegenzusetzen und war daher gezwungen, sich dem Diktat des Gegners kampflos zu unterwerfen.

Am 29. August 1842 wurde an Bord der H.M.S. Cornwallis der Vertrag von Nanjing unterzeichnet. Seine wichtigsten Bestimmungen waren: 1. die Zahlung einer Entschädigung in Höhe von 21 Millionen Silberdollar, davon 6 Millionen für das vernichtete Opium; 2. die Abschaffung des Systems der *Cohong* (*gonghang*), des offiziellen Handelsmonopols der chinesischen Kaufmannsvereinigung von Guangzhou; 3. die Öffnung der fünf Häfen Guangzhou, Xiamen (Amoy), Fuzhou, Ningbo und Shanghai für die Briten – und das hieß: Öffnung hauptsächlich für den Import von Opium; 4. die Abtretung der Insel Hong Kong; 5. Gleichberechtigung in den offiziellen Beziehungen und 6. die baldige Einführung fester Zölle. Der Ergänzungsvertrag von Humen vom 8. Oktober 1843, in dem die Import- und Exportzölle festgesetzt wurden, entzog darüber hinaus britische Staatsbürger der chinesischen Gerichtsbarkeit, gewährte den Briten also Immunität (Exterritorialität), und sagte ihnen automatisch jedes Recht zu, das China künftig anderen Mächten einräumen sollte (Meistbegünstigung). Den unmittelbaren Anlaß für den Krieg aber erwähnt der Vertrag mit keinem Wort: den Opiumhandel.

Nach der Ratifizierung durch den Daoguang-Kaiser am 15. September und durch Königin Victoria am 28. Dezember 1842 erfolgte am 26. Juni 1843 in Hongkong der Austausch der Urkunden. Damit war Hongkong britische Kolonie. Sir Henry Pottinger wurde ihr erster Gouverneur.

Welch große Bedeutung Sir Henry dieser Insel vor der südchinesischen Küste beimaß, die er für die britische Krone erbeutet hatte, zeigen folgende Zeilen aus einem seiner Briefe nach London: »Die Zurückbehaltung von Hong Kong war der einzige Punkt, in dem ich bewußt über meinen [...] Auftrag hinausgegangen bin, doch mit jeder Stunde, die ich in diesem großartigen Land verbrachte, wuchs meine Überzeugung, daß es notwendig und wün-

»HOLD ON, JOHN!«
Das Gerangel um Territorien und Konzessionen, bei dem Großbritannien, Frankreich, Deutschland und Rußland den Körper Chinas in Stücke reißen, zeigt diese Karikatur des *Punch*. Der Brite erhält dabei den Löwenanteil: Seine Arme umfassen die Brust des hilflosen Mandarin.

schenswert war, eine solche Kolonie als Hauptniederlassung für unseren Handel und als einen Ort zu besitzen, von dem aus unsere Untertanen gleichermaßen geschützt und kontrolliert werden konnten.«[12]

Die Trägerin der Krone, Königin Victoria, war hingegen eher erheitert als beeindruckt. Amüsiert schrieb sie an ihren Onkel Leopold, den König der Belgier: »Albert ist ganz verwirrt darüber, daß ich die Insel Hong Kong bekommen habe, und wir finden, daß Victoria [ihre älteste Tochter] zusätzlich zu ihrem Titel Princess Royal auch Princess of Hong Kong heißen sollte.«[13]

Der Vertrag von Nanjing war nur der erste einer langen Reihe von Verträgen, die mit China nicht als gleichberechtigtem Partner ausgehandelt wurden, sondern die Großbritannien, Frankreich, Deutschland, Rußland, Amerika und Japan dem Land mit Gewalt – oder zumindest unter Gewaltandrohung – aufzwangen. Als

»Ungleiche Verträge«, die China *de facto* seiner souveränen Rechte beraubten und es in einen halbkolonialen Status versetzten, werden sie von den Chinesen bis heute nicht als gültig anerkannt.

In der Tat waren sie juristische Hilfsmittel einer skrupellosen Politik, die sich den Teufel um Recht und Wohlergehen fremder Länder und Völker scherte, solange sie den eigenen Säckel füllte. Das Hissen der britischen Fahne auf Hong Kong diente denn auch, wie Gladstone später bemerkte, zu nichts anderem »als zum Schutz eines schändlichen Schmuggels«.[14]

So gesehen erfüllte der Vertrag von Nanjing voll und ganz seinen Zweck: Aus den um 1840 jährlich nach China importierten 40 000 Kisten Opium wurden bis 1850 fast 70 000. Um 1875 waren es rund 100 000. Eine sorgfältige Studie[15] von Jonathan D. Spence ergab, daß Ende der achtziger Jahre etwa zehn Prozent der auf über 400 Millionen geschätzten chinesischen Bevölkerung Opium rauchten, wobei 3 bis 5 Prozent schwer süchtig waren. Um 1890 gab es in China also mindestens 15 Millionen Drogenabhängige. Opium machte damals noch ein Drittel der Gesamteinfuhr Chinas aus, wurde aber allmählich von Baumwollstoffen als Hauptimportartikel abgelöst. Ab 1893 begann die Einfuhr aufgrund der Verteuerung der Droge zu sinken, bis sie 1917 schließlich ganz aufhörte: China produzierte nun selbst genug, um den Bedarf zu decken.

Parallel zum Opium verlor seit 1870 auch der Tee für den Handel ständig an Bedeutung, denn die chinesischen Exporteure waren unfähig, bei den Produzenten jene Qualitätsstandards durchzusetzen, die allein ihre Ware gegen die wachsende Konkurrenz aus Indien und Japan hätten wettbewerbsfähig halten können. Dennoch blieben Tee und Seide bis um 1910 Chinas wichtigste Exportprodukte.

Der Vertrag von Nanjing hatte Großbritannien und den anderen ausländischen Mächten 1842 Tür und Tor geöffnet. Zudem barg die Demütigung, die er für die Chinesen bedeutete, genügend Zündstoff, um das Pulver des Hasses auf die »fremden Teufel« (*gweilo*), wie die Europäer auch heute noch gern – wenn auch meist scherzhaft – genannt werden, trocken zu halten. Ein Funke genügte, um es zur Explosion zu bringen. Die zweite Hälfte des 19. Jahrhunderts war daher geprägt von einer nicht abreißenden Kette von Konflikten und Kriegen, die den Briten immer wieder Gelegenheit boten, dem ihnen 1843 abgetretenen Territorium weitere Gebiete hinzuzufügen.

Als erstes wurden der Kronkolonie Stonecutters Island sowie die Spitze der unmittelbar der Insel Hong Kong gegenüberliegenden Halbinsel Kowloon (Neun Drachen) bis zur heutigen Boundary Street einverleibt. Lord Elgin hatte Prinz Gong, dem Bruder des vor den anrückenden Briten und Franzosen nach Jehol in der Mandschurei geflüchteten Xianfeng-Kaisers, am 24. Oktober 1860 die Konvention von Peking diktiert, nachdem die Alliierten Peking geplündert und den Sommerpalast (Yuanmingyuan) dem Erdboden gleichgemacht hatten. Die Konvention bestätigte ansonsten im wesentlichen die Verträge von Tianjin, die bereits im Juni 1858 unterzeichnet, von der chinesischen Regierung aber noch nicht ratifiziert worden waren.

Die Konvention von Peking und die Verträge von Tianjin markieren den Beginn einer neuen Ära des Handels zwischen China und dem Westen. Das neuerworbene Recht der Ausländer, China frei zu bereisen – privilegiert waren nicht nur Geschäftsleute, sondern auch christliche Missionare –, sowie die Öffnung weiterer Häfen für ausländische Schiffe ließen die Geschäfte in Hongkong blühen: 1880 wurden 21 Prozent des gesamten chinesischen Exports und 37 Prozent des Imports – der Anteil des Opiums betrug daran noch immer mehr als 40 Prozent – über Hongkong abgewickelt. Die Kronkolonie hatte sich mittlerweile zum Zentrum des gesamten chinesischen Küstenhandels gemausert.

Eine günstige Gelegenheit, das Territorium beachtlich zu erweitern, verschaffte den Briten einer der zahlreichen Enkel der Königin Victoria, der Deutsche Kaiser und König von Preußen. Wilhelm II., der älteste Sohn der Princess Royal, hatte die Ermordung der beiden deutschen Missionare Niels und Henle am 1. November 1897 zum willkommenen Anlaß genommen, auf der Halbinsel Shandong einzumarschieren, die Bucht von Jiaozhou (Kiautschou) samt dem Hafen Qingdao (Tsingtau) zu besetzen und die Chinesen im Vertrag von Jiaozhou am 6. März 1898 zu zwingen, das Gebiet dem Deutschen Reich für die Dauer von 99 Jahren zu verpachten. Die ersten Deutschen, die in Qingdao Fuß faßten, waren denn auch Offiziere des Landungskorps S.M.S. Kaiser.

Der Befehlshaber des deutschen Flottenverbandes in Ostasien, Konteradmiral von Tirpitz, hatte die Bucht aufgrund einer Empfehlung Ferdinand von Richthofens schon lange als besonders geeignet für einen Stützpunkt befunden. S.M., Förderer der Flotte und Erfinder der »Gelben Gefahr«, wollte bei der Verteilung des chinesischen Kuchens auf keinen Fall zu spät kommen. Bereits anläßlich eines Besuches bei seinem »alten und vertrauten Freund« Zar Nikolaus II. hatte er sich daher kurz zuvor persönlich dessen stillen Einverständnisses versichert.

Der mit Königin Victorias Darmstädter Enkelin Alix verheiratete letzte Romanow hätte es lieber gesehen, wenn sich sein preußischer Freund und Vetter mit einem weiter südlich gelegenen Stück China bedient hätte und so den gemeinsamen englischen Verwandten und den Franzosen in die Quere gekommen wäre. Dafür hielt sich Nikolaus II. wenigstens an Lüshun (Port Arthur) und Dalian (Dairen) im Süden der Halbinsel Liaodong schadlos, welche die Russen am 27. März 1898 unter dem Vorwand pachteten, China vor den Deutschen zu schützen. Anders als diese begnügten sie sich allerdings mit einer Pacht von 25 Jahren.

Die Amerikaner waren mit ihrem Krieg gegen die Spanier und der blutigen Niederschlagung des Widerstands auf den Philippinen derweil zu beschäftigt, als daß sie Lust verspürten, sich auch noch an der Jagd auf Konzessionen in China zu beteiligen, bei der außer England, Deutschland, Frankreich, Rußland und Italien vor allem Japan kräftig mittat. Nur die Italiener gingen leer aus.

Besonders erfolgreich waren wiederum die Briten. Indem sie am 24. Mai Weihaiwei und die Spitze der Halbinsel Shandong okkupierten, drängten sie sich genau zwischen die »Schutzgebiete« der Deutschen und Russen, deren Einfluß sie damit eindämmten. Der Pachtvertrag – gültig so lange, wie die Russen in Lüshun und Dalian säßen – wurde am 1. Juli 1898 unterzeichnet. Darüber hinaus nötigten sie der Qing-Regierung das Versprechen ab, China werde das gesamte Yangzi-Tal keiner anderen Macht überlassen, und sicherten es sich auf diese Weise als ihre eigene Interessensphäre. (Daß es sich um eine Einflußsphäre handele, bestritten sie energisch.)

Den Trumpf im Poker um die Macht im zerfallenden Reich der Mitte aber verschafften sich die Briten mit der lange ersehnten Erweiterung des Territoriums ihrer Kolonie an der Mündung des Perlflusses. Nach langen, komplizierten Diskussionen und Verhandlungen im britischen Parlament und mit den Bevollmächtigten der chinesischen Regierung war es schließlich soweit: Am 9. Juni 1898 unterzeichnete Li Hongzhang, der Doyen der chinesischen Diplomaten, im Namen seines Kaisers die Übereinkunft, die der britischen Krone für die Dauer von 99 Jahren sämtliche Gebiete südlich einer zu diesem Zeitpunkt noch nicht exakt definierten Linie zwischen Deep Bay und Mirs Bay – nördlich von 22° 9′ nördlicher Breite – sowie östlich und westlich der Halbinsel Kowloon – zwischen 113° 52′ und 114° 30′ östlicher Länge – zusprach. Diese sogenannte Konvention von Peking trat am 1. Juli 1898 in Kraft. Die Ratifikationsurkunden wurden am 6. August in London ausgetauscht. Erst am 19. März 1899 sollte ein Memorandum die neuen Grenzen der Kronkolonie genauer definieren. Die uneingeschränkte Gültigkeit der Gesetze der Kronkolonie auch für die »New Territories« wurde erst am 8. April 1899 proklamiert. Einseitig allerdings.

Die Verpachtung der »New Territories«, wie die neuerworbenen Gebiete fortan bezeichnet wurden, war angesichts der gegebenen Machtverhältnisse kostenlos erfolgt. Die schüchterne Frage des chinesischen Vertreters Wong Tsun Shin, was Großbritannien denn als Pachtzins zu zahlen gedenke, hatte der Sinologe und Schotte Sir James Haldane Stewart Lockhart diplomatisch mit der Gegenfrage beantwortet, ob denn die deutsche Regierung für Jiaozhou (Kiautschou) und die russische für Lüshun (Port Arthur) Miete zahle. China solle ruhig darauf vertrauen und sich damit zufriedengeben, daß Großbritannien, beseelt von Gefühlen der Freundschaft, mit China in dieser Angelegenheit ebenso ehrlich verfahren werde wie jede andere Macht. Womit die Sache erledigt war.

Noch längst nicht erledigt hingegen war die Frage der »Stadt Kowloon«, deren Bewohner sich eingemauert hatten, um sich dem Zugriff der Kolonialherren zu entziehen. Gleichsam ein *imperium in imperio,* ein der britischen Jurisdiktion entzogenes Territorium[16] innerhalb ihrer Kolonie, war es der britischen Regierung ein Dorn im Auge. In Gegenwart Ihrer erhabensten Majestät, der Königin Victoria, erging daher am 27. Dezember 1899 am Hofe von Windsor eine Kabinettsordre, welche nun auch die Ummauerte Stadt ohne jede Einschränkung als integralen Bestandteil der Kolonie reklamierte. Die bisherige Regelung habe sich als mit den militärischen Erfordernissen der Verteidigung Hongkongs unvereinbar erwiesen. Von großer praktischer Bedeutung war das allerdings nicht. Selbst nachdem 1943 – während der Okkupation Hongkongs durch die Japaner – die Mauern geschleift und als Baumaterial für den Ausbau des nahe gelegenen Flughafens Kai Tak verwendet worden waren, blieb die »Stadt der Gesetzlosen«, wie sie häufig

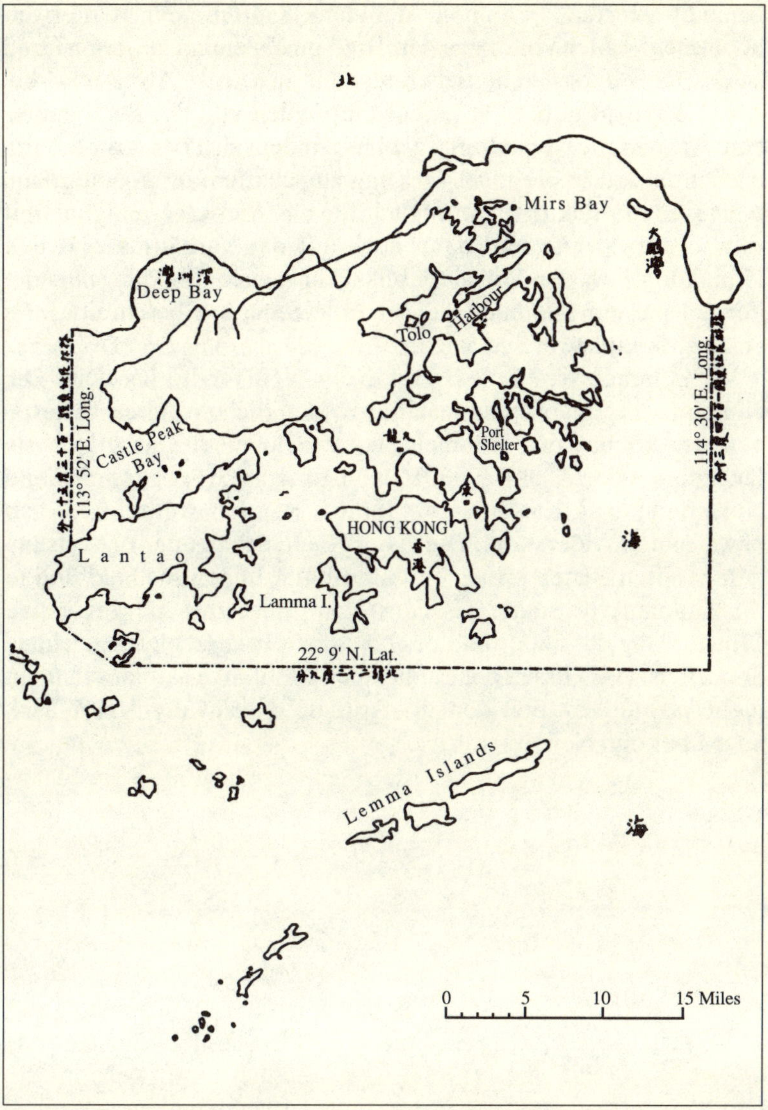

Diese Karte war der am 9. Juni 1898 von Großbritannien und China unterzeichneten »Konvention von Peking« beigefügt.
(Quelle: John V. A. MacMurray [Hg.], *Treaties and Agreements With and Concerning China,* 1894–1919, Bd. I, *Manchu Period [1894–1911],* New York: Oxford University Press 1921, S. 131)

genannt wurde, von den dunklen Kräften der Unterwelt beherrscht – allen voran von den Triaden. Zu einem gewissen Grad ist das Viertel, das zu besuchen man bis zu seinem Abriß im Frühjahr 1993 nicht guten Gewissens empfehlen konnte, noch immer eine Art »Sonderverwaltungsgebiet«, in dem sich der Arm des britischen Gesetzes nie recht Geltung zu schaffen vermochte. Eine beliebte, von Peking ursprünglich für die Wiedervereinigung mit Taiwan entwickelte und dann auch auf das Verhältnis zwischen Hongkong und der Volksrepublik China nach 1997 angewandte Formel paraphrasierend, läßt sich die Situation beschreiben als »eine Kolonie, zwei Systeme«.

Willkommen waren die Briten in den New Territories nicht. Die einheimische Bevölkerung, seit unvordenklichen Zeiten Untertanen des Sohnes des Himmels, hatte man nicht gefragt, ob sie Untertanen der 82jährigen QV, Königin von Großbritannien und Nordirland und Kaiserin von Indien, werden wollten. Es gab bewaffneten Widerstand. Die in der Niederschlagung von Aufständen geübten Briten schickten daraufhin Truppen ins Feld und in die Ummauerte Stadt. Als Faustpfand besetzten sie gar einige Monate lang das außerhalb des britischen Pachtgebietes gelegene Shenzhen. Das Hissen der Fahne aber konnten die Chinesen nicht mehr verhindern: Seit dem 16. April 1899 weht der Union Jack auch über den New Territories.

II. Maggie und die Mandarine

Die Eiserne Lady im Porzellanladen

Dank ihres harten Auftretens im gerade beendeten Falkland-Konflikt auf der Höhe ihrer Popularität, besuchte die stolze Siegerin, Margaret Hilda Thatcher, vom 22. bis 25. September 1982 Peking. In ihrer Begleitung befand sich Sir Edward Youde, der neue Gouverneur von Hongkong. Die Visite diente dem Zweck, mit der chinesischen Führung eine Verständigungsbasis für die Sicherung der Zukunft Hongkongs nach Ablauf des Pachtvertrags für die New Territories zu finden. Spätestens seit Ende der siebziger Jahre wurde im Foreign Office[1] intensiv darüber nachgedacht, wie sich mit China eine Vereinbarung erzielen ließe, die den Status quo nicht nur bis zum 30. Juni 1997, sondern möglichst lange über dieses Datum hinaus erhalten und damit die soziale und wirtschaftliche Stabilität der kapitalistischen Enklave an der Küste des sozialistischen Riesenreiches garantieren könne.

Zu ihren »very firm convictions«, zu ihren felsenfesten Überzeugungen, auf welche die Eiserne Lady so gerne pocht, zählt auch der Grundsatz *pacta sunt servanda,* Verträge müssen eingehalten werden. In Peking erklärte sie daher energisch und kompromißlos, der Vertrag von Nanjing sei gültig wie alle anderen Verträge auch und so lange zu respektieren, bis man sich in gegenseitigem Einvernehmen auf Änderungen verständigt habe.

Deng Xiaoping dagegen bestand darauf, daß die Verträge, mit denen »Li Hongzhang und die Verräter der Qing-Dynastie«[2] chinesischen Boden an Großbritannien abgetreten hätten, rechtswidrig und daher ungültig seien. China werde die Souveränität über diese Gebiete wiederaufnehmen, und dies schließe die Verwaltung ein. Die britische Fahne habe zu verschwinden. Die britische Regierung habe zu verschwinden. Im übrigen habe allein China das Recht zu entscheiden, welche Politik für Hongkong künftig die richtige sei.

Das Abschlußkommuniqué, das am 24. September 1982 unmittelbar vor der auf 15 Uhr angesetzten Pressekonferenz von Frau Thatcher von der Nachrichtenagentur Neues China über die Fernschreiber geschickt wurde, enthielt den Schlußsatz: »Die Haltung der chinesischen Regierung in bezug auf die Rückgewinnung der gesamten Region Hongkong ist eindeutig und allen bekannt.«[3] Der Satz war entgegen allen diplomatischen Gepflogenheiten ohne vorherige Absprache mit den Briten von den Chinesen angefügt worden.

Als die so überrumpelte britische Regierungschefin nach ihrem Treffen mit Deng weiter unbeirrt erklärte, die Hongkong-Verträge seien gültig, und für die sino-britischen Beziehungen im 19. Jahrhundert gar freundliche Worte fand, löste dies in China einen Sturm der Entrüstung aus. Ein hoher chinesischer Funktionär nannte Frau Thatcher ein »stinkendes Weib«, und die in Hongkong erscheinende KP-Zeitung *Wen Wei Po* beschuldigte die britische Regierungschefin am 6. Oktober 1982 gar, sie schwelge in Träumen vom Britischen Weltreich, als sie frech und schamlos von der »Freundschaftlichkeit« sprach, welche die Queen vor hundert Jahren China gegenüber gezeigt habe, vom Wohlstand, den die Briten im 19. Jahrhundert Hongkong gebracht hätten, und von der »Gültigkeit« der Ungleichen Verträge, die »einzuhalten seien« [. . .] Die einfältigen Herrscher [des kaiserlichen China] sind alle zu Verbrechern der Geschichte geworden. Das chinesische Volk hat sich schon vor langer Zeit erhoben. Nie wird es Imperialisten dulden, die es tyrannisieren wollen [. . .] Die wiederholte Erwähnung der Ungleichen Verträge ist gleichbedeutend mit einer Verletzung der territorialen Integrität und Souveränität Chinas und eine Beleidigung der nationalen Würde des chinesischen Volkes.

Das war starker Tobak. Wenn sie sich in ihrem Nationalstolz gekränkt fühlen, bleibt das Verhalten der Chinesen nicht mehr unbedingt in den Grenzen der Höflichkeit und der politischen Räson. Selbst wirtschaftliche Eigeninteressen spielen dann nur eine untergeordnete Rolle.

Die Rechtsauffassungen beider Seiten blieben also einander diametral entgegengesetzt. Ein Kompromiß schien kaum noch möglich.

Dabei war die chinesische Position in der Vergangenheit durchaus nicht immer so eindeutig. Zwar hatte Huang Hua als neugebackener Botschafter bei der UNO – die Vollversammlung hatte am 25. Oktober 1971 auf Antrag einer Staatengruppe unter alphabetischer Führung Albaniens den Sitz Taiwans der Volksrepublik China zugesprochen – am 8. März 1972 in einem Schreiben an das Sonderkomitee der Generalversammlung der Vereinten Nationen zur Erklärung über Entkolonialisierung gefordert, Hongkong aus der Liste der Kolonien zu streichen, denn »die Lösung der Hongkong- und Macao-Fragen liegt vollständig im Bereich der souveränen Rechte Chinas und fällt nicht in die Kategorie Kolonie [... Diese Fragen] sollten auf angemessene Weise gelöst werden, wenn die Umstände reif sind.«[4] Aber derselbe Huang Hua – mittlerweile Außenminister – hatte im November 1979 auch gesagt: »Der Pachtvertrag läuft 1997 aus. Es ist also noch Zeit«[5] und damit die Konvention von Peking von 1898 zumindest als *de facto* gültig anerkannt. Ähnlich hatten sich wiederholt auch Zhou Enlai, Deng Xiaoping und Ministerpräsident Zhao Ziyang geäußert.

Ob Hongkong und Macao Kolonien oder von Großbritannien und Portugal besetzte chinesische Territorien sind, ist nicht nur für den Streit über die Gültigkeit der Ungleichen Verträge und das Problem der Souveränität von Bedeutung. Der Vorstoß von Huang Hua sollte vor allem verhindern, daß die beiden Gebiete in die Unabhängigkeit entlassen werden könnten – und das womöglich legitimiert durch einen Volksentscheid.

Der Wortlaut des Schreibens von Huang Hua war ausreichend vage gehalten, so daß London sich damit begnügen konnte, seinen Standpunkt in einer Note an den UNO-Generalsekretär festzuhalten, in der es heißt, der Brief berühre den rechtlichen Status Hongkongs in keiner Weise.

Am 13. März 1972, nur fünf Tage nach dem Brief Huangs, wurde nach einem Jahr schwieriger Verhandlungen offiziell die Aufnahme diplomatischer Beziehungen zwischen der Volksrepublik China und Großbritannien bekanntgegeben.[6] Ein Interview Zhou Enlais mit Louis Heren von der *Times* im Oktober 1972 ließ auf eine nunmehr konziliantere Haltung Pekings hoffen. Zhou sagte: »Ein Staat muß in Verhandlungen eintreten, wenn ein Vertrag ausläuft. Nun, da es zwischen beiden Ländern volle diplomatische Beziehungen gibt, muß Großbritannien natürlich zu gegebener

Zeit verhandeln. Territorien, die China weggenommen wurden, müssen zurückgegeben werden. [...] Es ist nicht chinesische Politik, sich in übertriebener Eile auf solche Dinge einzulassen [...] In einer sich wandelnden Welt muß diese Angelegenheit geregelt werden, aber dies muß nicht jetzt sein.«[7]

Glaubt man britischen Diplomaten, dann hat Hongkong in den Verhandlungen zwischen London und Peking, bei denen es vor allem um die UNO-Mitgliedschaft Pekings, die Schließung des britischen Konsulats in Taipei und den Status Taiwans ging, keine Rolle gespielt. Dem aufmerksamen Beobachter entging jedoch nicht, daß seit der Normalisierung der Beziehungen zwischen beiden Staaten in offiziellen Dokumenten der britischen Regierung Hongkong nicht mehr als *colony,* sondern als *territory* bezeichnet wurde. Ein bemerkenswerter Wechsel, übernahmen die Briten damit doch die Terminologie Zhous und Huangs.

Als Edward Heath, in dessen Amtszeit als Premierminister die Aufnahme diplomatischer Beziehungen zwischen den beiden Staaten fiel, 1974 Peking besuchte, versicherte er der chinesischen Führung, Hongkong werde 1997 zurückgegeben. Doch da war er schon »out«. Nach der Wahlniederlage der Konservativen im Februar saß in Downing Street No. 10 wieder Harold Wilson.

In Sachen Hongkong bewegte sich nun nichts mehr. Auf alle Versuche Londons, mit den Chinesen über die aus dem Auslaufen des Pachtvertrages für die New Territories sich ergebenden Probleme ins Gespräch zu kommen, reagierten diese ausweichend. Selbst ein Treffen von Sir Murray MacLehose mit Deng Xiaoping am 28. März 1979 – es war der erste Besuch eines Gouverneurs von Hongkong in Peking – führte zu nichts. Das einzige, was Sir Murray mit nach Hause brachte, war die Botschaft Dengs, Investoren sollten »ruhig und guten Mutes sein«. Priorität besaß für Peking die Rückkehr Taiwans in den chinesischen Staatsverband, wenn nötig unter Beibehaltung seines kapitalistischen Wirtschaftssystems und bei Gewährung eines hohen Grades an Autonomie. Noch im März 1981 sagte Liao Chengzhi, als Direktor des Amts für Hongkong- und Macao-Angelegenheiten Chinas höchster Funktionär in Sachen Wiedervereinigung: »Die Briten wollen, daß wir unsere Karten aufdecken. Sie versuchen, eine Entscheidung zu erzwingen. Aber wir lassen uns nicht unter Druck setzen. China wird sich nicht zwingen lassen, seinen Standpunkt offenzulegen.«[8]

Der Umschwung kam Ende 1981: Am 6. Januar 1982 wurde der Besuch der britischen Premierministerin in Peking angekündigt. Hongkong, soviel stand fest, würde auf der Tagesordnung stehen.

Doch dann kam der Falkland-Krieg. Frau Thatcher hatte nun anderes im Kopf als die Zukunft Hongkongs. Erst am 28. Juli – zwei Tage nach dem Dankgottesdienst für den Sieg über Argentinien in St. Paul's Cathedral und knapp zwei Monate vor ihrer Chinareise – gelang es Sir Edward Youde, die Aufmerksamkeit der Regierungschefin auf das ihm anvertraute Territorium zu lenken. Sir Edward hatte am 20. Mai Sir Murray als Gouverneur von Hongkong abgelöst. Nachfolger Youdes in Peking war Sir Percy Cradock.

Im Laufe der Sitzung in Downing Street sah auch Frau Thatcher – wenngleich widerwillig – ein, daß Hongkong ohne die Gebiete nördlich der Boundary Street, die immerhin 92 Prozent der Gesamtfläche Hongkongs ausmachen, nicht lebensfähig wäre. Zunächst hatte sie noch mit dem Gedanken gespielt, vielleicht bloß die New Territories zurückzugeben. Hartnäckig vertrat sie den Standpunkt, eine Rücknahme der »auf ewig« abgetretenen Gebiete sei nach internationalem Recht ohne formelle Zustimmung Großbritanniens zur Änderung der Verträge gar nicht möglich. Dies gelte auch für eine Regelung, wie sie Deng Xiaoping am 6. April Edward Heath vorgeschlagen hatte, wonach die Rückgabe ganz Hongkongs auf der Grundlage der von Peking ursprünglich für die Wiedervereinigung mit Taiwan entwickelten Formel »ein Land, zwei Systeme« erfolgen könnte. Für ein zweites Land war darin kein Platz.

Damit war Dengs Katze aus dem Sack: Peking bestand auf dem vollständigen Abzug der Briten.

Da sich Frau Thatcher weiter dagegen sträubte, Hongkong aufzugeben, ohne daß irgend jemandem einfiel, wie dies zu erreichen sei, beschloß man, in Peking lediglich die Ankündigung der Aufnahme von Verhandlungen mit dem Ziel der Sicherung von »Stabilität und Prosperität« Hongkongs anzustreben. Vorbedingungen für Verhandlungen dürfe es keine geben.

Während London völlig rat- und konzeptionslos der Begegnung Frau Thatchers mit Deng Xiaoping entgegensah, wurde in Peking längst an einer Verfassungsänderung gearbeitet. Durch die Einfügung einer Klausel (des späteren Artikels 31) sollte die rechtliche

Voraussetzung für die Einrichtung von »Sonderverwaltungsgebieten« geschaffen werden. Hongkong, Macao und Taiwan könnten so in die Volksrepublik China integriert werden, ohne deren Sozial- und Wirtschaftssystem übernehmen zu müssen.

Pekings Propagandamaschinerie lief auf vollen Touren. Häppchenweise erfuhren die Briten aus der Presse, was die Chinesen mit Hongkong vorhatten. Den Höhepunkt erreichte die Kampagne am 21. September, einen Tag vor Frau Thatchers Ankunft in Peking, als in der nichtkommunistischen Zeitung *Hong Kong Daily News* zu lesen war:

> Die chinesischen Führer werden die britische Premierministerin, Frau Thatcher, bei ihren Gesprächen offiziell darüber informieren, daß China entschlossen ist, die volle Souveränität über die New Territories, Kowloon und die Insel Hong Kong wiederzuerlangen, wenn der Pachtvertrag für die New Territories ausläuft. [...] Peking wird Großbritannien von der chinesischen Entscheidung in Kenntnis setzen und in den Gesprächen nichts vorbringen, worüber sich feilschen ließe [...] Die chinesische Seite meint, daß es für beide Seiten vorteilhafter und günstiger ist, wenn der Wechsel in diesem Jahr [1997] erfolgt, doch bedeutet dies keine Anerkennung des Pachtvertrages [...] Einigen Gerüchten im Ausland zufolge soll Großbritannien im Gegenzug für die Aufgabe der Souveränität die Verwaltung behalten. Das ist absolut unmöglich. [...] In Kürze wird China eine öffentliche Erklärung über den Status Hongkongs abgeben.

Als Ministerpräsident Zhao Ziyang am 23. September – unmittelbar bevor er gemeinsam mit der Eisernen Lady das heiße Eisen anpackte – einer Gruppe wartender Journalisten aus Hongkong sagte: »China wird mit Sicherheit seine Souveränität über Hongkong zurücknehmen«,[9] war der Affront komplett. Offenbar hielt die chinesische Führung die Kooperation Großbritanniens bei der Formulierung ihrer künftigen Hongkong-Politik für überflüssig. Damit hatte sie demonstriert, daß die Falklands kein Präzedenzfall sein konnten für den Umgang mit der Hongkong-Frage.[10]

Am Morgen des 24. September kam es dann zum entscheidenden Treffen mit Deng Xiaoping. Wie nicht anders zu erwarten, beharrten beide starr auf ihren Positionen. Frau Thatchers Erklärung, die Fortdauer der britischen Verwaltung in Hongkong sei Voraussetzung für das Vertrauen in die Zukunft und somit für die Stabilität und Prosperität des Territoriums,[11] brachte Deng, der sich fleißig des bereitstehenden Spucknapfs bediente, regelrecht in Rage. Er sagte, die Chinesen könnten noch heute in Hongkong einmarschieren, wenn sie wollten, und Frau Thatcher erwiderte, das könnten sie wohl, aber es würde zum Zusammenbruch Hongkongs führen. Die Welt würde dann sehen, was bei einem Wechsel von britischer unter chinesische Herrschaft passiert.[12] Die »freundschaftliche Atmosphäre« gab es nur auf dem Papier des Abschlußkommuniqués.

Wie vergiftet die Atmosphäre war, zeigt die Tatsache, daß zu dem Abschiedsbankett, das die Briten am Abend in der Großen Halle des Volkes gaben, außer Ministerpräsident Zhao, Außenminister Huang und Außenhandelsminister Chen Muhua kein einziger Spitzenfunktionär erschien. Deng und alle anderen Parteigrößen beehrten mit ihrer Anwesenheit zur selben Zeit im selben Gebäude einen anderen Gastgeber: Nordkoreas Staatschef Kim Il-sung.

Dennoch sah Frau Thatcher ihr Hauptziel erreicht: Deng hatte zugestimmt, mit Großbritannien über das gemeinsame Ziel der Sicherung von Stabilität und Prosperität Hongkongs Gespräche zu führen. Allerdings hatte er nicht versäumt zu betonen, daß deren Ergebnisse für China nicht bindend seien. Sollte es nicht innerhalb von zwei Jahren zu einer akzeptablen Vereinbarung kommen, werde China einseitig seine eigene Hongkong-Politik bekanntgeben. Daß die Chinesen dem Kommuniqué ohne Einverständnis der Gegenseite den Hinweis auf ihre »allen bekannte« Haltung anfügten und so den Eindruck erweckten, als hätten sich die Briten auf Vorbedingungen eingelassen, trübte zusätzlich das Bild.

»Frau Thatcher hat uns mit ihrer festen, doch femininen Art unser Vertrauen in die Zukunft Hongkongs wiedergegeben.« Mit solchen und ähnlichen Verlautbarungen versuchte der Informationsdienst der Regierung von Hongkong[13] die Pekinger Gespräche als Erfolg zu verkaufen. Vergeblich. Allem pflichtgemäß verbreiteten Optimismus zum Trotz fiel der Hang-Seng-Index in den Keller. Hongkongs Börsenbarometer, das am 17. Juli 1981 mit 1810 Punkten seinen bisherigen Höchststand erreicht hatte, sackte noch am Tag der Pressekonferenz der streitbaren Dame um

83 Punkte und durchbrach am nächsten Tag die psychologisch bedeutsame Marke von 1000 Zählern. Und er rutschte weiter ab. Hongkongs Wirtschaft, seit Mitte des Jahres auf Talfahrt, geriet ins Trudeln. Das Bau- und Immobiliengeschäft kam im Laufe der nächsten zwölf Monate fast zum Erliegen. Die Bodenpreise fielen um 50, die Mieten bis 40 Prozent. Und der Hongkong-Dollar, Ende 1981 noch mit einem Mittelkurs von 5,7 zum US-Dollar gehandelt, verlor weiter dramatisch an Wert.

Sollte es ein böses Omen gewesen ein, daß die Eiserne Lady nach ihrer Unterredung mit Deng am 24. September 1982, einem Freitag, beim Verlassen der Großen Halle des Volkes auf den Stufen zum Platz des Himmlischen Friedens gestrauchelt und gestürzt war?

Vom »stinkenden Weib« zur »klugen Frau«

Die zwischen Frau Thatcher und Deng Xiaoping vereinbarten Gespräche kamen nicht in Gang, da Peking den Souveränitätsverzicht Großbritanniens zur Vorbedingung der Verhandlungen machte. London hingegen wollte sich für diesen Verzicht die Fortdauer der britischen Verwaltung des gesamten Territoriums weit über 1997 hinaus einhandeln. Die Wiedererlangung voller Souveränität aber schloß, wie die chinesische Seite unmittelbar vor Frau Thatchers Besuch unmißverständlich klargemacht hatte, eine Fortdauer der britischen Verwaltung aus.

Beunruhigt über die chinesische Verzögerungstaktik, wandte sich die britische Regierungschefin an »Old China Hand« Henry Kissinger. Sein Rat »Don't worry, so sind sie halt«[14] machte Frau Thatcher aber auch nicht happy.

Als sie schließlich erfuhr, die Chinesen hätten die Absicht, im Juni einseitig ihre eigenen Pläne bekanntzugeben, kam es am 28. Februar 1983 zu einer Krisensitzung in Downing Street. Da die Verhandlungen keine Fortschritte machten, schlug Frau Thatcher vor, solle man nun mit dem Aufbau demokratischer Strukturen beginnen, als wäre es das Ziel, wie einst in Singapur innerhalb kurzer Zeit die Selbstverwaltung oder Unabhängigkeit Hongkongs zu erreichen. Selbst Referenda sollten erwogen werden. Niemand jedoch schien von ihren Ideen angetan. Vor allem Schatzkanzler

Sir Geoffrey Howe und das Foreign Office rieten dringend zum Nachgeben.

Erst als Frau Thatcher im März 1983 in einem »privaten« Brief an Zhao Ziyang zu erkennen gab, sie »sei bereit, dem Parlament die Übertragung der Souveränität an China zu empfehlen«, wenn die Verhandlungen zu »für das britische Parlament, Hongkongs Bevölkerung und die chinesische Regierung akzeptablen« Vereinbarungen führten,[15] kam Bewegung in die starren Fronten. Die Chinesen werteten das Schreiben – Sir Percy Cradock, der Architekt der britischen Hongkong-Politik, hatte es vorgeschlagen und entworfen – als Rückzieher und priesen die zuvor wütend Gescholtene plötzlich als »kluge Frau«.[16] Am 12. Juli, verkündete das chinesische Außenministerium, würden die Gespräche beginnen.

Leiter der chinesischen Delegation war Yao Guang, bis Dezember 1982 Botschafter Chinas in Paris und seither Vizeaußenminister. Ihm zur Seite standen Li Jusheng, zweiter Direktor des Hongkong-Büros der Nachrichtenagentur Neues China (Xinhua), und Lu Ping, Berater in der Westeuropa-Abteilung des Außenministeriums. Der britischen Delegation gehörten neben ihrem Leiter Sir Percy Cradock, dem Botschafter des Vereinigten Königreichs in Peking, und Robin McLaren als politischem Berater auch Sir Edward Youde an, der Gouverneur Hongkongs. Der fließend Mandarin sprechende Sir Edward vertrat – darauf hatten die Chinesen bestanden – allerdings nur die britische Regierung, denn die Verhandlungen seien streng bilateral. Vertreter Hongkongs blieben offiziell von den Gesprächen ausgeschlossen. Sich auf einen »dreibeinigen Stuhl« zu setzen, lehnten die Chinesen strikt ab.

Die Sitzungen bestanden im wesentlichen aus einer endlosen Wiederholung der bekannten Standpunkte. »Wann immer die Chinesen Gelegenheit hatten, etwas zu sagen [...]«, bemerkte ein frustrierter Beobachter voll Bewunderung, »droschen sie auf demselben alten Thema herum, daß Souveränität und Verwaltung unteilbar seien. [...] Es ist eine Stärke der Chinesen, daß sie nie müde werden, in Verhandlungen immer wieder dasselbe zu sagen. [...] Yao Guang war einer der uninteressantesten Leute, denen man begegnen konnte, und er leistete hervorragende Arbeit.«[17]

Am 29. Juli 1983, drei Tage nach der zweiten Gesprächsrunde, platzte in Hongkong die Bombe: Eine Gruppe von Oberschülern verkündete nach ihrer Rückkehr aus Peking einen vom Amt für Hongkong- und Macao-Angelegenheiten ausgearbeiteten 12-Punkte-Plan für die Zukunft Hongkongs.[18] Er war ihnen von einem nicht namentlich genannten chinesischen Beamten übergeben worden – eine schallende Ohrfeige für die Herren von der Themse. Deutlicher hätte China der ohnmächtigen Kolonialmacht seine Geringschätzung kaum zeigen können. Peking versuchte offenbar, sich an London vorbei unmittelbar der Unterstützung der Bevölkerung Hongkongs zu versichern.

Die zwölf von den Oberschülern an die Öffentlichkeit getragenen Punkte versprachen, Hongkong werde nach 1997

1. sein kapitalistisches System beibehalten;
2. ein freier Hafen und ein Finanzzentrum bleiben;
3. eine konvertible Währung behalten;
4. nicht von Abgesandten aus Peking verwaltet werden;
5. einen von seinen Einwohnern gewählten »Bürgermeister« bekommen, der allerdings ein »Patriot« sein solle;
6. sich ohne Einmischung der Zentralregierung selbst regieren, außer in Angelegenheiten der Verteidigung und des Auswärtigen;
7. »beträchtliche« Freiheit haben, sich an internationalen Aktivitäten zu beteiligen;
8. seine eigenen Reisedokumente ausstellen;
9. sein gegenwärtiges Rechtssystem behalten, solange es nicht mit der Souveränität Chinas in Konflikt gerät, und sein eigenes lokales oberstes Berufungsgericht haben;
10. selbst für die Aufrechterhaltung von Recht und Ordnung mit polizeilichen Mitteln verantwortlich sein;
11. politische Betätigung sogar von Nationalisten[19] dulden, solange diese keine Sabotage üben;
12. ohne Auflagen von Peking seine eigenen »sozialen Reformen« betreiben.

Wurde im Kommuniqué die erste Runde der Gespräche als »nützlich und konstruktiv« und die zweite wenigstens noch als »nützlich« bezeichnet, so stellte das Kommuniqué nach der dritten Runde am 3. August nur noch lakonisch fest, daß Gespräche stattgefunden hatten.

Das genügte, um Hongkongs Vertrauen in die Zukunft weiter zu erschüttern: Am 4. August verlor der Hang-Seng-Index, der ohnehin nur noch bei 720 Zählern stand, 36 Punkte. Am Tag darauf sank der Hongkong-Dollar unter einen Kurs von 7,5 zum US-Dollar.

Derweil traten die Unterhändler noch immer auf der Stelle. Margaret Thatcher war weniger denn je gewillt nachzugeben. Für ihre Haltung fand sie Unterstützung beim Exekutivrat (Executive Council, ExCo), dem »Kabinett« des Gouverneurs von Hongkong, das erst seit kurzem über den Gang der Dinge informiert und nach seiner Meinung gefragt wurde. Das Foreign Office und Sir Percy Cradock neigten zwar wieder zum Einlenken, vertraten in der vierten Runde am 22. und 23. September jedoch die kompromißlose Linie ihrer Herrin in Downing Street No. 10.

Das Kommuniqué war wiederum bar jeglicher Epitheta. Hongkongs Finanzkrise sei allein Angelegenheit Großbritanniens, hatte Yao Guang ungerührt Sir Percy wissen lassen. Die Briten seien sehr wohl in der Lage, sie zu beenden, wenn sie nur wollten. Am 24. September – auf den Tag genau ein Jahr nach Frau Thatchers Sturz vor der Halle des Volkes – hatte Hongkongs Währung weitere 8 Prozent an Wert verloren und wurde nurmehr mit einer Parität von 9,5 zur US-Devise gehandelt. Panik brach aus am »Duftenden Hafen«. Die Bevölkerung, die ihre Ersparnisse zwischen den Fingern zerrinnen sah, begann mit Hamsterkäufen. Schließlich beschloß die Regierung, mit Wirkung vom 17. Oktober 1983 den Wechselkurs willkürlich auf 7,8 HK-Dollar für 1 US-Dollar festzusetzen. Diese Bindung an den Greenback wurde bis heute nicht aufgegeben.

Zwei Tage später, am 19. und 20. Oktober, gingen die Gespräche in Peking in die fünfte Runde, in der die Chinesen unmißverständlich klarmachten, daß sie nicht bereit seien, überhaupt einen Vertrag mit Großbritannien zu unterzeichnen, sondern die Ziele ihrer eigenen Hongkong-Politik verkünden wollten.[20] Das Abschlußkommuniqué bezeichnete die Sitzung auf einmal wieder als »nützlich und konstruktiv«: Die Briten hatten den Rückzug angetreten. Großbritannien, versicherte Cradock in der sechsten Runde am 14. und 15. November, werde nach 1997 »keine Verbindungen zur Verwaltung« Hongkongs suchen. Frau Thatcher hatte endgültig die Hoffnung aufgegeben, für Hongkong wenigstens Selbstverwaltung zu erreichen.

Knapp drei Wochen später, am 5. Dezember – zwei Tage vor Beginn der siebten Runde –, erschien in Hongkongs KP-Zeitung *Ta Kung Pao* ein Artikel mit dem Titel »Können zwei Systeme nicht lange Zeit koexistieren?« »Der Staatsrat«, hieß es dort unter Hinweis auf Artikel 31 der ein Jahr zuvor in Kraft getretenen neuen Verfassung der Volksrepublik China, »arbeitet am Entwurf eines ›Basic Law‹, einer Miniverfassung für das Sonderverwaltungsgebiet Hongkong. Dieses Gesetz wird im September 1984 verkündet.«[21]

Die von Deng Xiaoping beim Treffen mit Frau Thatcher festgesetzte Frist für das Zustandekommen einer Vereinbarung war damit zum Ultimatum geworden. Wollten die Briten bei der Formulierung der künftigen Verfassung Hongkongs überhaupt noch ein Wörtchen mitreden, blieb ihnen nicht mehr viel Zeit.

Nachdem die Regierung Thatcher ihre Positionen zuerst in der Frage der Souveränität und dann auch in bezug auf eine Fortsetzung – oder zumindest Beteiligung an – der Verwaltung Hongkongs über 1997 hinaus geräumt hatte, konnte es den Briten bloß noch darum gehen, den Chinesen verbindliche Zusagen über deren eigene Hongkong-Politik abzuringen. Sie mußten sie zur Unterschrift unter ein möglichst detailliertes, nach internationalem Recht bindendes Abkommen bewegen. Peking hingegen konnte nur an einem unverbindlichen, möglichst vage gehaltenen Dokument gelegen sein.

Darauf, daß um die Jahreswende 1983/84 ein neuer Abschnitt in den sino-britischen Verhandlungen begann, deutete auch der Wechsel der Verhandlungsführer.

Sir Percy Cradock kehrte nach England zurück, von wo aus er als außenpolitischer Berater Frau Thatchers den Fortgang der Verhandlungen überwachen sollte. Sein Nachfolger Sir Richard Evans, Londons neuer Botschafter in Peking, war Neuling in Sachen Hongkong, aber kein Neuling in China. Bereits von 1955 bis 1957 und von 1962 bis 1964 war er hier auf verschiedenen Posten gewesen. Und er sprach Chinesisch.

Zhou Nan, der im Januar 1984 Yao Guang als Leiter der chinesischen Delegation ablöste, war von 1975 bis Mai 1983 Mitglied der UN-Delegation der VR China in New York, dann Abteilungsleiter im Außenministerium und seit September 1984 schließlich Vizeaußenminister. Dieser zähe, mit allen Wassern gewaschene Spitzendiplomat schien geradezu prädestiniert für den Umgang mit den »fremden Teufeln«: Zhou, der fließend Englisch spricht, hatte seine Karriere Anfang der fünfziger Jahre im Korea-Krieg mit Verhören amerikanischer Kriegsgefangener begonnen.

Anders als sein Vorgänger wartete Zhou nicht einfach ab »wie ein nasser Sumpf«,[22] bis die stereotype Wiederholung des chinesischen Standpunkts ihre Wirkung auf die westlichen Gemüter tat, sondern trieb die Verhandlungen in fünfzehn Verhandlungsrunden bis Anfang September aktiv voran.

Was nicht heißt, daß die Briten nun leichtes Spiel gehabt hätten. Im Gegenteil: Die Chinesen mauerten weiter. Zhou machte gar den Vorschlag, China und Großbritannien sollten, statt einen Vertrag zu schließen, lediglich »parallele Deklarationen« abgeben. Dies würde beiden Seiten erlauben, Erklärungen zu gemeinsamen Zielen zu machen, ohne sich in allen Einzelheiten geeinigt zu haben. Damit aber hätte sich China nach internationalem Recht zu nichts verpflichtet. Eben dies war es, was es nach britischer Auffassung unbedingt zu verhindern galt.

Zur Verblüffung und zum Entsetzen der Briten schlug Zhou – als »Ergänzung« des Haupttextes der Vereinbarung – obendrein die Schaffung einer gemeinsamen sino-britischen Kommission vor, die in den letzten Jahren vor der Übergabe Hongkongs in allen wichtigen Punkten die Verwaltung »in hohem Maße überwachen« solle. Das lief auf nichts anderes hinaus, als Peking schon lange vor 1997 bei allen entscheidenden administrativen, personellen, fiskalischen, monetären sowie boden- und verfassungsrechtlichen Fragen ein Veto- und Mitspracherecht einzuräumen.

Eine so dicke Kröte konnten Maggies Unterhändler nicht schlucken. Das war Chefsache. Howe mußte her.

Singapurs chinesischer Premier Lee Kuan Yew, den Frau Thatcher um Rat gefragt hatte, wie sie mit den Chinesen umgehen solle, hatte ihr ohnehin geraten, »einen sehr hochrangigen Minister oder Emissär [nach Peking] zu schicken«, um die britischen Vorschläge der chinesischen Regierung auf der höchstmöglichen Ebene zu übermitteln«, wie Lady Thatcher in ihren Memoiren schreibt.[23]

Sir Geoffrey Howe, der den glücklosen, seiner laschen Haltung im Falkland-Krieg wegen von Frau Thatcher ungeliebten Francis Pym nach den Wahlen vom 9. Juni 1983 abgelöst hatte, war einverstanden. Ende Februar wurde der Besuch des britischen Außenministers in Peking für die Zeit vom 15. bis 18. April angekündigt. Bis dahin verschärfte sich der Konflikt zwischen dem Foreign Office, das wieder zum Nachgeben neigte, und Hongkongs Exekutivrat, der mit Unterstützung durch Gouverneur Youde eine härtere Haltung gegenüber China forderte.

Howe folgte in den Gesprächen mit seinem chinesischen Kollegen Wu Xueqian, Ministerpräsident Zhao Ziyang und – am 18. April – mit Deng Xiaoping der Linie seiner kompromißbereiten Berater: Erstens akzeptierte er den Septembertermin, wobei er zu erreichen versuchte, daß die Vereinbarung zu diesem Zeitpunkt nicht ratifiziert, sondern lediglich paraphiert werden sollte, zweitens bemühte er sich um die Zustimmung Chinas zu einem möglichst detaillierten Abkommen, das sich nicht in allgemeinen Absichtserklärungen erschöpfte, und drittens drängte er auf die Zusicherung, daß das Dokument rechtlich bindend sei.

In der Form, nicht in der Substanz, kam Deng dem konzilianten Howe entgegen: Erstens akzeptierte er den September als Termin für die Paraphierung – Unterzeichnung und Ratifikation könnten später erfolgen –, zweitens erklärte er sich bereit, die Vereinbarung durch »ein gewisses Maß an Einzelheiten« in Gestalt eines rechtlich dem Haupttext gleichgestellten »Anhangs« zu ergänzen, sofern die »Zwölf Punkte« den Kern des Abkommens bildeten, und drittens zog er noch immer unverbindliche »parallele Deklarationen« einem Vertrag vor. Daneben forderte Deng – offenbar um einer Plünderung der prall gefüllten Säckel Hongkongs durch teure neue Großprojekte vorzubeugen – weiterhin die Einsetzung einer gemeinsamen Kommission zur Kontrolle der Verwaltung Hongkongs bereits Jahre vor der Übergabe. Und er bestand darauf, nach 1997 Truppen der Volksbefreiungsarmee in Hongkong zu stationieren. Dies sei unverzichtbarer Teil der Souveränitätsrechte Chinas.

Sir Geoffrey, der im Anschluß an die Verhandlungen in Peking nach Hongkong flog, hatte dort keinen leichten Stand. Wie ein Mitglied des Exekutivrats, das er zunächst vertraulich über seine Gespräche informierte, feststellte, war er »nicht gekommen, um viel Positives zu sagen. Es war negativ. Er war gekommen, um reinen Tisch zu machen [...]«[24] Tatsächlich räumte Howe auf seiner Pressekonferenz am 20. April ein, die Annahme, es könnte eine Vereinbarung geben, die eine wie immer geartete Fortsetzung der britischen Verwaltung über 1997 hinaus erlaube, sei unrealistisch. Wenigstens in diesem Punkt herrschte nun Klarheit. Unklar blieb, welche Form die Vereinbarung haben würde und welche äußeren Garantien es geben könnte, daß China sich auch wirklich daran hält.

Was Hongkongs Presse nicht in wohlgesetzten Worten aus dem Mund des britischen Chefdiplomaten erfuhr, sollte sie einen Monat später vom Patriarchen in Peking hören: Vor laufenden Kameras erklärte Deng am 25. Mai, China sei fest entschlossen, Truppen der Volksbefreiungsarmee in Hongkong zu stationieren. Alles andere sei »Bockmist«. (Deng bediente sich einer weniger feinen Vokabel.) Damit fegte er gegenteilige Beteuerungen seiner ehemaligen Außen- und Verteidigungsminister Huang Hua und Geng Biao vom Tisch. Natürlich würden dort ein paar tausend Soldaten stationiert, versicherte er und fuhr fort, nur vier Männer seien berechtigt, im Namen Chinas ex cathedra Erklärungen über Hongkong abzugeben.[25] Zu diesen zählten seltsamerweise weder KP-Generalsekretär Hu Yaobang, der am 15. August 1983 eine japanische Delegation hatte wissen lassen, China werde Hongkong weder vor noch nach dem 1. Juli 1997 zurücknehmen, noch Xu Jiatun, der Chef des Büros der Nachrichtenagentur Neues China (Xinhua) und damit höchster Repräsentant der Volksrepublik China in Hongkong. Von beiden hatte man bisher angenommen, ihre Äußerungen seien ernst zu nehmen. In der chinesischen Führung herrschte offenbar keineswegs Einigkeit in der Hongkong-Frage. Das letzte Wort aber hatte nach wie vor ausschließlich Deng Xiaoping.

Die Briten, die gehofft hatten, mit ihren Zugeständnissen die Pekinger Verhandlungen aus der Sackgasse zu führen, sahen sich getäuscht: Zhou Nan fand es noch immer nicht nötig, ins Detail zu gehen.

In seinem offenen Brief[26] vom 21. Juni 1984 an Sir Geoffrey Howe beschrieb Derek Davies, Chefredakteur des angesehenen Nachrichtenmagazins *Far Eastern Economic Review,* den bisherigen Verlauf der Verhandlungen und die Taktik der Chinesen wie folgt:

Zunächst bemühten sich die Chinesen, die Briten zu umgehen, indem sie sich unmittelbar der Unterstützung ihrer Landsleute zu vergewissern suchten. Aber nur einige wenige »Patrioten« ließen sich von den Schmeicheleien und Versprechungen verführen, die ihnen eine wichtige Rolle im Hongkong der Zukunft in Aussicht stellten. Pekings Versuch, die Masse der chinesischen Bevölkerung Hongkongs für sich zu gewinnen, scheiterte kläglich.

Dann änderten die Chinesen ihre Taktik, indem sie mit den Briten so hart feilschten wie möglich und sie zugleich zur Zusammenarbeit während der Übergangszeit bis 1997 einluden, wobei sie als Gegenleistung für deren Fügsamkeit und Kooperation bloß zu einem Minimum an Konzessionen bereit waren. »Mit anderen Worten: China bedient sich seiner traditionellen Verhandlungstechniken. Zweck der Übung ist natürlich, für einen minimalen Preis ein Maximum zu erreichen.«

Demnach stimmt Pekings Verhandlungsführung exakt mit jenen Verhandlungstechniken überein, die Richard Solomon in der Studie *China's Political Negotiating Behaviour* der RAND Corporation beschrieben hat: von der frühen Festlegung auf unverrückbare Prinzipien (hier: Souveränität) bis hin zur Anwendung unterschiedlicher Druckmittel (hier: Festsetzung des letzten Termins für das Zustandekommen einer Einigung auf September 1984). »Daraus«, so Davies, »ergeben sich unausweichlich folgende Schlußfolgerungen:

- In den Verhandlungen über Hongkong bedienen sich die Chinesen klassischer Verhandlungstechniken.
- Ihre Absicht ist es daher, das beste Ergebnis für Peking zu erzielen (nicht für Hongkong, wenngleich die Interessen beider letztlich weitgehend übereinstimmen mögen).
- Die britischen Unterhändler wurden bislang ausmanövriert, da sie der chinesischen Taktik zum Opfer fielen.
- Solange ihre Verhandlungspartner Zugeständnisse machen, drängen die Chinesen auf weitere Gewinne.
- Das einzige Mittel, mit den Chinesen einen fairen Handel abzuschließen, ist, sie davon zu überzeugen, daß man die eigene Endposition – die Basislinie – erreicht hat.«

Als Derek Davies' offener Brief erschien, war gerade eine Delegation des Exekutivrats mit Sir Sze-yuen Chung und Lydia Dunn in Peking eingetroffen. Sie bemühte sich, der Besorgnis Gehör zu verschaffen, der Einfluß kommunistischer Funktionäre könnte das liberale Gesellschafts- und Wirtschaftssystem Hongkongs unterminieren. Womöglich, gaben sie Deng zu bedenken, sei das Konzept »ein Land, zwei Systeme« gar nicht praktikabel.

In Dengs Augen war, wer so etwas sagte, kein Patriot, sondern Sprachrohr chinafeindlicher Propaganda. Gewohnt zu hören, was er hören wollte, entgegnete er Sir S. Y. am 23. Juni voll Zorn in der Großen Halle des Volkes:

> Was Sie gesagt haben, kann in einem einzigen Satz zusammengefaßt werden. Sie haben kein Vertrauen in die Politik der Volksrepublik und ihrer Regierung. Sie haben nur gesagt, daß Sie mir vertrauen, aber das sind leere Worte. [...] Offen gesagt: Sie glauben nicht, daß die Chinesen fähig sind, Hongkong zu regieren.

Und dann verkündete er:

> Was die dreizehnjährige Übergangszeit betrifft [...], so sind wir nicht weniger besorgt als Sie. Deshalb schlagen wir vor, in Hongkong eine gemeinsame Arbeitsgruppe ins Leben zu rufen.[27]

Howe, der Dengs Insisitieren auf einer »gemeinsamen Kommission« bislang verschwiegen hatte, um die Vertraulichkeit der sino-britischen Gespräche zu wahren, war alarmiert. Um die Situation zu retten, entschloß er sich auf Anraten des Whitehall-Mandarins Cradock zu einem zweiten Besuch in Peking – gegen den Widerstand Youdes und des Exekutivrats, welche die Verhandlungen lieber platzen lassen wollten, als die chinesischen Bedingungen zu akzeptieren.

Wie die *Financial Times* am 20. Juli berichtete, »räumte Whitehall gestern zum ersten Mal ein, daß Großbritannien über die chinesische Forderung nach einer gemeinsamen sino-britischen Gruppe nachdenkt, welche den Übergang der Kolonie unter chinesische Herrschaft 1997 überwachen soll [...] Amtliche Stellen sagten, Großbritannien habe dies nicht ausgeschlossen [...], betonten jedoch, eine Aufgabe des Rechts, Hongkong bis 1997 zu regieren, komme für Großbritannien nicht in Frage.«

Mit diesem neuerlichen Rückzug der Briten noch vor dem Eintreffen Sir Geoffreys in Peking am 28. Juli war der »Erfolg« der Gespräche vorprogrammiert. Zudem hatte Howe längst klargestellt: Ein Referendum über die Vereinbarung und eine Rückkehr an den Verhandlungstisch kämen nicht in Betracht. Nachträgliche Änderungen seien ausgeschlossen. Deng konnte sicher sein: Demokratischen Heckmeck würde es nach der Paraphierung im September nicht geben.

Schnurren in der Höhle des Drachen

Wie zu erwarten, brachten die Verhandlungen den Durchbruch: Die Chinesen hatten sich in allen wesentlichen Fragen durchgesetzt und konnten den Briten nun in einer Reihe von Punkten entgegenkommen, um ihnen zu helfen, ihr »Gesicht zu wahren«.

Nachdem Frau Thatcher ihrem Außenminister in letzter Minute aus London telegraphisch grünes Licht gegeben hatte, die Sache, so gut er es eben könne, zum Abschluß zu bringen, einigten sich beide Delegationen auf den Rahmen der zu treffenden Vereinbarung: Statt »paralleler Erklärungen« geben China und Großbritannien eine »Joint Declaration«, eine »Gemeinsame Erklärung« ab.

Absatz 1 und *2* des Haupttextes dieser Joint Declaration erlauben es beiden Seiten, ihre unterschiedlichen Standpunkte in der Frage der Souveränität getrennt zum Ausdruck zu bringen.

Absatz 3 umreißt die Grundzüge der Politik Chinas gegenüber Hongkong auf der Basis der chinesischen »Zwölf Punkte«, die seit dem 21. Juni von einer Arbeitsgruppe unter David Wilson, dem für Asien und den pazifischen Raum zuständigen Unterstaatssekretär im Foreign Office, und Ke Zaishuo, einem Diplomaten ähnlichen Rangs, modifiziert worden waren. Dieser Teil hat den Charakter einer einseitigen Erklärung Chinas.

Absatz 3, Punkt 12 hält fest, China werde die im Haupttext skizzierten und in *Annex I* präzisierten Prinzipien seiner Politik in einem »Basic Law« für Hongkong gesetzlich verankern. Das vom Nationalen Volkskongreß der Volksrepublik China zu verabschiedende Grundgesetz werde die Hongkong-Politik Chinas für fünfzig Jahre festschreiben. Die Briten werteten dies als Garantie für die Einhaltung der Vereinbarung.

Absatz 4 erklärt, daß in der Übergangszeit bis zum 30. Juni 1997 die britische Regierung für die Verwaltung Hongkongs verantwortlich ist, wobei die chinesische Regierung kooperiert.

Absatz 5 kündigt die Gründung einer »Joint Liaison Group« (JLG) an, deren Rolle in *Annex II* näher beschrieben wird. Bei dieser »Gemeinsamen Verbindungsgruppe« handelt es sich um nichts anderes als die von Deng geforderte sino-britische Kommission, die Peking schon vor 1997 die Mitsprache in Hongkong ermöglichen sollte. Die Chinesen hatten den Briten den Biß in den sauren Apfel versüßt, indem sie sich einverstanden erklärten, den Ausschuß bis zum 1. Januar 2000 bestehen zu lassen. Dadurch hoffte London, über 1997 hinaus Einfluß auf die Verwaltung Hongkongs zu behalten. Zudem ist das Gremium ausdrücklich als Verbindungs- und nicht als Machtorgan definiert.

Absatz 6 stellt fest, die Fragen der Bodenpacht würden in einem *Annex III* geregelt.

Absatz 7 erklärt, beide Regierungen werden die Joint Declaration samt Annexen erfüllen.

Absatz 8 enthält den für die Briten entscheidenden Schlußsatz: »Diese Joint Declaration und ihre Annexe sind gleichermaßen bindend.« Er erlaubte es ihnen, die – in wesentlichen Teilen einseitige – Joint Declaration in ihrer Gesamtheit als für Großbritannien und China gleichermaßen bindend zu präsentieren.

Daß die einzelnen Gesetze und Ausführungsbestimmungen nicht im Widerspruch zur Verfassung der Volksrepublik China stehen oder deren Souveränität beeinträchtigen dürfen, versteht sich von selbst.

Nach zwei Tagen intensiver Verhandlungen mit Wu Xueqian, Zhao Ziyang und Zhou Nan wurde die britische Delegation, zu der neben Sir Geoffrey auch Sir Richard, Sir Edward und Sir Percy gehörten, zum krönenden Abschluß ihrer Visite am 31. Juli von Deng Xiaoping empfangen. Deng, gerade erst von Beidaihe, dem Seebad der KP-Spitze, nach Peking zurückgekehrt, war in bester Laune. »Sehen Sie«, sagte er aufgeräumt, »meine Haut ist ganz braun wie die eines Afrikaners. Ich habe die Nationalität gewechselt.« Sogar für Frau Thatcher fand er lobende Worte: »In Frankreich war es General de Gaulle, der die französische Kolonialherrschaft beendet hat. Nun können wir sagen, daß Premierministerin Margaret Thatcher die britische Kolonialherrschaft beenden wird.«[28]

Die Briten waren erleichtert. Als Deng gar scherzte, er sei beeindruckt, von so vielen edlen Rittern des Königreiches umgeben zu sein, wollte auch Howe etwas Nettes sagen. Eine Verhandlung ohne Zhou Nan, bemerkte er, sei wie »ein Bankett ohne *mao-tai*«. *Mao-tai* ist jenes hochprozentige Teufelszeug, von dem Henry Kissinger meinte, es fände wohl nur deshalb nicht als Treibstoff für Flugzeuge Verwendung, weil es zu leicht entflammbar sei. Als Zhou den britischen Außenminister später zum Flughafen begleitete, fragte er ihn mit unverhohlenem Hintersinn: »Sir Geoffrey, haben Sie *mao-tai* je als für Sie zu stark empfunden?«

Dem Abkommen zwischen London und Peking über Hongkong stand jetzt nichts mehr im Wege. »Wir sind zu der Überzeugung gelangt, daß wir dem britischen Volk und der britischen Regierung vertrauen können. Bitte übermitteln Sie Ihrer Premierministerin unsere Hoffnung, daß sie zur Unterzeichnung der Vereinbarung kommt, und Ihrer Königin, daß sie China besuchen wird.« Eine persönliche Einladung Dengs an die Queen – Sir Geoffrey hatte mehr erreicht, als er sich hatte träumen lassen.

Beim Abschied Sir Geoffreys und der Seinen beschwor Zhou Nan die heitere Stimmung des Augenblicks mit einem anmutigen Zitat aus einem Gedicht der Song-Zeit: »Just wenn der müde Wanderer alle Hoffnung fahrenläßt, eine Straße zu finden, seht!, da erscheint ein Dorf, und schattige Weiden und bunte Blumen winken.«[29]

Als Howe am nächsten Tag in Hongkong das Ergebnis der Gespräche bekanntgab, reagierte die Presse euphorisch. Daß er eine Reihe von Punkten, über die noch keine Einigung in Sicht war, wohlweislich unerwähnt ließ, merkte kaum jemand. Allein die Nachricht, daß die Gemeinsame Verbindungsgruppe bis ins Jahr 2000 bestehen würde, genügte, den Hang-Seng-Index in die Höhe schnellen zu lassen. Sir Geoffrey hatte der Bevölkerung Hongkongs das Vertrauen in die Zukunft wiedergegeben. Der Fortbestand des gegenwärtigen Wirtschafts-, Sozial- und Rechtssystems war für mindestens fünfzig Jahre nach der Übergabe an China garantiert. Nichts, so schien es, wird sich ändern.

Nach Downing Street in die Kabinettsrunde zurückgekehrt, gratulierte Frau Thatcher ihrem Außenminister aufrichtig zu seinem Verhandlungserfolg.[30]

Bis zur Paraphierung der Joint Declaration aber war noch viel zu tun. Der Haupttext der Erklärung stand zwar im wesentlichen fest, doch der Teufel saß mal wieder im Detail. Und bis September war nicht mehr viel Zeit. Wohl gab es in Wirtschaftsfragen kaum Dissens, doch bei den Fragen der Bodenpacht, der Luftfahrt, der Staatsangehörigkeit, der Gerichtsbarkeit und der Stationierung chinesischer Truppen galt es für die Arbeitsgruppen unter Wilson und Ke sowie unter Robin McLaren und Lu Ping noch genügend Hürden zu nehmen.

Zündstoff bot vor allem der Versuch der britischen Seite, in Hongkong ein Repräsentativsystem einzuführen. Überzeugt, die Chinesen würden die Verhandlungen nicht mehr scheitern lassen, nachdem sie sich öffentlich auf einen positiven Ausgang festgelegt hatten, bat Sir Geoffrey am 15. und 16. September Wu Xueqian um Zustimmung zur Einfügung von Bestimmungen in die Joint Declaration, daß die Legislative Hongkongs nach 1997 »durch Wahlen zu konstituieren« und die Exekutive gegenüber »der Legislative rechenschaftspflichtig« sei. Mit beiden Punkten erklärten sich die Chinesen zwei Tage später einverstanden.

Den Terminzwang ihrer Verhandlungspartner ausnutzend, die um jeden Preis zum Chinesischen Nationalfeiertag am 1. Oktober die Joint Declaration als großen Erfolg Deng Xiaopings präsentieren wollten, war es den britischen Unterhändlern damit im letzten Moment gelungen, Peking zu folgender Erklärung zu bewegen:

> Die Legislative des Sonderverwaltungsgebiets Hongkong wird durch Wahlen konstituiert. Die Organe der Exekutive werden dem Gesetz Folge leisten und der Legislative rechenschaftspflichtig sein.[31]

Die Chinesen hatten dieses Zugeständnis um so widerstrebender gemacht, als die Versprechung von Wahlen in Hongkong der Hauptzankapfel in der letzten Phase der Verhandlungen gewesen war.

Acht Tage später, am 26. September 1984, paraphierten Zhou Nan und Sir Richard Evans in der Großen Halle des Volkes die »Joint Declaration der Regierung des Vereinigten Königreichs von Großbritannien und Nordirland und der Regierung der Volksrepublik China über die Hongkong-Frage« – auf den Tag genau zwei Jahre nachdem Frau Thatcher vor der Presse in Hongkong erklärt hatte: »[..] wenn ein Land sich nicht an einen Vertrag hält, wird es sich auch nicht an einen weiteren Vertrag halten.«[32]

Am Abend des 18. Dezember 1984 landete Margaret Thatcher zum dritten Mal[33] in der chinesischen Hauptstadt. Am nächsten Morgen schritt sie auf dem Platz des Himmlischen Friedens die Ehrenwache ab. Anschließend unterhielt sich die Eiserne Lady zweieinhalb Stunden mit ihrem chinesischen Amtskollegen Zhao Ziyang – in freundlicher und entspannter Atmosphäre vor allem deshalb, weil sie diesmal das heißeste aller Eisen in den sino-britischen Beziehungen gar nicht erst anfaßte: Sorgfältig vermied sie es, die Worte Demokratie und Autonomie auch nur in den Mund zu nehmen. Statt dessen beschränkte sie sich auf die diplomatisch-vage Anspielung, »daß die Chinesen über unsere Vorschläge für eine konstitutionelle Entwicklung Hongkongs unterrichtet seien«,[34] worauf Zhao erwiderte, die chinesische Regierung sei nicht bereit, irgendeinen Kommentar über eine konstitutionelle Entwicklung während der Übergangszeit abzugeben.

Nach einem Gespräch mit dem KP-Generalsekretär am Nachmittag, in dessen Verlauf ihr Hu Yaobang mit Tränen in den Augen erzählte, welche Qualen er während der Kulturrevolution durchlitten hatte, wurde sie von Deng Xiaoping empfangen.

Der »Geniestreich« in den Verhandlungen, schmeichelte sie dem Herrscher über ein Viertel der Menschheit, sei seine Idee gewesen: die Formel »ein Land, zwei Systeme«. Gut geschnurrt, Löwe! Verschmitzt antwortete der mächtige kleine Mann, es sei nicht sein Verdienst, sondern das der marxistischen historischen Dialektik. Gefragt, warum die Chinesen ausgerechnet fünfzig Jahre als Schonfrist für Hongkongs Kapitalismus festgesetzt hätten, antwortete er, China hoffe, bis zum Ablauf dieser Spanne dem wirtschaftlichen Stand der entwickelten Länder nahezukommen. Was nicht bedeute, daß China in fünfzig Jahren kapitalistisch sein werde. Weit gefehlt. Die Chinesen würden auch künftig unbeirrt dem Pfad des Sozialismus folgen.[35]

Unterzeichnet wurde die Joint Declaration in Peking am 19. Dezember 1984 durch Margaret Thatcher und Zhao Ziyang. In Kraft trat sie mit dem Austausch der Ratifikationsurkunden am 27. Mai 1985 in Peking durch Londons Botschafter Evans und durch Zhou Nan, den Stellvertretenden Außenminister Chinas. Am 12. Juni 1985 wurde sie von beiden Regierungen bei der UNO in New York hinterlegt.

Ob Großbritannien eine bessere Vereinbarung hätte aushandeln können, wenn Frau Thatcher bei ihrem ersten Zusammentreffen mit Deng Xiaoping weniger eisern auf ihrem Standpunkt beharrt und den Chinesen nicht obendrein noch die Vertrauenswürdigkeit abgesprochen hätte, sei dahingestellt. Sicher ist nur, daß Frau Thatcher nicht im Traum daran dachte, ihrer Rechtsauffassung in Hongkong notfalls mit denselben Mitteln Nachdruck zu verleihen wie auf den öden Falkland-Inseln, die – so will es die Ironie der Geschichte – im selben Jahr vom selben Lord Palmerston dem Britischen Empire als Kronkolonie einverleibt worden waren wie die Insel Hong Kong. Um aus einem militärischen Konflikt mit China als Sieger hervorzugehen, braucht es heute schließlich mehr als ein paar Kanonenboote.

Wie die Geschichte lehrt, dürfte es auch ziemlich müßig sein, darüber zu spekulieren, ob es sich bei der Joint Declaration, wie Sir Richard zu beteuern nicht müde wurde, tatsächlich um die »höchste Form eines Vertrages zwischen zwei Nationen«[36] handelt. Hatte der britische Außenminister 1841 die Konvention von Chuanbi nicht zuletzt deshalb verworfen, weil sie nicht vom Sohn des Himmels unterzeichnet war? Allein mit dessen Unterschrift hätte, wie Lord Palmerston an Captain Elliot schrieb, die Abtretung der Souveränität über die Insel Hong Kong erfolgen können. Den Vertrag von Nanjing hingegen hatte der chinesische Kaiser – darauf hatten die Briten bestanden – am 15. September 1842 ratifiziert. Am Ende hat die ganze juristische Spitzfindigkeit nichts genützt: Hundertvierzig Jahre später bestanden die roten Mandarine ganz einfach darauf, die Ungleichen Verträge seien *ab initio* null und nichtig, *de iure* also gar keine Verträge. Um keinen Preis waren sie bereit, die Ungleichen Verträge als völkerrechtlich gültig anzuerkennen. Um die durch die Ungleichen Verträge *de facto* geschaffene Lage zu ändern, bedurfte es aus ihrer Sicht also nur einer einseitigen Erklärung Chinas.[37] Allein die Tatsache, daß sie sich überhaupt zu einer »Gemeinsamen Erklärung« – nicht zu einem »Vertrag« – bereit fanden, muß schon als Kompromiß gewertet werden.

Welche Bedeutung die von Großbritannien und der Volksrepublik China unterzeichnete Joint Declaration für Hongkongs Zukunft als »Sonderverwaltungsgebiet« (Hong Kong Special Administrative Region, HKSAR) der Volksrepublik China haben wird, kann nur die Geschichte zeigen.

Der nächste Schritt auf dem Weg Hongkongs unter die Fittiche Chinas nach Inkrafttreten der Joint Declaration war die Ausarbeitung eines Entwurfs für das Basic Law (Grundgesetz). Peking beauftragte damit am 19. Juni 1985 – nur drei Tage nach der Hinterlegung des chinesisch-britischen Papiers bei den Vereinten Nationen – ein 59köpfiges »Entwurfskomitee« (Basic Law Drafting Committee, BLDC), dem auch 23 handverlesene Prominente aus Hongkong angehörten. Primus unter diesen Auserwählten und einer der Stellvertretenden Vorsitzenden des BLDC war Sir Yuekong Pao, Präsident von World Wide Shipping und einer der größten Reeder der Welt. Sir Y. K., munkelte man, spitze sich auf den Posten des ersten chinesischen Gouverneurs von Hongkong. Vorsitzender des Komitees war der Direktor des Amts für Hongkong- und Macao-Angelegenheiten, Ji Pengfei.

Nach Abschluß der ersten Vollversammlung am 5. Juli 1985 in Peking verkündete Ji, man werde sich im März des folgenden Jahres wieder treffen. Ein erster Entwurf werde im Frühjahr 1988 vorliegen.

Sir Edward Youde sollte dies nicht mehr erleben. Er starb völlig unerwartet am frühen Morgen des 5. Dezember 1986 im Alter von 62 Jahren in der Residenz des britischen Botschafters in Peking im Schlaf. Youde, der dort von 1974 bis 1978 selbst als Botschafter amtiert hatte, war offiziell zur Eröffnung eines Handelsbüros und einer Ausstellung in der chinesischen Hauptstadt, hatte jedoch die Gelegenheit für Gespräche über bevorstehende politische Reformen in Hongkong genutzt. Er war der erste Gouverneur Hongkongs, der im Amt starb – an einem Freitag in Peking.

III. Die Scherben der kleinen Flasche

Bei den »bevorstehenden« politischen Reformen, um die es Sir Edward in Peking ging, handelte es sich um die Einführung bescheidener Elemente repräsentativer Demokratie. Hatten die Chinesen nicht unterschrieben, daß die Legislative der künftigen HKSAR durch Wahlen zu konstituieren sei? Der Wortlaut der Joint Declaration erlaubt in diesem Punkt keinen Zweifel. Leider hatte man aber weder definiert, was genau unter Wahlen zu verstehen ist, noch einen Zeitpunkt festgesetzt, bis zu dem solche abzuhalten seien. Peking, das sich bis zuletzt mit Händen und Füßen gegen die Klausel gewehrt hatte, spielte erneut auf Zeit.

Nachdem die Joint Declaration unterschrieben war, saßen die Chinesen ohnehin wieder am längeren Hebel. Schließlich war vereinbart, daß der Erlaß des Basic Law allein Sache des Nationalen Volkskongresses der Volksrepublik China ist. Entwurf und Inkraftsetzung des Basic Law waren also eine innere Angelegenheit Chinas, bei der die Briten keinerlei Mitspracherecht besaßen. Nicht nur die Berufung der Mitglieder des BLDC, sondern auch des 180köpfigen »Beratungskomitees« (Basic Law Consultative Committee, BLCC) lag allein in der Macht Pekings.

Aufgabe des BLCC sollte es sein, die öffentliche Meinung in Hongkong zu erforschen und »in Übereinstimmung mit dem Willen des ganzen chinesischen Volkes einschließlich der Landsleute in Hongkong« beratend am Entwurf des Basic Law, Hongkongs künftiger Miniverfassung, mitzuwirken.

Bereits die Konstituierung des BLCC wurde zum Lehrstück chinesischen Demokratieverständnisses. Viele der Vertreter Hongkongs, die aufgefordert worden waren, dem Komitee beizutreten, hatten nur einen Tag Zeit, sich zu entscheiden. Dennoch sagten bis auf Sir Sze-yuen Chung und Lydia Dunn sowie taiwanfreundliche Persönlichkeiten alle zu. Am 6. Dezember 1985 wurde der Exekutivausschuß gewählt. Damit bei der Wahl ja nichts schiefging, gab Sir Y. K. Pao, einer der Stellvertretenden Vorsitzenden des BLDC, den Mitgliedern des BLCC folgende Direktive: Der Exekutivausschuß sollte sich zusammensetzen aus Menschen beiderlei Geschlechts, die China und Hongkong lieben, darunter auch Industrielle. Den Statuten nach waren dann aus den Reihen der neunzehn Mitglieder des Exekutivausschusses der Vorsitzende, fünf Vizevorsitzende sowie der Generalsekretär zu wählen. Um den Ausschußmitgliedern die Qual der Wahl zu erleichtern, schlugen Pao und drei weitere BLDC-Vizevorsitzende – unter ihnen auch Xu Jiatun – der Einfachheit halber gleich sieben Kandidaten für die sieben Posten vor. Vorsitzender des BLCC wurde der Industrielle Ann Tse-kai, einer der Stellvertretenden Vorsitzenden des BLDC.

Die einzigen, die an diesem Eilverfahren sogleich öffentlich Anstoß nahmen, waren der Anwalt Martin Lee, der Präsident des Lehrerverbands, Szeto Wah, sowie die Anwältin Dorothy Liu Yiuchu. Alle drei waren BLDC-Mitglieder und hatten am Entwurf der im August bekanntgemachten BLCC-Statuten mitgewirkt. Lee bezeichnete das Verfahren als »Wahl durch Ernennung«,[1] verwies auf die weitreichenden Folgen derartiger Praktiken für die Verwaltung der künftigen HKSAR und forderte eine Wiederholung der Wahl.

Eine ebenso verblüffende wie aufschlußreiche Deutung des Verfahrens lieferte Xu Jiatun, Pekings Schattengouverneur in Hongkong. Die sieben Amtsträger, so der Xinhua-Chef, seien nach dem Prinzip »Wahl durch Konsultation« bestimmt worden, und Konsultation sei schließlich nichts anderes als eine spezielle Art der Wahl. Assistiert wurde Xu von Mao Junnian, dem von Sir Y. K. und drei anderen BLDC-Mitgliedern zum BLCC-Generalsekretär vorgeschlagenen Stellvertretenden Sekretär des BLDC. Mao, zugleich Stellvertretender Generalsekretär von Xinhua, argumentierte: Beim Entwurf der Statuten des BLCC habe man ursprünglich »Konsultation« statt »Wahl« schreiben wollen, doch einige Vertreter Hongkongs hätten Einwände erhoben, und so sei der Begriff eben durch das Wort »Wahl« ersetzt worden. Dennoch, so Mao, impliziere der Terminus »Wahl« die Vorstellung von »Konsultation«. Die Mitglieder des BLDC, fügte er hinzu, hätten ohnehin nie an Wahlen im Sinne eines gleichen Wahlrechts gedacht.

Aufgrund der Proteste kam es am 11. Dezember zur Neuwahl.

Dabei wurden alle sieben in ihren Ämtern bestätigt: durch Handzeichen. Ob das Ergebnis bei geheimer Abstimmung anders ausgefallen wäre? Jedenfalls war das Verfahren zeitsparend: Die Einsetzung des BLCC erfolgte am 18. Dezember 1985.

Es war gewiß kein Zufall, daß Xu am 21. November – gerade zwei Wochen vor der ersten der beiden »Wahlen« der Spitzenfunktionäre des BLCC – den Briten in seiner berüchtigten Pressekonferenz wütend vorgeworfen hatte, sie hielten sich nicht an die Spielregeln, womit er die Versuche der Briten meinte, in Hongkong politische Reformen durchzuführen. China, so Xu, wünsche nicht, daß sich Hongkong in den nächsten zwölf Jahren radikal ändere und dann fünfzig Jahre lang gar nicht mehr. Prompt fiel der Hang-Seng-Index binnen 24 Stunden um fünfzig Punkte. Es war das einzige Mal, daß der sonst so liebenswürdige Mann in der Öffentlichkeit scheinbar die Kontrolle über sich verlor. Mit einem klassischen »Haltet den Dieb!« schob er den Bruch der Joint Declaration so geschickt den Briten in die Schuhe, daß diese selber daran glaubten.

Kaum ein Jahr nachdem Zhao Ziyang und Margaret Thatcher die Gemeinsame Erklärung unterschrieben hatten, stand damit außer Zweifel: China dachte gar nicht daran, in der künftigen HKSAR Wahlen zuzulassen, die auch nur entfernt die Bezeichnung demokratisch verdienten. Wenn es überhaupt eine Chance gab, das in der Joint Declaration enthaltene Versprechen einzulösen, mußten also bereits vor 1997 demokratische Institutionen geschaffen sein, die später nicht mehr oder zumindest nur schwer rückgängig zu machen wären.

Von nun an glichen die sino-britischen Beziehungen immer mehr einem Katz-und-Maus-Spiel, bei dem London versuchte, in Hongkong schrittweise ein Repräsentativsystem einzuführen, während Peking alles daransetzte, ebendieses zu verhindern.

Bedenkt man, daß die Briten immerhin seit 1842 in Hongkong sitzen, mutet der Eifer, mit dem sie sich auf einmal um die demokratische Zukunft des letzten nennenswerten Restes ihres zerbröckelten Empires in Asien sorgten, allerdings reichlich seltsam an. Hatten sie nicht lange genug Zeit gehabt, ihren chinesischen Untertanen politisches Mitbestimmungsrecht zu gewähren? Der Verdacht drängt sich auf, daß es ihnen in Wahrheit weniger darum ging, in China eine demokratische Duftmarke zu hinterlassen, als um eine dauerhafte Sicherung der Autonomie der künftigen

HKSAR. Aber auch diese war ja in der Joint Declaration verbrieft, wo es in Absatz 3, Punkt 2 heißt:

> Die Besondere Verwaltungsregion Hongkong wird ein hohes Maß an Autonomie genießen, ausgenommen in Angelegenheiten des Auswärtigen und der Verteidigung, für welche die Zentrale Volksregierung verantwortlich ist.[2]

Die Frage war nur, was unter einem »hohen Maß an Autonomie« zu verstehen sei und ob dies dann auch detailliert und unzweideutig im Basic Law seinen rechtsverbindlichen Niederschlag finden würde. Offizieller chinesischer Sprachregelung zufolge ist Tibet »autonom«.[3] Und dort lebt – anders als in Hongkong – eine sogenannte nationale Minderheit. Eine solche Art von »Autonomie« schwebte der britischen Seite bei den Verhandlungen über Hongkong gewiß nicht vor.

Einen Eindruck davon, wie Peking sich jenes »hohe Maß an Autonomie« vorstellte, dessen sich Hongkong nach 1997 erfreuen soll, bot bereits der erste, am 28. April 1988 vom BLDC zur öffentlichen Diskussion vorgelegte Entwurf des Basic Law.

Ein Beispiel genügt: Artikel 17 des Entwurfs besagt, daß in der künftigen HKSAR auf Anweisung des Staatsrates der Volksrepublik China nicht nur vom Nationalen Volkskongreß oder von dessen Ständigem Komitee erlassene Gesetze Geltung erlangen können, die sich auf Angelegenheiten des Auswärtigen und der Verteidigung beziehen, sondern auch solche, die der nationalen und territorialen Integrität Chinas Ausdruck verleihen.[4] Wie aber sollte dies vereinbar sein mit Annex I, Punkt 2 der Joint Declaration, wo die chinesische Regierung zusichert, daß die Gesetze der HKSAR das Basic Law, die zuvor in Hongkong gültigen und die von der Legislative der HKSAR erlassenen Gesetze sein werden? Der Sinn einer solchen Bestimmung kann schließlich nur darin liegen, daß sie die Gültigkeit aller anderen Gesetze für Hongkong ausschließt. Und wer befindet darüber, was die nationale und territoriale Integrität Chinas berührt?

Weitere, ähnlich einschneidende Beschränkungen der Autonomie der Exekutive, Legislative und Judikative der HKSAR finden sich auch an anderen Stellen des ersten Entwurfs des Basic Law, vor allem in den Artikeln 16, 18, 159 und 169.

Aufschluß darüber, was die Chinesen unter Autonomie verstehen, gaben drei führende Juristen der Volksrepublik China – alle Mitglieder des BLDC – mit Beiträgen in der Frühjahrsausgabe 1988 des *Journal of Chinese Law* der Columbia University, New York:

Wu Jianfan, Direktor der Juristischen Gesellschaft Chinas (China Law Society) und Mitglied des Rechtswissenschaftlichen Instituts der Akademie für Sozialwissenschaften der VR China, wies in seinem Beitrag über die Beziehung zwischen der Zentralregierung und Hongkong die Ansicht zurück, die Zuständigkeit Pekings sei auf Angelegenheiten des Äußeren und der Verteidigung beschränkt, alles andere hingegen falle in die Verantwortung der Regierung der HKSAR. Dies, so Wu, sei »eine Fehlinterpretation der [sino-britischen] Joint Declaration«.[5] Artikel 3,2 spreche zwar der Zentralregierung die Verantwortung für Angelegenheiten des Äußeren und der Verteidigung zu, doch bedeute dies nicht, daß deren Zuständigkeit darauf beschränkt sei – eine Interpretation, die das ganze Papier zu Makulatur macht.

Noch weiter ging Zhang Youyu, Stellvertretender Vorsitzender des Rechtsausschusses des Nationalen Volkskongresses und Professor an der Peking-Universität. Der 89jährige stellte fest: »Das hohe Maß an Autonomie, dessen sie [die HKSAR] sich erfreuen wird, wird ihr von den Zentralorganen der Staatsmacht übertragen, und dieses hohe Maß an Autonomie ist nicht ohne Grenzen. Sein hohes Maß an Autonomie wird Hongkong nicht völlig ohne Führung, ja nicht einmal ohne ein notwendiges Eingreifen der Zentralregierung ausüben. Chinas nationale Souveränität darf nicht Schaden nehmen durch das hohe Maß an Autonomie, dessen sich Hongkong erfreut.«[6] Das Basic Law, betonte Zhang, sei keine Verfassung, sondern habe nur den Rang eines obersten Gesetzes für Hongkong. Damit aber ist, wie Xiao Weiyun – ebenfalls Jura-Professor an der Peking-Universität – im dritten Beitrag ausführt, die Hongkong-Politik der Zentralregierung grundsätzlich der Gerichtsbarkeit der HKSAR entzogen. Dies ist auch nur logisch, denn die Auslegung des Basic Law selbst ist, wie Artikel 169 des ersten Entwurfs der Miniverfassung ausdrücklich festhält, allein Angelegenheit des Ständigen Komitees des Nationalen Volkskongresses der VR China.

Deutlicher läßt es sich kaum sagen: Die Zentralregierung behält in der künftigen HKSAR in allen wichtigen Dingen das letzte

Wort. Die Unabhängigkeit, deren sich Hongkong nach 1997 erfreuen wird, ist eine von Pekings Gnaden. Die Frage drängt sich auf, ob es angesichts eines so hohen Maßes an Abhängigkeit überhaupt noch Sinn hat, von Autonomie zu sprechen.

Doch selbst wenn die chinesische Regierung willens wäre, der HKSAR jenes hohe Maß an Autonomie zu gewähren, wie es die Joint Declaration verheißt, ist zweifelhaft, daß sie dies überhaupt könnte. In Artikel 1 der Verfassung nämlich heißt es: »Die Volksrepublik China ist ein sozialistischer Staat unter der demokratischen Diktatur des Volkes [...].« Und Artikel 6 stellt fest: »Die Grundlage des sozialistischen Wirtschaftssystems der Volksrepublik China ist das sozialistische Gemeineigentum an den Produktionsmitteln, das heißt das Volkseigentum und das Kollektiveigentum der werktätigen Massen.«

Wie läßt sich mit diesen Bestimmungen vereinbaren, daß nach Inkrafttreten des Basic Law am 1. Juli 1997 in der HKSAR fünfzig Jahre lang das sozialistische System nicht praktiziert und das frühere kapitalistische System unverändert erhalten bleiben soll? Der Widerspruch liegt auf der Hand, denn das Basic Law als Miniverfassung der HKSAR ist ausdrücklich der Verfassung der VR China untergeordnet, deren Artikel 5 bestimmt: »Der Staat verteidigt die Einheitlichkeit und die Würde des sozialistischen Rechtssystems. Kein Gesetz, keine administrative oder lokale Verordnung oder Vorschrift darf im Widerspruch zur Verfassung stehen.« In der Anfangsphase der Beratungen über das Basic Law wurde das Problem wiederholt angesprochen. Artikel 31 der chinesischen Verfassung aber, der die Grundlage für die Einrichtung von Sonderverwaltungsgebieten bildet, enthält keinen klärenden Zusatz.

Lösbar wäre der Widerspruch nur, wenn die Volksrepublik China lediglich begrenzte Souveränität über die HKSAR besäße, diese also eine weitgehend unabhängige politische Einheit wäre. Das aber ist schon aus historischen Gründen von vornherein ausgeschlossen, ebenso wie die Einführung eines föderalen Systems ähnlich dem der USA. Das phantasievolle Konzept eines Landes mit zwei Systemen erweist sich so als verfassungsrechtlicher Zwitter, praktikabel wohl nur bei Ziehung aller Register materialistischer Dialektik.

Der zweite Entwurf des Basic Law, veröffentlicht am 21. Februar 1989 und zur Diskussion freigegeben bis Ende Juli desselben Jahres, ließ erkennen, daß das BLDC die in der zum Teil hitzig geführten Debatte über den ersten Entwurf vorgebrachten Bedenken nicht gänzlich überhört hatte. Die gegen Artikel 17 erhobenen Einwände beispielsweise hatten bewirkt, daß nun nicht mehr auf Anweisung der Staatsorgane der Volksrepublik China in der HKSAR Gesetze erlassen werden können, »welche der nationalen und territorialen Integrität Chinas Ausdruck verleihen«. Statt dessen hieß es nun in Artikel 18 des zweiten Entwurfs: »Nationale Gesetze werden in der HKSAR keine Anwendung finden, ausgenommen jene in Anhang III zu diesem Gesetz aufgeführten.« Tatsächlich betreffen die sechs dort aufgeführten Gesetze nur so scheinbar marginale Dinge wie die Hauptstadt, die Nationalhymne, die Nationalfahne, den Nationalfeiertag, das Nationalemblem, die Territorialgewässer, die Staatsbürgerschaft und die diplomatische Immunität. Offenbar war Peking bestrebt, die Unruhe in der Bevölkerung nicht weiter zu schüren.

Dennoch war der zweite Entwurf des Basic Law eine herbe Enttäuschung für alle, die Konzessionen Pekings hinsichtlich einer schrittweisen Einführung demokratischer Strukturen und einer Garantie echter Autonomie erhofft hatten. Wieder waren es vor allem Szeto Wah und Martin Lee, die bis zuletzt versucht hatten, im BLDC entsprechende Änderungen durchzusetzen. Vergebens, denn wie zuvor in Artikel 169 hieß es nun in Artikel 157: »Die Befugnis der Auslegung dieses Gesetzes liegt beim Ständigen Komitee des Nationalen Volkskongresses.« In der Frage der Souveränität also hatte es keine Zugeständnisse gegeben. Daß die Endfassung des Basic Law in diesem Punkt noch modifiziert werden könnte, war nicht zu erwarten. Emily Lau, Hongkong-Berichterstatterin der *Far Eastern Economic Review,* nannte das Kind beim Namen: Kotau-Verfassung.[7]

Ganz anders der Tenor der einflußreichen chinesischsprachigen Tageszeitung *Ming Pao.* Kein Wunder, hatte doch der Eigentümer der Zeitung, Louis Cha, als Mitglied des BLDC Mitte November 1988 überraschend jene Klauseln im zweiten Entwurf des Basic Law vorgeschlagen, die allgemeine Wahlen für das Amt des Regierungschefs der HKSAR frühestens im Jahr 2012 vorsahen – und auch dann nur mit der Zustimmung des amtierenden Regierungschefs und des Ständigen Komitees des Nationalen Volkskongresses.

Die Vorschläge – eher dazu geeignet, jede Form repräsentativer Demokratie auf Dauer zu verhindern als zu ermöglichen – waren in der Öffentlichkeit auf heftige Kritik gestoßen. Am 4. Dezember 1988 waren vor dem Büro der Nachrichtenagentur Xinhua in Hongkong 54 Demonstranten in einen 24stündigen Hungerstreik getreten. Am nächsten Tag hatten sich weitere 700 Protestierende vor Pekings *De-facto*-Vertretung den Streikenden angeschlossen und symbolisch ein Exemplar des Entwurfs des Basic Law den Flammen übergeben. Nachdem Cha die Vorschläge auch noch mit einer Artikelserie in seiner Zeitung verteidigt hatte, versammelten sich etwa zwanzig Studenten vor dem Redaktionsgebäude von *Ming Pao* und verbrannten einige Exemplare des Blattes, während der Journalistenverband Cha aufforderte, seine Mitgliedschaft im BLDC aufzugeben, da seine Rolle als Politiker mit der des Verlegers unvereinbar sei.

Der so Angegriffene konterte mit der Forderung nach dem Rücktritt des gesamten Präsidiums des Verbandes, da dessen Vorgehen die Stabilität Hongkongs gefährdet habe. Ins gleiche Horn stießen die Vertreter Chinas: Der Hungerstreik sei ein feindseliger Akt und gefährde Hongkongs Wohlstand und Stabilität. Im übrigen seien 700 Demonstranten nicht repräsentativ für Hongkongs 5,5 Millionen Einwohner.

Ein halbes Jahr später gingen in Hongkong nicht mehr Hunderte, sondern weit mehr als eine Million Menschen gegen die Politik der KP und für Demokratie auf die Straße: Der Schock über die brutale Niederschlagung des Studentenprotestes auf dem Platz des Himmlischen Friedens am 4. Juni 1989 saß allen tief in den Knochen. Indes, ihre Solidarität mit den Studenten in Peking hatten sie schon zuvor wiederholt mit Massenkundgebungen demonstriert. Höhepunkte waren ein ganztägiger Marsch einer Million Menschen durch den Central District sowie ein zwölfstündiges Popkonzert zugunsten der Demokratiebewegung in China. Millionen Dollar waren gespendet worden. Selbst Magnaten wie Sir Y. K. Pao, Li Ka-shing, Henry Fok, David Li und Stanley Ho, über deren Sympathien für demokratische Regierungsformen bislang nichts bekanntgeworden war, hatten auf einmal aus ihrem Herzen keine Mördergrube mehr gemacht und die mit ihrem Hungerstreik gegen die Mißstände in China protestierenden Studenten als »Patrioten« bezeichnet. Und nun das. Sogar der mächtige Zeitungsverleger Louis Cha soll geweint und sich öffentlich zu seinen Tränen bekannt haben.[8]

Das Massaker von Peking machte auch dem letzten klar: Schon beim Wort Demokratie sehen die roten Mandarine rot. Im Besitz der Souveränität ist in der Volksrepublik China nicht das Volk, sondern allein die Partei. Daß es in Artikel 2 der Verfassung heißt: »Alle Macht in der Volksrepublik China gehört dem Volk«, tut nichts zur Sache. Deng Xiaopings berühmte Maxime »Egal ob die Katze schwarz ist oder weiß, Hauptsache sie fängt Mäuse« bedeutet nichts anderes als: Der Zweck heiligt die Mittel. Machiavelli läßt grüßen.[9]

Deng war nie ein Liberaler, geschweige denn ein Demokrat. Seit seiner Rehabilitierung nach dem Ende der Kulturrevolution im Jahr 1973 hatte er jedoch als rechte Hand Zhou Enlais, der ihn zu seinem Nachfolger auserkoren hatte, hohes Ansehen genossen. Als es am 5. April 1976 bei Trauerkundgebungen für den drei Monate zuvor verstorbenen Zhou auf dem Platz des Himmlischen Friedens zu schweren, gegen die Clique um Jiang Qing gerichteten Unruhen gekommen war, hatte die »Viererbande« die Gelegenheit beim Schopf gepackt: Zwei Tage später war Deng aller Ämter enthoben. Doch kaum war auch Mao Zedong tot und knapp vier Wochen später, am 6. Oktober 1976, die Viererbande verhaftet, säumten Pekings Straßen auf einmal lauter Fläschchen: Zeichen der Unterstützung Deng Xiaopings durch die Bevölkerung, dessen Name genauso ausgesprochen wird wie »kleine Flasche« (*xiao ping*).

Am 22. Juli 1977 zum zweiten Mal rehabilitiert, kämpfte Deng mit allen Kräften für die bereits von Zhou Enlai auf dem 3. Nationalen Volkskongreß im Dezember 1964 vorgeschlagene Modernisierung der Landwirtschaft, der Industrie, der Streitkräfte sowie von Wissenschaft und Technologie. Doch diese Politik der »Vier Modernisierungen«, die weiten Teilen des Landes nach Jahrzehnten des Chaos und der Mißwirtschaft bald einen beeindruckenden Aufschwung bescheren sollte, sorgte auch dafür, daß sehr früh der geistige Bambusvorhang gelüftet wurde. An der Xidan-Mauer des Pekinger Busbahnhofs erschienen bereits am 19. November 1978 – vier Tage nachdem das Stadtkomitee der KP die Ereignisse vom 5. April 1976 zur »echten revolutionären Tat« erklärt hatte – die ersten Wandzeitungen, in denen Mao beschuldigt wurde, die Viererbande unterstützt und Deng Xiaoping kaltgestellt zu haben.

Deng nutzte die nun offene Parteinahme für ihn so lange, wie sie ihm bei der Festigung seiner Macht nützte. Als jedoch auch ihm die Rufe nach demokratischen Reformen und Menschenrechten – nach der »Fünften Modernisierung«, so der Titel eines Aufsatzes von Wei Jingsheng – zu laut wurden, verkündete er am 16. März 1979 die »Vier Grundprinzipien«: Festhalten am sozialistischen Weg, Diktatur des Proletariats, Führerschaft der Kommunistischen Partei sowie Treue zum Marxismus-Leninismus-und-Mao-Zedong-Denken. Am 29. März wurde Wei Jingsheng und im November weitere Aktivisten verhaftet, weil sie Mitschriften von Weis »öffentlichem« Prozeß unter die Leute gebracht hatten. Am 7. Dezember 1979 wurde die Demokratische Mauer geschlossen. Werbeplakate traten an die Stelle von Wandzeitungen: Waschmittel statt Politik.

Fast zehn Jahre später – ein Teil der damals Verhafteten saß noch immer hinter Gittern – kam es in Peking und zahlreichen anderen Städten Chinas erneut zu Demonstrationen für demokratische Reformen. Wieder waren es Trauerkundgebungen, welche die Proteste ausgelöst hatten: Am 15. April 1989 war Hu Yaobang gestorben. Hu, Protegé Dengs und seit 1980 Generalsekretär der KP Chinas, war Anfang 1987 gestürzt worden, nachdem er versäumt hatte, bei den Studentendemonstrationen von 1986 einen »klaren Standpunkt« zu beziehen. Die Trauer um Hu, die Forderung nach vollständiger Aufklärung der Umstände seines Todes und nach seiner posthumen Rehabilitierung führten zu immer schärferer Kritik am längst mächtigsten Mann Chinas, ohne dessen ausdrückliche Zustimmung der Sturz seines ehemaligen Vertrauensmannes unmöglich gewesen wäre. Als am 22. April die offizielle Trauerfeier für Hu, zu der keine Studentenvertreter zugelassen waren, im Fernsehen übertragen wurde, kam es zum symbolischen Angriff auf Deng: Demonstranten zerschmetterten auf den Straßen Pekings Hunderte von kleinen Flaschen.

Nach dem Sturz der »Göttin der Demokratie« auf dem Platz des Himmlischen Friedens in der Nacht vom 3. zum 4. Juni 1989 stand Deng Xiaoping vor dem Scherbenhaufen seiner Politik. Zwar war die Herrschaft der Partei auf Jahre hinaus gesichert, das Vertrauen aber, das er sich mit der Politik der »Vier Modernisierungen« mühsam erworben hatte, war zerstört. Das Gemetzel, von der »Volksbefreiungsarmee« auch auf seinen Befehl vor den Augen der Weltpresse angerichtet, erlaubte es selbst dem ehemaligen US-Repräsentanten in Peking und China-Fan George Bush nicht mehr, einfach zur Tagesordnung überzugehen. Die Katze, die die Maus mit knapper Not noch am Schwanz erwischt hatte, saß in der Falle.

Nirgends aber – abgesehen von Peking – herrschten mehr Wut und Verzweiflung als in Hongkong. Die Aussichten, bald von einem Regime geschluckt zu werden, das zu derartigen Greueltaten fähig ist, ließ die Menschen in der britischen Kronkolonie allein an eines denken: Was passiert mit uns nach 1997? Margaret Thatcher, noch immer in Downing Street No. 10 und somit noch immer verantwortlich für das Schicksal der chinesischen Untertanen Ihrer Majestät, zog sich diesmal diplomatisch aus der Affäre: Großbritannien, versicherte sie unbeugsam wie eh und je, werde »weiterhin für eine sichere Zukunft Hongkongs eintreten«. Ihre Regierung sei zuversichtlich, daß auch die chinesische Regierung weiterhin ihren mit der Vereinbarung von 1984 eingegangenen Verpflichtungen nachkommen werde.[10]

IV. Urlaub im Tempel

Die Ausreiße

Der rüstige alte Herr, der zwei Touristen aus Hongkong am 17. Mai 1990 in einer »Ghost Town« bei Los Angeles auffiel und wenig später noch einmal am Grand Canyon begegnete, war erst kurz in den Vereinigten Staaten. »An seiner Sonnenbrille war Herr Xu leicht zu erkennen«, meinte später Herr Lu, der ihn begleitet hatte.

Einer Gruppe taiwanesischer Touristen war die Sonnenbrille nicht aufgefallen. Statt dessen grüßten sie, wie Herr Lu berichtete, Meister Shing Yun.

Herr Xu war am 1. Mai mit einem Touristenvisum in San Francisco gelandet. Das amerikanische Generalkonsulat in Hongkong hatte es ihm kurz vor dem Abflug innerhalb von Stunden ausgestellt. Ein bemerkenswerter Vorgang, denn Herr Xu beabsichtigte, nicht bloß drei Monate, sondern gleich zwei oder drei Jahre in den USA zu bleiben.

Kaum hatte die Parteiführung in Peking von den Urlaubsplänen des Herrn Xu Wind bekommen, hatte sie die Grenzbehörden angewiesen, ihn am Verlassen des Landes zu hindern. Das war am 6. Mai. Xu war jedoch bereits am 30. April am Übergang Lo Wu von Shenzhen nach Hongkong ausgereist.

Da Xu nun einmal entwischt war, rief der Parteivorsitzende Jiang Zemin eine Sondersitzung des Politbüros der KP Chinas ein. Wie die Zeitschrift *Contemporary* berichtete, entschied man, die Angelegenheit herunterzuspielen und den Genossen Xu – er war noch immer Mitglied des Ständigen Komitees des Nationalen Volkskongresses und der Zentralen Beratungskommission der KP Chinas – für seine unautorisierte Auslandsreise nicht öffentlich zu kritisieren. Auf diese Weise hoffte man zu verhindern, daß er »etwas äußern oder tun würde, was der Partei oder dem Staat schaden könnte«.[1] Über das Ergebnis der Sitzung wurden auch Spitzenkader von Partei, Regierung und Militär in den Provinzen unterrichtet.

Kurz darauf nahmen chinesische Diplomaten in den USA Kontakt mit Xu auf, um mit ihm über die Bedingungen zu verhandeln, unter denen er zur Rückkehr bereit wäre. Der Botschafter Chinas in Washington, Zhu Qizhen, der sich Mitte Mai in Los Angeles aufhielt, bestritt allerdings, daß Botschaftsangehörige mit Xu gesprochen hätten.

Auf der Sondersitzung des Politbüros war daran erinnert worden, daß man den Vorsitzenden des Nationalen Volkskongresses, Wan Li, im April beauftragt hatte, Xu davon abzubringen, weiterhin ohne ausdrückliche Erlaubnis der Zentrale nach Hongkong zu reisen. Dessen Besuche dort hätten auf das Hongkong-Macao-Arbeitskomitee (Hongkong Macao Work Committee, HMWC), die Filiale der KP Chinas in Hongkong, Druck ausgeübt. Auch Zhou Nan habe Vorbehalte geäußert. Genosse Xu solle mehr Parteidisziplin wahren und dem Genossen Zhou keine Schwierigkeiten bereiten.

Zhou Nan ist Nachfolger Xu Jiatuns als Direktor des Büros der Xinhua, der Geheimdienstzentrale und Dachorganisation für alle Institutionen und Aktivitäten der VR China in Hongkong.

Wie Liang Shangyuan, ein ehemaliger Vizedirektor des Büros und einstiger Leiter der Westeuropa-Abteilung des chinesischen Außenministeriums, in der Juli-Ausgabe 1985 der pekingfreundlichen Monatsschrift *The Mirror* schrieb, fungierte Xinhua schon seit der Gründung der Volksrepublik im Jahr 1949 als offizielle Vertretung Chinas in Hongkong. Da die britische Regierung fürchtete, diese könnte sich zu einem alternativen Machtzentrum entwickeln, hatte sie es Peking nicht gestattet, in Hongkong eine offizielle Vertretung zu eröffnen. Zugleich hatte China es abgelehnt, dort ein Konsulat einzurichten, da dies der Anerkennung Hongkongs als britisches Territorium gleichgekommen wäre.

Daß Zhou seinem Vorgänger Xu nicht grün ist, ist verständlich, hatte dieser doch versucht, Zhous Ernennung zum Schattengouverneur Pekings in Hongkong zu verhindern. Statt des ehemaligen Vizeaußenministers hatte Xu seinen Freund Ye Xuanping, den Gouverneur der Provinz Guangdong, vorgeschlagen, einen Reformpolitiker.

Eigentlich hatte Xu seinen Schreibtisch nicht vor der Verabschiedung des Basic Law durch den Nationalen Volkskongreß Anfang April offiziell räumen wollen, doch Ministerpräsident Li Peng hatte seine Ablösung bereits für Anfang Februar verfügt.

Mit der Nachricht, er beabsichtige, in den Ruhestand zu gehen, hatte Xu Anfang Dezember 1989 bei der Eröffnung des ebenso exklusiven wie protzigen Dynasty Club, dessen Schirmherr er war, Hongkongs Öffentlichkeit überrascht. Er sei zu alt für das Amt, hatte er erklärt, obwohl chinesische Politiker mit 73 ihre Karriere oft erst vor sich haben. Vermutungen, sein Wunsch, sich zurückzuziehen, könnte in Zusammenhang mit den Ereignissen des 4. Juni 1989 und ihren Folgen stehen, bestritt er energisch.

Natürlich nahm ihm das niemand ab. Jedermann wußte: Xu war nicht nur Anhänger des in Ungnade gefallenenen Generalsekretärs der KP Chinas, Hu Yaobang, dessen Tod die Studentenunruhen im Frühjahr 1989 in Peking ausgelöst hatte. Er war auch Parteigänger des von Li Peng aus dem Amt gejagten Parteichefs Zhao Ziyang. Ähnlich Zhao hegte auch Xu Sympathie für die Demokratiebewegung. Zwar hatte er sich nie öffentlich dazu geäußert, doch auch er hatte – nur Stunden nachdem Zhao Ziyang im Morgengrauen des 19. Mai 1989 mit Tränen in den Augen den Hungerstreikenden auf dem Platz des Himmlischen Friedens erklärt hatte, er sei »zu spät« gekommen – mit einer Gruppe von Studenten geredet, die sich vor dem Xinhua-Gebäude in Hongkongs Queen's Road East im Hungerstreik befanden.

Nach dem Massaker hatten sich etwa neunzig Angestellte von Xinhua sowie zahlreiche Angehörige anderer von der Kommunistischen Partei kontrollierter Institutionen in Hongkong offen mit den Demonstranten solidarisiert, bis hin zum Streik. Zum Zeichen ihrer Trauer trugen viele Transparente und schwarze Armbinden. Das Hongkong-Büro der halboffiziellen Nachrichtenagentur China News Service verschickte an ihre Abonnenten gar eine schwarzumrandete Botschaft, in der es hieß: »Unser tiefes Beileid unseren Landsleuten, die in Peking starben. Von einigen Mitgliedern der Belegschaft.« Am deutlichsten aber wurde die offene Rebellion innerhalb der Reihen der KP in den Spalten der beiden kommunistischen Zeitungen Hongkongs *Wen Wei Po* und *Ta Kung Pao,* die ausführlich über die Vorgänge in Peking berichteten und die Demonstranten in ihren Leitartikeln vehement verteidigten.

Xu selbst hielt sich während der Unruhen, die auch in Hongkong die Massen auf die Straße brachten, vom 23. bis 26. Mai zu Konsultationen in Peking auf. Hatte er jedoch früher bei seinen häufigen Besuchen in der Hauptstadt stets mindestens einmal Deng Xiaoping getroffen, mit dem ihn eine persönliche Freundschaft verband, wurde ihm diesmal keine Audienz gewährt. Statt dessen wurde er zu Li Peng zitiert, der sich recht ungehalten zeigte über die lasche Art, mit der Xu die Situation in Hongkong meisterte. Vor allem war Li Peng wütend über den Verlust der Kontrolle über die beiden KP-Zeitungen.

Li Zisong, der rebellische Herausgeber von *Wen Wei Po,* wies Xus Rat nach dessen Rückkehr aus Peking, wieder auf die Linie der Partei einzuschwenken, jedoch brüsk zurück. Als dann chinesische Journalisten in den USA – zu ihnen zählten auch Liu Binyan und Lu Keng, der Verleger der politischen Zeitschrift *Pai Shing* mit Sitz in Hongkong – die Gründung einer »Gesellschaft der Freunde von *Wen Wei Po*« ankündigten, spitzten sich die Dinge zu. Am 15. Juli 1989 entließ Zhang Junsheng, der Propagandachef von Xinhua in Hongkong, Li Zisong kurzerhand auf Anweisung Li Pengs. Damit war offenkundig, was Peking bisher stets bestritten hatte: *Wen Wei Po* ist ein Organ der KP Chinas.

Zehn Monate später begleitete Lu Keng seinen inzwischen zwangspensionierten Freund Xu Jiatun auf dessen Urlaubsreise durch Kalifornien und zum Grand Canyon.

Der Bauernsohn Xu war mit 52 Jahren Mitgliedschaft in der KP einer der ältesten und loyalsten Kader der KP Chinas. Am 10. März 1916 im Bezirk Rugao, Provinz Jiangsu, geboren, heiratete er mit 21 Gu Yiping, ein Mädchen aus derselben Provinz. Aus der Ehe sollten zehn Kinder hervorgehen. 1938 trat er in die Partei ein und nahm am Guerillakampf der Roten Armee gegen die Japaner teil. Sein stetiger Aufstieg in der Parteihierarchie wurde selbst durch die Kulturrevolution nur kurz unterbrochen, als er im März 1968 seinen Posten als Vizegouverneur von Jiangsu sowie alle anderen Ämter verlor. Doch schon im Dezember 1970 war er wieder da: als Stellvertretender Vorsitzender des Revolutionskomitees der Provinz. Nach der Verhaftung der Viererbande (1976) und der zweiten Rehabilitierung Deng Xiaopings wählte ihn der 11. Parteikongreß im August 1977 zum Mitglied des Zentralkomitees, was er bis September 1985 blieb. Als Deng an Chinesisch

Neujahr 1983 Jiangsu besuchte, war er beeindruckt von den wirtschaftlichen Erfolgen der Reformpolitik[2] des Ersten Parteisekretärs Xu Jiatun. Wenige Monate später war der damals mächtigste Mann Jiangsus Direktor von Chinas *De-facto*-Botschaft in Hongkong, dem örtlichen Büro der Nachrichtenagentur Neues China. Vorgeschlagen hatte ihn Hu Yaobang.

Bei seiner Ankunft auf dem Bahnhof Hung Hom am 30. Juni 1983 erklärte Xu: »Ich bin hier, um den Wunsch des Landes nach Wiedervereinigung zu erfüllen.« In seine Amtszeit fielen denn auch die entscheidenden Verhandlungen mit den Briten über die Rückgabe Hongkongs, die Unterzeichnung der Joint Declaration sowie die beiden Entwürfe des Basic Law.

Eine seiner ersten Amtshandlungen nach seinen Besuchen bei den beiden wichtigsten Propagandaorganen der KP in Hongkong, *Wen Wei Po* und *Ta Kung Pao*, am 1. Juli war eine Besichtigung der noch immer der Kontrolle der britischen Behörden weitgehend entzogenen Ummauerten Stadt, seit 1898 Zankapfel zwischen Peking und London. Mit seiner dunklen Sonnenbrille, von der er sich selbst in geschlossenen Räumen nicht trennte, dem altmodischen weißen Hemd und den plumpen Hosen machte er den Eindruck eines typischen *biao shu* (zu deutsch »Onkel«), ein beliebter Spitzname für die so belächelten wie gefürchteten Landsleute aus der Volksrepublik. Kaum jemand glaubte, dieser merkwürdige Landwirtschaftsexperte, der zudem kaum internationale Erfahrungen aufzuweisen hatte, könnte seiner Aufgabe in dieser schwierigen Zeit des Übergangs gewachsen sein.

Seinem Ruf eines hartgesottenen kommunistischen Kaders machte der neue Mann Pekings zunächst alle Ehre – insbesondere auf jener denkwürdigen zweistündigen Pressekonferenz am 21. November 1985, an deren Ende er »einige Leute« des Bruchs der Joint Declaration bezichtigte, wobei er aufgeregt mit der Brille in der Rechten und der Joint Declaration in der Linken herumfuchtelnd den Hang-Seng-Index in den Keller trieb.[3]

Xus Wutausbruch war eine unmißverständliche Warnung an die Adresse Londons, vor 1997 politisch ja nichts zu verändern. Schließlich hatten die Briten noch vor der Unterzeichnung der Joint Declaration mit einem *Green Paper* und später einem *White Paper* über »Die Weiterentwicklung des Repräsentativsystems in Hongkong«[4] deutlich gemacht, daß sie in Hongkong demokratische Reformen durchzuführen gedachten. Die Wahlen zum Legislativrat[5] vom September 1985 hatten nur das Faß zum Überlaufen gebracht.

Während London in einer scharfen Stellungnahme auf sein Recht pochte, Hongkong bis 1997 zu regieren, versuchte der Direktor des Amts für Hongkong- und Macao-Angelegenheiten, Genosse Ji Pengfei, der kurz darauf auf Einladung des Gouverneurs Youde und der fünf Vizevorsitzenden des Entwurfskomitees für das Basic Law (BLDC) nach Hongkong kam, den diplomatischen Schaden diplomatisch zu beheben. Daß er dabei keinen Deut vom chinesischen Standpunkt abwich, versteht sich von selbst: Jede Änderung des politischen Systems Hongkongs, erklärte Ji in einer fünfzehnminütigen Pressekonferenz, bei der er vorbereitete Erklärungen verlas und keine Fragen aus dem Parkett zuließ, bedarf der vorherigen Absprache zwischen London und Peking. Prompt kapitulierten die Briten bereits beim zweiten Treffen der sino-britischen Joint Liaison Group (JLG), das vom 26. bis 29. November in Peking stattfand, und akzeptierten das von Ji einen Monat zuvor ventilierte Prinzip der »Konvergenz«, wonach alle politischen Entscheidungen in der Übergangszeit bis 1997 mit dem Basic Law im Einklang zu stehen hätten. Damit verfügte Peking über eine Zauberformel, mit der bis zur Verabschiedung des Basic Law durch den Nationalen Volkskongreß konstitutionelle Reformen beliebig verzögert, danach sogar verhindert werden konnten. Von nun an brauchte es nur noch die Miniverfassung des künftigen Sonderverwaltungsgebiets Hongkong (HKSAR) zu beschwören, um nicht genehme Entscheidungen zu torpedieren. Die JLG war *de facto* zum Machtorgan geworden.

Doch Xu Jiatuns Image besserte sich rasch. Mit viel Geschick gewann er zunehmend den Respekt der Bevölkerung, deren Hoffnungen und Wünsche ihm nicht fremd blieben. Die freundliche Seite seines Wesens trat immer häufiger hervor, zumal im Umgang mit der Lokalpresse. So verteilte er, nachdem ihn einmal an Chinesisch Neujahr ein junger Journalist um ein *lai see* angegangen war, gleich ein paar Dutzend jener kleinen roten Umschläge mit »Glücksgeld«, die nach chinesischem Brauch an Geburts- und manch anderen Festtagen die Älteren oder Vorgesetzten an Jüngere oder Untergebene verschenken. Vor allem aber warb er um das Vertrauen der Geschäftswelt Hongkongs. Intensiv entwickelte und pflegte er persönliche Beziehungen zu prominenten Unternehmern und überredete sie, Peking zu unterstützen.

Diese Kontakte blieben nicht ohne Folgen. Allmählich entdeckte »Onkel Xu«, wie er jetzt in Hongkong oft genannt wurde, außer dem Wider auch ein Für des kapitalistischen Systems.

Eine erste Reise kreuz und quer durch Nordamerika unternahm er mit großem Gefolge im Juli und August 1988 auf Einladung der Botschafter Chinas in Kanada und den USA, Zhang Wenpu und Han Xun. Obwohl es sich offiziell um einen inoffiziellen Besuch handelte, traf Xu außer einer Reihe führender Persönlichkeiten aus Politik und Wirtschaft auch Vertreter der rapide wachsenden chinesischen Bevölkerungsgruppen. In Los Angeles war er zu Gast bei der einflußreichen, für ihre gleichermaßen guten Beziehungen zu Taipei wie zu Peking bekannten Sino-Amerikanerin Anna Chennault,[6] der Witwe des US-Generals Claire Chennault, der 1941/43 mit den von ihm begründeten legendären Flying Tigers auf seiten Chiang Kai-sheks gegen die Japaner gekämpft hatte. Xu Jiatun hatte die noch immer im Fluggeschäft tätige Chen Xiangmei – so ihr chinesischer Name –, deren Schwester Hongkongs Prominenten-Nachtlokal Volvo-Club betrieb, stets eingeladen, wenn sie in Hongkong war. Der Höhepunkt der Amerikareise Xus aber war Disneyworld in Orlando, Florida, wo er sich, wie die Presse berichtete, glänzend amüsierte, diente die Reise doch dem Zweck, sich aus erster Hand über den Kapitalismus zu informieren.

»Ghost Towns« und der Grand Canyon standen damals nicht auf dem Programm.

Bei seiner Rückkehr nach Hongkong meinte Xu, es gebe gute und schlechte Seiten des Kapitalismus, doch »der allgemeine Eindruck war gut«, das moderne kapitalistische System sei eine »großartige Schöpfung der menschlichen Zivilisation«. Hongkong solle seine eigene Version des Kapitalismus entwickeln. Auch Kanada und die Vereinigten Staaten hätten unterschiedliche politische Systeme, dennoch seien beide kapitalistisch.

Kein Wunder, daß der einst linientreue Veteran der KP Chinas den Reformgegnern in Peking ein Dorn im Auge war. Nach dem Sturz Zhao Ziyangs war seine Ablösung nur noch eine Frage der Zeit. Und als Xu im Januar 1990 den Wunsch äußerte, sich nach seiner Pensionierung in der an Hongkong grenzenden Wirtschaftssonderzone Shenzhen als Leiter des von ihm gegründeten Internationalen Instituts für Wirtschaftsforschung dem Studium des Kapitalismus zu widmen, ordnete Li Peng an, er habe seinen Ruhestand in Peking zu verbringen.

Daß sich Xu Jiatun im Laufe seiner sechseinhalb Jahre in der kapitalistischen Diaspora immer weniger Zwang angetan hatte, offen seiner Liebe zum Luxus zu frönen, war ein gefundenes Fressen für Ministerpräsident Li und die anderen Verfechter einer harten Linie, die seit der Niederschlagung der Demokratiebewegung im Juni 1989 das Heft in der Hand hatten: Im Februar 1990, unmittelbar nach Xus Pensionierung, befahl Li eine Untersuchung der Amtsführung Xus. Die Mitarbeiter von Xinhua wurden aufgefordert, Berichte über ihren ehemaligen Chef zu verfassen. Wie es hieß, hatten einige bereits fleißig Material über seinen luxuriösen Lebensstil und seine engen Beziehungen zur Geschäftswelt Hongkongs gesammelt. Xu konnte nicht entgangen sein, was sich da zusammenbraute.

»Ich habe nie etwas von einem Plan gehört, ins Ausland zu reisen. Er spricht mit mir nie über seine Geschäfte«, verriet Xus Frau am 10. Mai 1990 gegenüber einem Reporter des *Hongkong Standard.* »Xu hatte mich gebeten, unsere Sachen und Möbel [von Shenzhen] nach Hause zu bringen«, fuhr sie fort. »Er erinnerte mich auch daran, gleich nach meiner Ankunft in Nanjing den Generalsekretär der Provinzregierung von Jiangsu anzurufen und ihm mitzuteilen, daß wir heimkehren.«[7] Gu Yiping, seit 1937 mit Xu Jiatun verheiratet und fast ebensolange Parteimitglied, war von der Nachricht, ihr Mann suche in Amerika Ruhe und Erholung, nicht weniger überrascht worden als die Führung in Peking.

Während Xu seine Frau in China zurückließ – die beiden hatten sich schon lange nicht mehr vertragen –, begleiteten ihn einer seiner Söhne samt Familie sowie ein befreundeter Geschäftsmann aus Hongkong in die USA. Darüber, ob diese ebenfalls Touristenvisa beantragt hatten, verweigerte der Sprecher des amerikanischen Generalkonsulats in Hongkong jegliche Auskunft. »Herr Xu hat geeignete Dokumente vorgelegt« war das einzige, was zu erfahren war.

Gerätselt wurde, wer Xus unautorisierte Ausreise autorisiert haben könnte. Einige vermuteten, daß die erforderlichen Papiere von den für ihre Unabhängigkeit von Peking bekannten südchinesischen Behörden ausgestellt worden waren, zu denen Xu gute

Beziehungen unterhielt. Sein Freund Ye Xuanping, der von ihm vergeblich als sein Nachfolger vorgeschlagene Gouverneur von Hongkongs Nachbarprovinz Guangdong, bemerkte lediglich, es sei »noch nie dagewesen«, daß ein pensionierter Kader »im Ausland Erholung suche«.[8]

Unterschlupf fand der Amerika-Urlauber zunächst in dem ganz nach den Regeln des *feng shui,* der chinesischen Geomantie, harmonisch zwischen sanften Hügeln des Fo Kuang Shan, dem »Berg des Buddha-Glorienscheins«, gebetteten Tempel Hsi Lai (zu deutsch »Komm nach Westen«) nahe Los Angeles. »Ende April«, berichtete der Abt des Tempels, Meister Hsing Yun, drei Wochen später auf einer Pressekonferenz, »erhielt ich auf Hawaii einen Anruf und erfuhr, daß er Anfang Mai mit United Airlines in San Francisco ankommen würde.«

Meister Hsing Yun (zu deutsch »Sternwolke«) ist ein Freund des Verlegers Lu Keng. Xu Jiatun hatte ihn kennengelernt, als er im März 1989 als Leiter einer 72köpfigen Delegation über Hongkong nach Peking reiste. Xu hatte diesen seit vierzig Jahren ersten Besuch des frommen Mannes in Festland-China arrangiert.

In Peking war der Präsident der Internationalen Buddhistischen Fortschrittsgesellschaft (International Buddhist Progress Society) mit Sitz in den USA auch von Ministerpräsident Li Peng und Staatspräsident Yang Shangkun empfangen worden, die ihn baten, an seinen engen Freund, den Dalai Lama, sowie nach Taipei Botschaften zu übermitteln. Als Mitglied des Zentralen Beratungskomitees von Taiwans Regierungspartei Kuomintang war der »politische Mönch«, wie Präsident Yang ihn nannte, für eine so delikate Mission geradezu prädestiniert. Die Pekinger Führung jedenfalls zeigte sich höchst zufrieden mit dem Besuch.

Der von Meister Hsing Yun 1988 gegründete Fo Kuang Shan Hsi Lai ist der größte buddhistische Tempel außerhalb Asiens. Nach dem Massaker vom 4. Juni 1989 auf dem Platz des Himmlischen Friedens hatte er zahlreichen Flüchtlingen Zuflucht geboten, darunter so prominenten Dissidenten wie dem Chefredakteur der *Hainan Daily News,* dem Dramatiker Wu Zuguang und dem Wirtschaftswissenschaftler Qian Jiaju aus Shenzhen.

Anders als Professor Qian aber suchte Xu sein Heil nicht im Buddhismus. »Er ist kein Anhänger des Buddhismus«, antwortete Meister Hsing Yun auf die Frage eines Journalisten, ob der am

Kommunismus (ver)zweifelnde Exkader in der Religion Trost suche. »Er wußte nur«, fuhr der Priester fort, »daß der Buddhismus mildtätig und eine buddhistische Stätte sicher ist. [...] Aus historischer Sicht war ein buddhistischer Tempel immer ein Leuchtturm im Meer des Leidens für jene, die Hilfe brauchten. Vorüberziehende Schiffe gehen hier instinktiv vor Anker. In der chinesischen Geschichte haben viele Menschen in Tempeln politisches Asyl gesucht. Aber der Fall von Herrn Xu ist anders«,[9] betonte der Abt.

In der Tat: Xu bestand hartnäckig darauf, nicht Asyl zu beantragen, sondern nur jahrelang Urlaub zu machen. Seine intime Kenntnis von Partei und Regierung auf zentraler wie regionaler Ebene, im militärischen wie im zivilen Bereich, sowie seine enge Vertrautheit mit Denkweise und Gewohnheiten der chinesischen Führung hätten ihn zu einem der dicksten Fische machen können, der dem US-Geheimdienst je ins Netz gegangen wäre. Doch Xu weigerte sich strikt, aus dem Nähkästchen zu plaudern.

Angesichts der Bedeutung des Falles erscheint die offizielle Reaktion der Pekinger Führung verdächtig moderat. Die Ausreise, die der Ausreißer in drei langen, gleichlautenden Briefen an Deng Xiaoping, Yang Shangkun und das ZK, nicht aber an Ministerpräsident Li Peng gerichteten Schreiben erläuterte, wurde zwar als »unautorisiert« verurteilt, ansonsten aber übernahm man offiziell Xus eigene Version, er sei »sehr müde« und halte sich ausschließlich »zur Erholung« im Ausland auf. Kein Zweifel: Xu und der chinesische Botschafter in den USA, Zhu Qizhen, haben ein Stillhalteabkommen geschlossen nach dem Motto: »Wenn du mich in Ruhe läßt, pack' ich nicht aus.«

Onkel Xu packt aus

Um Xu wurde es still.

Dank der Hilfe des gastfreundlichen Abtes war schon bald eine angemessene Unterkunft außerhalb der im altchinesischen Stil errichteten Klosteranlage gefunden, wo Xu sich in Muße dem Studium des Kapitalismus widmen konnte. Wie eine in Los Angeles erscheinende chinesische Zeitung 1991 schrieb, handelte es sich um eine Luxusvilla in einem südkalifornischen *suburb*. Auch sein

Sohn habe sich inzwischen ein Haus gekauft. Woher das Geld dafür kam, sei nicht bekannt. Ebensowenig sei in Erfahrung zu bringen, ob der vermögende Tempel, der im Raum von Los Angeles eine Reihe von Immobilien besitzt, Xu und seine Familie finanziell unterstütze. Der luxuriöse Lebensstil der Xus jedenfalls nährte Spekulationen, der ehemalige Spitzenfunktionär habe seinen Posten als Xinhua-Chef auch dazu genutzt, seinen Lebensabend materiell gründlich abzusichern.

Erst 1992 meldete sich Xu Jiatun, der einst einen Artikel über »Die fundamentalen Führungsprinzipien für das politische Leben innerhalb der Partei«[10] geschrieben hatte, mit einem Aufsatz »Über friedliche Entwicklung und Fortschritt: Nachdenken angesichts des Tiefs in der sozialistischen Weltbewegung« wieder zu Wort. Eine Kopie des mit 10000 chinesischen Schriftzeichen recht umfangreichen Essays hatte Xu Ende April 1992 an Deng Xiaoping und Yang Shangkun geschickt. Der Besuch Dengs in der Sonderwirtschaftszone Shenzhen Anfang des Jahres, bei dem er seine Poltik »der Reformen und der offenen Tür« den »einzigen Ausweg« für China genannt hatte, mag ihn ermutigt haben, seine einstigen Genossen zu drängen, westliche Ideale zu übernehmen. Als jedoch die beiden Patriarchen, die den Text vorab zu Gesicht bekamen, nicht öffentlich Stellung nahmen, ließ Xu seine Ausführungen unmittelbar vor dem Jahrestag des Massakers vom 4. Juni 1989 Chinesisch im *Hongkong Economic Journal* und in Englisch in der *South China Morning Post*[11] drucken. Es war ein Stich ins Wespennest: Chinas Parteitheoretiker und Propagandisten wurden aufgefordert, Vorschläge einzureichen, wie Xus Thesen, die nun jedermann bekannt waren, zu widerlegen seien.

Wenige Monate zuvor hatte bereits der zum Buddhismus bekehrte Wirtschaftsprofessor Qian Jiaju in Hongkong einen langen Artikel veröffentlicht, in dem er China riet, »friedliche Evolution« zuzulassen. Damals hatten die chinesischen Behörden noch mit einem Schwall offizieller Kritik geantwortet.

Xus Aufsatz war von anderem Kaliber. Einst einer der Ihren und vertraut mit sämtlichen Taktiken und Strategien der chinesischen Führer, traf er mit seiner Kritik am Leninismus und Stalinismus die Partei gerade deshalb im Kern, weil er nicht als Gegner des Kommunismus auftrat, sondern als einer, dem die Rettung des Sozialismus am Herzen lag. »Gewisse Führer, die gegenwärtig in der KP

Chinas und der chinesischen Regierung an der Macht sind«, schrieb Xu, »glauben, der Vorfall vom 4. Juni und die Revolution in Osteuropa und der UdSSR seien das Ergebnis der Bemühungen der kapitalistischen Welt«, den Sozialismus zu unterminieren. »Statt die Wurzeln des Übels tief im eigenen Körper zu suchen, geben sie äußeren Faktoren« die Schuld. Sie verwechselten Ursache und Wirkung. In den frühen fünfziger Jahren, als er noch klar im Kopf war, habe Mao Zedong erkannt, daß zur Konsolidierung des Sozialismus in China »unter der Führerschaft der Kommunistischen Partei der Kapitalismus entwickelt werden« müsse. Deng Xiaopings Wirtschaftsreformen seit dem 3. Plenum des ZK im Dezember 1978, ohne die weder Xus eigene privatwirtschaftlichen Experimente in Jiangsu noch die marktorientierten Reformen Zhao Ziyangs in Sichuan möglich gewesen wären, hätten China zwar wirtschaftlich einen großen Sprung nach vorn gebracht, »bei der politischen Reform jedoch gab es keinen Fortschritt«. »Gleichheit, Freiheit, Demokratie und ein demokratisches politisches System« seien, betonte Xu, »das gemeinsame Gut der Menschheit«. Der 4. Juni habe »gezeigt, daß das Volk von Partei und Regierung eine verstärkte Fortführung der Reform erwartete – und daß das Volk diese überwachen« wolle. Nur wenn sich die Reformen auch auf Politik und Ideologie erstreckten, könne »China gestärkt und der zeitgenössische Sozialismus gefestigt und entwickelt werden«.

Besonders ungelegen mußte die Veröffentlichung für Deng kommen, weil Xu dessen Wirtschaftsreformen ausgerechnet zu einem Zeitpunkt lobte, als er sich wieder einmal Vorwürfen seiner Gegner ausgesetzt sah, er betreibe den Ausverkauf des Sozialismus. Xu hatte zwar geschrieben, daß der Sozialismus nicht am Ende sei, doch müsse die Führung in Peking einsehen, daß sich ökonomische und politische Reformen nicht voneinander trennen lassen.

Kurz nachdem Xu Jiatun Anfang Mai 1990 zu seinem Erholungsaufenthalt in den USA eingetroffen war, hatte seine Frau Gu Yiping der Presse noch vom Plan ihres Mannes berichtet, in Nanjing seine Memoiren zu schreiben. »Die Erinnerungen sind nicht zur Veröffentlichung bestimmt«, hatte sie ausdrücklich hinzugefügt. »Er wird seine Erinnerungen unseren Enkeln und Nachkommen hinterlassen.«[12]

So lange aber wollte Xu denn doch nicht warten: Ab 4. Mai 1993 erschienen seine Erinnerungen als Serie in der in Hongkong erscheinenden taiwanesischen Tageszeitung *Lien Ho Pao*.[13]

Das Erscheinungsdatum des ersten Vorabdrucks war mit Bedacht gewählt: Am 4. Mai 1919 hatten in Peking etwa fünftausend Studenten gegen den Beschluß der in Versailles tagenden Siegermächte des Ersten Weltkriegs demonstriert, das deutsche Pachtgebiet Qingdao (Tsingtau) auf der Halbinsel Shandong Japan zu übertragen. Es war der Beginn einer Welle der nationalen Empörung, die bald ganz China erfaßte. Über den unmittelbaren Anlaß hinaus war die »Bewegung des 4. Mai« Ausdruck der Wut über die ständige Demütigung des Reichs der Mitte durch äußere Mächte. Nach dem Sturz der Qing-Dynastie war es vor allem die junge Intelligenz des Landes, die sich, von der Hoffnung auf geistige und politische Erneuerung erfüllt, radikal von traditionellen Wertvorstellungen zu lösen versuchte.

Damit war unausgesprochen, doch für jeden chinesischen Patrioten unübersehbar ein Zusammenhang hergestellt zwischen den beiden Protestbewegungen von 1919 und 1989: Den Studenten, die am 4. Juni 1989 von Panzern der 27. Feldarmee überrollt wurden, so die Botschaft, war es nicht weniger um die Erneuerung Chinas gegangen als ihren glücklicheren Kommilitonen[14] am selben Ort siebzig Jahre zuvor. Anders als 1919 waren die Proteste diesmal, wie Xu in seinem Essay »Über friedliche Entwicklung und Fortschritt« geschrieben hatte, jedoch nicht durch die Mißachtung der Souveränität Chinas durch ausländische Mächte ausgelöst worden, sondern durch verknöcherte Ideologen und machtbesessene Politiker, die sich den notwendigen innenpolitischen Reformen widersetzen.

Xu Jiatun ließ in seinen Memoiren keinen Zweifel daran, wen er für den Hauptverantwortlichen für das Massaker vom 4. Juni hielt: den Adoptivsohn Zhou Enlais, Ministerpräsident Li Peng.

Xu, der sich über das Geschehen in Peking nach dem Tod Hu Yaobangs dank der intensiven Berichterstattung in den Hongkonger Medien ständig auf dem laufenden halten konnte, hatte die Fernsehberichte auf Video aufgenommen und an Zhao Ziyang geschickt in der Hoffnung, dies werde der KP-Führung helfen, die Ereignisse richtig einzuschätzen. Daß anfangs weder Li noch Zhao bereit war, mit den Studenten zu sprechen, war ihm unbegreiflich.

Als verhängnisvoll für den weiteren Verlauf ewies sich, wie Xu berichtet, daß Zhao Ziyang am 23. April zu einem offiziellen Besuch nach Nordkorea reiste. So konnte Li Peng in seiner Abwesenheit auf einer Sitzung des Politbüros durchsetzen, daß die friedlichen Demonstrationen als Aufstand gewertet wurden, daß man Deng fälschlicherweise mitteilte, die Studenten planten eine Konterrevolution, und die Zeitungen die Anweisung erhielten, die Proteste scharf zu verurteilen. Als daraufhin die Zeitung *Renmin Ribao* am 26. April die Studenten des Komplotts gegen das chinesische Volk bezichtigte, verstärkte dies nur die Rufe nach Demokratie: Am 4. Mai, dem Jahrestag der Bewegung von 1919, zogen trotz Verbots eine halbe Million Menschen auf den Platz des Himmlischen Friedens. Zhao Ziyang, der erklärt hatte, die Demonstration gefährde nicht die Stabilität des Landes, verlor zunehmend an Einfluß und verschwand völlig von der Bildfläche, nachdem Li Peng am 20. Mai das Kriegsrecht über Peking verhängt hatte.

»Li Peng ist skrupellos und intelligent [...] In einem Machtkampf nach Dengs Tod würde er Jiang Zemin zum Lunch verspeisen«,[15] hatte Richard Nixon einmal gesagt – ein Urteil, das Xu offenbar teilt.

Xu Jiatuns Glaube an Deng Xiaoping hingegen scheint ungebrochen. Xu war fest davon überzeugt, daß der greise Architekt der Wirtschaftsreformen, der Ende 1989 in einem Interview über seine Rolle bei der blutigen Niederschlagung der Protestbewegung gesagt hatte: »Zum Glück war ich da, um zu helfen, die Situation zu meistern«,[16] von der Gruppe um Li Peng getäuscht worden war.

Das Massaker von Peking hatte auch in Hongkong einen Scherbenhaufen hinterlassen. Das Vertrauen der Bevölkerung in die Zukunft des Territoriums war schwer erschüttert. Die Zahl der Emigranten stieg rapide. Sogar rotchinesische Funktionäre, die im Besitz von Hongkonger Personalausweisen waren, standen Schlange vor den Visa-Abteilungen der Konsulate westlicher Länder. In vielen Unternehmen spielte man mit dem Gedanken, Hongkong zu verlassen.

Um verlorenes Terrain zurückzugewinnen, ermutigte Xu vor allem Geschäftsleute der Mittel- und Oberschicht, die zu Kontakten mit China bereit waren, wieder nach Peking zu reisen. So arrangierte er Treffen Deng Xiaopings mit Sir Y. K. Pao und

Li Ka-shing, den beiden größten Tycoons von Hongkong. Nach ihnen kamen andere, doch die stellten die Bedingung, nur mit Jiang Zemin zusammenzutreffen, nicht mit Li Peng. Am Ende weigerte sich Jiang, Besucher allein zu empfangen. »Wenn sie es ablehnen, Li Peng zu sehen, sollen sie nicht kommen«, sagte er. Ein paar Gruppen zogen es daraufhin vor, zu Hause zu bleiben.

Auch ein Besuch von Gordon Wu, dessen Hopewell Holding mit riesigen Autobahn-Projekten in Südchinas Infrastruktur investiert, kam nicht zustande: Li Peng war nicht bereit, ihn zu empfangen. Wu hatte bisher gute Beziehungen zu Zhao Ziyang gehabt.

Nach dem Hinauswurf seines Förderers Zhao, der sich standhaft geweigert hatte, Selbstkritik zu üben, wurde Xus Lage immer prekärer. Er und seine Mitarbeiter mußten Berichte schreiben über ihr Verhalten und Denken während der Unruhen. Außer Ji Pengfei, der Xu für seine Arbeit in Hongkong lobte, und Yang Shangkun, der ihn davon abbringen wollte, in den Ruhestand zu gehen, schien in Peking niemand mehr auf ihn zu hören. In Li Pengs Ohr ging ohnehin nur, was Zhou Nan und die beiden Stellvertretenden Direktoren des Amts für Hongkong- und Macao-Angelegenheiten, Li Hou und Lu Ping, über Xu sagten. Und das war wenig Gutes. Als ihn dann Jiang Zemin – ein Schwiegersohn des ehemaligen Staatspräsidenten Li Xiannian und Nachfolger Zhao Ziyangs im Amt des Generalsekretärs der KP –, auf den Xu anfänglich gewisse Hoffnungen gesetzt hatte, einen »Rechtsabweichler« nannte, war klar, daß er bald seinen Hut werde nehmen müssen.

Der Moment kam schneller als erwartet.

Yang Shangkun hatte am 17. Dezember 1989 eine elftägige Reise nach Ägypten und in die Golfstaaten angetreten, konnte also nichts für Xu tun. Am 23. Dezember wurde Xu nach Peking gerufen, wo Li Peng ihn aufforderte, seinen Posten zu räumen. Sein Nachfolger solle Zhou Nan werden. Dieser war, wie Xu später erfuhr, von Li Xiannian, einem der »Acht Unsterblichen«,[17] vorgeschlagen worden. Zwei Tage später hieß es, Xu habe unverzüglich seine Koffer zu packen. Am 5. Februar 1990 traf Zhou Nan in Hongkong ein. Zu diesem Zeitpunkt war Xu bereits in Shenzhen. Zhou, der seinen Vorgänger in seiner Antrittsrede offenbar auf Anweisung von oben mit keinem Wort erwähnte, ließ sogleich sämtliche Schriftstücke und Akten aus dessen Amtszeit nach Peking schaffen.

Als Xu Jiatun am 12. Februar zur Teilnahme an der Sitzung des Nationalen Volkskongresses über das Basic Law wieder in Peking war, traf er Yang Shangkun, der ihm auftrug, auch weiterhin Kontakte zu Taiwan zu halten. Zhou Nan, dem Xu dies mitteilte, war wütend und wollte Yang sprechen. Der aber lehnte ab, ihn zu empfangen.

Anfang April hielt sich Xu zur Verabschiedung des Basic Law durch den Nationalen Volkskongreß wieder in der Hauptstadt auf. Nun wurde ihm der weitere Aufenthalt in Shenzhen verboten. Er habe nach Peking zu kommen. Doch er weigerte sich und verkündete, er wolle nach Nanjing ziehen, in seine Heimat Jiangsu.

Die Zeit drängte. Am 23. April erhielt das Xinhua-Büro in Shenzhen die Anweisung, den Dienstwagen Xus, dessen Nummer erlaubte, die Grenze nach Hongkong ungehindert zu passieren, nach Hongkong zurückzubringen. Am 24. erfuhr Xu, daß Zhou bereits sein gesamtes Archiv zusammen mit einem ausführlichen Bericht an das ZK geschickt hatte. Am Mittwoch, dem 25. April, rief Xu einen guten Freund in Hongkong an, der am nächsten Morgen nach Shenzhen kam. Dieser versprach, ihm zu helfen. Xu hatte gehofft, China bereits am Samstag verlassen zu können, doch sein Freund sagte ihm am Telefon: »Am 28. kann ich nichts kaufen. Es geht erst am 30.« Also mußte er warten und brachte am Montag abend noch Frau und Kinder, die von seinen Fluchtplänen keine Ahnung hatten, zum Zug nach Nanjing. Zwei Stunden später ging er bei Lo Wu zu Fuß über die Grenze. Er hatte Angst, daß man ihn erkennen würde.

»Herr Xu, Sie gehen nach Hause? Sie sehen viel jünger aus als im Fernsehen«, bemerkte der Zöllner. Doch Xu hatte Glück: Der Beamte ließ ihn ungehindert passieren.

Sein Freund, der inzwischen das US-Visum für ihn beantragt und mit dem Abt Hsing Yun auf Hawaii telefoniert hatte, empfing ihn am Bahnhof Sheung Shui, der ersten Station nach Lo Wu. Von dort fuhr ihn der Freund im Auto zu sich nach Hause. Eine Bahnfahrt war zu riskant.

In der Nacht schrieb Xu seine Briefe an Deng, Yang und das ZK. Er sei zu diesem Schritt gezwungen gewesen, erklärte er darin, denn es gebe einige Leute in Peking, denen er nicht trauen könne. Aber er glaube noch immer an den Marxismus und Kommunismus und hege großen Respekt für Deng. Seinen Aufenthalt in den USA werde er offiziell als Urlaub bezeichnen, und er verspreche, kein politisches Asyl zu beantragen, keine Staatsgeheimnisse zu verraten, keine Artikel zu schreiben oder Reden zu halten und keine Kontakte zu chinesischen Dissidenten zu unterhalten.

Nach seiner Ankunft in den USA kontaktierte Xu das chinesische Konsulat in Los Angeles. Der Konsul, der ihn sogleich im Tempel besuchte, forderte ihn auf, nach China zurückzukehren. Er werde keine Schwierigkeiten bekommen, versicherte er. Dann versuchte Botschafter Zhu Qizhen, ihn zur Heimkehr zu überreden. Vergebens. »Wer kann mir, solange Li Peng an der Macht ist, garantieren, daß mir nichts passiert?« fragte er. Auch als Yang Shangkun ihn bitten ließ, ihn auf dem Rückweg von seinem Staatsbesuch in Südamerika in der Präsidentenmaschine mit nach Hause zu begleiten und ihm Straffreiheit versprach, lehnte er ab. Er habe kein Vertrauen in irgendwelche Zusagen aus Peking, ließ er wissen.

Im Frühjahr 1991 erfolgte dann der endgültige Bruch: Anfang März meldete die Nachrichtenagentur Neues China die Entfernung des abtrünnigen Dauerurlaubers aus sämtlichen Ämtern und seinen Ausschluß aus der Partei.

Ob Xu Jiatun mit seinem Aufsatz »Über friedliche Entwicklung und Fortschritt« und seinen Hongkong-Memoiren Staatsgeheimnisse ausgeplaudert hat oder nicht: Manchem wäre es gewiß lieber gewesen, wenn er das eine oder andere für sich behalten hätte. Über die »fundamentalen Führungsprinzipien des politischen Lebens in der KP Chinas« gibt sein Buch jedoch Aufschluß wie kaum ein zweites.

V. Die Tränen des Herrn Lu

Über ein halbes Jahrhundert ist es nun her, seit ein hochgewachsener Student der angesehenen St. John's University in Shanghai das Katheder so nahe an den Rand des Podests schob, daß es krachend zu Boden fiel, als der Dozent das Podium betrat.

Der rebellische Student, dessen Streich für den verhaßten Lehrer einen schweren Gesichtsverlust bedeutete, ist heute Direktor des Amts für Hongkong- und Macao-Angelegenheiten beim Staatsrat der Volksrepublik China.

Lu Ping war im November 1990 in dieses Amt berufen worden, nachdem er von 1985 bis 1987 als Stellvertretender Generalsekretär des Basic Law Drafting Committee und danach als Stellvertretender Direktor des Amts für Hongkong- und Macao-Angelegenheiten gedient hatte. Er trat damit die Nachfolge seines bisherigen Vorgesetzten Ji Pengfei an, der ein paar Monate nach der Zwangspensionierung Xu Jiatuns diesem gemeinsam mit seinem ehemaligen Vize Li Hou in den Ruhestand gefolgt war, wenn auch nicht nach Kalifornien.

Ji Pengfei, 1909 als Sohn eines nicht ganz armen Bauern in der Provinz Shanxi geboren, hatte nach seinem Medizinstudium ursprünglich für die Kuomintang (Guomindang) gegen die Kommunisten gekämpft, bevor er 1931 mit seiner Einheit die Fronten wechselte. Nach dem Sieg der Roten Armee und der Ausrufung der Volksrepublik begann der ehemalige Sanitäts- und Politoffizier 1950 seine diplomatische Karriere als Leiter der Diplomatischen Mission der VR China in Ost-Berlin im Rang eines Botschafters in der DDR, zu dem er 1953 auch offiziell ernannt wurde. Seit 1955 Vizeaußenminister, sah man ihn von nun an stets als Trabanten der höchsten Vertreter des Ein-Parteien-Reichs-der-Mitte wie Chen Yi, Zhu De, Zhou Enlai und Liu Shaoqi.

Sogar während der Kulturrevolution holte sich der politische

Überlebenskünstler Ji keine kalten Füße: Bei mehreren Empfängen Mao Zedongs für die Roten Garden ward er gesichtet und überwinterte ansonsten im Außenamt als Stellvertreter, zuständig vor allem für die Beziehungen mit den Ländern Afrikas und Asiens.

1971 zunächst amtierender und ein Jahr später als Nachfolger Chen Yis schließlich selbst Chefdiplomat Chinas, bekleidete Ji seit Oktober 1974 zahlreiche hohe, doch nicht höchste Posten, wie den des Generalsekretärs des Ständigen Komitees des Nationalen Volkskongresses oder des Vizepremiers. Im übrigen betätigte sich der Außenminister a. D. in allen fünf Erdteilen fleißig als Leiter von Regierungs-, Trauer- und Freundschaftsdelegationen, bis er im August 1983 im reifen Alter von 73 Jahren Nachfolger des am 10. Juni verstorbenen Liao Chengzhi und damit ranghöchster Funktionär Chinas in Sachen Hongkong und Macao wurde.

Lu Ping, Jahrgang 1929 und somit zwanzig Jahre jünger als Ji, zählt zwar nicht mehr zu jener Garde alter Kämpen, die bereits beim legendären Langen Marsch von 1934/35 und anschließend in den Höhlen von Yan'an mit von der Partie gewesen waren. Doch auch er ist tief geprägt von den Jahren der japanischen Aggression in China, die 1918 mit der Übertragung des deutschen Pachtgebiets Jiaozhou mit Qingdao auf Japan durch den Versailler Vertrag begonnen und erst 1945 mit der Niederlage Nippons im Pazifik-Krieg ihr Ende gefunden hatte. »Der antijapanische Einfluß dominierte«, bestätigt ein ehemaliger Klassenkamerad von der Leicester Mittelschule in Shanghai, der gemeinsam mit Lu zur St. John's gewechselt war, nachdem die Japaner die Schule geschlossen hatten.

Der Dozent, dem Lu als Student den Streich mit dem Pult gespielt hatte, war Japaner.

Geboren im Bezirk Langzhong in Sichuan, der Heimatprovinz von Deng Xiaoping, Li Peng und Yang Shangkun, und aufgewachsen in Shanghai, erlebte der junge Lu, wie die ausländischen Mächte sein Land rücksichtslos ausbeuteten und sein Volk demütigten. »No dogs or Chinese« – Zutritt für Hunde und Chinesen verboten – stand nicht nur am Eingang eines Parks der seit 1937 von den Japanern besetzten 4-Millionen-Stadt, in der damals etwa 50000 Ausländer lebten, darunter an die 15000 jüdische Emigranten und

Flüchtlinge aus Deutschland. Angesichts dieser bitteren Erfahrungen ist es kein Wunder, daß Lu schon 1945 aus Überzeugung in die Kommunistische Partei eintrat, die als einzige politische Kraft kompromißlos gegen die Japaner und die anderen fremden Mächte kämpfte. Ehemalige Studiengenossen erinnern sich, wie der große, kräftige Student bei einem Besuch Zhou Enlais den späteren Ministerpräsidenten wie ein Leibwächter schützte.

Die christliche St. John's University, an der der junge Revolutionär 1947 im Fach Agrarwissenschaft graduierte – er hatte sich für diese Studienrichtung nach der Lektüre eines russischen Buches über landwirtschaftliche Kommunen entschieden –, war stark amerikanisch geprägt. Ehemalige Studenten dieser Elitehochschule finden sich noch heute in zahlreichen Auslandsvertretungen Chinas. »Eine westliche Erziehung zu erhalten macht einen nicht zum Sklaven des Westens«, betont Lu. Im Gegenteil: Erst die Vertrautheit mit Denk- und Verhaltenweisen des Gegners erlaubt es, ihn mit seinen eigenen Waffen zu schlagen.

Nach dem Abschluß seines Studiums arbeitete Lu – er spricht Englisch, Japanisch, Russisch, Französisch, Spanisch und liest Latein – zunächst als Personalchef und Leiter der Übersetzergruppe beim chinesischen Wohlfahrtsverband. Lange hielt es ihn dort nicht. 1952 wechselte er zum Journalismus. Seine ersten publizistischen Erfahrungen sammelte er beim Fremdsprachenverlag, bevor er 1958 Chefredakteur und stellvertretender Leiter von *China Reconstructs* wurde, jener englischsprachigen Popagandazeitschrift, deren Hefte damals jeder China-Besucher auf dem Nachttisch seines Hotelzimmers fand.

Angesichts seines familiären Hintergrunds – Lu stammt aus einer wohlhabenden, »verwestlichten« Familie –, seiner elitären Ausbildung und seines risikoreichen Berufs als Journalist war es unvermeidlich, daß er während der Kulturrevolution in die Schußlinie geriet. Ausgerechnet sein Artikel »Über die Verbreitung des Maoismus« diente den wütenden Roten Garden als Beweis für Lus ideologische Verderbtheit und als Vorwand, ihn zusammen mit seinem Vater ins Arbeitslager zu stecken.

»Es ist die Kulturrevolution, die mein Haar in kürzester Zeit schlohweiß hat werden lassen wegen des immer unerträglicheren Drucks, den man auf mich als Zeitschriftenjournalist ausübte«, hat Lu später erklärt.

In der Zeit, die er im Arbeitslager verbrachte, baute er Gemüse an, fütterte Schweine, reparierte Schubkarren und erwarb sich jene Fertigkeiten, die es ihm später ermöglichten, die Elektrogeräte seiner Nachbarn in Peking zu reparieren und seinem Stellvertreter Chen Zuoer bei der Installation eines Telefons im Büro des Amts für Hongkong- und Macao-Angelegenheiten zu helfen.

Nachdem Lu nach langen Jahren der Zwangsarbeit als einer der letzten der von den Roten Garden »verurteilten« Mitarbeiter des Fremdsprachenverlages wieder freigekommen war – erst 1978 wurde sein Name wieder offiziell genannt –, holte ihn Liao Chengzhi, ein enger Vertrauter Zhou Enlais und einer der faszinierendsten Persönlichkeiten der KP Chinas,[1] als Abteilungsleiter in das geheime Amt für Hongkong- und Macao-Angelegenheiten beim Staatsrat der VR China. Einzige Aufgabe dieses 1978 gegründeten Amts, dessen Existenz erst im Juli 1982, wenige Monate vor Frau Thatchers Besuch in Peking, öffentlich bekannt wurde,[2] war es, die Wiedervereinigung des Reichs der Mitte mit Taiwan, Hongkong und Macao vorzubereiten. Zwischen den beiden, die sich seit den fünfziger Jahren kannten, entwickelte sich bald eine so enge Beziehung, daß Lu seinen kranken Chef wenige Jahre vor dessen Tod nach Amerika begleitete, als Liao zur medizinischen Behandlung ins Stanford Hospital nach Kalifornien reiste.

Lu Ping ist unter den Funktionären der VR China der wohl intimste Kenner der britischen Kronkolonie, wo er, wie er Freunden gegenüber bestätigte, einen Teil seiner Jugend verbracht hat. Sein Vater unterrichtete damals an einer örtlichen Schule, für Lehrer aus China durchaus nichts Ungewöhnliches. In dieser Zeit lernte er Kantonesisch verstehen, wenn auch nicht sprechen. Wie Lu weiter berichtete, war er es, der seinen Vater nach der Revolution zur Rückkehr überredete[3] – ein Schritt, der beide später so teuer zu stehen kommen sollte.

Bereits kurz nach der Entlassung aus dem Arbeitslager – sein Vater starb bald darauf – begann Lu sich intensiv mit der britischen Kronkolonie zu beschäftigen. »Er kam regelmäßig nach Hongkong, wo er im Büro von Xinhua wohnte und sich durch die *South China Morning Post* fraß, um sich zu informieren«, weiß ein ehemaliger Mitschüler zu berichten.

Sir David Wilson, der im April 1987 Nachfolger des Anfang

Dezember verstorbenen Gouverneurs Sir Edward Youde geworden war, bemerkte einmal, Lu wisse mehr über Hongkong als die meisten Einheimischen, wobei er besonders dessen intime Kenntnis selbst obskurster Einzelheiten der Pachtverträge der New Territories hervorhob. Sir David und Lu Ping waren die Leiter jener beiden Gruppen, die nach dem Besuch Sir Geoffrey Howes Ende Juli 1984 in Peking die Details der Joint Declaration ausarbeiteten. Die Gruppe Lu-McLaren war dabei zuständig für den Entwurf von Annex III über Pachtfragen, für das Memorandum zur Frage der Staatsbürgerschaft sowie für den sich auf den Luftverkehr beziehenden Abschnitt in Annex I.

Die Gewohnheit, am Tag bis zu zehn Zeitungen durchzusehen, hat sich der Chef des Amts für Hongkong- und Macao-Angelegenheiten bis heute bewahrt. Nur wohnt er jetzt bei seinen Hongkong-Aufenthalten im Penthouse im 60. Stock der Bank of China.

In Hongkong lebt heute im übrigen jene ehemalige Studentin der Ingenieurwissenschaften, deren Herz der junge Lu Ping während seines Studiums in Shanghai gewonnen hatte und die später seine Frau wurde: Xi Liang war hier ab 1985 in der petrochemischen Abteilung der Filiale eines großen Unternehmens der VR China beschäftigt. Kenneth Lu Kong, der Sohn, wohnt in Peking, wo er, nachdem er sich zunächst in der Computerbranche, dann im Handel betätigt hatte, nacheinander für verschiedene Hongkonger Unternehmen arbeitete. Seine Frau, beruflich nach Paris entsandt, hat sich scheiden lassen und beschlossen, nicht in die Volksrepublik zurückzukehren. Tochter Lu Jiao, Mitte Dreißig und seit 1991 verheiratet, hatte es mit Mann und Töchterchen nach Kalifornien gezogen.

Dem Patriotismus und der Parteitreue Lu Pings tat dies keinen Abbruch. Anfangs unter Liao Chengzhi hinter den Kulissen wirkend, von Beginn der sino-britischen Verhandlungen im Juli 1983 an offiziell Mitglied der chinesischen Delegation, 1985 Stellvertretender Generalsekretär des BLDC, 1987 Vizedirektor und 1990 schließlich selbst Chef des Amts für Hongkong- und Macao-Angelegenheiten, hat er die chinesische Strategie in Sachen Hongkong entscheidend mitbestimmt.

»Ich fühlte, wie mir die Tränen aus den Augen rannen. Ich war ganz aufgewühlt. Ich dachte, wie bedeutungsvoll es war, was ich für mein Land getan habe. Ich habe mich für Hongkongs Zukunft eingesetzt, so wird mein Leben nicht umsonst gewesen sein.« Mit diesen Worten, so wird berichtet, hat Lu Ping seine tiefe Bewegung beschrieben, als am 4. April 1990 der Nationale Volkskongreß der Volksrepulik China das Basic Law verabschiedete. Es war der glücklichste Tag seines Lebens.

Das Basic Law, von Staatspräsident Yang Shangkun noch am selben Tag verkündet, ist im wesentlichen auch Lu Pings Werk. Er ist einer der Hauptakteure, denen Hongkong einmal die Wiedervereinigung mit China zu verdanken haben wird. Egal, ob sie sich am Ende als für die Bevölkerung des Territoriums günstig oder ungünstig erweist: Niemand wird Lu Ping vorwerfen können, er habe nicht in bester Absicht gehandelt. Seine Ziele waren die Wiederherstellung der territorialen Integrität Chinas und die Wiedergutmachung des schweren Unrechts, das die fremden Mächte von den Opiumkriegen bis zur brutalen Okkupation Chinas durch die Japaner seinem Vaterland zugefügt hatten. »Er ist ein typischer Chinese, durch und durch«, bemerkte einer der Gäste, die ihn einmal in seiner Pekinger Wohnung besucht haben. »Selbst privat würde er nie darüber scherzen. Sein Land kommt für ihn immer an erster Stelle.«

Die Erfahrung des Niedergangs von Shanghai unter der Herrschaft Maos und der Roten Garden dürfte ihn kaum für die Rolle des Totengräbers von Hongkong prädestinieren. Daß es Hongkong nach 1997 ergehen könnte wie Shanghai nach 1949 – ein Alptraum für alle, die sich einst vor den Kommunisten unter die britischen Fittiche geflüchtet hatten –, kann sein Wunsch kaum sein. Eine Schädigung oder gar Zerstörung des nach Tokio bedeutendsten Finanz- und Wirtschaftszentrums Asiens ist sein Ziel gewiß nicht. »Er mag Kommunist sein, und das seit seiner Studentenzeit, aber zum Glück ist er anders als die meisten anderen kommunistischen Machthaber, denn er hat das gute Leben vor der Revolution gekannt«, sagt einer seiner ehemaligen Kommilitonen. »Hongkong hat Glück, daß es mit einem solchen Mann mit westlicher Erziehung und Bildung zu tun hat«, hört man sogar aus dem Mund von Liberalen.

Tatsächlich hat sich der Liebhaber eleganter Maßanzüge, guter westlicher Küche und klassischer europäischer Musik – er besitzt über zweitausend Platten und Bänder – nicht nur privat bewundernd über das Bildungssystem und die Art, wie hier die Geschäfte betrieben werden, geäußert, sondern seine »besonderen Gefühle« gegenüber Hongkong wiederholt auch öffentlich zum Ausdruck gebracht. »Aus Herzensgrund« wünsche er sich, sagte er 1991 vor Hongkongs Handelskammer, daß das »Territorium« auch künftig blühe und gedeihe. Er hielt die Rede auf englisch. Sich eines Dolmetschers zu bedienen, meinte er, sei zu langweilig.

Andererseits kann Lu nicht daran gelegen sein, den Briten weiterhin länger als unbedingt nötig in irgendeiner Form die Ausübung von Hoheitsrechten auf chinesischem Boden zu ermöglichen. Auch dies haben ihn seine Erlebnisse im alten Shanghai gelehrt, wo durch Exterritorialrechte einschließlich eigener Verwaltung, Polizei und Gerichtsbarkeit geschützte Ausländer – seit 1937 allen voran die Japaner – seinesgleichen auf eine Stufe mit Hunden stellten. Es war schließlich kein Zufall, daß Chinas KP in Shanghai gegründet worden war: in der französischen Konzession, bedroht von französischer Polizei. Anders als bei der russischen war der Nährboden der chinesischen Revolution tiefempfundener Patriotismus.

»Egal, ob wir Kommunisten sind oder Nicht-Kommunisten, alle sind wir für China«, bemerkte Lu einmal gegenüber einem chinesischen Geschäftsmann. Deng Xiaoping hatte seine politische Maxime flexibler formuliert.

Artikel 5 des Basic Law, an dessen Ausarbeitung Lu Ping so großen Anteil hatte, lautet: »Das sozialistische System und die sozialistische Politik werden im Sonderverwaltungsgebiet Hongkong nicht praktiziert, und das frühere kapitalistische System und die kapitalistische Lebensweise werden fünfzig Jahre unverändert bleiben.«[4] Es mag Zufall sein, daß ausgerechnet Artikel 5 der Verfassung der VR China, der die Miniverfassung der künftigen HKSAR ausdrücklich untergeordnet ist, in eklatantem Widerspruch dazu steht – ohne Ironie ist es nicht.

Auch alle anderen bereits in der Diskussion um die Entwürfe des Basic Law heftig umstrittenen Probleme wurden auf ähnlich dialektische Weise gelöst: Der Nationale Volkskongreß autorisiert die HKSAR, ein hohes Maß an Autonomie zu praktizieren (Artikel 2); die Zentralregierung ist zuständig für die auswärtigen Beziehungen und für die Verteidigungspolitik (Artikel 13 und 14), ohne daß ihre Zuständigkeit auf diese Bereiche beschränkt wird;

vor allem aber liegt es in der Macht des Ständigen Komitees des Nationalen Volkskongresses, das Basic Law zu interpretieren (Artikel 158), zu ändern und zu ergänzen (Artikel 159). Und was das mit der Joint Declaration gegebene Versprechen betrifft, daß die Legislative durch Wahlen zu konstituieren sei, so heißt es zwar »Der Legislativrat des Sonderverwaltungsgebiets Hongkong wird durch Wahlen konstituiert«[5] (Artikel 68), doch wird die Methode, nach welcher der Legislativrat gebildet werden soll, von der aktuellen Situation in der HKSAR abhängig gemacht. Allgemeine Wahlen erscheinen ausdrücklich nur als höchstes Ziel.

Verwirrt von der Diskussion über die Einführung eines Repräsentativsystems, hat Lu Ping einmal gesagt: »Ich verstehe nicht, warum die Leute in Hongkong eine undemokratische Herrschaft der Briten hingenommen haben, dasselbe von ihren Landsleuten aber nicht akzeptieren wollen.«

Die Bestürzung war echt. »Mister One-Country-Two-Systems«, wie Lu Ping in Hongkong oft genannt wird, ist Patriot, nicht Demokrat.

VI. Taifun-Chris

Bürger Pang

Chris Patten ist Demokrat von Beruf.

Als Kandidat der britischen Konservativen verlor er die Unterhauswahlen vom 4. April 1992. Als Parteivorsitzender und Wahlkampfleiter gewann er sie.

Für John Major, Thatcher-Nachfolger wider Willen,[1] war es die Krönung seiner Karriere, für seine Partei – der vierte Wahlsieg in ununterbrochener Folge – der größte Triumph seit 1826. Für ihren Vorsitzenden war es die schwerste Niederlage seiner Laufbahn. Der heiß umkämpfte Wahlkreis Bath, den Patten seit Mai 1979 als Abgeordneter im Unterhaus vertrat, bevorzugte Labour.

Seinen Wahlsieg verdankte Major nicht zuletzt Chris Patten, der der Eisernen Lady in jenen dramatischen Tagen Anfang November 1990 längst die Gefolgschaft aufgekündigt hatte, als er selbst ihr noch die Stange hielt. Patten hatte damals zwar zunächst Douglas Hurd als Thatcher-Nachfolger favorisiert, aber schließlich war es »nur natürlich, daß ein 46jähriger (Patten) eher einen 60jährigen Kandidaten (Hurd) unterstützte als den 47jährigen John Major«,[2] spottete Bruce Anderson während der Wahlkampagne im *Evening Standard*.

Patten war schon seit 1987 klar gewesen: Bath war kaum zu halten. Sein Agent Bill Henderson hatte ihm eine Woche vor der Entscheidung reinen Wein eingeschenkt: Der Labour-Kandidat könne mit dreitausend Stimmen Vorsprung rechnen. Der Titelverteidiger behielt sein Wissen für sich. Selbst seiner Frau Lavender verschwieg er das drohende Unheil. Er fürchtete, es würde ihr das Herz brechen.[3] Nachdem die Hochrechnungen am Wahlsieg der Partei keinen Zweifel mehr ließen, begoß er seinen niederschmetternden Triumph mit Champagner. Patten bewies Haltung. »Wir haben den Krieg gewonnen, auch wenn ich meine Schlacht verloren habe. Ich hatte ein paar blaue Flecken und war in Hochstimmung«, bemerkte der strahlende Verlierer später.

Nur Stunden nach der Wahl, am Morgen des 5. April 1992, fragte der mit überwältigender Mehrheit im Amt bestätigte jüngste britische Premier des Jahrhunderts seinen Freund Patten, ob er Gouverneur von Hongkong werden wolle. Anders als für einen Job in Westminster bedarf es für den Posten des Herrschers über fast sechs Millionen Chinesen schließlich keiner demokratischen Legitimation.

Das war am Freitag. Sonntag früh besprach Patten Einzelheiten mit Außenminister Douglas Hurd. Am Montag abend dinierten die Ehepaare Hurd und Patten gemeinsam. An den folgenden Tagen diskutierte man in Frankreich weiter. »Der Premierminister legte ausführlich eine Reihe von Optionen dar. Es ist großartig, wie er die positiven und negativen Seiten jeder einzelnen Möglichkeit herausarbeitet«, erinnerte sich Patten. »Er betonte, daß es geradezu die größte Aufgabe im Staatsdienst sei, daß es die Leitung einer großen Verwaltung beinhalte mit dem Meistern einer Menge schwieriger Probleme – Aufrechterhaltung von Recht und Ordnung, Wohnungsbau usw. – und daß es in einem entscheidenden Augenblick unserer Geschichte eine unglaublich interessante politische Dimension besitze.« Der letzte Gouverneur, so Major, solle zweckmäßigerweise ein Politiker sein, mit all den Fähigkeiten, die ein Politiker einbringen könne.

Einen Hinweis darauf, Major könnte bei seinem Angebot den Hintergedanken gehabt haben, daß es für ihn nicht von Nachteil sei, einen seiner engsten politischen Freunde und zugleich gefährlichsten potentiellen Rivalen – schon vor seiner Wahl ins Unterhaus im Mai 1979 hatte manch einer prophezeit, Patten habe das Zeug zum Premier – weit weg zu wissen, gibt es nicht.

Am 9. Juli 1992 landete The Rt. Hon. C. F. Patten[4] sicher auf Hongkongs Flughafen Kai Tak.

Daß bald ein neuer Herr ins Government House einziehen würde, war seit Ende 1991 ein offenes Geheimnis: Auf der am 30. Dezember veröffentlichten britischen Neujahrsliste der Persönlichkeiten, die mit der Erhebung in den höheren Adelsstand geehrt werden sollten, fand sich auch der Name David Wilson. Die Verleihung der Peerswürde – ungewöhnlich für Diplomaten und beispiellos für einen, der sich noch im Dienst befand – konnte nur bedeuten, daß ihm die bittere Pille, im zarten Alter von 56 Jahren in den Ruhestand geschickt zu werden, versüßt werden sollte.

Margaret Thatcher hatte Sir David im April 1987 zum Nachfolger von Sir Edward Youde ernannt, nachdem das Amt durch dessen plötzlichen Tod im Dezember 1986 in Peking vakant geworden war.[5] Die Ernennung Wilsons zum Gouverneur von Hongkong war insofern ungewöhnlich, als damit ein Diplomat mittleren Ranges ohne jede Verwaltungserfahrung mit einem der wichtigsten und einflußreichsten Posten betraut wurde, die das zerbröckelte Empire noch zu vergeben hatte. Wilson hatte zuvor nicht einmal als Botschafter in irgendeinem unbedeutenden Land gedient. Aber der China-Experte – als Mitglied der britischen Delegation bei den Verhandlungen um die Joint Declaration mit der Hongkong-Frage eng vertraut wie kaum ein zweiter – war eben Wunschkandidat des Foreign Office.

Von Anfang an hatte der Mann des Außenamts einen schweren Stand. Ohne eigene politische Basis in Westminster und in Whitehall bloß Gleicher unter Gleichen, wurde Wilson von Chinas Funktionären mit ihrem feinen Gespür für Status und Macht oft schlichtweg ignoriert: Sie gingen nicht zu Schmidtchen, sondern zu Schmidt. Bei Sir Geoffrey Howe und Sir Percy Cradock setzten sie sich in Sachen Hongkong meist für den Preis minimaler Konzessionen durch. Wilson, als politisches Leichtgewicht geltend, geriet im Lauf seiner Amtszeit immer mehr in den Ruf der Unentschlossenheit, Führungsschwäche und allzu großen Nachgiebigkeit gegenüber China. Es gehe ihm mehr ums Image als um Inhalte, hieß es, und manch hoher Beamte erhob gar den Vorwurf, er höre in politischen Fragen allzusehr auf den Rat seiner Frau.

Der letzte Grund dafür, daß Sir David am Ende seinen Job verlor und den Titel Lord gewann – seit dem 14. Februar 1992 hieß er »Baron Wilson of Tillyorn of Finzean in the District of Kincardine in Deeside, Scotland, and of Fanling in Hong Kong« –, aber war, daß er sich in den Verhandlungen um den Bau eines neuen Flughafens von Lu Ping über den Löffel hatte balbieren lassen:[6] Das Projekt war in den Händen der chinesischen Regierung zum politischen Druckmittel geworden, nachdem Wilson darauf bestanden hatte, daß China zuvor seine Zustimmung geben müsse. Woraufhin John Major sich gezwungen sah, am 3. September 1991 in

Peking mit Ministerpräsident Li Peng ein »Memorandum of Understanding« zu unterzeichnen, das China bei praktisch allen wichtigen internen wirtschafts- und finanzpolitischen Entscheidungen Hongkongs ein Vetorecht einräumt. Nun erst zeigten sich die Chinesen geneigt, dem Mammutunternehmen ihr Plazet zu geben.

Am Tag darauf, am 4. September, fragte man Major in Hongkong nach seinen Plänen bezüglich einer Erhöhung der Anzahl der Direktmandate bei den für 1995 vorgesehenen Wahlen zum Legislative Council (LegCo). Majors Antwort lautete, er wolle dazu erst die Meinung der Gewinner der Wahlen vom 15. September hören.

Großbritannien hatte sich am 15. Februar 1990 auf Sir Percy Cradocks dringenden Rat hin mit China darauf geeinigt, daß 1991 bei den ersten direkten Wahlen zu Hongkongs Parlament nur achtzehn und erst vier Jahre später mindestens zwanzig LegCo-Sitze direkt gewählt werden sollten. Am Tag darauf billigte das BLDC die Vereinbarung, während die britische Regierung versprach, sie werde sich um eine Erhöhung der Zahl bemühen.

Majors Pekingreise, die der Premier als Gang nach Canossa empfunden haben muß, hatte Wilsons Maß voll gemacht. Dabei trug Sir David, dem es weder an Intelligenz und Wissen noch an gesellschaftlichem Geschick mangelt, keineswegs allein, ja nicht einmal an erster Stelle die Verantwortung für alle Pannen und Pleiten der britischen Hongkong-Politik. Sein Pech war: Er galt als schwächstes Glied in der langen Kette der Entscheidungsträger zwischen Londons Downing Street No. 10 und Hongkongs Upper Albert Road. Der Laufbursche, für den ihn manch einer hielt, wurde zum Prügelknaben. David Wilson war ein Gouverneur ohne Fortune.

Kaum war klar, daß Wilson in die schottische Wüste geschickt würde, schossen auch schon die Spekulationen ins Kraut. Die Tatsache, daß nicht sofort ein Nachfolger benannt wurde, ließ darauf schließen, daß diesmal kein Beamter und schon gar kein Diplomat das Rennen machen würde. Die Buchmacher hatten Hochkonjunktur. Die meisten setzten auf alt- bis ausgediente Politiker – von Verteidigungsminister Tom King über die Exaußenminister Sir Geoffrey Howe, Lord Owen und Lord Carrington bis hin zum Ex-EG-Kommissar und Exjournalisten Sir Christopher Tugendhat.

Selbst für die Expremierministerin Thatcher – in Hongkong und Peking eher im Ruf eines »trouble-maker« denn eines »trouble-shooter« – verwettete manch einer seine Dollars und Pfunde. Auf Chris Patten kam niemand. Er wurde als künftiger Premier gehandelt. Der Posten in Hongkong schien attraktiv nur für einen, der seine politische Zukunft längst hinter sich hatte.

Dann kam Bath.

Weder Sir noch Sinologe, weder vor noch nach der Unterzeichnung der Joint Declaration auf irgendeine Weise an den sino-britischen Verhandlungen über Hongkong beteiligt, schien Patten der ideale Mann für einen radikalen Kurswechsel der britischen Hongkong-Politik: Als einflußreicher Politiker mit vielen Jahren Erfahrung als Abgeordneter, Minister und Parteivorsitzender[7] wie als respektierter Kollege und Freund von Premier Major und Außenminister Hurd ist Hongkongs voraussichtlich letzter Gouverneur der erste, dessen Worte in Westminster, Downing Street und Whitehall gleichermaßen Gewicht haben.

Und es gab noch eine Neubesetzung. Nach Lord Wilson und Sir Geoffrey Howe, der im Juli 1989 über Frau Thatchers Europapolitik gestolpert war,[8] mußte auch der letzte jener Triumvirn den Hut nehmen, die Hongkongs Geschicke so lange gelenkt hatten: Sir Percy Cradock, Sinologe und ständiger Advokat maximaler Konzessionen gegenüber Peking nicht erst im Flughafenstreit. An seine Stelle als außenpolitischer Berater für Hongkong und China in Downing Street No. 10 rückte Sir Rodric Braithwaite. Er hatte seine Auslandserfahrungen bislang hauptsächlich in Rußland gesammelt.

Nennenswerte Fernosterfahrung – und die als Geschäftsmann, nicht als Diplomat – besaß in der neuen Mannschaft Majors lediglich Alastair Goodlad, als Staatsminister im Foreign Office zuständig für Hongkong.

Noch vor seinem fünftägigen Antrittsbesuch in Hongkong Ende Mai 1992 teilte Goodlad in London der Presse mit, Großbritannien werde »ziemlich bald« über die Anzahl der Direktmandate bei den für 1995 geplanten LegCo-Wahlen entscheiden.

Die Ankündigung Goodlads erfolgte kurz nach einem Besuch des Vorsitzenden von Hongkongs liberaler Partei United Democrats of Hongkong (UDHK), Martin Lee Chu-ming, und seines Stellvertreters, Yeung Sum, in Downing Street. Die beiden waren nach London geflogen, um Premierminister John Major und dem designierten Gouverneur Chris Patten einen Brief mit der Forderung zu übergeben, die Zahl der Direktmandate bei den Wahlen im Jahr 1995 auf dreißig zu erhöhen. Das Schreiben war von allen 18 LegCo-Mitgliedern unterzeichnet, die bei den ersten direkten Wahlen zu Hongkongs Parlament im September 1991 haushoch gewonnen hatten, während Pekings Kandidaten allesamt durchgefallen waren. Nach dem Treffen hatten sich Lee und Yeung zwar enttäuscht darüber geäußert, daß Major an der altbekannten Praxis des Foreign Office festhalte, vor allen wichtigen Hongkong betreffenden Entscheidungen Pekings Zustimmung einzuholen, doch die Abschiedsfotos sprechen eine andere Sprache: Sie zeigen Lee und Yeung lächelnd und händeschüttelnd mit dem Hausherrn vor No. 10.

Lu Ping, Goodlads Pendant in Peking, reagierte sofort auf dessen Äußerung: Der Entscheid des Nationalen Volkskongresses vom 4. April 1990, Anhang und Bestandteil des Basic Law, sehe nur 20 Direktmandate für den ersten Legislativrat des künftigen Sonderverwaltungsgebiets Hongkong (HKSAR) vor. Ein separater Anhang setze für die zweite Legislaturperiode 24 und für die dritte die Hälfte der Sitze, also 30 fest. Eine Erhöhung der Anzahl direkt zu wählender LegCo-Mitglieder darüber hinaus sei folglich ausgeschlossen.

Kaum in Hongkong, konterte Goodlad, der Nationale Volkskongreß könne das Basic Law ja ändern, wenn er nur wolle.

Die Bemerkung, von Zheng Guoxiong, dem Vizedirektor des Hongkong-Büros von Xinhua, unverzüglich zurückgewiesen, entfachte in der KP-Presse einen Sturm der Entrüstung. Zwei namentlich gezeichnete Kommentare in den Zeitungen *Ta Kung Pao* und *Wen Wei Po* stellten fest, jegliche Änderung des Basic Law bedürfe der Zustimmung des Chefs der Exekutive und des Legislativrats des HKSAR und sei daher schon aus verfahrensrechtlichen Gründen unmöglich. Peking betrachtete Goodlads Äußerung als Einmischung in die inneren Angelegenheiten Chinas.

Anhänger demokratischer Reformen in Hongkong hielten dagegen, die Bestimmungen über die Zusammensetzung des Legislativrats nach 1997 seien nicht Bestandteil des Haupttextes des Basic Law und daher jederzeit änderbar. Dem wiederum widersprach Liu Yiu-chu, ehemals Mitglied des Entwurfskomitees des Basic Law und Delegierte Hongkongs im Nationalen Volkskongreß: Das Basic Law sei als Ganzes erarbeitet und verabschiedet und somit auch als Ganzes gültig.

Inzwischen hatte der andere Dauerbrenner im Konflikt zwischen London und Peking, der Streit um die Finanzierung des neuen Flughafens, die Atmosphäre so aufgeheizt, daß John Major sich ein zweites Mal direkt einschaltete. Auf dem Erd-Gipfel in Rio de Janeiro, zu dem auch Li Peng angereist war, trafen sich am 13. Juni die beiden Regierungschefs und stimmten darin überein, daß Gespräche auf hoher Ebene nötig seien, um einen Ausweg aus der Sackgasse zu finden. Dabei ließ Major seinen chinesischen Amtskollegen wissen, daß auf britischer Seite Chris Patten zuständig sei. Der neue Gouverneur sei »sein enger persönlicher und politischer Freund« und besitze die Vollmacht seiner Regierung. Die Chinesen sollten bloß nicht versuchen – wie bei Lord Wilson –, über seinen Kopf hinweg mit London zu verhandeln.

Kurz darauf verschärften sich die Spannungen zwischen London und Peking weiter: Am 19. Juni bestellte die britische Regierung den chinesischen Botschafter ein, um gegen die Einmischung Chinas in die inneren Angelegenheiten Hongkongs zu protestieren.

Anlaß für diesen in den britisch-chinesischen Beziehungen bislang einmaligen Schritt war eine »Warnung« Chinas vor der Berufung bestimmter Persönlichkeiten in den Exekutivrat (Executive Council, ExCo), die Regierung des Territoriums.

In einer Pressekonferenz im Anschluß an die 23. Sitzung der Joint Liaison Group (JLG) am 18. Juni in Peking hatte Guo Fengmin, der Leiter des chinesischen Teams, die Vorschläge der Regierung Hongkongs für die Finanzierung des neuen Flughafens kritisiert und auf Martin Lee und Szeto Wah, die Parteiführer der UDHK, anspielend gesagt: »Wir vertreten die Ansicht, daß die Berufung jener Leute, die gegen das Basic Law sind und offen die Subversion der legitimen Regierung Chinas propagieren, der Stabilität Hongkongs nicht dienlich ist.« Peking, so Guo, sei in der zweiten Hälfte der Übergangsperiode bei der Berufung von ExCo-Mitgliedern zu konsultieren. Dies sei in der Joint Declaration festgelegt.

Lord Wilson, gerade noch im Amt, reagierte mit bei ihm bislang ungekannter Entschlossenheit: ExCo-Ernennungen seien Sache allein der Regierung von Hongkong, betonte er. Am nächsten Tag zitierte Alastair Goodlad Pekings Geschäftsträger an der Themse, Ma Yuzhen, zu sich und wies Guos Äußerungen unter scharfem Protest zurück. Sie stünden nicht im Einklang mit der Joint Declaration, erklärte er, denn diese schließe eine Rolle der JLG in der Verwaltung Hongkongs ausdrücklich aus.[9]

Seit Beginn der sino-britischen Verhandlungen über die Zukunft Hongkongs über zehn Jahre zuvor hatte es keine so deutlichen Worte Londons an die Adresse Pekings gegeben.

»Sie hätten dies schon längst und immer wieder tun sollen«, bemerkte Professor Ian Scott von der Fakultät für Politische Wissenschaft der Hongkong University. Und George Foulkes, Sprecher der Labour Party für Hongkong-Angelegenheiten, sagte: »Die britische Regierung muß sehr standfest sein, sonst kann sie Hongkong gleich jetzt übergeben.« Mit seiner neuen, härteren Politik gegenüber China konnte Major also selbst mit der Unterstützung durch die Opposition rechnen. Labour hatte ohnehin schon lange die Ernennung eines Politikers als Nachfolger Lord Wilsons gefordert.

Verblüffenderweise leugnete das chinesische Außenministerium glatt, daß es überhaupt einen Protest von britischer Seite gegeben hatte. Dann erschien am 25. Juni im KP-Organ *Ta Kung Pao* ein Leitartikel, der nicht nur Guos Äußerungen wiederholte, sondern den Spieß gar umdrehte und nun Goodlad vorwarf, sich in die inneren Angelegenheiten Chinas einzumischen. Allein aus Höflichkeit habe China nicht protestiert. Weiter hieß es in dem Artikel: »Die Tatsache, daß China den Briten gestattet, Hongkong weiter zu regieren, war stets und selbst in der Vergangenheit davon gekennzeichnet, daß es die Verwandlung des Territoriums in eine Basis der Subversion gegen China nicht zulassen würde.«

Doch es kam noch dicker: Der Artikel enthielt die unüberhörbare Drohung, China könne Hongkong auch vor 1997 übernehmen, und das mit Gewalt. Wenn das Hongkong-Problem nicht friedlich durch Verhandlungen gelöst werden könne, warnte das Sprachrohr der KP, werde China es mit anderen Mitteln lösen. Würde den sino- britischen Beziehungen durch Berufungen in den Exekutivrat Schaden zugefügt, bedeutete dies das Ende der Zusammenarbeit des Amts für Hongkong- und Macao-Angelegenheiten und anderer Regierungsstellen mit der Verwaltung Hongkongs.

Zwischen London und Peking wehte ein schärferer Wind als je

zuvor. Als Freund Majors und ehemaliger Parteichef der Tories, so hofften viele, würde sich Chris Patten nicht so leicht ins Bockshorn jagen lassen wie Frau Thatcher von ihren Sinologen, allem voran Sir Percy Cradock.

Als der 28. Gouverneur Hongkongs am 9. Juli 1992 gelobte, die Interessen der Bevölkerung Hongkongs zu vertreten, tat er dies mit einer revolutionären Geste: Er trug einen grauen Anzug. Den pittoresken weißen Waffenrock samt Tropenhelm und Federbusch hatte er ebenso verschmäht wie die ihm zuvor angetragene Erhebung in den Adelsstand. Zum ersten Mal schwor kein Edelmann den Amtseid als Gouverneur Hongkongs, sondern ein »Mister«. In der erklärten Absicht, der letzte britische Gouverneur zu sein und keinesfalls vor 1997 das Feld zu räumen, wollte er Hongkong regieren als Erster unter Gleichen.

Mit Bürger Pangs Einzug ins Government House – Pattens chinesischer Name[10] lautet Pang Ting-hong – brach, so schien es, am Victoria Harbour mit über zweihundertjähriger Verspätung die bürgerliche Revolution aus – von oben. Hatte Patten in seiner ersten Pressekonferenz als designierter Herr über fast 5,8 Millionen Chinesen, deren Sprache er nicht spricht und deren seltsames Englisch er nur mit Mühe versteht, auf die Losung der Französischen Revolution angespielt? »Freiheit, Prosperität, Stabilität« hatte er sich auf seine Fahne geschrieben, nachdem zwischen Peking, London und Hongkong bisher stilles Einvernehmen geherrscht hatte, nur die beiden letzteren zum Ziel gemeinsamer Politik zu erklären. Gleichheit und Brüderlichkeit, vor allem aber Freiheit waren für die roten Absolutisten, die erst drei Jahre zuvor die der New Yorker Freiheitsstatue nachgebildete »Göttin der Demokratie« ins Blut der von Panzern überrollten Studenten hatten stürzen lassen, ein rotes Tuch.

Die Mitgift der Kleopatra

»Vor dreißig Tagen, bei der Ankunft von Taifun-Chris«, schrieb die *South China Morning Post,* Hongkongs führende englischsprachige Tageszeitung, am 8. August 1992, »ging das politische Sturmsignal No. 10 hoch. Als der neue Gouverneur durch den Hafen von Victoria auf die Küste der Insel Hong Kong zufegte, begannen

Politiker und Propheten aller Hautfarbe und Couleur mit derselben Genauigkeit zu prognostizieren und zu orakeln wie die Wetterfrösche des Königlichen Observatoriums.«

Während die einen in Patten den Erlöser sahen, der dem Amt des Gouverneurs frische Kraft und der britischen wie der chinesischen Hongkong-Politik neue Impulse geben werde, war er in den Augen der anderen kaum mehr als ein zweiter Wilson, dem die Hände bald nicht weniger gebunden sein würden als seinem Vorgänger. Gewiß wäre er über kurz oder lang gezwungen, in allen wichtigen Fragen wie dem Streit um den Bau eines neuen Flughafens und der Einführung demokratischer Reformen Peking gegenüber klein beizugeben.

Patten hatte von Anfang an erklärt, daß er sein Programm nicht vor seiner Antrittsrede im Legislative Council am 7. Oktober 1992 bekanntgeben werde. Bis dahin war also nicht viel zu erwarten. War die Sturmwarnung somit verfrüht?

Die ersten Monate nutzte Chris Patten vor allem zur Imagepflege. Offenbar noch recht in Schwung von der Kampagne in Bath, zog der ehemalige Wahlkampfleiter der Tories alle Register populistischer Public Relations. Ob er sich von der fünfjährigen Mok Hoi-kiu zusammen mit Gattin Lavender und Polizeichef Li Kwanha ablichten ließ oder ob er persönlich die Bittschrift von hundert Ehemännern entgegennahm, die für ihre in China lebenden Frauen das Wohnrecht in Hongkong fordern, ob ihm die sechsjährige Ballerina Ho Hong-ling seiner Bartstoppeln wegen kein Bussi gab oder ob er sich geduldig die Nöte und Sorgen der fliegenden Händler von Mongkok dolmetschen ließ: stets war er der Liebling der Medien und der Massen. »Ich fand, Mr. Patten ist ein ganz normaler Mensch«, bemerkte der zwölfjährige Ben Marsh erstaunt, nachdem der frischgebackene Gouverneur ihm und drei anderen Kindern ein einstündiges Interview gegeben hatte. Und Theresa Yuen, sechzehn Jahre alt, war ganz baff, als ihr der redselige Brite versicherte, er arbeite hauptsächlich für die Interessen und das Wohl Hongkongs und seiner chinesischen Bevölkerung.

Die Botschaft kam an: »Fat Pang« ist ein Gouverneur zum Anfassen, ein *gweilo,* dem man vertrauen kann. Mit seinem Charme und seiner Fähigkeit, auf die Leute zuzugehen, sie anzuhören und ihre Hoffnungen und Nöte ernst zu nehmen, eroberte er rasch die Herzen der Menschen.

Natürlich verwechselte Patten Hongkong nicht mit Bath. Hier galt es keine Wahlen zu gewinnen. Er rührte die Trommel für die britische Hongkong-Politik. Wenn die Mehrheit der chinesischen Bevölkerung des Territoriums einen Ausbau des Repräsentativsystems unterstützt und die Sitze im Legislative Council noch vor 1997 weitgehend in Direktmandate umgewandelt würden, so die Überlegung, wäre dies die beste, wenn nicht einzig mögliche Garantie für jenes hohe Maß an Autonomie, das die Joint Declaration so dunkel verheißt. Die Macht in der künftigen HKSAR ginge dann vom Volke aus als dem obersten Souverän, nicht von der KP. Demokratie ist eine Frage der Souveränität.

Daß die Partei, um ihren Souveränitätsanspruch über Hongkong durchzusetzen, notfalls auch die Prosperität und Stabilität Hongkongs aufs Spiel setzen würde, hatte Zhao Ziyang Frau Thatcher bereits 1982 unmißverständlich klargemacht.[11] Sieben Jahre später sollte die blutige Niederschlagung der Demokratiebewegung, bei der nach vorsichtigen Schätzungen mindestens 1500 Menschen umkamen, dem Fernsehpublikum in aller Welt – mit Ausnahme Chinas, Nordkoreas und Kubas – vor Augen führen, daß Deng und die Seinen ihre Macht wild entschlossen verteidigen. Zhao, der den Dialog mit den Studenten gesucht hatte, verlor seinen Job. Er war seinen Genossen zu nachgiebig. Und nun sollte sich Peking von Patten die demokratische Laus in den sozialistischen Pelz setzen lassen? Soviel stand fest: Die Chinesen würden dies mit allen Mitteln zu verhindern suchen.

Über die mit Spannung erwartete erste Begegnung Pattens mit Zhou Nan, dem Leiter des Büros der Nachrichtenagentur Neues China in Hongkong, erfuhr die Presse wenig. »Es war ein sehr freundliches erstes Treffen, und ich sehe regelmäßigen und produktiven Kontakten mit dem Direktor [von Xinhua] in der Zukunft erwartungsvoll entgegen« war so ziemlich alles, was Patten über das anderthalbstündige Gespräch am 20. August 1992 verriet; Xinhua hingegen meldete, Zhou habe sein Gegenüber wissen lassen, er hoffe, »Hongkongs Prosperität und Stabilität könne durch die Zusammenarbeit zwischen Hongkong und China erhalten bleiben, so daß es 1997 zu einem reibungslosen Übergang komme«. Voraussetzung dafür sei allerdings, daß die Joint Declaration und das Memorandum of Understanding voll erfüllt würden und die Entwicklung Hongkongs mit dem Basic Law konvergiere.

Zwei Tage darauf meldete die Presse, China habe Patten zu Gesprächen in der zweiten Oktoberhälfte nach Peking gerufen.[12]

Die Einladung war ein Hinweis darauf, wie die Chinesen künftig mit dem Neuen im Government House umzuspringen gedachten. Oder sollte den aufmerksamen Herren im Amt für Hongkong- und Macao-Angelegenheiten entgangen sein, daß der Terminkalender des Briten für den 14. Oktober den Abflug nach Kanada vorsah? In Vancouver, einem der Lieblingsziele jener Hongkong-Chinesen, die fast alles daransetzen, um vor dem 30. Juni 1997 sich und ihre Schäfchen außerhalb der Reichweite ihrer sozialistischen Landsleute ins trockene zu bringen, wollte er die Delegation Hongkongs bei den Schlußveranstaltungen des Hongkong-Festivals leiten, das vom 26. September bis 21. Oktober stattfinden sollte. Auch waren längst Treffen mit hohen Vertretern der kanadischen Regierung vereinbart, allen voran mit Premierminister Brian Mulroney in Ottawa. Das Gastgeschenk, ein zwölf Meter langes Drachenboot, war bereits unterwegs.

Aber die erste Zusammenkunft mit Lu Ping – Patten hatte dessen Einladung, noch vor seiner Antrittsrede am 7. Oktober nach Peking zu kommen, am 23. Juli abgelehnt – war natürlich wichtiger. Also bemühte man sich fieberhaft, die Großveranstaltung in Vancouver bis in den November hinein zu verlängern, um den Gouverneur auf beiden Hochzeiten tanzen zu lassen. »Ich wollte meinen Gastgebern in Peking größtmögliche Freiheit bei ihrer Entscheidung geben, welcher Termin nach meiner Rede im Legislative Council ihnen am besten paßt, denn sie erwarten in diesem Herbst noch andere wichtige Besucher«, ließ Patten kurz darauf die Presse wissen. Die »anderen wichtigen Besucher« waren Japans Kaiser Akihito und Kaiserin Michiko. Deren Visite war für die Zeit vom 23. bis 28. Oktober angekündigt.

Am 7. September – neunzig Minuten vor der Bekanntgabe des Termins durch die Regierung in Hongkong – meldete Xinhua, Patten werde zu Gesprächen vom 12. bis 14. Oktober nach Peking kommen.

Zuvor hatte die chinesische Seite ihre Haltung wiederholt bekräftigt. Falls die Zusammensetzung des LegCo bei der Übergabe Hongkongs an China nicht den Bestimmungen des Basic Law entspreche, so hatte Lu Ping am 25. August verkündet, würden nach der Machtübernahme durch China unverzüglich Neuwahlen ausgeschrieben. Einen »durchgehenden Zug«[13] werde es dann nicht geben. Es war die bisher schärfste Warnung an die Adresse Pattens, der sich am selben Tag erneut mit Martin Lee getroffen hatte, in seiner Rede am 7. Oktober ja nichts anzukündigen, was den Legislative Council in ein weitgehend demokratisch gewähltes Parlament ummodeln würde. Und die KP-Zeitschrift *Bauhinia* hatte am 1. September in einem namentlich gezeichneten Kommentar geschrieben: »Einige Leute neigen dazu, den fundamentalen Unterschied zwischen dem LegCo unter britischer Verwaltung und dem LegCo der HKSAR zu leugnen.« Die Annahme, die chinesische Regierung werde das britische Modell unverändert übernehmen, sei falsch. Sollte das politische System bis zum Datum der Übergabe nicht mit dem Basic Law konvergieren, bedeute dies einen Bruch der Joint Declaration.

Kurz: Wenn sich Großbritannien nicht an die vom Nationalen Volkskongreß aufgestellten Spielregeln halte, seien Konsultationen überflüssig.

Unterdessen hatte auch der zweite Zankapfel zwischen Briten und Chinesen die Gemüter weiter erhitzt: der Streit um den Bau des neuen Großflughafens.

Auch hier war Patten in die Offensive gegangen. Kaum im Amt, hatte er am 15. Juli völlig unerwartet eines der bestgehüteten Regierungsgeheimnisse lüften lassen: Hongkongs Währungsreserven.[14] Demnach beliefen sich diese Ende 1991 auf die stattliche Summe von 225,3 Milliarden HK-Dollar oder 28,9 Milliarden US-Dollar – einschließlich der Bestände in Hongkong-Dollar insgesamt sogar auf 236,1 Mrd. HK-Dollar oder 30,3 Mrd. US-Dollar. Mit 4962 US-Dollar pro Kopf der Bevölkerung waren das die zweithöchsten der Welt – nach Singapur (11376 US-Dollar), jedoch noch vor der Schweiz (4944 US-Dollar) und Taiwan (4033 US-Dollar). Obwohl Hongkongs Wirtschaft »nur« an 34. Stelle der Weltrangliste stand, war sein Devisenpolster das zwölftdickste der Welt.

Ein Grund für das ungewohnte Lüpfen des Deckels auf dem nichtfiskalischen Geldtopf wurde offiziell nicht genannt, doch er lag auf der Hand: Die Gespräche im Rahmen der Konsultationen der Joint Liaison Group über den Flughafenbau – das nächste Treffen war für den 16. Juli angesetzt – waren seit Monaten wieder einmal festgefahren. Die Chinesen weigerten sich beharrlich, grünes

Licht zu geben. Dem von John Major unterzeichneten Memorandum of Understanding zufolge aber bedurfte jedes größere Bauvorhaben, dessen Finanzierungsplan über den 30. Juni 1997 hinausreicht, ausdrücklich der Zustimmung Pekings.

Die Offenlegung der Währungsreserven Hongkongs verfehlte allerdings die erhoffte Wirkung. Unbeeindruckt von den Milliarden in Hongkongs Säckeln blieb die chinesische Seite dabei: Das Projekt sei überdimensioniert und viel zu teuer. Luo Jiahuan, Mitglied des Flughafen-Ausschusses, äußerte am 8. August die Befürchtung, die Kosten könnten Hongkongs Reserven auffressen und der HKSAR keine Mittel für Pensionszahlungen oder Verbesserungen der Infrastruktur übriglassen. Das chinesische Team blockte und lehnte jeden neuen Vorschlag der Briten ab.

»Ich denke nicht, daß es möglich ist, seine Wochenenden auf Dauer damit zu verbringen, immer neue Vorschläge auszuarbeiten in der Hoffnung, irgendwann einmal den Jackpot zu gewinnen«, wetterte Chris Patten am 22. September in einer zehnminütigen Philippika, mit der er seinem Unmut über die pauschale Zurückweisung der neuesten britischen Finanzierungsvorschläge Luft machte. Hongkongs KP-Presse hatte es strikt abgelehnt, daß für die Finanzierung des Flughafens irgendwelche für die künftige HKSAR bestimmten Reserven angezapft würden. »Ich finde es nicht fair, daß Hongkongs Steuerzahler heute alle Mittel aufbringen sollen, während morgen die SAR [Special Administration Region] den ganzen Gewinn einstreicht«, fuhr Patten fort. Und auf das riesige Finanzpolster des Territoriums anspielend, setzte er hinzu: »Wir sollten nicht vergessen: Die SAR bekommt 1997 die größte Mitgift seit Kleopatra.«

Es war die schärfste Attacke, die je ein Gouverneur Hongkongs gegen China geritten hatte.

Entsprechend wütend reagierten *Ta Kung Pao* und *Wen Wei Po*. Pattens Äußerungen, schrieben die pekinghörigen Blätter unisono, seien »unsinnig, taktlos und kindisch«. Und Peking verschob Pattens Besuch auf die Zeit vom 21. bis 23. Oktober. Was jedoch, so wurde versichert, nicht im Zusammenhang mit Pattens bissigen Bemerkungen vom Vortag stehe. Vielmehr mache es der vom 12. bis 19. Oktober stattfindende 14. Kongreß der Kommunistischen Partei Chinas schwer, den Gouverneur in dieser Zeit angemessen zu empfangen.

Der Moment, in dem Patten der Geduldsfaden riß, war mit Bedacht gewählt: Am Dienstag, dem 15. September, war er zu einem Blitzbesuch nach London geflogen, wo er innerhalb von sechzehn Stunden ein BBC-Interview gab, mit John Major frühstückte, mit Douglas Hurd zusammentraf, an einer Kabinettssitzung teilnahm, mit seiner siebzehnjährigen Tochter Laura im Ritz zu Mittag aß, im Foreign Office Gespräche führte und kurz vor dem Abflug rasch noch einmal bei seiner Tochter vorbeischaute. Erreicht hatte er, was er wollte: die Absegnung seiner Jungfernrede im Legislative Council am 7. Oktober und die volle Unterstützung seiner Hongkong-Politik durch die gesamte Regierung.

Unmittelbar nach Pattens Rückkehr, am 16. September, übergab Anthony Galsworthy, Leiter des britischen Teams des Flughafen-Ausschusses der Joint Liaison Group, der chinesischen Delegation die neuen Vorschläge zur Flughafenfinanzierung. Deren Leiter Guo Fengmin, der ehemalige Botschafter Chinas in Bonn, sagte nach dem Treffen, die Chinesen würden die Vorschläge sorgfältig prüfen. Mit einer baldigen Antwort sei jedoch nicht zu rechnen, da das chinesische Team morgen zur Vollversammlung des diplomatischen Gremiums der JLG nach London fliege.

Nachdem Galsworthy Guo zum Auto begleitet hatte, gab er bekannt: »Die Regierung beabsichtigt, den Legislative Council und das Flughafen-Beratungskomitee morgen über die Einzelheiten ihrer Vorschläge zu unterrichten.« Die Zustimmung der Chinesen zur Veröffentlichung – auch eine Pressekonferenz von Hongkongs Schatzminister Yeung Kai-yin wurde für den 17. September angekündigt[15] – hatten die Briten vorab nicht eingeholt.

Der Kern des neuen Plans, mit dem man laut Yeung chinesische Vorschläge aufgriff, bestand darin, zusätzlich zu den in Annex III, Absatz 3 und 4 der Joint Declaration jährlich freigegebenen 50 Hektar Land weitere 62 Hektar entlang der geplanten Schienenverbindung zwischen Central District und dem neuen Flughafen zu verpachten und den zu erwartenden Erlös in Höhe von 40 Milliarden HK-Dollar zur Finanzierung des Flughafen- und Bahnprojekts zu verwenden. So ließe sich die über 1997 hinaus verbleibende Schuldenlast erheblich reduzieren.

Während der Direktor der Nachrichtenagentur Xinhua, Zhou Nan, jeden Kommentar ablehnte, feuerten Hongkongs KP-Organe am 18. September mit nicht weniger als fünf Kommentaren und einem Leitartikel eine Breitseite auf die Briten ab, denen sie wieder einmal den Bruch der Joint Declaration und des Flughafen-Memorandums vorwarfen. »Die Leute sind höchst erstaunt über den sagenhaften Humor und das tolle Talent der Briten [sich einen derartigen Vorschlag auszudenken]«, schrieb *Ta Kung Pao* und fügte hinzu, Peking werde ihn gewiß ablehnen.

Die Attacke bildete den unmittelbaren Anlaß für Pattens spektakulären Angriff auf Pekings Verhandlungstaktik.

»Meine Kollegen in der chinesischen Botschaft haben mir einen Zeitungsbericht über die Bemerkungen des Gouverneurs gegeben, aber ich habe ihn noch nicht gelesen« war alles, was Guo Fengmin von London aus dazu sagen wollte. Und zu den britischen Vorschlägen bezüglich der Finanzierung des Flughafens meinte er lediglich, sie würden weiter geprüft. Bei der Vollversammlung der JLG vom 21. bis 23. September, an der neben Anthony Galsworthy auch der in Hongkongs Regierung für Verfassungsfragen zuständige Michael Sze Cho-cheung teilnahm, so hieß es, beschäftige man sich mit anderen Problemen.

Kaum war das dreitägige Gastspiel der Joint Liaison Group in London beendet, flog der diplomatische Wanderzirkus weiter zur UNO nach New York, wo für Freitag, den 25. September, eine Begegnung der Außenminister Douglas Hurd und Qian Qichen angesetzt war. Das Treffen hätte eigentlich schon am Mittwoch stattfinden sollen, war aber kurzfristig verschoben worden, da Hurd zwischendurch der Sterlingkrise wegen zu einer Sondersitzung des Unterhauses nach London mußte. An den Gesprächen zwischen Hurd und Qian nahm neben den beiden JLG-Delegationsleitern Anthony Galsworthy und Guo Fengmin auf Betreiben Pattens auch Michael Sze Cho-cheung teil – als Vertreter Hongkongs. So etwas war bislang noch nicht vorgekommen, hatten die Chinesen es doch stets abgelehnt, sich auf einen »dreibeinigen Stuhl« zu setzen.

Hauptzweck der Zusammenkunft war es, Peking vorab über Pattens LegCo-Rede am 7. Oktober zu unterrichten, allem voran über die geplanten politischen Reformen in Hongkong in den letzten fünf Jahren unter britischer Herrschaft. Auch der Flughafenstreit kam zur Sprache, wobei Hurd mit deutlichen Worten eine »offizielle, konstruktive Antwort« forderte. Bislang gebe es nur »eine kritische Presse und kritische Leitartikel«.

Begonnen hatte das Treffen außerplanmäßig mit einem mündlichen Protest des Briten: Stunden zuvor hatten bewaffnete chinesische Sicherheitsbeamte in Hongkongs Hoheitsgebiet ein Patrouillenboot der Royal Hong Kong Police geentert und Konstabler PC23600 die Kamera abgenommen, mit der er die Chinesen bei der illegalen Kontrolle eines Fischkutters fotografiert hatte.[16] Erst nachdem der chinesische Beamte den Apparat geöffnet und den belichteten Film über Bord geworfen hatte, hatte er ihn PC23600 zurückgegeben. Es war der fünfte und ernsteste Zwischenfall in Hongkongs Gewässern innerhalb von nur zwei Monaten.

Das Gespräch Hurds mit Qian dauerte zweieinhalb Stunden und wurde als »offener Meinungsaustausch« charakterisiert. In den chinesisch-britischen Beziehungen standen die Zeichen auf Sturm.

Der Gott der Demokratie

»Ich bin der Gouverneur von Hongkong, nicht der Weihnachtsmann.« Mit diesen Worten war Patten bereits vor seinem ersten Treffen mit Xinhua-Direktor Zhou Nan Mitte August der Kritik begegnet, er wecke Hoffnungen, die er am Ende doch nicht werde erfüllen können. Er verspreche nicht, es allen recht zu machen, hatte er betont und hinzugefügt: »Was ich tun kann, ist, den Menschen gegenüber weiterhin so offen und ehrlich zu sein wie möglich. Was ich kann und tun werde, ist, auch weiterhin den Leuten zu sagen, was ich für richtig halte.«

Dennoch waren die Erwartungen groß, die Patten in Hongkongs Bevölkerung geweckt hatte: Alle 2647 kostenlosen Eintrittskarten zu den beiden öffentlichen Veranstaltungen, in denen sich der Gouverneur an den beiden Tagen nach seiner Antrittsrede im Legislative Council Fragen aus dem Publikum stellen wollte, waren in weniger als dreißig Minuten weg. Keine Rede seiner 27 Vorgänger war je mit solcher Spannung erwartet worden.

Dann war es soweit. Als Christopher Francis Patten nach drei Monaten Schattenboxen am 7. Oktober aufs Podium trat, um die Grundzüge seines politischen Programms in den noch knapp fünf Jahren britischer Herrschaft darzulegen, wirkte er selbstsicher und gelassen. Seine Körpersprache – er zupfte sich nicht einmal an der

Nase oder kratzte sich hinterm Ohr – vermittelte die klare und einfache Botschaft: Hört zu. Was ich zu sagen habe, ist wichtig.

Und Patten hatte viel zu sagen. Zweieinhalb Stunden dauerte seine Marathonrede – dreißig Minuten länger als geplant. Keinen Bereich ließ er aus, kaum ein heißes Eisen unberührt. Er kündigte die Gründung eines »Governor's Business Council« an, der ihn bei seinen Bemühungen um die Erhaltung und Förderung des Wirtschaftsstandorts Hongkong beraten solle, versicherte, am festen Wechselkurs von 7,8 HK-Dollar zu 1 US-Dollar festzuhalten, und gab die Schaffung einer Währungsbehörde bekannt. Für die berufliche Fortbildung von Arbeitern werde ein Sonderfonds in Höhe von 300 Millionen HK-Dollar bereitgestellt, die für Forschungsstipendien zur Verfügung stehenden Mittel würden jährlich zunächst um jeweils 20 Prozent aufgestockt, und die Schulbildung sollte durch kleinere Klassen, mehr und qualifiziertere Lehrkräfte sowie durch Lehrerfortbildung verbessert werden.

Dann kam er auf den Neubau des Flughafens zu sprechen. »Er wird gebaut. Jedermann weiß das«, beteuerte er und setzte so bitter wie bissig hinzu: »Ich bin nach wie vor überzeugt, daß unsere äußerst tüchtigen Unterhändler – wenn wir rein sachlich über den Flughafen sprechen – alle Probleme an einem einzigen Vormittag lösen könnten, vielleicht sogar mit einer Kaffeepause. Ich hoffe daher sehr, daß wir in der Lage sein werden, die jüngsten Schwierigkeiten rasch zu überwinden.« Es war das einzige Mal, daß ihm eine gewisse Gereiztheit anzumerken war.

Einen Großteil seiner Rede widmete er sozialen Fragen. Hongkong, so der Gouverneur, sei kein Wohlfahrtsstaat, doch sei es die Pflicht der Gemeinschaft, einen angemessenen Teil ihres Reichtums für die Unterstützung der Armen und Unterprivilegierten zu verwenden. Die Regierung werde daher dem Lotterie-Fonds eine sofortige Kapitalspritze in Höhe von 2,3 Milliarden HK-Dollar zuführen. Bis 1997 werde der Sozialetat um real 26 Prozent erhöht. Die Zahl der Pflegeplätze und Unterkünfte für körperlich und geistig Behinderte werde mehr als verdoppelt. Neue Kindergärten und Altenheime würden gebaut und die Renten um 15 Prozent angehoben. Das Sozialversicherungssystem werde gründlich überholt. Die Ausgaben für das Gesundheitswesen würden in den nächsten fünf Jahren um 22 Prozent steigen. Nicht weniger als dreizehn neue Kliniken würden errichtet, die Wartezeiten für

Patienten reduziert und Vorsorgeuntersuchungen eingeführt. Das von seinem Vorgänger Lord MacLehose begonnene Programm des sozialen Wohnungsbaus werde fortgeführt, und sämtliche Slums würden beseitigt. Auch Familien, deren Einkommen zu hoch sei für den Anspruch auf eine Sozialwohnung und zu niedrig für den Erwerb einer Eigentumswohnung, werde geholfen: Die Regierung plane, im ersten Jahr des Hilfsprogramms auf dem freien Markt tausend Wohnungen zu kaufen, um sie zu erschwinglichen Preisen an Angehörige dieser »sandwich class« weiterzugeben.

Eine der vordringlichsten Aufgaben, mahnte Patten, aber sei es, Schluß zu machen mit der Zerstörung der Umwelt. »Wir mögen die höchsten und stattlichsten Gebäude Asiens haben, aber gleich daneben haben wir einen Hafen, in den wir täglich 1,5 Millionen Kubikmeter ungeklärte Abwässer und Industrieabfälle leiten; wir haben einige der besten Naturparks der Welt, aber Tag für Tag kippen wir 1,2 Millionen Kubikmeter Fäkalien in unsere Flüsse und Bäche«, wetterte er und verkündete, die Regierung werde nicht weniger als 3 Milliarden HK-Dollar bereitstellen für ein umfassendes Abfallbeseitigungsprogramm, dessen Gesamtkosten er in den kommenden zehn Jahren auf 17,8 Milliarden HK-Dollar veranschlagte. Ein so gewaltiges Projekt sei natürlich nicht allein aus öffentlichen Kassen finanzierbar, auch Industrie und private Haushalte müßten ihr Scherflein dazu beitragen. Jedenfalls seien bis 1997 7,3 Milliarden HK-Dollar aufzubringen.

Daß Patten mehr als nur ein Wort zu Hongkongs Umweltproblemen zu sagen hatte, überraschte niemanden. Schließlich war er im letzten Kabinett Thatcher und im ersten Kabinett Major Umweltminister gewesen – der härteste und schwierigste Job seiner Laufbahn, wie er Simon T. Davies in einem Interview[17] verriet. Im Vergleich dazu, schien er sagen zu wollen, ist der Posten des Gouverneurs von Hongkong das reinste Honiglecken.

Eine ständige und vorrangige Aufgabe, so Patten, sei die Aufrechterhaltung von Ruhe und Ordnung. Triaden und organisiertes Verbrechen, Gewaltkriminalität und Korruption, Diebstahl und Schmuggel gefährdeten Sicherheit und sozialen Frieden. Besondere Sorge bereite das grenzüberschreitende Verbrechen. Enge Zusammenarbeit mit den chinesischen Sicherheitskräften sei hier unerläßlich. Dies gelte auch für das sich in letzter Zeit häufende Eindringen chinesischer Schiffe in Hongkongs Gewässer. »Ich freue mich, daß der überaus ernste Zwischenfall vom 25. September schnell gelöst wurde«, bemerkte Patten mit spürbarer Genugtuung. Der geharnischte Protest Hurds an die Adresse Qians in New York hatte also gefruchtet: Die Chinesen hatten, was sonst nicht ihre Art ist, ihr »Versehen« zugegeben und sich entschuldigt – wenn auch nur mündlich und auf unterer Ebene.

Während Patten einerseits eine drastische Verschärfung des Strafmaßes für schwere Verbrechen forderte, kündigte er andererseits die Abschaffung der Todesstrafe an, denn »Gesetze, die nicht angewandt werden oder veraltet sind, gehören abgeschafft«.

Nachdem er noch rasch versprochen hatte, die Behörden »kundenfreundlicher« zu machen, Stellen im öffentlichen Dienst im Hinblick auf den Abzug der Briten zunehmend mit Chinesen zu besetzen, sich behutsam für den Erhalt der Pressefreiheit einzusetzen und dafür zu sorgen, daß die Regierung für ihre Entscheidungen und Handlungen von der Bevölkerung zur Rechenschaft gezogen werden könne, um Mißwirtschaft und Machtmißbrauch zu verhindern, kam er endlich zu dem für die künftigen Beziehungen mit China entscheidenden Punkt: die konstitutionellen Reformen.

»Ich habe meine gesamte Laufbahn in einem politischen System gearbeitet, das auf repräsentativer Demokratie beruht. Es wäre verwunderlich, wenn es mich nicht geprägt hätte«, bekannte Patten und erklärte, auch die Bevölkerung Hongkongs »wünscht ein höheres Maß an Demokratie«. »Demokratie ist mehr als bloß ein philosophisches Ideal. Sie ist [...] ein wesentliches Element [...] wirtschaftlichen Fortschritts. [...] Ohne die Herrschaft des Gesetzes (*rule of law*), gestützt von demokratischen Institutionen, haben Investoren keine Sicherheit. Ohne eine unabhängige Judikative, die den auf demokratische Weise erlassenen Gesetzen Geltung verschafft, sind die Unternehmen politischer Willkür schutzlos ausgeliefert – ein sicheres Rezept für den Zusammenbruch des Vertrauens und ein wirkungsvolles Mittel zur Abschreckung ausländischer Investoren.«

Demokratie, so die Botschaft des Mannes aus dem Lande John Lockes an die Urenkel des Konfuzius, ist die beste und einzige Garantie für Prosperität und Stabilität.

Hatte Meister Kong gelehrt: »Der Fürst sei Fürst, der Diener sei Diener« und: »Wer nicht das Amt dazu hat, der kümmere sich nicht um die Regierung«,[18] so hatte Locke Mehrheitsprinzip und Gewaltenteilung zu Grundsätzen seiner Staatstheorie gemacht, derzufolge die Legislative die oberste politische und allein souveräne Gewalt ist. Da es angesichts des menschlichen Strebens nach Macht jedoch gefährlich wäre, ihr auch die Ausführung der Gesetze zu überlassen, ist dies die Aufgabe der ihr unterstehenden, aber von ihr getrennten Exekutive.

Eine strikte Trennung von Legislative und Exekutive hatte es in Hongkong bisher nicht gegeben. Im Gegenteil: Der Gouverneur hatte altgediente Mitglieder des Legislative Council traditionell auch ins Kabinett berufen. Diese Doppelfunktion sicherte den ExCo-Mitgliedern – und somit der Regierung – eine Führungsrolle im LegCo, wo sie ein eigenes Büro mit eigenem Personal unterhielten: das Office of the Members of the Executive and Legislative Councils (OMELCO).

Dies sollte nun anders werden. Am Vormittag hatte Patten fast seine gesamte Regierungsmannschaft ausgetauscht und bei dieser Gelegenheit eine vollständige Trennung von Legislative und Exekutive vollzogen. Die beiden LegCo-Mitglieder, die er in sein Kabinett aus unabhängigen Fachleuten holte, hatten zuvor ihre Abgeordnetensitze geräumt. Kein einziges der zehn neuernannten ExCo-Mitglieder gehörte einer politischen Partei an. An die Stelle des OMELCO sollte ein gemeinsamer Ausschuß als Schnittstelle zwischen Exekutive und Legislative treten. Er selbst werde den LegCo-Vorsitz an einen von den Abgeordneten aus ihren eigenen Reihen zu wählenden Präsidenten abgeben. Die Regierung werde der Legislative künftig voll Rechenschaft leisten. Als Leiter der Exekutive werde er mindestens einmal im Monat im Legislative Council Rede und Antwort stehen, das erste Mal gleich am nächsten Tag.

Damit hatte Patten zwei Fliegen mit einer Klappe geschlagen: Er hatte die institutionellen Voraussetzungen für weitreichende demokratische Reformen geschaffen und zugleich vermieden, den Erzfeind Pekings und Wahlsieger vom September 1991, Martin Lee, in die Regierung zu berufen – ohne daß man ihm nachsagen konnte, er habe sich dem Druck aus dem Norden gebeugt.

Nachdem sich Patten in seiner Mammutrede bis zu diesem Punkt hauptsächlich mit Vorhaben befaßt hatte, die notfalls auch ohne Pekings Plazet in Angriff genommen werden konnten, kam er zu dem von allen mit Spannung erwarteten Thema der Wahlrechtsreformen. »Vor zwei Wochen«, sagte er, »während ihres Treffens in New York, hat sich der Minister für Auswärtige und Commonwealth-Angelegenheiten beim chinesischen Außenminister für eine Erhöhung der Zahl der 1995 direkt zu wählenden Mitglieder des Legislative Council eingesetzt. Die chinesische Position ist, daß ein solcher Schritt mit dem Basic Law unvereinbar wäre und daß das Basic Law nicht vor 1997 geändert werden kann.« Obwohl man sich weiterhin intensiv um mehr Direktmandate bemühen werde, sei dies jedoch nicht der einzige Weg, in Hongkong die Demokratie zu stärken. »Ich meine«, fuhr Patten fort, »wir sollten parallel dazu unbedingt prüfen, wie wir unsere repräsentativen Institutionen im Rahmen der Joint Declaration und des Basic Law soweit als möglich fortentwickeln können.«

Erstens, so Patten, sollte das Wahlalter von 21 auf 18 Jahre gesenkt werden. Zweitens sollten die Doppelmandate[19] für die geographischen Wahlkreise abgeschafft werden und statt dessen jeder Wähler nur eine Stimme für einen einzigen direkt zu wählenden Vertreter pro Wahlbezirk erhalten. Drittens sollten zu den bisher 21 funktionalen Wählerschaften *(functional constituencies,* das heißt wahlberechtigte Verbände sowie wirtschaftliche, gesellschaftliche und berufsständische Organisationen) 9 hinzukommen, wobei nicht mehr, wie bisher, juristische, sondern nur mehr natürliche Personen wahlberechtigt sein sollten.

Nun also war die Katze aus dem Sack: Wenn das Basic Law schon nicht erlaubte, die Zahl der Direktmandate vor 1997 auf über 20 zu erhöhen, so verbot es doch nicht explizit, die indirekte Wahl von Mitgliedern des Legislativrats zu modifizieren und zu erweitern. Durch die Definition der neun neuen Berufsgruppen, von denen jedes einzelne Mitglied stimmberechtigt sein sollte, erhielten alle 2,7 Millionen berufstätigen Bürger Hongkongs bei Legco-Wahlen eine zweite Stimme. Nur Hausfrauen, Rentner, Kinder und Jugendliche unter achtzehn Jahren blieben ausgenommen. Die Vorschläge liefen *de facto* auf eine Direktwahl der dreißig durch berufsständische Gruppen zu wählenden LegCo-Mitglieder hinaus.

Viertens schlug Patten vor, auch auf Bezirks- und Gemeindeebene die Berufungspraxis weitgehend abzuschaffen und ab 1994 fast alle Mitglieder der Bezirksausschüsse (District Boards) und Gemeinderäte (Municipal Councils) direkt wählen zu lassen. Aus den Reihen der auf diese Weise demokratisch legitimierten Bezirkskomitees könnten dann die Mitglieder jenes Wahlausschusses (Election Committee) kommen, die laut Basic Law die restlichen 10 der 60 Abgeordneten des Legislative Council zu wählen haben.

»Was ich mit diesen Vorschlägen versucht habe«, schloß Patten seine Ausführungen, »ist, die Demokratie auszubauen und dabei innerhalb der Bestimmungen des Basic Law zu bleiben.«

In der Tat: Die Vorschläge zeigten, wie der Legislative Council in ein demokratisches Parlament verwandelt werden könnte, ohne die Zahl der Direktmandate zu erhöhen. Ohne gegen den Buchstaben des Basic Law zu verstoßen, entleerte Patten es seines totalitären Geistes. Kurz: Er betrieb Demokratisierung durch die Hintertür.

Daß Pattens listenreiches Reformpaket in Peking auf wenig Gegenliebe stoßen würde, war zu erwarten. Entsprechend negativ waren die ersten Reaktionen. Die politischen Reformen, hieß es nur Stunden nach der Rede in einer scharfen Stellungnahme der Nachrichtenagentur Neues China in Hongkong, seien »äußerst unverantwortlich und unklug«. Die Trennung von Exekutive und Legislative und die Vorschläge für eine Wahlreform seien ein Bruch der Joint Declaration und ein offener Verstoß gegen das Basic Law. Vor allem aber wurde Patten angekreidet, daß er China nicht konsultiert, sondern bloß über seine Absichten unterrichtet hatte. Auch hatte er, anders als bei Wilson üblich, den Text seiner Rede nicht vorab Xinhua zukommen lassen. »Man hat uns völlig im dunkeln gelassen«, bemerkte ein Beamter verärgert, »wir waren auf das Fernsehen angewiesen, um zu erfahren, was er in seiner Ansprache zu sagen hatte. Erst seit heute nachmittag wissen wir, was er vorhatte.«

Indes konnten die Chinesen Patten nicht vorwerfen, er hätte – wie sie selbst neun Jahre zuvor ihren 12-Punkte-Plan für Hongkong – sein politisches Grundsatzprogramm durch Oberschüler an die Öffentlichkeit tragen lassen.

Während Peking schäumte und Patten vorhielt, er posiere als »Gott der Demokratie«, stieß seine Rede in der Öffentlichkeit auf breite, zum Teil sogar begeisterte Zustimmung. Der Hang-Seng-Index, der am Vormittag von 5550 Punkten 50 eingebüßt hatte, machte den Verlust noch während der Ansprache mehr als wett und ging mit 5590 Zählern aus dem Markt. Auch die persönlichen

Aktien Pattens stiegen. Wie eine Befragung von 1385 Personen durch das Sozialwissenschaftliche Forschungszentrum der Hong Kong University ergab, erklärten sich 75 Prozent derer, die eine Meinung äußerten, zufrieden mit seiner Rede. 48,8 Prozent waren dafür, die politischen Reformen selbst gegen den Widerstand Chinas voranzutreiben, nur 14,42 Prozent waren dagegen. Der »Große Kommunikator«, wie ihn die *China Morning Post* nannte, hatte die richtige Saite angeschlagen. »Er könnte das größte PR-Unternehmen der Welt leiten, wenn er nicht seinen gegenwärtigen Job hätte«, hieß es fast neidisch in Hongkongs Werbebranche.

Natürlich fanden Pattens Pläne nicht nur Beifall. Manch einer entdeckte auch Haare in der Suppe, die ihm der neue Gouverneur da eingebrockt hatte. Dem einen gingen die Reformen zu weit, dem anderen nicht weit genug. Unter denen, die ihre Stimme erhoben, war auch jener »elder statesman«, den Margaret Thatcher einst in ihrer Verzweiflung über die intransigente Haltung Pekings in einer der kritischsten Phasen der sino-britischen Verhandlungen über die Joint Declaration[20] um Rat gefragt hatte: Lee Kuan Yew. Singapurs »Nationalmaskottchen«, als das er sich selbst bezeichnete, war am Donnerstag, den 8. Oktober, nach einer vierzehntägigen Chinareise in Hongkong eingetroffen, wo er nun bis Samstag in seiner Suite im Shangri-La hofhielt und mit sichtlichem Vergnügen Interviews gab. Insbesondere die Patten-Rede reizte den ehemaligen Premier und jetzigen Senior-Minister von Asiens Musterländle.[21]

»Mr. Patten war sehr einfallsreich, um die Demokratie zu vertiefen«, bemerkte Lee, der im Ruf steht, weniger ein Demo- denn ein Autokrat und eher ein Feind denn ein Freund einer freien Presse zu sein. »Äußerst raffiniert. Die Vorschläge füllen die Blankostellen des Basic Law und der Joint Declaration [. . .] Wohnungsbau, Bildung und Erziehung, Altenhilfe, Umweltschutz, ein rechenschaftspflichtiger Regierungschef und eine vertrauenswürdige Verwaltung – alles Kennzeichen einer guten, verantwortungsvollen Regierung [. . .] Bemerkenswert, wenn man bedenkt, daß es nur noch vier Jahre und neun Monate sind bis 1997. [. . .] Singapur hat über 37 Jahre daran gearbeitet und tut es noch immer.« Und spöttisch fügte er hinzu: »Der Plan ähnelt mehr dem Aktionsprogramm eines nationalistischen Führers, der sein Volk zum Unabhängigkeitskampf gegen eine Kolonialmacht mobilisiert, als dem

Abschiedsprogramm eines scheidenden Kolonialstatthalters. Eine faszinierende Umkehrung der Rollen.«

Lee, der bei seiner ersten offiziellen Chinareise als Expremier mit Staatspräsident Yang Shangkun, Ministerpräsident Li Peng und KP-Generalsekretär Jiang Zemin zusammengetroffen war, orakelte, der bevorstehende Empfang Pattens in Peking werde wohl weniger enthusiastisch ausfallen als der seine. »Die Stimmung ist noch von tiefem Mißtrauen geprägt«, warnte er und setzte hinzu: »Das letzte, was ich zu tun brauche, ist, Mr. Patten seine Aufgabe schwerer zu machen, als sie ist, sie ist schon so schwer genug. Er hat wirklich einen schwierigen Job: drei Herren zufriedenzustellen – London, Hongkong und Peking.«

Wenn man es in einer Demokratie schon nicht allen recht machen muß, so doch vielen, und unter diesen vor allem den Reichen. Der »Mann der Linken«[22], wie Lady Thatcher den ehemaligen Tory-Chef in ihren Memoiren nennt, weiß: Wer goldene Eier braucht, darf die Gans nicht schlachten, die sie legt. Geschickt hatte er in seiner Rede daher die Sicherung des wirtschaftlichen Erfolgs Hongkongs zur ersten der vier Leitlinien seiner Regierung erklärt – noch vor Sozialpolitik, Rechtsstaatlichkeit und Demokratie. »Nichts, was ich am Mittwoch angekündigt habe, wird die Höhe der geschätzten Reserven für 1997 verringern«, beruhigte der Erfinder des »Governor's Business Council« am Freitag denn auch über tausend wohlbetuchte Wirtschaftskapitäne beim Massenlunch.

Im Verlauf der Veranstaltung, die ihn an die Speisung der Fünftausend erinnerte, sagte er noch vieles mehr, was Unternehmer gerne hören. Mit Humor und Ironie hatte er die Lacher immer wieder auf seine Seite. Gefragt, was er denn tun werde, um internationale Firmen zu überreden, ihre Regionalzentralen in Hongkong zu lassen und langfristige Investitionen anzulocken, antwortete er, ohne Lee mit Namen zu nennen: »Eingedenk der Tatsache, daß einer der bedeutendsten Führer Asiens in unserer Stadt ist, werde ich mich ein wenig zurückhaltender äußern« und verwies auf einen Artikel in der Zeitschrift *Economist,* in dem Singapur und Hongkong als Standorte multinationaler Konzerne sowie deren Leistungsbilanzen über die Jahre verglichen werden. »Ich glaube, wenn ich versuchen würde, auf möglichst unprovozierende Art Multis zu überzeugen, sich in Hongkong niederzulassen, würde ich ihnen in einem gewöhnlichen Umschlag eine Kopie dieses Artikels schicken.« Es gebe mehrere Gründe für den anhaltenden Erfolg Hongkongs, der wichtigste aber sei seiner Meinung nach die strikte Rechtsstaatlichkeit.

Als dann der Präsident der Hong Kong General Chamber of Commerce (HKGCC), Paul Cheng Ming-fun, boshaft bemerkte, seine letzte Ansprache vor Vertretern der Wirtschaft habe er noch während seiner »Flitterwochen« in Hongkong gehalten, nun aber sei es an der Zeit, die »Schwiegereltern« im Norden zu besuchen, konterte Patten schlagfertig: »Ich hatte stets eine hohe Meinung von Schwiegermüttern.« Und als man ihm gar Hongkongs Gretchenfrage stellte, wie er es denn mit der Joint Declaration und dem Basic Law habe, erwiderte der neue Champion der Geschäftswelt: »Ich muß als praktizierender Christ zu meiner Schande gestehen, daß ich das Basic Law und die Joint Declaration öfter gelesen habe als das Neue Testament.«

Patten trommelte weiter. Die auf Bitten Chinas hin erfolgte Verschiebung seines Antrittsbesuchs in Peking auf die Zeit vom 21. bis 23. Oktober kam ihm nun zupaß. Den beiden öffentlichen Diskussionen, in denen er dem Publikum Rede und Antwort stand, ließ er zwei weitere folgen. Diesmal standen 3054 Freikarten zur Verfügung, die wiederum innerhalb von Minuten vergeben waren. Die Fragestunden, auf denen fast ausschließlich soziale Probleme zur Sprache kamen, waren ein Riesenerfolg: Ganze Schulklassen hoben die Finger, um den Gouverneur ins Verhör zu nehmen, und Eltern geistig behinderter Kinder trugen Plakate, auf denen »Dank für den Einsatz für Behinderte« und »Gute Arbeit, Patten« stand. Fast alle fanden ihn »toll«. Auch wenn sie ihn nicht gerade für den Weihnachtsmann hielten, so sahen doch viele in ihm den Erlöser.

Zwei Säer, zwei Saaten

»Jemand hat sich als Retter aufgespielt. Man hat den Eindruck, als wären der neue Flughafen und Demokratie Gaben des Erlösers«, sagte der Stellvertretende Direktor von Xinhua in Hongkong, Zhang Junsheng, am 12. Oktober 1992 und warnte, für Hongkong werde es keinen Retter geben.

Der »Jemand« hatte kurz zuvor verkündet, seine Regierung werde, sollte mit China im neuen Jahr keine Einigung zu erreichen sein, den Flughafen notfalls auf eigene Faust bauen und die neuen Wahlgesetze im Legislativrat einbringen – selbst auf die Gefahr hin, daß China 1997 den »durchgehenden Zug« entgleisen lassen und das Parlament auflösen werde. Damit hatte er weiter Salz auf die Wunden der Pekinger Funktionäre gestreut, die seit dem Treffen der Außenminister Hurd und Qian in New York mit allen Mitteln versucht hatten, ihn davon abzuhalten, seine Reformpläne zu veröffentlichen. Vergeblich, denn, so Patten, er sei der »altmodischen Ansicht, daß man wichtige Dinge am besten offen und direkt behandelt«.

Wütend über so viel Ungehorsam und beunruhigt über die rapide steigende Popularität des Volkstribunen im Government House, schoß sich Pekings Propaganda immer mehr auf Patten ein. Kein Tag verging ohne Breitseite auf »Fat Pang«. Nur einer, schien es, stimmte nicht ein in den Chor der Entrüstung: Lu Ping.

»Ich bewundere seine Zurückhaltung, in den letzten Wochen hätte er doch zweifellos bei zahlreichen Gelegenheiten ein paar Worte in ein flüchtig hingehaltenes Mikrofon oder einem eiligen Reporter ins Notizbuch murmeln können«, stellte Patten fast verwundert fest und beteuerte: »Ich meine es ernst, wenn ich sage, daß ich mir ein enges und effizientes Arbeitsverhältnis mit dem Leiter des Amts für Hongkong- und Macao-Angelegenheiten wünsche.« Offenbar hielt er seinen Hauptwiderpart für einen »Gemäßigten«, der seinen Vorschlägen aufgeschlossener gegenüberstand als die Vertreter einer harten Linie um Ministerpräsident Li Peng – oder er tat wenigstens so in der Absicht, den weißhaarigen Patrioten, mit dem er die Liebe zu klassischer Musik und gutem Essen teilt, für sich einzunehmen. Ein Kardinalfehler, wie Danny Gittings in der *South China Morning Post* schrieb,[23] denn solches Lob aus dem Mund eines *gweilo* bedeutet für einen KP-Mann nahezu den Todeskuß. »Mein Gott! Hat er das wirklich gesagt?« fragte denn auch ein im Umgang mit Chinesen erfahrener Beamter entsetzt. War die Austreibung der Mandarine aus dem Foreign Office vielleicht doch zu weit gegangen? Lord Wilson jedenfalls hätte dergleichen nie über die Lippen gebracht.

Als Chris Patten am Nachmittag des 20. Oktober mit einer Maschine der chinesischen Fluggesellschaft CAAC in Peking landete, wurde er im Terminal vom Vizedirektor des Amts für Hongkong- und Macao-Angelegenheiten in Empfang genommen. Sein Chef, erklärte Chen Ziying, sei in einer Konferenz und habe daher nicht kommen können. Der Frage, wen Patten während seines Aufenthalts in der chinesischen Hauptstadt außer Direktor Lu Ping noch treffen werde, wich er aus. Wieder einmal bewies die chinesische Diplomatie ihr Geschick, ihr Gegenüber im dunkeln tappen zu lassen.

Den Briten focht das nicht an. Hatte er doch kurz vor dem Abflug gesagt: »Ich freue mich über ein Shakehands mit jedem, der mit mir über die Zukunft Hongkongs sprechen möchte.«

Gleich zu Beginn des ersten Gesprächs der beiden achtköpfigen Delegationen am nächsten Morgen im Diaoyutai, dem Gästehaus der chinesischen Regierung, machte Lu Ping unmißverständlich klar, daß er keine Lust hatte, nach der Pfeife von Gouverneur Grünschnabel zu tanzen. Lächelnd bemerkte er: »Seit ich mit Hongkong befaßt bin, habe ich mit vier Gouverneuren zu tun gehabt: Lord MacLehose, Sir Edward Youde, Lord Wilson und nun Ihnen. Auch habe ich Seite an Seite mit vier Botschaftern gearbeitet [. . .] Sie alle sind alte Freunde Chinas.« Dann fügte er hinzu: »Sie sind als Gouverneur nach Hongkong gekommen [. . .] Ich hoffe, wenn Sie Hongkong verlassen, werden auch Sie ein alter Freund Chinas sein.«

Patten fing den Ball nicht auf. Ein alter Freund Chinas zu werden, ließ er durchblicken, stünde nicht gerade ganz oben auf der Liste seiner persönlichen Agenda. Die Geschichte werde ihn nicht an seiner Freundschaft mit China messen, sondern daran, »mit wieviel Erfolg ich dazu beigetragen habe, die Joint Declaration zu erfüllen sowie Stabilität, Prosperität und Lebensart Hongkongs zu sichern«. Als er sich dann auch noch respektlos zum Genossen Lu beugte, der eben zum Mitglied des Zentralkomitees der KP avanciert war, und ihm vertraulich erzählte, er habe so viel über ihn gelesen, daß es ihm vorkomme, als kenne er ihn schon seit Jahren, waren die Chinesen endgültig schockiert. Der Mann aus Bath war wirklich so schlimm wie sein Ruf. Auch Sir Robin McLaren, der britische Botschafter, mag sich wehmütig an die Zeit mit Lord Wilson erinnert haben, der – wie Xinhua-Direktor Zhou Nan[24] – selbst schwierigste Situationen mit Zitaten klassischer chinesischer Poesie zu meistern wußte.

Die Atmosphäre war nun endgültig vergiftet, die Mauer des Mißtrauens unüberwindlich geworden. Beide Seiten beharrten stur auf ihren Positionen. Während Lu nicht müde wurde, »Konvergenz mit dem Basic Law« und »strikte Einhaltung der Joint Declaration« zu fordern, wiederholte Patten nicht weniger beharrlich, seine Vorschläge stünden völlig im Einklang mit beiden Dokumenten und seien die notwendige Folge der gegebenen Rechtslage.

»Ich kann nicht sagen, daß wir eine Übereinstimmung unserer Ansichten erreicht hätten in bezug auf das, was ich vorgebracht habe« war nahezu alles, was Patten am Abend unter fallendem Herbstlaub auf den Stufen der Residenz von Sir Robin der Presse über das sechsstündige Treffen mitzuteilen hatte. Er wirkte sehr ernst, ja deprimiert.

Vielleicht dachte er an seinen Vorgänger Youde, der Hongkong gegen den Widerstand von Sir Percy Cradock in den sino-britischen Geheimgesprächen über die Rückgabe des Territoriums wenigstens ein bißchen Gehör verschafft hatte.[25] War es nicht Sir Edward gewesen, der im Gegensatz zum Foreign Office stets eine härtere Haltung gegenüber China gefordert hatte und die Verhandlungen 1984 lieber hätte platzen lassen, als die chinesischen Bedingungen zu akzeptieren?[26] Hatte nicht seine Regierung im Juli 1984 – noch vor Paraphierung der Joint Declaration – mit dem *Green Paper* und vier Monate später mit dem *White Paper* »Über die Weiterentwicklung des Repräsentativsystems in Hongkong«[27] die Voraussetzung für Pattens jetzige Vorschläge geschaffen? Lu Ping hätte Teddy Youde heute wohl kaum als »alten Freund Chinas« bezeichnet, wäre er nicht Ende 1986 in eben dem Haus, vor dem er jetzt stand, plötzlich gestorben, so daß er seine Bemühungen um demokratische Reformen nicht fortsetzen konnte.[28]

Doch Patten wäre nicht der, der er ist, hinge er lange trüben Gedanken nach. Eine Stunde später setzte er, dem China vorwarf, die Zukunft Hongkongs zu verspielen, in Pekings einzigem Wettbüro für das letzte Rennen dieses Tages in Hongkongs Happy Valley auf den 39 : 1-Außenseiter Best Of Luck. Damit hatte er aufs falsche Pferd gesetzt. Der Sechsjährige mit dem verheißungsvollen Namen ging weit abgeschlagen als Siebter durchs Ziel. Wie konnte es anders sein: Das Wettbüro gehörte dem Amt für Hongkong- und Macao-Angelegenheiten beim Staatsrat der VR China.

Eine Zusammenkunft mit dem Ministerpräsidenten, ließ man Patten wissen, werde es nicht geben. Statt Li Peng, der Lord Wilson stets empfangen hatte, erwarte ihn morgen Außenminister Qian.

Der nächste Tag sollte kaum glücklicher verlaufen: Patten war gerade unterwegs zum Treffen mit Qian, als sich auf der Straße des Himmlischen Friedens ein rostiger Nagel ins linke Hinterrad der Limousine des britischen Botschafters bohrte. Bis der Daimler im Gästehaus der Regierung ankam, war der Reifen platt.

Als Patten nach seinen Gesprächen mit Vizeaußenminister Jiang Enzhu, Vizeaußenhandelsminister Wang Wendong und Außenminister Qian am Abend vor der Residenz des britischen Botschafters den Journalisten zu erklären versuchte, warum sein Besuch in Peking kein totaler Fehlschlag war, gab es keinen Zweifel mehr: Auch aus den Verhandlungen war die Luft raus. Das politische Klima zwischen Chinesen und Briten war so frostig wie das Wetter, das im Laufe des Tages in eisige Kälte umgeschlagen war.

Solange Patten sich in Peking aufhielt, bewahrten die Chinesen Ruhe. Kaum war er weg, brach das Donnerwetter los: Nur eine Stunde nach Abflug des Gouverneurs, am Nachmittag des 23. Oktober, lud Lu Ping zur Pressekonferenz, bei der er schweres Geschütz auffuhr. Es gebe, verriet er, geheime Absprachen zwischen Douglas Hurd und Qian Qichen über die LegCo-Wahlen von 1995, wonach der Ausschuß, der zehn Mitglieder des Legislative Council zu wählen habe, entsprechend den Bestimmungen des Basic Law zu bilden sei.[29] Dessen Auslegung aber sei ausschließlich Sache des Ständigen Komitees des Nationalen Volkskongresses der VR China, nicht des Herrn Patten. Alle Briefe von britischer Seite während der Arbeit am Entwurf des Basic Law, behauptete Lu, hätten »klargestellt, daß die Wahlen der funktionalen Wählerschaften indirekte Wahlen sind«. Die Vorschläge für politische Reformen seien daher pure Erfindung. Die Frage sei einzig und allein, ob die Briten ihren einmal eingegangenen Verpflichtungen nachkämen oder nicht. »Wenn sie glauben, Zusagen nicht einhalten zu müssen und eine sino-britische Vereinbarung nach der anderen brechen zu können, haben weitere Gespräche keinen Sinn.«

Damit nicht genug, drohte er, alle Versuche zu torpedieren, den neuen Flughafen auch ohne Pekings Segen zu bauen. Würde das Projekt trotzdem weitergeführt, sei dies ein Bruch des Memorandum of Understanding. Die Regierung der künftigen SAR sei dann weder verpflichtet, Verträge ihrer Vorgängerin einzuhalten, noch deren Schulden zu bezahlen. Alle Anträge an die Bodenkommission (Sino-British Land Commisssion), für den Flughafenbau Land freizugeben, würden abgelehnt. Flugzeugen, die in Chek Lap Kok starten oder landen wollten, werde keine Erlaubnis erteilt, chinesischen Luftraum zu passieren.

»Sollte sich Mr. Patten über Chinas Auffassung hinwegsetzen«, drohte Lu, »werden wir zu gegebener Zeit den ersten Legislativrat, die erste Regierung und die ersten Einrichtungen der Justiz des Sonderverwaltungsgebiets [Hongkong] bilden«, bereit, 1997 die Macht zu übernehmen. Er habe die Wahl zwischen Kooperation und Konfrontation, doch »zum Tango braucht es zwei«.

»Hintergrundmusik«, spottete der zum Tanz Aufgeforderte in einer ersten Reaktion auf das Sperrfeuer aus Peking unmittelbar nach seiner Ankunft in Hongkong. »Nichts, was ich gesagt habe, ermuntert zu sozialem Aufruhr oder fördert politische Instabilität«, versicherte er vor dem Freedom Forum, einem Interessenverband für Pressefreiheit mit Sitz in den USA, und fügte hinzu: »Was einige Leute in den kommenden Wochen und Monaten versuchen mögen, ist genau das.«

Am Tag darauf informierte er den Legislative Council, der in Abwesenheit des Gouverneurs über dessen Antrittsrede debattiert hatte, über seine Gespräche in der chinesischen Hauptstadt.

Die geringsten Meinungsverschiedenheiten, berichtete er, habe es in Fragen der Wirtschaftsbeziehungen gegeben. Die seien, damit stimme er mit Vizeminister Wang überein, exzellent. 60 Prozent sämtlicher ausländischer Investitionen in China kämen aus Hongkong. Am gesamten Außenhandel Chinas habe Hongkong einen Anteil von 36 Prozent, umgekehrt seien es 32 Prozent. Er werde sich daher, ebenso wie die Regierung in London, mit allen Kräften dafür einsetzen, daß China im Handel mit den USA der Status der Meistbegünstigung (Most Favoured Nation, MFN) nicht entzogen werde.

Mit Vizeminister Jiang habe er über Probleme gesprochen, die die Joint Liaison Group beträfen, wie die künftige Nutzung von Militärgelände, Luftverkehrsabkommen und Sicherheitsfragen. Vor allem aber habe er die Probleme der grenzüberschreitenden Verbrechen und des Schmuggels zur Sprache gebracht.

Was seine Auseinandersetzung mit Lu Ping über den Flughafen und die konstitutionellen Reformen betrifft, so hatte er nicht viel Neues vorzubringen. »Nirgends steht im Basic Law, wie sich der Wahlausschuß für die erste Legislative der SAR zusammensetzen soll. Nirgends steht, wie die neuen funktionalen Wählerschaften zu bilden sind. Nirgends steht, welches Wahlsystem für die Direktmandate gelten soll«, wiederholte er und betonte, seine Vorschläge deckten sich sowohl mit dem *Green Paper* von 1987 als auch mit dem *White Paper*[30] von 1988 und brächen »weder die Joint Declaration noch das Basic Law, noch irgendwelche früheren Absprachen zwischen der gegenwärtigen und der künftigen souveränen Macht«.

Mit dem letzten Halbsatz bekräftigte der Vertreter der britischen Krone den Souveränitätsanspruch des Vereinigten Königreichs, den auch Frau Thatcher trotz ihrer Unterschrift unter die Joint Declaration nie aufgegeben hatte,[31] und wies zugleich die Behauptung Lu Pings zurück, es gebe geheime Absprachen, die einem Ausbau der Demokratie in Hongkong entgegenstünden.

Die Pekinger Enthüllungen über einen geheimen Notenwechsel hatten Hongkong inzwischen in helle Aufregung versetzt. Der Gouverneur, der einräumte, er habe von der Korrespondenz nichts gewußt, als er seine Rede entwarf, hatte einen schweren Stand. Zumal jene LegCo-Mitglieder, die seine Reformvorschläge bisher unterstützt hatten, fühlten sich verraten und verkauft. In einer Sondersitzung forderten sie die Veröffentlichung der Dokumente. Andernfalls würden sie ihm ihre Unterstützung entziehen. Sogar der Ruf nach Hilfe durch die UNO wurde laut. Patten glich dem Zauberlehrling, der die Geister nicht mehr los wurde, die er gerufen hatte. Hatte er nicht vor ein paar Tagen erklärt, die Regierung werde in Zukunft der Legislative voll Rechenschaft geben? Die Saat der Demokratie ging früher auf, als ihm selbst lieb sein konnte. Und den Dünger dazu hatte, o Ironie der Geschichte, kein anderer geliefert als Lu Ping.

Patten trat die Flucht nach vorne an. »Wenn beide Seiten damit einverstanden sind, die damalige Korrespondenz zu veröffentlichen, würde das den Gouverneur von Hongkong nicht im geringsten stören«, beteuerte er und setzte sich sogleich mit Douglas Hurd in Verbindung, um ihn dringend um die Freigabe der Schriftstücke zu bitten.

Noch am selben Wochenende erhielt Patten bei seinen Bemühungen, in Hongkong das zarte Pflänzchen Demokratie sprießen zu lassen, erneut unfreiwillige Unterstützung aus Peking: Am Samstag wurde Shen Tong, der bekannteste Studentenführer der chinesischen Demokratiebewegung, aus dem Gefängnis entlassen, von der Polizei zum Pekinger Flughafen gebracht und kurzerhand in die Vereinigten Staaten abgeschoben.[32] Am Sonntag verhafteten fünf Beamte des Ministeriums für Staatssicherheit die Hongkonger Journalistin Leung Wai-man, die für die chinesischsprachige Zeitung *Hong Kong Express* arbeitete, in ihrem Hotel. Laut Xinhua hatte die Reporterin, die vom 12. bis 19. Oktober über den 14. Kongreß der Kommunistischen Partei Chinas und anschließend über Pattens Pekingbesuch berichtet hatte, »Regierungsbeamte bestochen, um an Geheimnisse und Dokumente der Kommunistischen Partei und der Regierung zu kommen«. Einer anderen Quelle zufolge hatte man allerdings »das Huhn getötet, um den Affen zu warnen«.

Offenbar versuchte die Parteiführung mit aller Gewalt zu verhindern, daß der wirtschaftlichen Öffnung des Landes die politische folgte. In seiner Ansprache an den 14. Parteikongreß mit dem hinreißenden Titel »Die Beschleunigung der Reform, die Öffnung zur Außenwelt und das Vorantreiben der Modernisierung mit dem Ziel, größere Erfolge beim Aufbau des Sozialismus mit chinesischen Merkmalen zu erringen« hatte KP-Generalsekretär Jiang Zemin verkündet, die Partei werde ihren Kampf gegen »bourgeoise Liberalisierung« nie aufgeben. Die Rede, deren Wortlaut bereits eine Woche zuvor im *Hong Kong Express* zu lesen war,[33] verurteilte noch einmal aufs schärfste die Studentendemonstrationen vom Frühjahr 1989 als »konterrevolutionäre Rebellion« und pries zugleich deren militärische Niederschlagung als »Verteidigung des Sozialismus und der fundamentalen Interessen des Volkes«. Der Umbau der Plan- in eine »sozialistische Marktwirtschaft« – seit Deng Xiaopings überraschender Visite in der Hongkong benachbarten Sonderwirtschaftszone Shenzhen im Januar 1992 eine heilige Kuh der Parteiideologen – schloß politische Reformen ausdrücklich aus.

Hatte Pattens Politik Hongkongs Börse bisher eher beflügelt, so schlug Lu Pings Pressegewitter vom Freitag nachmittag ein wie eine Bombe: Bei Eröffnung des Handels am Montag rutschte der Hang-Seng-Index innerhalb einer halben Stunde von 6263 auf knapp über 6000 Zähler, erholte sich danach nur noch wenig und beendete die Sitzung mit einem Minus von 200 Punkten oder 3,19 Prozent.[34] Die Geschäftswelt hatte ihr Vertrauen in Pattens Politik verloren, nachdem Lu Ping dunkel ernste Folgen für die Handelsbeziehungen zwischen China und Großbritannien angedeutet hatte, sollte der Gouverneur keinen Rückzieher machen. Stand nicht bereits Bundesaußenminister Klaus Kinkel in Peking auf der Matte und erklärte, gierig nach Aufträgen für die sieche Wirtschaft im vereinigten Deutschland, als erster Vertreter eines europäischen Landes nach dem Massaker vom 4. Juni 1989 die Beziehungen zu China für völlig normalisiert? »China hält am Ende alle Trümpfe in der Hand«, meinte der Börsenmakler Howard Gorges, Geschäftsführer von South China Brokerage. »Die Leute werden sagen, es lohnt sich nicht für den Preis, wenn der Preis realer wirtschaftlicher Niedergang ist.«

Als am nächsten Tag der ehemalige Direktor des Amts für Hongkong- und Macao-Angelegenheiten und ehemalige Vorsitzende des Entwurfskomitees für das Basic Law, Ji Pengfei, im letzten Moment eine Einladung des Gouverneurs zum Lunch ausschlug, hob dies auch nicht gerade die Stimmung. Ji war als Ehrengast zu einer vom pekingfreundlichen »One Country, Two Systems Economic Research Institute« geplanten dreitägigen Konferenz zum Thema »Hongkong im Übergang« angereist, bei der auch Hongkongs Minister für Verfassungsfragen, Michael Sze Cho-cheung, sowie Finanzminister Hamish Macleod als Redner angekündigt waren. Nur Stunden nach Jis Ankunft wurde die Veranstaltung abgesagt.

Nachdem beide Seiten am Mittwoch morgen übereingekommen waren, die umstrittenen Dokumente freizugeben, veröffentlichten London, Peking und Hongkong wenige Stunden später gleichzeitig die sechs Briefe und drei dazugehörigen Papiere aus der Zeit zwischen dem 18. Januar und dem 12. Februar 1990. Dem Schriftwechsel über die LegCo-Wahlen von 1995 war Anfang Januar eine geheime Mission Sir Percy Cradocks in Peking vorausgegangen, bei der er versucht hatte, die Chinesen zu mehr Demokratie zu überreden. Ein etwas naives Unterfangen, bedenkt man, daß am 1. Januar in Hongkong – das Massaker auf dem Platz des Himmlischen Friedens noch in frischer Erinnerung – 10 000 Menschen für die Revolution in Rumänien demonstriert hatten, wobei auch der

Ruf zu hören war: »Nieder mit Chinas Ceauşescu!« Zehn Tage später flog Gouverneur Wilson zu einem dreitägigen Besuch in die chinesische Hauptstadt, wo er wie immer von Li Peng empfangen wurde. Beim Treffen mit dem Stellvertretenden Direktor des Amts für Hongkong- und Macao-Angelegenheiten, Li Hou, kam es jedoch zu einem Wortwechsel. Li beschuldigte Hongkongs Bevölkerung, »Regen und Wind« aufzurühren, worauf Sir David erwiderte, er solle nicht Schauer mit Taifunen verwechseln.

Wie nicht anders zu erwarten, half die Kenntnis der vierzig Seiten Text, die die *South China Morning Post* am 29. Oktober auszugsweise abdruckte, auch nicht weiter. Die alles entscheidende Stelle in Hurds Brief an Qian vom 12. Februar 1990 entschied nichts. »Ich bin im Prinzip einverstanden mit den von Ihnen vorgeschlagenen Vereinbarungen für einen Wahlausschuß, der 1995 gebildet werden könnte. Über die genauen Einzelheiten, wie dies geschehen sollte, kann zwischen unseren beiden Seiten zu gegebener Zeit gesprochen werden. Ich hoffe, daß die fünf Prinzipien, mit denen Sie sich einverstanden erklärt hatten, ihren Niederschlag im Basic Law finden können«,[35] hatte er geschrieben – ein Musterbeispiel für die hohe Kunst der Diplomatie, mit vagen Formulierungen Einverständnis vorzutäuschen. Die Frage, ob Pattens Vorschläge, die keine Erhöhung der Anzahl der Direktmandate, sondern »nur« die Ummodelung indirekter LegCo-Sitze in getarnte Direktmandate bedeuteten, gegen »Absprachen« zwischen den beiden Außenministern verstießen, blieb also weiter unentschieden. Der Streit zwischen Patten und Lu endete im Patt.

In einem Punkt aber hatten die Briefe Klarheit geschaffen: Sie enthüllten, daß die Briten – entgegen ihren öffentlichen Behauptungen, sie drängten die Chinesen, in Hongkong soviel Demokratie wie möglich zuzulassen – in Wahrheit weit weniger gefordert hatten als die Vertreter Hongkongs selbst und sich schließlich sogar mit noch weniger zufriedengaben. Unter dem Eindruck des Massakers vom Juni 1989 hatten nämlich alle OMELCO-Mitglieder für die Hälfte, bis 2003 sogar für sämtliche 60 LegCo-Sitze Direktwahlen verlangt. Hurd jedoch hatte für 1995 nur 24 Direktmandate gefordert und sich mit Qian, als er auch die nicht bekam, auf 20 geeinigt.

Wenn das diplomatische Hickhack überhaupt etwas gebracht hatte, dann die Erkenntnis, daß beide Regierungen die Bevölkerung Hongkongs wie Bürger zweiter Klasse behandelt hatten. Als ob es überhaupt noch eines Beweises bedurft hätte: Das ganze Theater mit dem Beratungskomitee für das Basic Law war eine reine Farce gewesen.[36] Hinter den Kulissen hatten beide Mächte mit Direktmandaten Kuhhandel getrieben und über die Köpfe der Betroffenen hinweg entschieden. In Hongkong wuchs das Mißtrauen gleichermaßen gegenüber Peking und London.

Wenigstens in einem hatten die Enthüllungen des unfreiwillig zum Förderer demokratischen Geistes in Hongkong gewordenen ZK-Mitglieds Lu also ihren Zweck erfüllt: Das Image der britischen Kolonialmacht war arg angekratzt.

Die Saat des Mißtrauens war ebenso aufgegangen wie die Saat der Demokratie.

Soda und Whisky

Lügner, Gauner, Hure, Schlange, Hasardeur, Verschwörer, Pirat, Buddha, Betrüger, Missetäter, Mörder – dies ist nur eine kleine Kostprobe aus dem Arsenal der Schimpfwörter, mit denen Pekings Politiker und Presse den Oxford-Historiker Patten in den kommenden Monaten überhäufen sollten. Seit dem Ende der Kulturrevolution hatte man aus China keine so schrillen Töne mehr gehört.

Ganz anders das Echo aus London. Dem ehemaligen Wahlkampfleiter der Tories mußte das Herz höher schlagen, als selbst Labour das Kriegsbeil begrub und die Politik seines alten Erzfeinds im Fernen Osten über den grünen Klee lobte. Dessen Stuhl in der Upper Albert Road, ließ man durchblicken, werde selbst dann nicht wackeln, wenn John Major aus Downing Street No. 10 aus- und John Smith dort einziehen sollte. Da Patten ohnehin im Begriff war, sich mit China anzulegen, meinte Allen Rogers, Sprecher Ihrer Majestät Loyalen Opposition in Hongkong-Angelegenheiten, hätte er doch gleich Nägel mit Köpfen machen, das heißt Direktwahlen zum Legislativrat ankündigen und Martin Lee in den Exekutivrat berufen können.

Für jene LegCo-Mitglieder, die versäumt hatten, Pattens Reformvorschläge zu unterstützen, fand der Abgeordnete des Wahlbezirks Süd-Wales weniger schmeichelhafte Worte. »Sie mögen das

Gefühl haben, daß dies die beste Haltung für gute Beziehungen zu Peking ist«, sagte Rogers während seines Informationsbesuchs in Hongkong am 27. Oktober, »die internationale Gemeinschaft aber mag alles andere als glücklich sein über diese Leute, die man für Rechtsaußen-Konservative hält und die dennoch die Linie eines totalitären Regimes vertreten wie das Chinas.«

Fand Pattens Tun an der Themse begeisterten Beifall, so waren die Meinungen am Perlfluß geteilt. Wollte er bei seinem Kampf um demokratische Reformen nicht im Vorfeld steckenbleiben, brauchte er Rückhalt in der Bevölkerung. Während Peking weiter nach Kräften Zwietracht säte, galt es, die eigene Politik optimal zu verkaufen. Öffentlichkeitsarbeit wurde Chefsache. Der PR-Profi aus Bath, der bereits im August Informationskoordinator Mike Hanson zu sich ins Government House geholt hatte, beauftragte die Consultingfirma Coopers and Lybrand damit, Verantwortlichkeit, Funktion und Organisation der verschiedenen Informationskanäle der Regierung zu untersuchen. Preis der Studie: 1,5 Millionen HK-Dollar. Patten ließ sich die Perfektionierung seines PR-Apparates etwas kosten. Mochte Peking zum Sturm blasen: Er war gewappnet für den bevorstehenden Medienkrieg.

Daß die KP-Führung allen Grund zur Besorgnis hatte, sollte die erste je in China durchgeführte Meinungsumfrage über Hongkong zeigen. Die Ende Oktober im Auftrag der *Sunday Morning Post* in Guangzhou und Shenzhen, den beiden wichtigsten Städten Südchinas, durchgeführte Befragung hatte ergeben: Der Ruhm Pattens war längst nach Norden gedrungen.[37] Eine deutliche Mehrheit der Befragten unterstützte ihn und seine Demokratisierungspläne, ja viele wünschten sich den Briten gar als Bürgermeister ihrer eigenen Stadt. In Pekings Amtsstuben konnte man sich nun nicht mehr guten Gewissens der Illusion hingeben, der Ruf des streitbaren Katholiken nach Freiheit und Demokratie würde im eigenen Machtbereich ungehört verhallen.

Das Ergebnis der Demoskopie war vor allem deshalb beunruhigend, weil diese telefonisch erfolgt war, die meisten privaten Telefone aber in den Wohnungen der Parteikader, Regierungsbeamten, Militärs und Geschäftsleute stehen. Wenn schon die Stützen des Regimes innerlich überwiegend mit dem Feind sympathisierten, wie mochte es dann erst in den Köpfen der Studenten aussehen. Eine zweite von der *Sunday Morning Post* durchgeführte

Umfrage auf den Straßen Shenzhens bestätigte denn auch: Die jüngere Generation wünschte sich überwiegend »jemanden wie Chris Patten«. »Ich hoffe«, bekannte ein 22jähriger junger Mann namens Yuan, »die Leute in Hongkong werden Demokratie und Freiheit haben. Dann können sie auch für uns kämpfen.« Nur einer sprach aus, was so manches ZK-Mitglied dachte: Patten ist ein »hoffnungslos verderbter Schuft«, schimpfte lauthals ein fliegender Zeitungsverkäufer, »die chinesische Regierung sollte ihn hinrichten«.

Der Straßenhändler hatte damit nicht nur Chinas Kommunisten aus dem Herzen gesprochen. Auch Hongkongs Kapitalisten, denen Patten so um den Bart strich, begannen sich gegen die Reformpläne zu formieren: Am 9. November, keine zwei Wochen nach der Gründung des »Governor's Business Council«, präsentierte Vincent Lo Hong-sui, der Vorsitzende der einflußreichen Business and Professionals Federation (BPF), der Presse ein Positionspapier, das die Rücknahme der Vorschläge zur Wahlrechtsänderung forderte.

Allerdings hätten nicht alle Mitglieder des Verbands das Papier gebilligt, räumte Lo ein. So habe William Purves, der Vorsitzende der Hongkong and Shanghai Banking Corporation, seine Zustimmung verweigert, da er dies als unvereinbar mit seiner Eigenschaft als Mitglied des Exekutivrats empfinde. Auch Nigel Rich von Jardines und Peter Sutch von Swire Pacific hielten sich bedeckt, ebenso wie Ian Christie, Direktor der Hong Kong General Chamber of Commerce, während zwei Einzelmitglieder Pattens Vorschläge offen unterstützten. Wer diese waren, verriet Lo freilich nicht.

Fielen die drei alteingesessenen britischen Unternehmen HongkongBank, Jardines und Swire nicht ein in den Anti-Patten-Chor, so erhoben doch drei Briten unüberhörbar ihre Stimmen gegen den Kollisionskurs mit China: Sir Gordon Macwhinnie, bis Dezember 1991 Präsident des Royal Hong Kong Jockey Club,[38] Lord MacLehose, von November 1971 bis Mai 1982 Gouverneur von Hongkong, und Sir David Akers-Jones, der Leiter der mächtigen Wohnungsbaubehörde und Mitglied des Beraterstabs der BPF. Hatte Lord MacLehose am 4. November im House of Lords mit Zhou Enlais Wort »Laßt uns Differenzen beiseite legen und uns auf gemeinsame Punkte konzentrieren« vor einer größeren Konfrontation mit China gewarnt, war Sir David viel weiter gegangen: Der ehemalige Chefminister und Interimsgouverneur – er hatte das Amt nach dem Tod Youdes bis zur Übernahme durch Wilson verwaltet – hatte in einem Interview mit der Zeitung *Wah Kiu Yat Po* am 5. November 1992 praktisch den chinesischen Standpunkt vertreten, indem er erklärte, Pattens Vorschläge divergierten vom Basic Law.

Die Fronten gingen somit quer durch die Reihen: Patten-Gegner und Patten-Fans gab es in allen Lagern, in Hongkong ebenso wie in China – bis weit in die Reihen der KP, wie die Meinungsumfrage in Guangzhou und Shenzhen enthüllt hatte. Doch während Pekings Kader unter der Fuchtel des Patriarchen Deng ihre Differenzen nach außen weitgehend zu vertuschen verstanden, prallten die Meinungen in Hongkong immer härter aufeinander. Insbesondere im Legislative Council ging es heiß her, wobei sich die diversen politischen Gruppierungen durch den radikalen Kurswechsel der britischen Politik vor eine völlig neue Situation gestellt sahen.[39] Hatte die liberale Partei der United Democrats of Hong Kong (UDHK) mit ihren Führern Martin Lee und Szeto Wah[40] unter Lord Wilson die Rolle der Opposition gespielt, erwärmte sich unter Patten ihr Verhältnis zur Regierung spürbar. Die ehedem regierungstreue Gruppierung des konservativen Cooperative Resources Centre (CRC) mit Allen Lee Peng-fei an der Spitze, von deren LegCo-Mitgliedern kein einziges direkt gewählt war, fand sich hingegen auf einmal in der Opposition.

Der Legislativrat, vor den Wahlen vom September 1991 kaum mehr als ein Verein zur Absegnung der Gesetzesvorlagen der Regierung und Bewilligung von Geldern, entwickelte sich zunehmend zu einem Parlament, das diese Bezeichnung auch verdient. Zur Durchsetzung seines Reformpakets brauchte Patten hier eine Mehrheit.

Einen ersten Abstimmungssieg konnte Patten am 11. November 1992 verbuchen, einen Tag nach einem überraschenden Besuch von Xinhua-Direktor Zhou Nan im Government House. Chim Pui-chung, der Vertreter des Finanzsektors, hatte einen Antrag eingebracht, demzufolge jede Änderung politischer Strukturen mit dem Basic Law konvergieren müsse. Er wurde mit 19 zu 32 Stimmen abgelehnt. Ein Pro-Patten-Antrag von Jimmy McGregor, dem Vertreter der Hong Kong General Chamber of

Commerce, wurde dagegen mit 30 zu 21 Stimmen angenommen. Beide Male gab es nur eine Stimmenthaltung.

Das eindeutige Votum für mehr Demokratie war nicht zuletzt dem engagierten Einsatz eines Neulings in der hitzigen Debatte zu verdanken: Christine Loh Kung-wai. Patten hatte die 36jährige zum LegCo-Mitglied ernannt, nachdem durch die Berufung von zwei Abgeordneten in den Exekutivrat Sitze vakant geworden waren.

Chim, der einen Monat zuvor McGregor einen *gweilo* genannt und damit einen rassistischen Ton in die Auseinandersetzungen im LegCo getragen hatte, hielt auch diesmal seine Zunge nicht im Zaum. Frau Loh sei arrogant, hatte er gewettert, »ihr Boß ist der Boß von *Ming Pao,* und sie hat die gleiche Haltung eingenommen wie der Gouverneur«. Obendrein habe sie Verbindungen zur Partei UDHK.

Die derart Gescholtene war in Hongkong geboren, aber in England zur Schule gegangen, wo sie bis zum Abschluß ihres Jurastudiums blieb. Erst seit 1982 wieder in Hongkong, hatte sie sich zunächst als Vorsitzende der liberalen Pressure-group Hong Kong Observers politisch betätigt. Als Vizevorsitzende des Hong Kong Arts Centre hatte sie sich für die Künste und als Vorsitzende der Friends of the Earth für den Umweltschutz eingesetzt. Ferner war sie Mitglied der Kommission für die Rechtsreform gewesen und Direktorin von CIM, einem Großaktionär der chinesischsprachigen Tageszeitung *Ming Pao.* Patten war die junge Juristin Anfang September auf einem Empfang aufgefallen. Sie hatte ihn so beeindruckt, daß er ihr vier Wochen später einen Sitz im LegCo anbot. Sie habe, betonte sie, »nur deshalb angenommen, weil es in dieser Zeit auf jede zusätzliche Stimme für Demokratie und Freiheit ankommt«, doch machte sie sich keine Illusionen über ihre politische Zukunft nach 1997. »Man wird mich vielleicht nicht auf den durchgehenden Zug lassen«, meinte sie. »China mag keine Leute wie mich.«

Schon gar nicht aber mochte China Leute wie den ehemaligen US-Generalkonsul Burton Levin oder Australiens Außenminister Senator Gareth Evans. Beide waren am selben Tag, an dem die BPF ihr umstrittenes Positionspapier vorlegte, öffentlich für Patten eingetreten. Wer den Gouverneur nicht unterstütze, hatte

Levin gesagt, mache einen »großen Fehler«, und Evans, der auf der Rückreise von Peking in Hongkong einen Zwischenstopp einlegte, hatte zu verstehen gegeben, die Vorschläge gingen nicht weit genug. »Chinesische Funktionäre, die glauben, wirtschaftliche Reformen ließen sich ohne echte politische Liberalisierung durchführen, verstehen einfach nichts von Geschichte«, hatte er bemerkt und hinzugesetzt: »Sie sind auch keine guten Marxisten. Es macht mir immer wieder Vergnügen, die Chinesen daran zu erinnern, daß der politische Überbau stets aus dem ökonomischen Unterbau folgt und von diesem bestimmt wird und daß der Prozeß der politischen Liberalisierung nur eine Frage der Zeit ist.« Australien unterstütze, so ließ er Außenminister Qian wissen, voll und ganz den Gouverneur.

Auf welch schwachen Beinen der Anspruch der chinesischen Kommunisten stand, die reine Lehre des Marxismus zu vertreten, hatte sich bereits beim Treffen Lu Pings mit Patten in Peking gezeigt. Da der Gouverneur plane, allen Arbeitern das Wahlrecht zu geben, hatte Lu spekuliert, wäre es durchaus möglich, daß ein einfacher Arbeiter gewählt würde. »Glauben Sie, daß ein Reiniger, ein einfacher Textilarbeiter, die Interessen der Textilindustrie vertreten kann?« hatte Lu Ping sein Gegenüber gefragt und sich die Frage dann lieber doch selbst beantwortet: »Ich denke nein.«[41] Am 9. Oktober hatte Patten bei seinem Treffen mit Hongkongs Wirtschaftsführern[42] noch gesagt: »Ich habe sogar einen meiner künftigen ›Schwiegereltern‹ den Verdacht äußern hören, ich sei womöglich ein Sozialist. In Anbetracht der Quelle dieser Äußerung bin ich nicht sicher, ob es sich dabei um ein Schmeichel- oder ein Schimpfwort handelte!« Soviel war nun klar: Schmeichelei war es nicht.

Die Allianz aus KP und Kapital, die sich – wenn auch nicht als Einheitsfront – am politischen Horizont zusammenzubrauen begann, hatte ihre solide Basis in einem tiefen, Unternehmern wie Funktionären gemeinsamen Mißtrauen gegen »den kleinen Mann«, oder wie es bei Marx heißt: die arbeitende Klasse.

Die Tage vom 8. bis 12. November waren für Chris und Lavender Patten aber auch aus einem anderen Grund eine kritische Zeit: Soda war weg. Nur noch Whisky war da. Der sieben Monate alte Norfolk-Terrier war beim Sonntagsspaziergang der Pattens im

Aberdeen Country Park ausgerissen und seither verschwunden. Die ganze Stadt war in Aufruhr. Erst als am Donnerstag früh um 7 Uhr 15 zwei Jogger das braune Drahthaarterrierweibchen im Taxi zurückbrachten, war die Welt in der Upper Albert Road wieder in Ordnung. »Einen Augenblick, bevor wir den Hund sahen, hatten wir über Soda gesprochen. Wir sagten, es könnte ihr etwas zugestoßen sein, vielleicht hat sie eine Schlange gefressen«, erzählte Mr. Duncan, einer der Jogger und Geschäftsführer von Hongkong Parkview. »Wir waren zuerst nicht sicher, ob es das Hündchen des Gouverneurs war«, fuhr er fort, doch die Hundemarke mit der Aufschrift »Soda, Government House« bewies: Sie war es.

»Der Hund des Gouverneurs ist vermutlich eine große Delikatesse«, hatte Senator Evans am Montag abend bei einem Empfang gealbert, »sie werden aus ihm ein *Horsd'œuvre* für Deng Xiaoping bereiten, der, wie man mir sagte, täglich vier Welpen verspeist.«

Die Frotzelei des Außenministers war das gefundene Fressen für Australiens Opposition, die ihm bei seiner Rückkehr nach Canberra vorwarf, er habe sowohl den Gouverneur von Hongkong als auch China beleidigt.

Die Opposition begreife ganz einfach die kulturelle Kluft zwischen Australien und China in bezug auf Hundefleisch nicht, verteidigte sich Evans. Zwar sei es eine fürchterliche Beleidigung, einen Chinesen einen Hund zu heißen, belehrte er das Parlament, »aber wie es der Zufall will, gilt es im Gegensatz dazu vor allem in Guangzhou und speziell in Sichuan[43] geradezu als Kompliment, wenn man von einem Gourmet sagt, er esse Hundefleisch. Hunde sind nun einmal ein besonders exquisiter und hochgeschätzter Leckerbissen der chinesischen Küche, egal, was wir davon halten mögen.« »Die Chinesen«, fuhr der Senator fort, »haben, wie wir alle wissen, einen wunderbaren Sinn für Humor, einen Humor, den wir leicht verstehen. Dies ist eines der Dinge, die es Chinesen und Australiern erlauben, so gut miteinander auszukommen.«

Tatsächlich gibt es keinen Hinweis darauf, daß Evans' Bemerkungen über eine Besonderheit der kulinarischen Tradition Chinas den politischen Köchen in Peking in die falsche Kehle gekommen wäre. »Unangemessen« und »unverantwortlich« nannte der Sprecher des chinesischen Außenministeriums, Wu Jianmin, nur die Äußerungen des australischen Außenministers über Hongkong.

»Vor dem 1. Juli 1997 ist die Hongkong-Frage ein britisch-chinesisches Problem. Danach ist es eine rein interne Angelegenheit Chinas.«[44] In puncto Demokratie verstehen die Chinesen keinen Spaß.

Kaum hatte Senator Evans erfahren, daß Sodas Odyssee weder im Magen einer Python noch in dem Dengs ein trauriges, sondern ein glückliches Ende in den Pfoten von Whisky gefunden hatte, kabelte er nach Hongkong, er sei froh, daß es dem kleinen Vierbeiner gutgehe. Er hoffe, fügte er hinzu, »das Schicksal von Gouverneur Pattens Demokratisierungspaket wird ebenso glücklich sein«.

Herrchen Patten erreichte die frohe Botschaft von der Heimkehr des verlorenen Hündchens erst auf der anderen Seite des Pazifiks: Nach der entscheidenden Abstimmung im LegCo am 11. November war er nach Vancouver geflogen, um die Schlußveranstaltung des seinetwegen verlängerten Festivals »Hong Kong '92« zu leiten.[45]

Kaum in Kanada, wies Patten die Unterstellung zurück, seine Regierung habe die Abstimmung im LegCo manipuliert. Der Legislativrat, hatte ein Sprecher der Nachrichtenagentur Neues China unterstrichen, habe kein Recht, irgendeine Resolution zu billigen, welche die sino-britischen Vereinbarungen über den Haufen werfe. Überhaupt sei die Debatte, so *Wen Wei Po,* schon deshalb lächerlich, weil ein ernanntes LegCo-Mitglied – Christine Loh – den Antrag eingebracht habe und Jimmy McGregor Brite sei.

»Ich denke, was sich die Leute in Hongkong wünschen, ist eher eine rationale Diskussion als leere Drohungen [*empty threats*], und ich meine, daß es ein Limit gibt für ein Umschreiben [der Vereinbarungen] durch Xinhua in Hongkong«, hielt Patten entgegen. Doch Reuters zitierte ihn mit den Worten, die Leute wünschten sich »eher eine rationale Diskussion als Hohlköpfe [*empty heads*]« – ein willkommener Anlaß für den Vizedirektor von Xinhua in Hongkong, Patten vorzuwerfen, er sei »schon immer irrational« gewesen. Die Debatte nahm allmählich groteske Formen an.

Von Vancouver flog Taifun-Chris nach Ottawa, wo er sich Rükkendeckung durch die kanadische Regierung holte und bei der Übergabe des Drachenboots[46] an das Völkerkundemuseum von Hull noch kräftig die Trommel schlug, bevor er am 15. November in London landete.

Lu Ping war unterdessen auch nicht faul. Obwohl China – wie gerade wieder im Streit mit Australien – behauptete, die Hongkong-Frage gehe nur Peking und London etwas an und sonst niemanden, war Lu in die USA gereist, »um über Hongkongs politische und wirtschaftliche Zukunft zu sprechen«. Aber er hatte Pech, denn China-Freund Bush[47] hatte am 3. November, ein paar Tage vor seiner Ankunft in Washington, die Präsidentschaftswahlen verloren, und der designierte Präsident Bill Clinton hatte im Wahlkampf eine deutlich härtere Gangart gegenüber China angekündigt. Lu, der sich in seinen Gesprächen mit Beamten des Weißen Hauses darüber beschwerte, daß der neue Gouverneur weniger kooperativ sei als seine Vorgänger Sir Edward Youde und Lord Wilson, mußte sich denn auch anhören, daß die Regierung Bush hohe Achtung für Mr. Patten hege und die Förderung der Demokratie in Hongkong befürworte. Im übrigen sei Hongkong eine Angelegenheit zwischen Großbritannien und China. Die enge Auslegung des Begriffs Demokratie durch die chinesische Regierung sei zudem der Erneuerung des Status der Meistbegünstigung nicht förderlich. Und Senator Baucus von den Demokraten, der sich für eine bedingungslose Erneuerung der Meistbegünstigung Chinas im Handel mit den USA stark gemacht hatte, beklagte Chinas Ablehnung des amerikanischen Vorschlags, eine bilaterale Menschenrechtskommission einzurichten. Wie man es mit den Menschenrechten halte, konterte Lu, sei eine innere Angelegenheit Chinas.

Alle Versuche Pekings, Patten den Teppich unter den Füßen wegzuziehen, waren damit gescheitert. Die erste Runde im Kampf mit dem Drachen ging an den Siegfried aus Bath. Doch es war nur ein Sieg nach Punkten. In der nächsten Runde sollten die Chinesen mit härteren Bandagen kämpfen.

VII. Hongkong-Yo-Yo

Sir Percy wittert Morgenluft

Der nächste Schlagabtausch fand in London statt. Diesmal schickte China seinen neuesten Vizepremier Zhu Rongji in den Ring.

Der 64jährige Ingenieur, auf dem 14. Parteitag der KP Chinas kurz vor Pattens Besuch in Peking ins Ständige Komitee des Politbüros katapultiert,[1] hatte seine gesamte Karriere in der Wirtschafts- und Planungsbürokratie gemacht. Seinen meteorartigen Aufstieg seit 1991 verdankte er, ähnlich wie seinerzeit Zhao Ziyang, eher der Protektion Deng Xiaopings als einem Netz persönlicher Beziehungen innerhalb der Partei. Zhu, der sich Dengs Gunst durch seine Kompetenz in Wirtschaftsfragen erworben hatte, war gerade zum Leiter der geheimen Führungsgruppe Finanzen und Wirtschaft des ZK avanciert, nachdem er erst kurz zuvor zum Direktor des Büros für Wirtschaft und Handel beim Staatsrat ernannt worden war. Als Chefökonom Chinas stand er nun vor der nahezu unlösbaren Aufgabe, das völlig antiquierte Finanzsystem zu modernisieren, die hoffnungslos ineffizienten, bodenlos verschuldeten Staatsbetriebe zu sanieren und die galoppierende Inflation einzudämmen, ohne dabei etwa durch ein weiteres Anwachsen des Millionenheeres von Arbeitslosen die sozialen Spannungen zusätzlich zu verschärfen.

Den Ruf eines »Gemäßigten« hatte sich Chinas Wirtschaftszar, der laut Xinhua die irrationale Zahl Pi bis dreißig Stellen nach dem Komma auswendig aufsagen kann, im Frühjahr 1989 erworben. Seinerzeit Bürgermeister von Shanghai, soll er den Einsatz des Militärs gegen demonstrierende Studenten in der Metropole am Huang Pu verhindert haben. Ob die Geschichte stimmt oder nicht: Sie hob sein Ansehen ebenso wie die Rundfunkrede, mit der er unmittelbar nach dem Massaker auf dem Platz des Himmlischen

Friedens die Bevölkerung aufgerufen hatte, Ruhe zu bewahren und an ihre Arbeitsplätze zurückzukehren. Zhu, in den fünfziger Jahren als »Rechtsabweichler« gebrandmarkt und in ein Arbeitslager gesteckt, war anscheinend ein Mann des Ausgleichs und der Versöhnung.

Der »chinesische Gorbatschow« – ein gefährliches Lob – war der höchstrangige Vertreter Chinas, der seit Hu Yaobangs Visite im Juni 1986 nach Großbritannien kam. Als Leiter einer Handelsdelegation wollte Zhu vor allem die Bank of England, die Aktienbörse, die Internationale Finanzterminbörse, Lloyds, Shell und British Aerospace besuchen. Ob er außer Außenminister Hurd auch Premierminister Major oder gar Mr. Patten treffen würde, hatten die Briten bis kurz vor Zhus Ankunft offengelassen.

Nachdem Douglas Hurd seinem Gast am 17. November 1992 im Foreign Office gesagt hatte, Patten genieße das uneingeschränkte Vertrauen der britischen Regierung, seine Vorschläge stünden völlig im Einklang mit der Joint Declaration und er sei froh über die breite Zustimmung, die sie in der Woche zuvor im Legislative Council gefunden hätten, begab sich Zhu nach Downing Street No. 10. Das Treffen, bei dem Major eine Änderung der britischen Hongkong-Politik strikt ablehnte, bezeichnete das Außenamt anschließend als »brisk« und »businesslike«. Die chinesisch-britischen Beziehungen hatten einen neuen Tiefpunkt erreicht.

Kein Wunder, denn Zhu Rongji erklärte:[2] »Die Leute können nicht umhin, sich zu fragen, ob wir uns noch an die zwischen uns vereinbarte Joint Declaration halten müssen oder ob die wichtige Übereinkunft und Vereinbarung, die wir erreicht haben, in den Wind zu schreiben ist.« Im Klartext: Peking fühlte sich nicht mehr an die gemeinsamen Abmachungen gebunden, sollte Patten seine Reformpläne nicht aufgeben. Es war die schärfste Drohung, die bisher von chinesischer Seite zu hören war.

Prompt fiel der Hang-Seng-Index um 206 auf 6088 Punkte.

Von nun an ging's bergab. Panikverkäufe innerhalb der ersten Viertelstunde nach Eröffnung des Handels am 17. November führten zu einem Verlust von 120 Zählern. Erst nach einem weiteren Abstieg um 120 Punkte setzte eine leichte Beruhigung ein. Hauptverlierer unter den *blue chips* war die HSBC Holdings. Die Verunsicherung – der Abwärtstrend hatte am Vortag eingesetzt – ging so weit, daß ausländische Großanleger wie Fidelity Investments

Hongkong mit einer Risikorate belegten, zum ersten Mal seit dem Massaker am Tiananmen. Doch die Talfahrt ging weiter. Am Ende der Woche hatte der Index mit 488 Punkten 7,6 Prozent eingebüßt.

Nicht nur die Börse war verunsichert. Chinas Gerüchteköche schürten fleißig Untergangsstimmung. Zhongnanhai,[3] Pekings Kreml, könnte die Volksbefreiungsarmee schicken, hieß es, und das Territorium noch vor 1997 übernehmen.

Obwohl Deng Xiaoping schon 1982 Frau Thatcher mit einem Einmarsch in Hongkong gedroht hatte,[4] beeilten sich Pekings Vertrauensleute, solche Vorstellungen als völlig unbegründet abzutun. »Ich habe nie dergleichen gehört«, beteuerte Xu Simin, Herausgeber der Zeitschrift *The Mirror* und Hongkong-Delegierter bei der Politischen Konsultativkonferenz des Chinesischen Volkes. Doch er räumte ein, von chinesischen Funktionären auf die Möglichkeit angesprochen worden zu sein, das Vorbereitungskomitee für das Sonderverwaltungsgebiet Hongkong (Preparatory Committee for the Hong Kong Special Administrative Region, PCHKSAR) nicht, wie im Basic Law vorgesehen, erst 1996 einzurichten. Die Überlegungen befänden sich aber noch in einem frühen Stadium. »Beamte des örtlichen Büros der Nachrichtenagentur Neues China und des Amts für Hongkong- und Macao-Angelegenheiten beim Staatsrat haben die Idee zur weiteren Diskussion unter den Abgeordneten aus Hongkong aufgebracht«, sagte er und fügte hinzu: »Die Idee würde aber nur realisiert, wenn sich die britische Regierung weigern sollte, zu kooperieren.«

Lu Ping hatte bereits in seiner denkwürdigen Pressekonferenz[5] vom 23. Oktober angedeutet, China könnte in Hongkong eine Schatten- oder Gegenregierung installieren: einen »zweiten Ofen«, auf dem Peking sein eigenes politisches Süppchen kocht.

Als Patten nach seiner Reise um die Welt in zehn Tagen wieder auf dem Flughafen Kai Tak landete, hatte er im Ausland allgemein Unterstützung gefunden. Richard Boucher, der Sprecher des State Department, hatte dies nach Lu Pings Abreise für die USA sogar noch schriftlich gegeben. In Hongkong aber begann seine Basis zu bröckeln. Wie eine Umfrage der *Sunday Morning Post* vom 22. November zeigte, glaubten nun 48 Prozent der Bevölkerung (gegenüber 19 Prozent unmittelbar nach seiner Antrittsrede im LegCo), der Gouverneur sollte lieber seine Reformpläne fallenlassen, als den »durchgehenden Zug« zum Entgleisen zu bringen.[6] 49 Prozent unterstützten die von Vincent Lo im Namen des Unternehmensverbands BPF vorgetragene Kritik an Pattens Politik, während sie nur 32 Prozent für ungerechtfertigt hielten.[7] Und 29 Prozent gaben gar an, ihr Vertrauen in die Zukunft Hongkongs sei in der vergangenen Woche gesunken.

Kaum zu Hause, flog Patten schon wieder weg. Diesmal nach Japan. Die Frage der demokratischen Reform solle entsprechend den Wünschen der Bevölkerung Hongkongs gelöst werden, ließ er am 26. November Ministerpräsident Kiichi Miyazawa wissen, der darauf salomonisch bemerkte, er »verstehe vollkommen«. Und ein Beamter des Außenministeriums verkündete: »Japan wird seine Unterstützung für Mr. Patten nicht jetzt zum Ausdruck bringen, da Mr. Patten das Thema erst mit China diskutieren sollte.« Nippons Diplomaten hatten einmal mehr ihre meisterliche Formulierungskunst unter Beweis gestellt. Der Erfolg des Treffens mit dem japanischen Regierungschef bestand eben darin, daß es überhaupt stattfand.

Inzwischen hatte sich Hongkongs Börse dank des notorisch kurzen Gedächtnisses von Investoren wieder der magischen Marke von 6000 Punkten genähert. Wollte China verhindern, daß auch Pattens Aktien wieder stiegen, mußte es dem Vertrauen in eine demokratischere Zukunft rasch einen neuen Stoß versetzen.

Am Freitag, dem 27. November 1992, warnte Guo Fengmin, Pekings Teamchef in der Joint Liaison Group (JLG): »Wenn die britischen Behörden in Hongkong hartnäckig an ihrem Kurs festhalten und Verträge mit einer Gültigkeitsdauer über den 1. Juli 1997 hinaus genehmigen, wird die künftige Regierung [der HKSAR] keinen dieser Verträge anerkennen. Die britischen Behörden in Hongkong haben kein Recht, einseitige Entscheidungen zu treffen.«

Guos Äußerung kam just in dem Moment, als der Finanzausschuß des Legislative Council über die Gewährung neuer Mittel in Höhe von 9 Milliarden HK-Dollar für die Vorbereitung des neuen Flughafengeländes beriet. Am Ende der über fünfstündigen Debatte, in deren Verlauf die Mitglieder des Cooperative Resources Centre (CRC) die Genehmigung zu hintertreiben suchten, wurden dennoch mit zwei Stimmen Mehrheit 6,69 Milliarden HK-Dollar bewilligt.

Die Briten reagierten sofort. In Hongkong zitierte William Ehrman, der politische Berater Pattens, einen hochrangigen Vertreter von Xinhua zu sich, um die »Überraschung und Besorgnis« der Regierung zum Ausdruck zu bringen, und in London bestellte der Staatsminister für Hongkong-Angelegenheiten, Alastair Goodlad, den chinesischen Botschafter Ma Yuzhen ein, um formell gegen Chinas Vorgehen zu protestieren.

Die Attacke Guos hatte neben dem Superflughafen vor allem dem neuen Container Terminal Nine (CT9) gegolten. Dieses zweite Mammutprojekt – veranschlagte Kosten: 12 Milliarden HK-Dollar – hätte, so Guo, in der Joint Liaison Group diskutiert werden müssen, bevor die Pachtlizenz für den Terminal mit vier Ankerplätzen an die beiden Konsortien hätte vergeben werden dürfen.[8]

Die Behauptung, das Plazet der JLG wäre für die Lizenzvergabe notwendig gewesen, bedeutete nichts anderes als den Anspruch Chinas auf ein allgemeines und zugleich willkürliches Vetorecht[9] in Hongkong, denn erstens waren für den CT9 keine öffentlichen Mittel vorgesehen, und zweitens sollte die Anlage noch vor 1997 fertiggestellt werden. Zudem hatte die Bodenkommission (Sino-British Land Commission, SBLC) im März dem Pachtgeschäft ausdrücklich zugestimmt. Offenbar fand Peking nichts dabei, eigene Zusagen zu widerrufen.

Am Montag, dem 30. November, um 16 Uhr 14 zündete Peking den nächsten Sprengsatz: 44 Minuten nach Börsenschluß und noch vor dem Erscheinen von Botschafter Ma bei Goodlad in Whitehall veröffentlichte Xinhua in Hongkong eine, wie es hieß, »von höherer Stelle als Ministerpräsident Li Peng autorisierte« Erklärung, derzufolge alle von der britischen Verwaltung in Hongkong ohne Zustimmung Chinas unterschriebenen oder ratifizierten Verträge, Pachtverträge und Vereinbarungen nach dem 30. Juni 1997 ungültig würden.

Die »höhere Stelle als Li Peng« war kein Geringerer als Kaiser Deng. Das Wort des so oft schon totgesagten Unsterblichen[10], der außer der Ehrenpräsidentschaft der Bridge-Gesellschaft Chinas kein einziges Amt mehr bekleidete, besaß im Reich der Mitte noch immer mehr Gewicht als jedes Gesetz, wenngleich es fast nur noch durch den Mund seiner Töchter Deng Nan und Deng Rong an die Öffentlichkeit drang. »Wenn die britische Seite einmal zu weit geht«, soll er gesagt haben, »werden wir sie darauf hinweisen, beim zweiten Mal werden wir sie warnen, und wenn sie es ein drittes Mal tun, werden wir unseren eigenen Ofen errichten.« Der 88jährige Steuermann, der seine Macht gerade wieder durch die Ausbootung der mächtigen Yang-Brüder unter Beweis gestellt hatte,[11] war finster entschlossen, Patten zur bedingungslosen Kapitulation zu zwingen – notfalls, so schien es, um den Preis der Stabilität und Prosperität Hongkongs.

Der 1. Dezember bescherte Hongkongs Börse einen dramatischen Kurseinbruch: In den ersten fünfzehn Minuten nach Handelsbeginn rutschte der Hang-Seng-Index um 250 Zähler ab und erreichte kurz nach 13 Uhr mit 409 Punkten Verlust sein Tagestief. Die anschließende leichte Erholung verdankte er hauptsächlich Käufen durch japanische Fonds, so daß er am Ende mit »nur« 308 Punkten minus und einem Stand von 5501 Zählern aus dem Markt ging.

Für Peking war es ein Pyrrhussieg: *red chips* – in Hongkong gehandelte Papiere rotchinesischer Spitzenunternehmen wie CITIC Pacific oder China Travel – verloren ebenso an Wert wie Hongkong Telecom oder Cathay Pacific, von denen chinesische Investoren zum Teil riesige Aktienpakete besitzen. Ein Beispiel genügt: Der zwanzigprozentige Anteil von CITIC an Hongkong Telecom war am Nachmittag 1 Milliarde HK-Dollar weniger wert als sieben Stunden zuvor.

Als es tags darauf hieß, die Chinesen hätten das für die kommende Woche angesagte JLG-Treffen abgesagt, ging es weiter bergab: Am 3. Dezember stürzte der Index noch einmal im freien Fall um 433 auf 4978 Punkte[12] – ein Minus von 1469 Zählern oder 22,79 Prozent seit seinem Rekordhoch von 6447 Punkten am 12. November, dem Tag der Wiedervereinigung von Whisky und Soda.

Wie das Social Science Research Centre herausfand, das seit Anfang April 1992 durch regelmäßige Umfragen anhand einer 100-Punkte-Skala[13] Pattens Beliebtheitsgrad ermittelte, folgte die Popularitätskurve des Gouverneurs der des Aktienindex: Hatte er sich am 11. November, dem Tag seines Abstimmungssieges im Legislative Council, noch einer Zustimmung von 64,1 Punkten erfreut – kaum weniger als die 65,5 unmittelbar nach seiner Rede am 7. Oktober –, so war sie seither stetig abgesackt. Ihren Tiefpunkt erreichte sie Mitte Dezember bei mageren 53,3 Punkten: Sie lag damit nur noch knapp über der Gleichgültigkeitsmarke. Offenbar teilte ein großer Teil der Bevölkerung die Meinung jener rund 250 pekingfreundlichen Firmen und Organisationen, die in den nächsten Tagen mit einer Anzeigenkampagne Pattens Vorschläge denunzieren sollten. Am liebsten hätten wütende Börsenmakler[14] auch gleich den Rücktritt des Gouverneurs gefordert, doch das ging selbst Chim Pui-chung zu weit: Der Vertreter des Finanzsektors im Legislative Council, der am 11. November mit seinem Anti-Patten-Antrag unterlegen war, setzte die Streichung der entsprechenden Passage durch.

Als die Anzeigen[15] erschienen, war Hongkongs Börsen- und Popularitäts-Yo-Yo längst wieder auf dem Weg noch oben. Am 4. Dezember sauste der Hang-Seng-Index bei einem Umsatz von 5,43 Milliarden HK-Dollar wie von Geisterhand gezogen gleich um 290 Zähler auf 5268 Punkte. Auslöser für den jähen Richtungswechsel der Kursspule war die Ankündigung des Sprechers des chinesischen Außenministeriums, Li Jianying, das für die Zeit vom 8. bis 10. Dezember in Hongkong angekündigte Treffen der Joint Liaison Group werde stattfinden wie geplant.

Mit Vernunft hatte das alles wenig zu tun. Die Sitzungen der JLG, die seit ihrer Wiederaufnahme – Großbritannien hatte die Verhandlungen unmittelbar nach dem Massaker im Juni 1989 kurze Zeit ausgesetzt – kaum mehr waren als diplomatische Stilleben, versprachen eher zur weiteren Verhärtung der Standpunkte beizutragen als zur Lösung von Sachfragen. Woher also die plötzliche Euphorie? Wieso konnten dieselben Leute, die am Donnerstag ihre Cathay-Pacific-Aktien feilboten wie sauer Bier, am Freitag nicht genug davon bekommen? Chris Patten, der früher, wie er auf dem Symposium Business Week Asia am 3. Dezember verriet, eine Börsenmaklerfirma zu beraten pflegte, wußte es: »Niemand macht Geld, indem er gegen Hongkong setzt. [...] Alle Grundlagen, alles, was in einer Volkswirtschaft wirklich zählt, scheint mir in Hongkong in Ordnung.« Daß er am Kurssturz der letzten Tage schuld sei, wies er weit von sich. »Als die Preise stiegen«, meinte er verschmitzt, »habe ich mir dies, bescheiden wie ich bin, ja auch nicht als Verdienst angerechnet.«

Zum illustren Kreis derer, die Patten für den tiefen Fall, nicht aber für den Höhenflug der Aktienkurse verantwortlich machten, zählte außer Li Peng und seinen Genossen im und über dem ZK auch Sir Percy Cradock. Der Chefarchitekt der britischen Hongkong-Politik unter Margaret Thatcher und John Major, seit seiner Pensionierung im Mai 1992 in der Versenkung verschwunden, witterte Morgenluft. »Worauf es ankommt«, unkte er in einem Brief in *The Times* vom 1. Dezember, »ist, ob [die Chinesen] ihre Drohungen wahr machen.« Und in einem längeren BBC-Interview, das am 3. Dezember unmittelbar vor der Eröffnung des Handels an der Hongkonger Börse vom *World Service Television* ausgestrahlt wurde, nannte er die gegenwärtigen Spannungen zwischen London und Peking »die schwerste Krise Hongkongs seit [...] der Kulturrevolution in den sechziger Jahren«. Die Chinesen täten, was sie sagten, warnte er, und fügte – ohne Patten und Major beim Namen zu nennen – hinzu: »Sie meinen es sehr ernst. Es wäre in der Tat eine fatale Fehleinschätzung, etwas anderes anzunehmen. [...] Es geht hier nicht um juristische Spitzfindigkeiten. Wir haben es mit einer übermächtigen politischen und letztendlich militärischen Macht zu tun.« »Jede Konfrontation zwischen Großbritannien und China«, verteidigte der ehemalige Foreign-Office-Mandarin seine notorische Nachgiebigkeit gegenüber China von den Verhandlungen über die Joint Declaration bis hin zum Memorandum of Understanding, »ist schlecht für Hongkong.« »Egal, [...] welche der beiden Hauptstädte gewinnt oder zu gewinnen scheint, Hongkong leidet, so wie es jetzt leidet.«

Sir Percy dürfte kaum der Gedanke gekommen sein, daß der Börsencrash kurz nach seinem Interview auch etwas mit seinen Äußerungen zu tun haben könnte.

»Es ist ekelhaft«, schimpfte Emily Lau Wai-hing, ehemalige Hongkong-Korrespondentin der *Far Eastern Economic Review* und direktgewähltes Mitglied des Legislative Council, schockiert über Sir Percys Bemerkungen. »1984 sind sie nicht mit der vollen Wahrheit herausgerückt, haben uns getäuscht und uns weisgemacht, die chinesische Regierung würde sich an die Joint Declaration halten, uns ein hohes Maß an Autonomie geben und nach 1997 fünfzig Jahre ein freies Leben gewähren. Und jetzt kommen sie daher und erzählen uns, China könne mit uns machen, was es wolle, und das einzige, was wir tun können, ist, uns hinzulegen und totzustellen, denn wenn wir versuchten, uns gegen Pekings Wünsche zu stemmen, würden wir unsere eigene Zukunft zerstören. Sie haben uns die Suppe eingebrockt, die wir nun auslöffeln müssen. Jetzt haben wir die letzte Chance, uns wenigstens ein Quentchen Demokratie zu ergattern, und da tun sie noch immer alles, um uns zu täuschen. Es ist schändlich.«

Elsie Tu hingegen, Hongkongs große alte Kreuzfahrerin für Gerechtigkeit und allseits geachtetes Mitglied des Legislative Council, fand, Sir Percy habe recht. »Ich kenne nicht viele Leute, die für Mr. Patten sind«, sagte sie. »Ich bin sicher, er wird Hongkong ruinieren«, wenn er so weitermacht.

Ab in die Hölle!

Während Dengs Mannen ihr Bestes gaben, Patten als gescheiterten Politiker hinzustellen, der Hongkong der Rettung seiner Karriere opfere und Bill Clinton aus Little Rock seine guten Dienste als Vermittler anbot, initiierte der Tory-Peer Lord Geddes in London für den 9. Dezember eine Hongkong-Debatte im House of Lords.

Nachdem Lord Geddes in seiner Eröffnungsrede, wie es der Brauch will, zunächst Mr. Pattens Aufrichtigkeit und Besonnenheit gelobt hatte, ging er den Gouverneur frontal an. Er zweifle nicht, erklärte er der Versammlung von achtzig Edlen, daß Patten voll und ganz an seine bemerkenswerten Vorschläge glaube, doch habe er »eine westliche Denk- und Vorgehensweise in eine ganz und gar östliche Situation getragen«. Lord MacLehose und die Whitehall-Sinologen Sir Percy Cradock, Sir Richard Evans und Lord Wilson, so die Botschaft, hätten im Umgang mit den Chinesen halt doch eine glücklichere Hand gehabt.

Lord Wilson of Tillyorn and of Fanling, der seit seinem Auszug aus dem Government House bei Wanderungen in den Grampian Highlands bei Aberdeen, Schottland, viel Zeit gehabt hatte, über Hongkong nachzudenken, nutzte die Gelegenheit für seine Jungfernrede im Oberhaus. Die Beziehungen zwischen Hongkong und Peking, belehrte der »alte Freund Chinas«[16] seine Mit-Lords, »sind nie einfach, die Systeme und Traditionen sind so unterschiedlich«. Diplomatisch die Argumentation seines Nachfolgers aufgreifend, stellte er fest, Pattens Vorschläge seien nur Vorschläge. Er hoffe, China werde seine eigenen Vorstellungen auf den Tisch legen, damit eine Lösung gefunden werden könne.

Dann trat Baroness Thatcher of Kesteven auf den Plan. Die Lady, deren königsblaues Kleid sich effektvoll von den roten Lederbänken abhob, pries Chris Patten als »neuen, vortrefflichen Gouverneur«, der mit »großem Geschick und Feingefühl« gehandelt habe. Seine Vorschläge zeichneten sich dadurch aus, daß sie maßvoll seien. Die jüngsten Äußerungen ihres eigenen China-Beraters zu Downing-Street-Zeiten, Sir Percy Cradock, demonstrativ ignorierend, betonte sie, es sei keine Erfindung Pattens, daß vor den Wahlen von 1995 konstitutionelle Reformen notwendig seien. Vielmehr habe er die Balance herstellen müssen zwischen den Wünschen der Bevölkerung nach einem erweiterten Wahlrecht und Chinas heftigem Widerstand gegen eine Erhöhung der Anzahl der Direktmandate. Seine Vorschläge brächten beide Positionen miteinander in Einklang und widersprächen weder der Joint Declaration noch dem Basic Law. Die chinesische Reaktion sei daher ungerechtfertigt, das Wortgefecht mit Peking bedauerlich. »Ich hoffe«, fuhr sie fort, »China wird seine Drohung, Verträge nicht anzuerkennen, nicht wahr machen. Das würde seinem eigenen Ansehen, wie dem Vertrauen ausländischer Investoren in China selbst, schaden – ganz abgesehen davon, daß es grundsätzlich im Gegensatz stünde zur Herrschaft von Recht und Gesetz (*rule of law*).«

Hatte die Eiserne Lady Ende Februar 1983 nicht selbst vorgeschlagen, in Hongkong mit der Entwicklung demokratischer Strukturen zu beginnen, als sei es das Ziel ihrer Regierung, innerhalb kurzer Zeit Unabhängigkeit oder Selbstverwaltung zu erreiche?[17] Nur widerwillig war sie damals dem Rat Sir Percys gefolgt und hatte dem Druck aus Peking nachgegeben.

Daß Frau Thatcher so entschieden für Patten in die Bresche sprang, verfehlte seine Wirkung nicht, hatte sie ihren Sturz im November 1990 doch nicht zuletzt ihm zu verdanken: Ihr »PR-*blitz«* nahm den scharfen Angriffen von Lord MacLehose und Lord Sharp, dem ehemaligen Präsidenten von Hongkong Telecom und Vorsitzenden des britisch-chinesischen Handelsrats, die Spitze und hielt sie aus den Schlagzeilen.

Große Beachtung hingegen fand die Rede von Lady Dunn, der mächtigsten Frau Hongkongs.[18]

Als einflußreichstes Mitglied des Executive Council hatte Lydia Dunn, bis dahin eine der Stützen von Hongkongs *Ancien régime,* dem neuen Gouverneur unmittelbar nach dessen Amtsantritt den Weg für seine Revolution geebnet: Mit einem nur von ihr unterzeichneten Schreiben vom 13. Juli hatte sie Patten mitgeteilt, alle neun inoffiziellen[19] Mitglieder des ExCo seien zum Rücktritt bereit.

Zur Überraschung und Enttäuschung der meisten nahm Patten an. Am Morgen des 7. Oktober bat er nur William Purves, den Vorsitzenden der HongkongBank, im Amt zu bleiben – und Lady Dunn. Da er zugleich auch den Minister der Zivilverwaltung, Barrie Wiggham, und den Kommandeur der britischen Streitkräfte, Generalmajor John Foley, wissen ließ, sie würden im ExCo künftig nicht mehr gebraucht,[20] fanden sich in Pattens Kabinett nur noch fünf Überlebende der Wilson-Crew. So viele Köpfe waren – außer beim Rausschmiß der japanischen Militärs nach der Kapitulation Nippons 1945 – noch nie gerollt.

1982, als Sir Edward Youde die Nachfolge von Sir Murray MacLehose angetreten hatte, saßen die ExCo-Mitglieder nur noch drei Monate fest in ihren Sätteln. Patten hingegen hatte ein Kabinett vorgefunden, dessen inoffizielle Mitglieder von Wilson für die Dauer von zwei Jahren ernannt waren und deren Amtszeit erst im September 1993 ablief. Wollte er sie loswerden, mußten sie freiwillig den Hut nehmen.

»Ich versichere Ihnen«, verriet die entwaffnend bezaubernde Lady Dunn in den getäfelten Salons von John Swire and Sons in einem Interview der *Sunday Morning Post* vom 11. Oktober, »es hat keine Verschwörung gegeben.« Sie habe schon früh erkannt, erklärte Hongkongs »elder stateswoman«, ihre Teetasse mit kirschrotem Lippenstift zierend, daß es notwendig sei, dem neuen Gouverneur freie Hand bei der Wahl seines ExCo zu geben. Daher habe sie beim ersten Montagslunch der Inoffiziellen nach Pattens Ankunft ihren Kollegen angekündigt, sie werde ihre Bereitschaft zum Rücktritt erklären. Nach einer kurzen Diskussion hätte man sie dann einmütig gebeten, dem Gouverneur mitzuteilen, sie alle seien zum Rücktritt bereit. Rita Fan, die als einzige nicht an dem Treffen teilgenommen hatte, habe man noch am selben Nachmittag kontaktiert, und sie habe sich der Bitte ihrer Kollegen angeschlossen.

Den Verdacht, sie habe die Exekution des Exekutivrats konspirativ eingefädelt, wies die Teflon-Baroneß weit von sich. Aus ihrer Unterstützung Pattens aber machte sie kein Hehl. Seine Antrittsrede, der sie Seite an Seite mit Lavender Patten auf der Galerie des Legislative Council gelauscht hatte, nannte sie »aufregend, eine der wichtigsten politischen Reden, die je im LegCo gehalten wurden«. Wie konnte es auch anders sein, war sie es doch, die ihm mit dem Rücktrittsangebot der *Unofficials* jene Klappe in die Hand gegeben hatte, mit der er beide Fliegen auf einmal schlagen konnte: die Trennung von Legislative und Exekutive und die Entlassung der konservativen Viererbande, denn die Geschaßten – Allen Lee Peng-fei, Selina Chow Liang Shuk-yee, Edward Ho Sing-tin und Rita Fan Hsu Lai-tai – waren Mitglieder des LegCo wie des Cooperative Resources Centre (CRC). Hätte er sie nicht ausgebootet, wären die Reformen womöglich schon im Ansatz gescheitert. Ohne Mehrheit im ExCo kann der Gouverneur keinen politischen Kurs steuern.

»Ich hatte mich [1989] im Namen des OMELCO beim Premierminister stark für mehr Direktmandate eingesetzt«,[21] erinnerte sich die Lady im selben Interview. »Wir haben sie nicht bekommen. Ich habe diese Entscheidung nicht verstanden, weil das Basic Law zu diesem Zeitpunkt noch nicht verkündet war, die Möglichkeit also noch bestand.«

Darauf kam Hongkongs »First Lady« – vor ihr hatte kein weibliches Wesen aus Hongkong diese höchsten politischen Weihen empfangen – im House of Lords nun zurück. »Es ist erst drei Jahre her, da gab es in Hongkong einen allgemeinen Konsens über die politische Entwicklung, die wir uns wünschten. [...] Die Mitglieder von Legislativ- und Exekutivrat waren sich einig, die britische Regierung zu drängen, sich mit Nachdruck dafür einzusetzen. [...] Im Namen der Konvergenz und angesichts der Einwände Chinas wurden wir jedoch von der britischen Regierung abgewiesen. Die Kraft unserer Einwände wurde meiner Meinung nach nicht ausreichend geprüft. Die jüngste Veröffentlichung der diplomatischen Korrespondenz hat enthüllt, wie mit dem Schicksal der Bevölkerung Hongkongs gehandelt wurde. Ist es verwunderlich, daß viele Menschen in Hongkong verwirrt sind von der Entscheidung der britischen Regierung, zu soviel späterer Stunde in Hongkong mehr Demokratie anzustreben?«[22]

Ohne daß Lady Dunn Roß und Reiter zu nennen brauchte, war klar: Schuld an dem ganzen Schlamassel war in ihren Augen nicht allein China, sondern auch jene Lady, die sich Peking gegenüber so wenig eisern gezeigt und von ihren kleinmütigen Mandarinen im Foreign Office immer wieder ins Bockshorn hatte jagen lassen. Getreu dem Valentinschen Motto »Mögen hätt' ich schon wollen, aber dürfen hab' ich mich nicht getraut« handelnd, hatte Sir Percy seiner Chefin regelmäßig den Schneid abgekauft.

Damit war es nun vorbei. Seit die Regierung Major mit Peking Politik betrieb und nicht angewandte Sinologie, ließ sich auch »Attila, die Henne« nicht mehr so leicht einschüchtern. Ihr energisches Oberhaus-Plädoyer für mehr Demokratie in Hongkong jedenfalls hatte Lady Thatcher mit dem Government House abgestimmt.[23]

Nicht mit Patten abgestimmt jedoch hatte Lee Kuan Yew, was er am 14. Dezember als Gastredner einer von Li Ka-shing gesponserten Vorlesungsreihe in der Hongkong University zum besten gab. Von lärmenden Studenten mit Kaugummi und Coca-Cola als Symbole für Singapurs repressives Regime empfangen, gab Deng Xiaopings alter Freund Antwort auf Fragen, die ihm niemand gestellt hatte: »Wenn Sie mich fragen: ›Ist Hongkong reif für Demokratie?‹« sagte er, »dann ist meine Antwort ja, doch nur, wenn Sie es von China abtrennen, wenn Sie es 2000 Meilen weit in den Pazifik schleppen können. Wenn nicht, dann, meine ich, sollten Sie sich nach den Realitäten in Ihrer Nähe richten.« Ausführlich die Patten-Kritiker Lord MacLehose, Lord Wilson und Sir Percy zitierend verkündete er, die kommunistische Führung in Peking sei von der Vorstellung gequält, daß der Westen Hongkong als Kampfplatz einer Verschwörung gegen China benutze. Im Verein mit anderen westlichen Nationen seien die Vereinigten Staaten, die gerade die Sowjetunion zerstört hätten, dabei, dasselbe mit China zu tun. Wenn es die Schlacht um Hongkong verliere, fürchte Peking, könnte der neu gewählte Präsident Clinton versuchen, China eine Demokratie westlichen Stils aufzuzwingen: »Ich glaube, der Kampf geht um China, und das Schlachtfeld ist Hongkong.«

»Wir alle haben unterschiedliche Auffassungen davon, was gesellschaftlich akzeptables Benehmen ist«, knurrte der derart abgekanzelte Kanzler der Universität, Chris Patten, der während des Vortrags wiederholt rot angelaufen war. Er versicherte, die

Verschwörungstheorie entbehre jeder Grundlage. Und Lady Thatcher schrieb, China »scheint zu glauben, Mr. Patten sei Teil eines internationalen Komplotts zur ›Einkreisung‹ Chinas. Die Chinesen haben unrecht, und wir müssen sie davon überzeugen, daß wir nicht die Absicht haben, ein eindeutig bilaterales Problem zu internationalisieren.«[24]

Demokratie, so Lady Thatcher weiter, wird aus dem Handelsrecht erwachsen. Die kommerzielle Liberalisierung Chinas wird die bürgerlichen Freiheiten nach sich ziehen. Wirtschaftssanktionen taugen daher nicht als Mittel zur Durchsetzung der Menschenrechte. Gorbatschow hatte den Wagen vor das Pferd gespannt. Deng Xiaoping war da geschickter.

Auch ohne Frau Thatchers juristischen Nachhilfeunterricht hatte Deng längst begriffen: Die wahre Bedrohung kommt vom Recht. Die Herrschaft der KP ist nur zu sichern, wenn sie auch vom Wirtschaftsrecht nicht untergraben wird. Untersteht die Partei erst einmal dem Gesetz, ist alles verloren. Die Zauberformel »sozialistische Marktwirtschaft« soll davor schützen. Im Grunde bedeutet sie nichts anderes als Marktwirtschaft ohne Rechtssicherheit.

Alarmiert durch die Drohung,[25] über 1997 hinausreichende und ohne chinesische Zustimmung abgeschlossene Verträge und Vereinbarungen würden von Peking nicht anerkannt, veröffentlichte Hongkongs Anwaltskammer am 22. Dezember eine neunseitige Erklärung, in der es heißt: »Artikel II von Annex I der Joint Declaration[26] bewahrt ausdrücklich das bestehende Common Law, welches das Vertragsrecht einschließt. [...] Da es unter der Herrschaft des Gesetzes (*rule of law*) für keine Regierung ein separates Recht gibt, beherrschen Verträge zwischen Individuen dieselben Grundsätze wie jene mit der Regierung. [...] Die Kammer vertritt [...] die Auffassung, daß die beiden Verlautbarungen durch die VR China mit der Joint Declaration und dem Basic Law unvereinbar sind und keine Grundlage im internationalen Recht haben. [...] Die Verlautbarungen gefährden die Fortdauer der Herrschaft des Gesetzes sowohl jetzt als auch nach 1997. Der Inhalt wie die Umstände, unter denen [sie] abgegeben wurden, stehen nicht in Einklang mit dem in Absatz 4 der Joint Declaration gegebenen Versprechen der VR China, bei der Aufrechterhaltung und Bewahrung der wirtschaftlichen und sozialen Stabilität Hongkongs mit Großbritannien zu kooperieren.«

Hongkongs Anwälte beschuldigten China, nichts Geringeres zu tun, als den »Begriff der Souveränität zu mißbrauchen und gegen Buchstaben und Geist der Joint Declaration zu verstoßen«. Sollte Peking die Verträge nicht anerkennen, schrieben sie, würde dies erfordern, »die gesamte Struktur von Regierung und Gesellschaft am 30. Juni 1997 aufzulösen und am 1. Juli 1997 bei Null zu beginnen«.

Hatte Frau Thatcher nicht bereits nach ihrer verhängnisvollen Audienz bei Deng vor zehn Jahren gewarnt: »Wenn ein Land einen Vertrag nicht einhält, dann wird es auch einen anderen nicht halten«?[27] Damals war der Hang-Seng-Index innerhalb einer Woche um 25 Prozent gefallen. Ende Oktober 1982 stand er gerade noch bei 722 Zählern.

Im Dezember 1992 – wieder hatte der Index in kürzester Zeit ein Viertel seines Wertes eingebüßt, wieder gab es Zweifel an Pekings Vertragstreue – erholte sich der Markt erstaunlich rasch. »China wird die Bevölkerung Hongkongs nicht leiden lassen«, lautete die frohe Botschaft, die Tsang Yok-sing, der Vorsitzende der pekingtreuen Democratic Alliance for Betterment of Hong Kong (DABHK), rechtzeitig zum Weihnachtsfest von einem Besuch in der nördlichen Hauptstadt mitbrachte. China werde alles tun, um aus dem britisch-chinesischen Disput folgende Schäden so gering zu halten wie möglich, habe Lu Ping ihm versprochen, denn »Hongkong schaden heißt China schaden«. Das Vorbereitungskomitee für die Regierung des Sonderverwaltungsgebiets Hongkong (PCHKSAR) werde nicht vor 1996 eingerichtet. Die »neue Küche« oder der »zweite Ofen«, wovon der Direktor des Amts für Hongkong- und Macao-Angelegenheiten gesprochen hatte, habe nichts mit irgendeiner Form von Schattenregierung zu tun. Lu Ping und Außenminister Qian, berichtete Tsang, seien zuversichtlich, daß die britisch-chinesische Zusammenarbeit wiederhergestellt würde. Beide hätten erklärt, »die gegenwärtigen Schwierigkeiten sind nur vorübergehender Art«.

Chinas Politstrategen hatten erkannt: Aktienkurse als Waffe im Kampf gegen Hongkongs Gouverneur sind ein zweischneidiges Schwert. Eine Baisse schadet zwar der Popularität Pattens, aber sie führt auch zur Ebbe in den eigenen Kassen. Der Gesamtwert der von fünfzehn chinesischen Konzernen[28] gezeichneten Anteile an Unternehmen mit Börsenzulassung in Hongkong belief sich auf mehrere Zigmilliarden Hongkong-Dollar. Neun große chinesische Staatsunternehmen[29] bereiteten gerade ihre Einführung an Hongkongs Stock Exchange vor. Einige der zehn in Hongkong operierenden chinesischen Maklerfirmen wie PWAsia,[30] China Point und die Bank of China Group Securities Ltd. zählten bereits zu den großen Akteuren im Markt. Chinas Direktinvestitionen in Hongkong – einschließlich Immobilien – wurden auf Hunderte von Milliarden HK-Dollar geschätzt. Die wirtschaftliche Verflechtung des Territoriums mit seinem nördlichen Nachbarn war so weit fortgeschritten, daß viele bereits von einem einheitlichen Wirtschaftsraum sprachen.

»Wenn wir den Sozialismus fördern wollen«, hatte Zhou Enlai einst gesagt, »brauchen wir Hongkong, um an Devisen und ausländisches Kapital zu kommen.« Aus demselben Grund hatte Mao Zedong die Volksbefreiungsarmee, die im Oktober 1949 Guangzhou und im August 1950 die Inseln im Perlfluß-Delta besetzt hatten, nicht in Hongkong einmarschieren lassen, schreibt Xu Jiatun in seinen Memoiren.[31] Xu selbst hatte als neuer Leiter des Xinhua-Büros in seinem ersten Bericht an die Führung in Peking im Herbst 1983 zu Investitionen großen Stils in Hongkong geraten. Anders als bei Staatspräsident Li Xiannian und KP-Generalsekretär Hu Yaobang war sein Vorschlag jedoch beim Planungschef Chen Yun auf wenig Gegenliebe gestoßen. »Wir sollten mit unserem guten Wasser nicht anderer Leute Felder bewässern«, hatte Dengs Widersacher gewarnt.

Da China mit seinem Geld aber nun einmal britische Felder berieselt hatte, konnte es ihnen nun nicht so einfach das Wasser abgraben, ohne die eigene Ernte zu schädigen.

Also änderte Peking die Taktik: *»gui xi!«* – »Geh zurück nach Westen!« oder: »Ab in die Hölle!«[32] Mit diesem Donnerschlag aus dem Pressemörser der KP führte es einen gezielten Streich gegen das schwarze Schaf unter den *hongs*.[33] Der am 17. Dezember abends veröffentlichte Xinhua-Kommentar mit der Überschrift »Das wahre Gesicht eines britischen Konsortiums« stieß die Aktien von Jardine Matheson Holdings am nächsten Morgen in den freien Fall. Innerhalb von Minuten verloren sie 9,5 Prozent ihres Werts. Fast den ganzen Freitag warteten Jardines Manager im Konklave auf Instruktionen aus der Zentrale in London. Am Ende hieß es lakonisch: »Kein Kommentar.«

Der Angriff kam nicht von ungefähr, ist das Unternehmen doch enger mit der britischen China-Politik verquickt als jedes andere. Das lange Sündenregister des »Noble House« aus Sicht der Chinesen reicht vom Opiumschmuggel im 19. Jahrhundert bis zur offenen Unterstützung Pattens: Die Brüder Henry und Simon Keswick, direkte Nachfahren einer Schwester des Opiumkönigs und Firmengründers William Jardine,[34] die das Firmenimperium von London aus lenken, hatten hinter den Kulissen kräftig an Sir Davids Stuhl gesägt. Und Jardines Londoner Direktor Sir Charles Powell – ein ehemaliger persönlicher Berater von Margaret Thatcher und John Major – war einer der ersten, die Patten zuredeten, den ihm angebotenen Posten des Nachfolgers von Lord Wilson zu akzeptieren.

Während Jimmy McGregor, LegCo-Vertreter des Hong Kong General Chamber of Commerce, Chinas Attacke einen törichten Versuch nannte, die politischen Reformen zu unterminieren, machte Patten aus dem Anwurf einen Bumerang. »Ich würde und werde nie etwas tun, was das Vertrauen [der Bevölkerung in die Zukunft] untergräbt«, meinte er listig. »Ich würde gewiß nie einen wichtigen Arbeitgeber Hongkongs angreifen, einen Arbeitgeber, der für das Wohl und den Erhalt des Lebensstandards zahlreicher Menschen und Familien sorgt.«

Wie die neuesten Meinungsumfragen des Social Science Research Centre zeigten, war Pattens Stern wieder im Steigen. Nach dem Tiefststand am 15. Dezember hatte er bis zum Jahreswechsel mit 57,2 Punkten schon wieder vier Prozent gutgemacht. Die Schar der Anhänger seiner Reformvorschläge[35] war seit ihrer Verkündung am 7. Oktober zwar geschrumpft, doch befürworteten sie noch immer 42,3 Prozent der 1200 Befragten. Nur 27 Prozent meinten, Patten solle sie zurücknehmen. Der Rest war unentschieden. Seit dem 20. November nahezu unverändert war die Zahl derer, die sich für (34 Prozent) oder gegen (49 Prozent) konstitutionelle Reformen aussprachen, sollte es keinen »durchgehenden Zug« geben. 23 Prozent meinten, der Gouverneur solle zurücktreten, falls der Legislativrat seine Vorschläge ablehnt, 63 Prozent hingegen wünschten ihn sich weiter im Amt.

Die Salven aus Peking waren verpufft. In Frieden konnte Chris Patten im Kreise der zum ersten Mal seit seiner Ankunft in Hongkong vollzählig versammelten Seinen in der Fanling Lodge Weihnachten feiern. Das Jahr 1992, in dem die britischen Royals mit Oben-ohne-Fotos von Fergie, »Dianagate«, dem Tampon-Telefonat von Prince Charles und dem Großbrand im Stammschloß Windsor die Reporter der Welt in Atem gehalten hatten, endete für die KP-Führung in Peking kaum anders als für die Queen in London: als *Annus horribilis*.

Die Schatten zweier Herren

Das Jahr 1993 begann für Hongkong als *annus horribilis:* Minuten nach Mitternacht kam es im Vergnügungsviertel Lan Kwai Fong, wo sich Tausende versammelt hatten, um das neue Jahr zu begrüßen, zu einer Panik. 21 Menschen wurden zu Tode getrampelt.

Lan Kwai Fong, mitten im Central District gelegen, war im Laufe der letzten Jahre immer mehr zum Ort der Begegnung der chinesischen Jugend mit jungen Leuten aus aller Herren Länder geworden. Genau dort, wo Ende des 19. Jahrhunderts das britische, indische und chinesische Geschäftsviertel aneinander grenzten, trafen sie sich in einer der zahlreichen Karaoke-Bars bei Whisky mit Soda oder im »Schnurrbart« bei bayrischem Weißbier mit *pretzels* und *wurstels* und diskutierten über Menschenrechte und Mode, über Parties und Patten. Ganz eigene Feste und Feiern hatten sich entwickelt, eine einzigartige Mischung aus China, Japan und dem Westen war im Entstehen. Nirgendwo sonst schien mehr Anlaß zur Zuversicht, der Kipling-Spruch »East is East, and West is West, and never the twain shall meet« würde eines Tages nur noch der Vergangenheit angehören. Eine west-östliche Verständigung schien möglich, die mehr war als Busineß. Die Tragödie der Neujahrsnacht, so wurde es in Hongkong empfunden, warf einen Schatten auf die Integration von Ost und West.

Die ungewohnte Stille, die plötzlich eingekehrt war, nachdem China kurz vor Weihnachten seine Megaphonpolitik gegen Patten eingestellt hatte, weckte gleichermaßen Hoffnung wie Furcht. Optimisten deuteten sie als Anzeichen dafür, daß Peking und London nach einem Ausweg aus der Sackgasse suchten, in die sie sich manövriert hatten. Pessimisten hingegen wähnten sich erneut als Opfer eines hinter ihrem Rücken sich abspielenden Kuhhandels.

Dem Verdacht, London könnte sich wieder insgeheim mit Peking einigen, war Patten in einem Interview in Singapurs *Business Times* entgegengetreten. Ohne Lord Wilson und Sir Percy, deren Geheimdiplomatie zur Unterzeichnung des Memorandum of Understanding[36] geführt hatte, namentlich zu erwähnen, erinnerte er daran, daß das vielgerühmte Dokument nichts gefruchtet hatte. »Wo ist der Flughafen?« fragte er. »Das MoU wurde im Herbst 1991 unterschrieben. Ich bin im Juli 1992 angekommen, und es gibt immer noch keinen Flughafen.« »Erstens«, fuhr er fort, »führt die sogenannte Geheimdiplomatie nicht zum Erfolg, und zweitens scheint sie mir keine rundum erfreuliche und ideale Lage herbeigeführt zu haben.« Der Hieb saß.

Auch die Hoffnung war nur von kurzer Dauer. »Wir befinden uns im Gegenangriff«, verkündete Lu Ping am 3. Januar in einem Fernsehinterview mit Hongkongs TVB. China bereite neue Attakken gegen die Pläne Pattens vor. Ein für März geplantes Außenministertreffen könnte abgesagt werden. »Wenn Hongkong sich gegen China stellt«, warnte er, »könnte die Bevölkerung Hongkongs schweren Zeiten entgegengehen.« Die enge wirtschaftliche Verflechtung des Territoriums mit Südchina könnte sich auch negativ auswirken. Bei allen Verträgen, die über 1997 hinausreichten, habe die Joint Liaison Group das letzte Wort. Die chinesisch-britischen Beziehungen seien »nicht gut«. Gespräche könne es nur geben, wenn Patten zuvor sein Reformpaket zurückziehe.

Der Gouverneur dachte nicht im Traum daran. Statt dessen legte er am 12. Januar die Gesetzentwürfe für die Verfassungsreform dem Exekutivrat zur Beratung vor. Am 17. Februar sollten sie durch Abdruck in der Regierungsgazette veröffentlicht werden.

Um dies zu verhindern, beantragte der Abgeordnete Philip Wong Yu-hong am 13. Januar im Legislative Council, die Einbringung der Gesetzentwürfe im LegCo abzulehnen, denn die Reformen hätten keine Chance, den 30. Juni 1997 zu überleben. Er könne sich nicht vorstellen, schrieb er seinen Antrag begründend, daß Lu Ping dem Gouverneur im Verlauf ihres sechsstündigen Treffens in Peking nicht die Punkte genannt habe, in denen die Vorschläge gegen das Basic Law verstießen. Er sei konsterniert, daß Patten noch immer sage, man solle ihm zeigen, wo sie nicht mit dem Basic Law vereinbar seien. Tatsächlich sei ausschließlich das Ständige Komitee des Nationalen Volkskongresses autorisiert, das Basic

Law auszulegen – Beweis genug, daß die Vorschläge die künftige Miniverfassung verletzten.

Außer ihm stimmte nur der Abgeordnete Tam Yiu-chung für den Antrag. Er wurde mit 35 zu 2 Stimmen abgewiesen. Die anderen, darunter alle siebzehn Mitglieder des CRC, enthielten sich der Stimme.

Inzwischen zeichnete sich ab, daß die Reformgesetze im Executive Council Zustimmung finden würden, nachdem Baroneß Dunn Spekulationen zurückgewiesen hatte, sie und ihre drei ExCo-Kollegen Raymond Ch'ien Kuo-fung, Tung Chee-hwa und Professor Felice Lieh Mak probten den Aufstand. »Wir sind nicht weit von der Einbringung der Gesetzentwürfe« in den Legislativrat, verriet die vorsichtige Lady der Presse und versicherte, der Exekutivrat lasse sich nicht von China beeinflussen.

Nun, da abzusehen war, daß es die Vorlage der Reformgesetze im Legislative Council kaum mehr würde verhindern können, sprach Peking dem Gesetzgebungsrat prinzipiell das Recht ab, die Verfassung zu ändern. Knackpunkt war nach wie vor die Frage der Souveränität,[37] denn die Einführung von Elementen repräsentativer Demokratie war aus chinesischer Sicht nichts anderes als der Versuch, die HKSAR der Souveränität Chinas zu entziehen. Das aber bedeute den »dreifachen Bruch« der Joint Declaration, des Basic Law und anderer sino-britischen Vereinbarungen. Ausgiebig mit Deng-Zitaten hantierend, bekräftigte Xinhua-Direktor Zhou Nan Ende Januar in einem Interview noch einmal die kompromißlose Haltung Chinas in der Frage der Souveränität.[38] Und in der Februar-Ausgabe der Zeitschrift *Bauhinia* hieß es: Wenn ein hoher britischer Politiker – gemeint war Außenminister Hurd – sagt, die Zeit ist vorbei, in der Peking und London über Angelegenheiten Hongkongs entschieden hätten, ohne die Meinungen der Bevölkerung Hongkongs zu berücksichtigen, dann ist das falsch. Die Briten, lautete der Vorwurf, bedienten sich des Tricks des »dreibeinigen Stuhls«.

Wie zu erwarten, ließ diese neuerliche, vom Patriarchen Deng persönlich verordnete Verschärfung des Tons die Investoren alles andere als »ruhig und guten Mutes sein«. Der Hang-Seng-Index, der schon fast wieder die psychologisch bedeutsame 6000er-Marke erreicht hatte, rutschte am 2. Februar prompt auf 5662 Punkte ab: Der Exekutivrat hatte den Gesetzentwürfen zugestimmt.

Doch noch am selben Tag ließ der Gouverneur die Herzen der Börsenmakler wieder höher schlagen: Patten hatte Herzprobleme. Er mußte ins Krankenhaus. Das gute Essen, dem »*fei* Pang«[39] mehr gefrönt hatte, als ihm zuträglich war, und der Streß seines Jobs, der ihn in nur acht Monaten zum bestgehaßten Mann der chinesischen Führung gemacht hatte, waren nicht spurlos an ihm vorübergegangen. Seit Wochen hatte er unter Atemproblemen und Brustschmerzen gelitten. Zwei Herzkranzgefäße hatten sich so verengt, daß sie mit Hilfe eines Ballonkatheters operativ erweitert werden mußten.

Die Nachricht von Pattens Herzoperation jagte nach Börsenschluß in Hongkong die Kurse der meisten in London gehandelten Hongkong-Papiere in die Höhe, allen voran Jardines und China Light and Power. »Ich finde es ein bißchen traurig, aber es ist unvermeidlich, daß der Markt auf die Nachricht von Mr. Pattens Krankheit hin zu steigen versucht angesichts der Unsicherheit, die seit seiner Ankunft hier entstanden ist«, meinte ein Fonds-Manager, der ausdrücklich nicht namentlich genannt werden wollte. Und Ashok Shah von Providence Capital prophezeite, der Hang-Seng-Index würde mindestens 10 Prozent nach oben hüpfen, sollte Patten aus gesundheitlichen Gründen seinen Posten räumen müssen. Eine ernste Erkrankung des Gouverneurs, spekulierten Hongkongs Spekulanten, böte der britischen Regierung Gelegenheit, Patten abzulösen und sich mit China zu arrangieren, ohne das Gesicht zu verlieren.

Patten tat ihnen den Gefallen nicht. Er überstand den zweieinhalbstündigen Eingriff glänzend, schenkte den Schwestern der Herzabteilung des Queen Mary Hospitals zum Abschied jene große Packung Schokolade – ein Gruß von Lu Ping? –, die sie vor ihm versteckt gehalten hatten, und war bereits am Freitag, dem 5. Februar, mit gedehnten Koronararterien wieder zu Hause. Zhou Nans gute Wünsche für eine rasche Genesung hatten geholfen. Sondergebete für die Gesundheit des Gouverneurs in allen katholischen Sonntagsmessen und die ärztliche Verordnung einer strengen Diät taten ein übriges. Kapitalisten wie Kommunisten mußten weiter mit ihm leben.

Obwohl einer Umfrage zufolge 49 Prozent der Bevölkerung Hongkongs meinten, China solle die Angriffe auf Patten seiner Krankheit wegen mildern, verstärkte es den Druck und rief seine vor einem Jahr ernannten Berater in Hongkong-Angelegenheiten vom 5. bis 7. Februar zu Konsultationen nach Guangzhou.[40] Die Annahme, der Zeitpunkt sei gewählt worden, um der Entscheidung über Pattens Gesetzentwürfe im ExCo zuvorzukommen, wies Lu Pings Stellvertreter Wang Qiren vehement zurück. »Wir sind bloß hier, um an der Feier zum zehnjährigen Jubiläum des White Swan Hotels teilzunehmen«, ließ er die Reporter wissen, die ihm kein Wort glaubten. Fast alle der 44 Berater erschienen zu den Treffen, auf denen Lu und Zhou bestätigten, China werde in Hongkong ein alternatives Machtzentrum errichten, sollte der Legislativrat Pattens Pläne billigen. Wann, wo und wie Dengs »zweiter Ofen« installiert werden sollte, gehörte zu den Hauptthemen der Tagung.

Wer dem Schattenkabinett angehören könnte, wurde nicht bekannt. Donald Liao Poon-huai, früherer Innenminister und Mitglied der Joint Liaison Group, warnte jedoch: Beamte, die Patten öffentlich unterstützten, setzten ihre Karriere aufs Spiel. Regierungsbeamte hätten nicht die Aufgabe, Politik zu verkaufen, sondern die Entscheidungen der Führung umzusetzen, meinte das einzige ehemalige Regierungsmitglied der »44er-Bande«. Zwar beeilte sich Zhou Nan sogleich, Befürchtungen zu zerstreuen, nach 1997 sei eine personelle Säuberung des Verwaltungsapparats zu erwarten, doch wollte das nicht so recht zu den Blitzen passen, die die Götter von Zhongnanhai seit kurzem gezielt gegen einzelne Mitglieder der Regierung schleuderten. Michael Sze Cho-cheung, ExCo-Mitglied und Minister für Verfassungsfragen, hatte Hongkongs künftige Herren erzürnt, weil er die politischen Reformvorschläge seines obersten Dienstherrn verteidigte, Anson Chan Fang On-san, ExCo-Mitglied und Wirtschaftsministerin, weil sie die Ansicht vertrat, das CT9-Projekt[41] bedürfe nicht der Diskussion in der Joint Liaison Group, und Schatzminister Yeung Kai-yin hatte sich mit seinen Finanzierungsvorschlägen[42] für den neuen Flughafen unbeliebt gemacht – um hier nur drei spektakuläre Fälle zu nennen.

Das aber ging selbst dem nicht gerade als glühender Anhänger Pattens bekannten Vincent Lo zu weit, dem Vorsitzenden der Business and Professionals Federation (BPF). Wenn Peking keinen Massenexodus der Spitzenbeamten wolle, riet Berater Lo, müsse es aufhören, sie zu schelten.

Zu den bekannten Drohungen Chinas, ohne seine Zustimmung geschlossene Verträge nicht anzuerkennen, die bestehenden juristischen Einrichtungen durch eine eigene Gerichtsbarkeit zu ersetzen und in der Nacht vom 30. Juni zum 1. Juli 1997 aufmüpfige Abgeordnete aus dem »durchgehenden Zug« zu werfen oder den Legislativrat gleich ganz aufzulösen, schwebte nun auch noch das Damoklesschwert der Entlassung oder gar Bestrafung über den Köpfen unliebsamer Staatsdiener. Beamte, die über 1997 hinaus in Amt und Würden bleiben wollten, sahen sich in der mißlichen Lage von Dienern zweier zerstrittener Herren.

Da der 16. Februar 1993, an dem die Gesetzentwürfe im Amtsblatt erscheinen sollten, immer näher rückte, ohne daß Patten Zeichen der Reue zeigte, startete die Chinesische Botschaft in London eine intensive Lobbykampagne. Am 8. Februar traf sich Botschafter Ma Yuzhen mit Schattenaußenminister Jack Cunningham und dessen Stellvertreter Allan Rogers, Labours Sprecher in Hongkong-Angelegenheiten. Nach der dreistündigen Unterredung hieß es, beide hätten sich bereit erklärt, zu weiteren Gesprächen nach Peking zu kommen, voraussichtlich im Mai. Treffen mit weiteren Abgeordneten folgten. Einige akzeptierten ebenfalls Einladungen in die chinesische Hauptstadt, darunter zwei Labour-Abgeordnete. Sie wollten bereits zu Ostern fliegen. Ein Schattenminister, der die Einladung angenommen hatte, ließ durchblicken, einige seiner Kollegen überdächten ihre Unterstützung der Hongkong-Politik der Regierung. Viele glaubten, der Zukunft der Bevölkerung Hongkongs sei besser gedient, wenn man sich mit China einige, als wenn man Patten weiterhin »blindlings« unterstütze.

Tories konnten sich natürlich nicht offen gegen ihren Mann in Fernost aussprechen, aber die zahlreichen Informationsgespräche, die der Hongkong-Beauftragte Alastair Goodlad mit konservativen Hinterbänklern führte, deuteten darauf hin, daß auch diese Reihen nicht mehr so geschlossen waren wie einst und manch einer darüber nachdachte, ob man den demokratischen Zaubertrunk nicht doch ein wenig verwässern sollte, um ihn für Chinesen genießbar zu machen.

In dem noch vor wenigen Monaten so festgefügten Konsens aller Parteien zeigten sich Risse. Gerüchte kamen auf, zwischen Großbritannien und China gebe es Geheimgespräche. Das Fünkchen Hoffnung, die beiden könnten handelseinig werden, genügte, um Hongkongs Börsianer zu beflügeln: Zum ersten Mal seit Zhu Rongjis Londoner Bemerkung über die Gültigkeit der Joint Declaration[43] kletterte der Hang-Seng-Index am 15. Februar auf über 6000 Punkte, denn das chinesische Dementi kam erst nach Börsenschluß.

Daß die kalte Dusche aus Peking den Index am nächsten Tag nur anfänglich nach unten schickte und er am Ende sogar mit 6065 Zählern höher aus dem Markt ging als am Vortag, lag an der Entscheidung des Exekutivrats, die amtliche Bekanntmachung der Gesetzentwürfe zur Verfassungsreform zu verschieben.

Gespräche zwischen London und Peking über die Gesetzentwürfe, von denen die Briten den Chinesen Anfang Februar ein Exemplar hatten zugehen lassen, hatte es in der Tat keine gegeben. Doch war – ausgelöst durch ein Schreiben von Außenminister Hurd an seinen Amtskollegen Qian, in dem er der chinesischen Seite Gespräche vorgeschlagen hatte – hinter den Kulissen hektische Aktivität ausgebrochen. »Die chinesische Regierung war stets der Ansicht, daß es zwischen den beiden Regierungen Gespräche geben sollte, um Fragen des Übergangs in Hongkong zu beraten«, orakelte Zhang Junsheng, der Vizedirektor von Xinhua in Hongkong, und setzte hinzu: »Da die gegenwärtige Kontroverse von Herrn Patten begonnen wurde, sollte Großbritannien zuerst Herrn Pattens Fehler korrigieren.« Gefragt, ob China es begrüße, daß die Veröffentlichung der Gesetzentwürfe verschoben wurde, erwiderte Zhang, der Legislativrat habe nur beratende Funktion und besitze keinerlei Vetorecht gegen irgendein zwischen den beiden Regierungen geschlossenes Abkommen.

Mit der Personalisierung des Konflikts hofften die Chinesen, Premier Major eine goldene Brücke zu bauen. Aber hatte der nicht schon auf dem Erd-Gipfel in Rio Ministerpräsident Li Peng klargemacht, der neue Gouverneur besitze sein persönliches Vertrauen und die uneingeschränkte Vollmacht seiner Regierung?[44] Sollte es Peking womöglich doch noch gelingen, einen Keil zwischen Chris und John zu treiben, wo nach Pattens Worten nicht einmal ein Stück Seidenpapier dazwischen paßt?

Die Aussetzung des Gesetzgebungsverfahrens war offenbar Chinas Vorbedingung dafür gewesen, mit den Briten darüber zu reden, ob man miteinander reden könne. Richtige Gespräche, darauf bestand Peking nach wie vor, könnten erst beginnen, wenn Pattens Vorschläge vom Tisch seien. Von britischer Seite wiederum war zu hören, man sei willens, zu jeder Zeit und an jedem Ort über die Wahlen von 1994 und 1995 zu sprechen. Bedingung sei, daß es keine Vorbedingungen gebe. Und Pattens Sprecher Mike Hanson erklärte: »Sollte es zu Gesprächen kommen, wird Hongkong in jedem Stadium voll einbezogen sein, und das bedeutet unmittelbare Beteiligung.«

Die nächsten Wochen tauchten Hongkong in immer neue Wechselbäder. Versprach Hurd feierlich, Großbritannien werde nie wieder mit China heimliche Absprachen über Hongkong treffen, forderte Qian absolute Geheimhaltung, sollte es zu Verhandlungen kommen. Vermeldete Patten, es gebe nurmehr wenige Punkte zu klären, bevor die Gespräche beginnen könnten, meinte Lu Ping, eine baldige Aufnahme von Gesprächen sei unwahrscheinlich. Sagten die Briten hü, riefen die Chinesen hott. Ein Haupthindernis für die Aufnahme von Gesprächen, sickerte durch, sei die Forderung Pekings, London müsse vorab garantieren, daß der Legislative Council kein Vetorecht gegen eine Vereinbarung besitze, sollte es denn zu einer solchen kommen.

Nachdem der Gouverneur die Veröffentlichung der Gesetzentwürfe zum vierten Mal verschoben hatte, was den Hang-Seng-Index am 5. März auf die Rekordhöhe von 6508 Zählern trieb, entschied er, daß es nun keine weitere Verzögerung mehr geben dürfe. Sollten bis zur Fragestunde im Legislativrat am Nachmittag des 11. März die strittigen Punkte nicht befriedigend geklärt sein, würden die Gesetzentwürfe im Amtsblatt erscheinen und somit dem Legislative Council zur Kenntnis gebracht.

Knapp zwei Stunden vor Beginn der Legislative-Council-Sitzung wurde Botschafter Sir Robin McLaren in Peking eine Nachricht übergeben. Um 13 Uhr war Patten informiert. Um 14 Uhr 30 trafen sich der Exekutivrat und Pattens Spitzenberater im Government House. Die Sitzung dauerte eine Stunde. Eine Antwort mit der Bitte um Klarstellungen wurde verfaßt und via Sir Robin der chinesischen Seite übermittelt. Die Regierung habe die Botschaft sehr sorgfältig geprüft, teilte Patten anschließend mit und fügte hinzu, er hielte es für besser, nicht zu den Abgeordneten zu sprechen.

Patten hatte China bis Freitag mittag Zeit gegeben, Vertreter der Regierung Hongkongs gleichberechtigt mit den Unterhändlern aus London und Peking an Gesprächen über Hongkong zuzulassen sowie eine verbindliche Zusage zu machen, daß die Verhandlungen bald beginnen würden.[45] Zu beidem war Peking nicht bereit, also erhielt die Regierungsdruckerei grünes Licht. Zu Beginn der Sitzung des Legislative Council um 15 Uhr war das *Supplement No. 3* zur *Hong Kong Government Gazette* mit den Gesetzentwürfen zur Reform des Wahlrechts in den Händen der Abgeordneten.

Eine Verständigung zwischen Briten und Chinesen schien nun nicht mehr möglich. Patten hatte den Rubikon überschritten.

Die Ernennung der Köche

Mit der Veröffentlichung der Gesetzentwürfe zur Wahlrechtsreform in der Regierungsgazette hatte Patten bewiesen, daß er bereit war, Peking gegenüber nicht nur eine dicke Lippe zu riskieren, sondern seinen Worten auch Taten folgen zu lassen. »Ich glaube nicht«, rechtfertigte er seinen Schritt, »daß das Volk der Meinung ist, die Regierung von Hongkong solle niemals und unter keinen Umständen Rückgrat zeigen oder, anders ausgedrückt, eine Basislinie haben.«

Hatte Derek Davies in seinem offenen Brief an Sir Geoffrey Howe vom Juni 1984 nicht geschrieben, das »einzige Mittel, mit den Chinesen einen fairen Handel abzuschließen, ist, sie davon zu überzeugen, daß man die eigene Endposition – die Basislinie – erreicht hat«?[46] Sir Geoffrey hatte den Rat gegen den heftigen Widerstand des Gouverneurs Sir Edward Youde und des Exekutivrats mit Lady Dunn und Sir S. Y. Chung in den Wind geschlagen und auf Betreiben Sir Percy Cradocks der Forderung Deng Xiaopings nach einer »Gemeinsamen Verbindungsgruppe« nachgegeben. Das hatte zwar den Durchbruch in den Verhandlungen gebracht, aber um den Preis der Kapitulation Großbritanniens.

Daß die Chinesen sich der Joint Liaison Group entgegen der expliziten Definition ihrer Rolle in der Joint Declaration[47] systematisch als Machtorgan bedienten, hatten die endlosen Diskussionen um die Finanzierung des neuen Flughafens, den Container Terminal 9 sowie Pekings Warnung vor der Berufung von Leuten wie Martin Lee in den ExCo[48] hinreichend gezeigt. Nun weigerten sie sich schlicht, einen Termin für die nächste, ursprünglich für März 1993 angesetzte Plenarsitzung der JLG zu nennen. Bedeutete dies das Ende jeglicher Kooperation?

Die ersten chinesischen Reaktionen auf die Veröffentlichung der Gesetzentwürfe boten durchaus Spielraum zur Interpretation. Während es aus dem Xinhua-Büro in Hongkong tönte, nun gebe es keinerlei Chance mehr für Gespräche, deuteten die Exegeten im Government House den chinesischen Wortlaut einer am 13. März, nachts um 1 Uhr 26 vom Außenministerium in Peking herausgegebenen Erklärung so, daß Gespräche jetzt »sehr schwierig« seien, aber nicht gänzlich ausgeschlossen. Patten nutzte den feinen Unterschied sogleich im »Morgengebet«[49] für einen Angriff auf die »Falken« um Zhou Nan, denen »die Sprache der Kulturrevolution ziemlich leicht über die Lippen kommt«, und für ein Angebot an die »Tauben« um Lu Ping und das Außenamt. »Wenn die Erklärung des Außenministeriums eher die Position Chinas wiedergibt [als die Meldung von Xinhua] und wenn sie versuchen, Türen und Fenster offenzuhalten, dann«, sagte er, »hoffe ich, werden eine oder zwei Tauben herausfliegen.«

Erst einmal aber flogen die Fetzen. In seiner Eröffnungsrede des 8. Nationalen Volkskongresses am 15. März, der ihn für weitere fünf Jahre im Amt bestätigen sollte, ritt Ministerpräsident Li Peng eine wütende Attacke gegen »die perfiden, einseitig und mit List entwickelten Vorschläge, die dem Zweck dienen, Hongkongs politisches System zu verändern und frühere sino-britische Vereinbarungen zu brechen«. Zwei Tage später, in einer live in ganz China und Hongkong ausgestrahlten Fernsehpressekonferenz donnerte Lu Ping, Patten werde in Hongkongs Geschichte eingehen als *qian gu zue ren,*[50] als ein »Mann, verdammt in alle Ewigkeit«. Sollte Großbritannien Pattens Pläne nicht fallenlassen, werde China seine eigene »Küche« einrichten – den angedrohten »zweiten Ofen« –, um die erste Regierung der HKSAR vorzubereiten. Und in Shanghais *Liberation Daily,* einer Zeitung, die häufig Deng Xiaoping als Sprachrohr diente, stand allen Ernstes zu lesen, Herr Patten »ist nicht nur zum Hindernis für die Bemühungen beider Länder geworden, sich auf einen sanften Übergang zu verständigen, sondern auch zum Verbrecher, der Großbritanniens internationales Ansehen zerstört hat«.

Hatte Allen Lee Peng-fei, dessen nicht gerade im Ruf besonderer Liberalität stehendes Cooperative Resources Centre im Begriff war, sich zur Liberal Party zu mausern, nicht doch recht gehabt, als er die Veröffentlichung der Gesetzentwürfe einen »Nagel zum Sarg Hongkongs« nannte und den Leuten riet, die »Sicherheitsgurte anzulegen«?[51]

Mitnichten. Hatten Lu Pings Pressekonferenzen bisher gewöhnlich einen Sturz der Aktienkurse bewirkt, so war es diesmal umgekehrt. Der Hang-Seng-Index, wegen wilder Gerüchte über dramatische Aktionen Chinas kurz vor Beginn der Fernsehübertragung auf 5760 Punkte gefallen, machte in den ersten Minuten von Lus Bildschirmauftritt 200 Punkte gut. Die Gemüter besänftigend, versicherte er, China werde das Territorium nicht vor 1997 zurücknehmen. Bei aller Schärfe war der Direktor deutlich bemüht, einzig und allein Patten an den Pranger zu stellen, nicht Großbritannien. China war offensichtlich daran gelegen, die Tür für Gespräche offenzuhalten.

»Ich meine«, kommentierte Patten die Vorwürfe, er habe zum zweiten Mal[52] die Tür zu Verhandlungen zugeschlagen, »man sollte annehmen, daß dem chinesischen Außenministerium und dem Amt für Hongkong- und Macao-Angelegenheiten der Unterschied bekannt ist zwischen der Veröffentlichung von Gesetzentwürfen im Amtsblatt und ihrer Einbringung in den Legislativrat, und wenn sie zu irgendeinem Zeitpunkt an den Tisch zurückkehren möchten, um über Gespräche zu sprechen – gut, dann laßt uns von ihnen hören.«

In Wirklichkeit hatte der Gouverneur, indem er den ersten Schritt zur Einleitung des formellen Gesetzgebungsprozesses tat, den Weg für Gespräche überhaupt erst frei gemacht. Hatten die Chinesen seit Pattens Besuch in Peking Ende Oktober 1992 Verhandlungen über seine Vorschläge zur Wahlrechtsreform nicht kategorisch abgelehnt und sich selbst auf Vorgespräche erst eingelassen, als die Veröffentlichung der Gesetzentwürfe unmittelbar bevorstand? Damit war es ihnen gelungen, die Gazettierung um weitere vier Wochen zu verzögern.

»Willkommen im Schlupfwinkel des ewigen Schurken!« Mit diesen Worten empfing Chris Patten am Tag nach Lu Pings Fernsehschelte aufgeräumt L. Gordon Crovitz, den Herausgeber der *Far Eastern Economic Review,* und andere Dow-Jones-Journalisten.

»Es scheint unterschiedliche Auffassungen darüber zu geben, wie niederträchtig Sie sind«, begannen sie das Interview. »Wenn man die Schmähungen abzieht, dann bekräftigt Lu Ping Chinas Verpflichtung, die Prosperität Hongkongs und den Lebensstandard der Bevölkerung zu erhalten, und das sind gute Nachrichten«, entgegnete Patten und beteuerte, er werde bis zum 30. Juni 1997 in Hongkong bleiben. Für einen Politiker sei es gefährlich, sich den Kopf darüber zu zerbrechen, wie die Nachwelt über ihn urteilen werde. Seine Aufgabe sei es, das letzte Kapitel der Kolonialgeschichte des Vereinigten Königreichs ehrenhaft zu beschließen. »Mir geht es nicht darum, das Gesicht zu wahren«, erklärte Patten. »Mir geht es um Ehre.« Und auf die Frage, was denn der Unterschied sei zwischen »Gesicht« und »Ehre«, antwortete der gläubige Tory: »Das Gesicht wahren, meine ich, bedeutet, sich darum zu sorgen, welchen Eindruck man auf andere macht. Ehre hat etwas damit zu tun, was man selbst für andere tut.«

Für Patten war es Ehrensache, wenigstens den Versuch zu unternehmen, der Bevölkerung Hongkongs einen glaubwürdigen, mit breiter Zustimmung gebildeten Legislativrat zu hinterlassen, der mehr ist als ein Verein von Jasagern. »Meine Vorschläge«, gestand er freimütig ein, »sind für Hongkong kein großer Schritt in Richtung Demokratie. Sie sind nicht einmal ein kleiner Schritt. Der australische Außenminister hat sie als zwei Siebtel von drei Achteln bezeichnet.« Aber sie seien besser als gar nichts. Was die Chinesen nach dem 30. Juni 1997 damit machen werden, habe nicht er zu entscheiden.

Verzweifelt bemüht, die *last minute democracy* der sich verabschiedenden Kolonialmacht zu denunzieren, verstieg sich Chinas Propaganda unterdessen ins Absurde. Patten sei ein Abkömmling des »stinkenden Kolonialismus«, des »Mülls der Geschichte«, schrieb Shanghais *Liberation Daily*. »Es ist geradeso, als ob eine Hure, die ihren Körper ein Leben lang für Geld feilgeboten hat, es jetzt aber genug sein lassen will, auf einmal anderen rät, keusch zu sein und ihre Jungfräulichkeit zu bewahren.«

»Ich habe nicht die Absicht, mich derselben Art Sprache zu bedienen, die so oft von anderen in bezug auf Hongkong gebraucht wird«, kommentierte der Ehrenmann Patten die Schläge unter die Gürtellinie. Gelassen registrierte er den von der Dauerumfrage des Social Science Research Centre festgestellten Popularitätsverlust von 61,4 Punkten zwei Tage vor der Veröffentlichung seiner Gesetzentwürfe zur Wahlreform auf immer noch respektable 55,3 Punkte am 18. März, dem Tag nach seiner Verdammung durch Lu Ping. Kurz darauf jedenfalls wurde er bei einem PR-Besuch in Sai Kung, wo er sich zur Freude der Fotografen außer mit den Kindern des katholischen King-Lam-Kindergartens auch mit einer australischen Königskrabbe traf, von Tausenden begeistert begrüßt. Auf einem Transparent stand gar zu lesen: »God bless Patten«.

Obwohl Peking ihm weiterhin lauthals das Gegenteil wünschte, war nicht zu überhören, daß die Chinesen den Weg für Verhandlungen langsam frei machten. So erklärte Außenminister Qian zu einem Schreiben Hurds, in dem dieser seine Bereitschaft zu einem Treffen erklärt hatte, sofern dies substantielle Fortschritte brächte: »Die Umstände für ein solches Treffen sind nicht reif, weil bis jetzt noch keine Gespräche begonnen haben.« Und Lu Ping sagte am 21. März in kunstvoller Steigerung, es sei »unmöglich, total unmöglich, absolut unmöglich«, daß beide Seiten Gespräche wiederaufnähmen, sollten die Gesetzentwürfe im Legislativrat eingebracht werden.

Am selben Tag verkündete Xinhua-Direktor Zhou Nan, Hongkongs »neue Küche« werde aus Beratern für Hongkong-Angelegenheiten und chinesischen Experten bestehen und mit dem im Basic Law für 1996 vorgesehenen Vorbereitungskomitee für das Sonderverwaltungsgebiet Hongkong (PCHKSAR) »konvergieren«. Arbeiten werde es unter der Leitung des Amts für Hongkong- und Macao-Angelegenheiten, treffen werde man sich in Peking.

Acht Tage später, am 29. März, gab Peking die Namen des 49köpfigen neuen Küchenpersonals bekannt. Zusammen mit den im März des Vorjahres ernannten 44 Beratern[53] umfaßte das Gremium nun 33 Personen mehr als der Legislative Council.

Die am meisten Aufsehen erregende Ernennung zum Koch oder Küchenjungen Pekings war die von Sir David Akers-Jones, des ersten Europäers in dem sonst rein asiatischen Kreis.

Sir David, der sich längst als Gegner der Reformpläne Pattens profiliert hatte,[54] war am 19. März überraschend als Chef der Wohnungsbauverwaltung zurückgetreten. Dieser Schritt, versicherte seine Frau, sei weder politisch motiviert, noch stehe er im Zusammenhang mit der Pekingreise ihres Mannes in der vergangenen Woche. »Nach fünf Jahren in diesem Amt hatte er einfach das Gefühl, daß es Zeit sei zu gehen«, meinte sie. Doch Sir David, der sich gerade in London aufhielt, ließ die Katze aus dem Sack: Zunehmende Verleumdungen und Angriffe während der letzten drei Monate hätten ihn aus dem Amt gejagt. Vor allem der Mietpolitik wegen war er unter Beschuß geraten. Die United Democrats sahen in ihm geradezu das Haupthindernis zur Demokratisierung einer Behörde, deren sämtlich vom Gouverneur ernannte und nur ihm rechenschaftspflichtige Mitglieder fast alle aus der Bauindustrie kamen. Und war nicht im Januar, als alle Mitglieder von Regierung und Verwaltung ihre Posten und Geschäftsbeteiligungen offenlegen mußten, herausgekommen, daß zu den zahlreichen Nebenjobs des Sir David auch der eines Vizepräsidenten von China Paint Holdings zählt, einem Unternehmen, das zufällig auch für die Bauten der Wohnungsbaubehörde Farbe liefert? Die Vorstellung, zwischen seinen öffentlichen und privaten Ämtern könne es einen Interessenkonflikt geben, bezeichnete Sir David, wie konnte es anders sein, als »völligen Blödsinn«.

Der frühere Interimsgouverneur und Chefminister war 1954 als mittlerer Beamter der britischen Kolonialverwaltung nach Malaysia und drei Jahre später nach Hongkong gegangen. Er verfügt über beste Beziehungen: zur konservativen chinesischen Wirtschafts- und Finanzelite Hongkongs ebenso wie zu den tief von konfuzianischen Denk- und Verhaltensmustern geprägten Machthabern in den Dorfclans der New Territories, die ausschließlich von Männern beherrscht werden. Er schätze sich glücklich, etwas für die Beziehungen zwischen Hongkong und China tun zu können, rechtfertigte Sir David, der häufig Peking besucht und umfangreiche Geschäftsinteressen in China hat, seinen Umstieg in den politischen Gegenzug. Aufgabe des Fünfundsechzigjährigen, der mehrere kantonesische Dialekte spricht und sich »fast als Einheimischer« fühlt, sei es, so Zhou Nan, chinesische und ausländische Bürger Hongkongs zu einigen, die bereit sind, die Joint Declaration in die Tat umzusetzen und einen reibungslosen Übergang zu sichern.

Unter den neuernannten Jungköchen fanden sich neben Sir David Akers-Jones, der seinen Wechsel von britischen in chinesische Dienste »patriotisch« nannte, auch

- Allen Lee Peng-fei, der Anfang März mit seiner CRC-Delegation in Peking von Ministerpräsident Li Peng empfangen worden war – eine Ehre, die man Patten bei seinem Antrittsbesuch im Oktober nicht hatte zuteil werden lassen;
- Peter Woo Kwong-ching, Präsident von Wharf Holdings und Schwiegersohn des 1991 verstorbenen Reederkönigs Sir Y. K. Pao, Schwager von Dr. Helmut Sohmen;
- Charles Lee Yeh-kwong, Vorsitzender von Hongkongs Börse;
- Robert Kuok Hock-nien, Sino-Malaysier, Präsident der malaysischen Kerry Group, Herr unter anderem der Shangri-La-Hotelkette;
- Chan Wing-kee, Stellvertretender Geschäftsführer von Yangtzekiang Garment, Mitglied des Exekutivkomitees der BPF, Hongkong-Abgeordneter im Nationalen Volkskongreß, Mitglied der Politischen Konsultativkonferenz des Chinesischen Volkes;
- Hari Harilela, Präsident der Harilela Group und Chef der Hotelkette Holiday Inn, ein geachtetes Mitglied der indischen Gesellschaft Hongkongs;
- Dhanin Chearavanont, Thai-Chinese, pressescheuer Präsident und Geschäftsführer der Charoen Pokphand Group, Herrscher über ein Hühnerfarmen-Imperium im sozialistischen China.

Hinzu kamen die Altköche des Vorjahres, darunter

- Henry Fok Ying-tung, Immobilien-Tycoon, in dessen Joint-venture-Hotel White Swan in Guangzhou sich die Beratergruppe Anfang Februar getroffen hatte;[55]
- Li Ka-shing, Präsident von Hutchison Whampoa und Cheung Kong Holdings und Immobilienzar, der reichste Mann Hongkongs und drittreichste Asiens;
- Vincent Lo Hong-sui, Vorsitzender der Shui On Group und Präsident der Business and Professionals Federation (BPF);
- Sir Run Run Shaw, Filmmogul, Doyen von Hongkongs Showbusineßindustrie und geschäftsführender Vorsitzender von Televison Broadcasts (TVB);
- Tsui Tsin-tong, Präsident der CNT Group, zu der China Paint und Citybus gehören, sowie Vorsitzender der New China Hongkong Group;
- Gordon Wu Ying-sheung, Geschäftsführer von Hopewell Holdings.

Diese Einheitsfront aus Milliardären und Marxisten mochte andere das Fürchten lehren, nicht Chris Patten. Schließlich konnte er wenigstens in einem Punkt »ruhig und guten Mutes sein«: Auf dem bisherigen Hauptkampfplatz, dem Börsenparkett, würden die Waffen künftig schweigen. Investoren, egal welcher Couleur, schneiden sich nicht gern ins eigene Fleisch. Und Peking wollte Patten schaden, nicht sich selbst. In Zhongnanhai wußte man genausogut wie in der Upper Albert Road, daß von nirgendwo sonst so viele Direktinvestitionen nach China sprudeln wie aus den Quellen Hongkongs: Das Gesamtvolumen der Investitionen, die allein aus Hongkong in 61 068 Projekte (Macao: 2183) flossen, belief sich von 1979 bis 1992 auf 70,5 Milliarden US-Dollar (Macao: 2,1 Mrd. US-Dollar).[56] Ein erklecklicher Teil dieser Summe stammt aus den Schatullen von Peter Woo, Li Ka-shing und Gordon Wu.

Manche der Berater, denen am 2. April in Anwesenheit von Ministerpräsident Li Peng und Staatspräsident Jiang Zemin feierlich ihre Ernennungsurkunden übergeben wurden, rieten denn auch, den Streit nicht auf unpolitische Bereiche übergreifen zu lassen. Aber das hieß fast schon Eulen nach Athen tragen: Bereits am 26. März hatte Lu Ping mit seiner im Fernsehen übertragenen Bemerkung, er hoffe, der neue Flughafen Chek Lap Kok sei bis 1997 fertig, dem Hang-Seng-Index erneut eine kräftige Spritze verpaßt, die ihn innerhalb von Minuten um über 100 Zähler auf fast 6380 Punkte emporschnellen ließ, was freilich auch den Papieren der ungeliebten Jardines-Gruppe zugute kam. Sogar Li Peng, der sich sonst eher als Scharfmacher hervortat, pfiff seine Heloten zurück, die des Patten-Pakets wegen härtere Vergeltungsmaßnahmen gegen Großbritannien forderten, bis hin zur vorzeitigen Übernahme des Territoriums. Britische Firmen seien noch immer willkommen, sich an so lukrativen Projekten wie dem geplanten U-Bahn-Bau in Guangzhou zu beteiligen, lockte er. Selbst Li hatte mittlerweile das ökonomische Schwert als zweischneidig erkannt.

Die Mehrheit der Mitglieder der »Gruppe 49« befürwortete eine Entschließung, die zwei Tage zuvor vom Nationalen Volkskongreß mit 2828 gegen 21 Stimmen bei 22 Enthaltungen angenommen worden war und das Ständige Komitee ermächtigte, eine Arbeitsgruppe für das PCHKSAR zu bilden. Ein solches »Vorbereitungskomitee für das Vorbereitungskomitee für das Sonderverwaltungsgebiet Hongkong« sollte aber erst eingesetzt werden, wenn es notwendig sei.

Chris Patten, der am 31. März nach Brüssel und London abgereist war, blieb unbeeindruckt. »Wir wissen weder, welche Energiequelle dieser zweiten Küche zur Verfügung steht, noch was in ihr überhaupt gekocht werden soll«, spottete er. Mehr Kopfzerbrechen bereiteten ihm seine Landsleute in der Londoner City. »Die Politik Pattens ist idiotisch«, wetterte ein Banker. Patten solle mehr Rücksicht auf die langfristigen Interessen der britischen Wirtschaft nehmen, hieß es an anderer Stelle, wobei man voll Neid auf den Erfolg einer deutschen Delegation blickte, die eine Woche zuvor mit Abschlüssen im Gesamtwert von fast 2 Milliarden Mark aus Peking zurückgekehrt sei – ein, wie Bundeswirtschaftsminister Rexrodt treffend fomulierte, »irrsinniger Durchbruch« im Chinahandel.

Aber nicht nur Banker begannen zu murren. Kein Geringerer als Sir Edward Heath, der Patten 1974 zum bis dahin jüngsten Direktor des Conservative Research Department, dem *think tank* der Tories gekürt und noch bei seiner Ankunft in Hongkong als »einen der fähigsten und erfahrensten Politiker Großbritanniens« gepriesen hatte, stimmte ein in den Chor der Sinophilen. Seine Amtsführung als Gouverneur sei »so ziemlich das größte Desaster des 20. Jahrhunderts«, wütete der 77jährige Expremier, dessen Gedächtnis vielleicht doch ein wenig nachgelassen hatte.

Wenig später, am 10. April, erklärte der ehemalige Labour-Minister Lord Jenkins in der BBC-Radioshow *Any Questions?* in einer hitzigen Allparteiendebatte, Hongkongs Lebensweise habe nichts mit freien Wahlen zu tun. Er sei »bestürzt« über einige Bemerkungen Pattens. Als er dann dieselbe Frage stellte wie Xinhua-Direktor Zhou Nan:[57] »Warum haben nicht frühere Regierungen [Demokratie eingeführt], als sie die Macht dazu hatten?«, entgegnete Patten unerwartet mit einer Verteidigung früherer Versäumnisse. Beamte des Außenministeriums, ließ er wissen, hätten vorhergehende Regierungen gewarnt, daß Peking sich dem »heftig widersetzen würde«. »China war immer gegen Demokratie, weil dies in Hongkong ein Gefühl der Unabhängigkeit fördern und einer Rückkehr Hongkongs zuwiderlaufen würde«, sagte er, ohne näher darauf einzugehen, warum in der Vergangenheit Vorschläge für demokratische Reformen gescheitert seien, allen voran die seines am 1. Mai 1946 nach dem Ende der japanischen Okkupation wieder ins Amt zurückgekehrten Vorgängers Sir Mark Young.[58]

Flankenschutz in dem Schlagabtausch erhielt Patten überraschend von Labours einstigem Schattenaußenminister Gerald Kaufman, der die Unterlassungen der Vergangenheit »kleinmütig« nannte und »kurzsichtig«. Es gäbe keinen Grund, so fortzufahren, meinte er und fügte hinzu: »Weiter so, Chris Patten.«

Um ein Haar hätte Lord Jenkins sich an der eigenen Nase zupfen dürfen: Wie er in seinen Memoiren berichtet, hatte ihm Premier Lord Callaghan am 13. März 1979 den Job des Gouverneurs von Hongkong angeboten, doch er hatte mit den Worten abgelehnt: »Gewiß nicht, Jim. Ich habe noch nie einen unsinnigeren Vorschlag gehört.« Also blieb Roy Jenkins Präsident der EG-Kommission, und Sir Murray MacLehose blieb Gouverneur. Hongkong, so der Peer, habe er damals gedacht, brauche keinen Politiker.

Ort des denkwürdigen Dialogs: eine Pariser Toilette.

Der Besuch der alten Dame

Am Mittwoch nach Ostern 1993 purzelten die Rekorde:

- Der Hang-Seng-Index schoß um 371 Zähler oder 5,79 Prozent nach oben, der höchste Tagesgewinn, der je erzielt wurde.
- Innerhalb von sechs Minuten nach Öffnung der Börse um 10 Uhr hatte der Index über 6805 Punkte erreicht; als die Glocke um 15 Uhr 30 den Handel beendete, wies er mit 6789 Punkten noch immer einen historischen Tageshöchststand auf.
- Mit 7,73 Milliarden HK-Dollar betrug das Volumen mehr als das Doppelte des gewöhnlichen Tagesumsatzes im April.

Nie zuvor waren alle drei Rekorde an einem Tag gebrochen worden. Mit 23 Prozent Gewinn seit Jahresbeginn hatte sich Hongkongs Aktienmarkt als einer der lukrativsten der Welt erwiesen. Seit Anfang 1992 war er um nicht weniger als 58 Prozent, seit Januar 1991 gar um 124 Prozent gewachsen.

Der Kaufrausch hatte die Investoren erfaßt, nachdem am 13. April 1993 in London, Peking und Hongkong gleichzeitig für den 22. April der Beginn von Gesprächen angekündigt worden war. In der kurz nach Börsenschluß in Hongkong herausgegebenen Meldung waren lediglich die Namen der beiden Delegationsleiter genannt: Botschafter Sir Robin McLaren und Vizeaußenminister

Jiang Enzhu. In einer von den Briten eilends nachgeschobenen zweiten Erklärung hieß es, Sir Robin werde von diversen Beamten aus Hongkong »unterstützt«, darunter Pattens Politischer Berater William Ehrmann und der Minister für Verfassungsfragen Michael Sze Cho-cheung. Zwischen den Gesprächsteilnehmern gebe es keine Rangunterschiede.

Dies rief sogleich die Chinesen auf den Plan. Die britische Seite verbreite ungenaue Angaben über den Status der Beamten, vermeldete der Vizedirektor von Xinhua in Hongkong, Zhang Junsheng. Sie nähmen ausschließlich als »Berater und Experten« teil, betonte er und bestritt, daß die chinesische Regierung irgendwelche Zugeständnisse gemacht habe. Auf beiden Seiten gebe es nur einen Vertreter. Die Briten sollten aufhören, mit »kleinen Tricks« zu arbeiten.

Um die Gespräche überhaupt in Gang zu bringen, hatte man den Status der Vertreter Hongkongs in der Schwebe gelassen:[59] Beide Seiten hatten sich geeinigt, sich nicht zu einigen.

Auch sonst sah es nicht gerade nach Verständigung aus. Während Außenminister Hurd auf den »durchgehenden Zug« für alle 1995 in den LegCo gewählten Abgeordneten als Basislinie pochte, war aus Peking zu hören, ein Vetorecht gegen LegCo-Mitglieder sei für China unverzichtbar. Als dann Michael Sze erklärte, Pattens Reformpaket bilde die britische Eröffnungsposition, warnte Lu Ping, die Gespräche würden sehr schwierig, sollte die britische Seite die Vorschläge auf den Tisch legen. Die Gespräche, hieß es, würden auf der Grundlage der Joint Declaration, dem Prinzip der Konvergenz mit dem Basic Law und den früheren Vereinbarungen und Abmachungen geführt und seien »streng vertraulich«. Einzelheiten würden nicht bekanntgegeben, da es sich um einen diplomatischen Gedankenaustausch handele. Prompt lehnte es Peking zunächst ab, Reporter von Hongkonger Medien als Berichterstatter zuzulassen.

Gewitzt durch die Erfahrungen mit den Verhandlungen über die Joint Declaration[60] und den sich endlos hinziehenden Gesprächen der Joint Liaison Group über den neuen Flughafen, stellte Patten von Anfang an klar, daß er nicht gewillt war, bis zum Sankt-Nimmerleins-Tag zu verhandeln. Die Chinesen sollten nicht versuchen, die Gespräche dazu zu benutzen, die Einbringung der Gesetzentwürfe in den Legislativrat zu verzögern nach dem Motto: Wer verhandelt, handelt nicht. Ohne sich auf einen letzten Termin für das

Zustandekommen einer Einigung festzulegen, ließ er keinen Zweifel daran, daß er die Gespräche abbrechen würde, sollten sie nicht rechtzeitig vor den Wahlen vom Herbst 1994 zu einer befriedigenden Lösung führen.

Am 17. April aus London zurückgekehrt, signalisierte Patten in drei Punkten Kompromißbereitschaft: bei der Zusammensetzung des Wahlausschusses, bei den neuen funktionalen Wählerschaften und beim »durchgehenden Zug« – vorausgesetzt, demokratische Alternativen würden gefunden und China würde vor den Wahlen von 1995 präzise Kriterien dafür nennen, unter welchen Umständen Abgeordnete ihren Sitz im Legislativrat über 1997 hinaus behalten würden. Daß der Wortlaut in diesem Punkt zu schwammig ist, räumte selbst Cheng Kai-nam ein, Generalsekretär der pekingtreuen Democratic Alliance for Betterment of Hong Kong. Demnach können jene Mitglieder des Legislative Council, »die sich an das Basic Law halten«, der HKSAR »Treue geloben« und die »im Basic Law niedergelegten Bedingungen erfüllen«, auf »Bestätigung durch das Vorbereitungskomitee [hin] Mitglieder des ersten Legislativrats« der HKSAR werden.

Die Wahrscheinlichkeit, daß Patten durch ein Entgegenkommen Chinas zur Verwässerung seiner Reformpläne gezwungen sein könnte, schien allerdings sehr gering: Wie im März-Heft der Zeitschrift *The Mirror* zu lesen war, hatte Deng Xiaoping Anfang Februar auf einer internen Sitzung darauf bestanden, daß in der Hongkong-Frage kein Jota nachgegeben werden dürfe.

Botschafter McLaren, der im Herbst 1991 Premier Major davon hatte abbringen wollen, gegenüber den Chinesen die Frage der Menschenrechte anzuschneiden, und der nach Pattens unseligem Pekingbesuch in einem verzweifelten Telegramm London vor den Folgen demokratischer Reformen in Hongkong gewarnt hatte, war um seine Aufgabe nicht zu beneiden. Der Freund Lord Wilsons und ehemalige Untergebene Sir Percys hatte nicht nur hilflos zusehen müssen, wie Taifun-Chris das diplomatische Kartenhaus, an dem die Foreign-Office-Mandarine so lange gebastelt hatten, durcheinanderwirbelte, sondern mußte sich nun auch noch an den Abräumarbeiten beteiligen. Er mochte der offizielle Vertreter der britischen Regierung sein: Die Politik, die er zu vertreten hatte, wurde von Patten gemacht.

Sir Robins Gegenüber brachte als Europa- und Nordamerikaexperte keine größere Erfahrung in Hongkong-Fragen mit. Aber die brauchte er gar nicht: Auch der von westlichen Diplomaten seines meist ebenso verbindlichen wie entspannten Verhandlungsstils wegen respektierte, äußerst kompetente Jiang Enzhu, der vor seiner Beförderung zum Vizeaußenminister 1991 in einem dreimonatigen Intensivkurs auf der Zentralschule der KP in Peking seine ideologischen Batterien hatte aufladen müssen, besaß kaum mehr Freiheiten als eine Marionette. Die Fäden zog Lu Ping.

Auf der ersten Runde der Gespräche vom 22. bis 24. April bewiesen die Chinesen einmal mehr ihr feines Gespür für das passende Ambiente: Für die winzige, Klaustrophobie auslösende Konferenzkammer in der abgelegenen Villa No. 10 – einem häßlichen grauen Backsteinbau auf dem Gelände des Diaoyutai, dem Gästehaus der Regierung – habe man sich entschieden, »weil die Gespräche nur zwischen Herrn Jiang und dem Botschafter sowie ein paar Beratern geführt werden«, erläuterte ein Sprecher des Außenamts die Wahl des Verhandlungsorts. »Wir waren schon in vielen anderen Villen, aber in dieser noch nicht«, stellte Sir Robin mit einem angewiderten Blick auf das kitschige Dekor des Empfangsraums fest, in dem über dreißig Pressefotografen hinter einem Absperrseil zusammengepfercht warteten. Mit Bedacht waren nur vier Rattansessel aufgestellt: für die beiden Delegationsleiter und ihre Dolmetscher. Die »paar Berater« des britischen Teams – Michael Sze, sein Stellvertreter Lai Hing-ling und Peter Ricketts, Leiter der Hongkong-Abteilung des Foreign Office – waren für die Gastgeber ebenso Luft wie ihre eigenen Leute Wang Fengchao vom Amt für Hongkong- und Macao-Angelegenheiten und Zhao Jihua von der Hongkong-Abteilung des chinesischen Außenministeriums.

Am Verhandlungstisch bewegte sich nichts. Das Dinner sei angenehm gewesen, teilte Sir Robin der sensationshungrigen Presse mit. Die Delegationen hatten getrennt gespeist.

Noch vor Beginn der zweiten Runde, am 27. April, verbuchte Peking in Hongkong seinen ersten Abstimmungssieg. Zum ersten Mal in seiner 132jährigen Geschichte wurden in das 24köpfige Generalkomitee der Hong Kong General Chamber of Commerce Leute mit wichtigen Funktionen in China gewählt: Tony Fung Wing-cheung (Mitglied des Exekutivkomitees der Business and

Professionals Federation und Hongkong-Abgeordneter der Politischen Konsultativkonferenz des Chinesischen Volkes), Chan Wing-kee (Textilfabrikant, ebenfalls Mitglied des Exekutivkomitees der BPF, Berater Pekings in Hongkong-Angelegenheiten, Hongkong-Abgeordneter im Nationalen Volkskongreß und Mitglied der Politischen Konsultativkonferenz des Chinesischen Volkes) sowie Alex Ye Longfei (Vizevorsitzender und seit 1991 Repräsentant der Shanghai Foreign Investment Commission in Hongkong).

Vor allem die Wahl des 43jährigen Alex Ye, eines ehemaligen Mitarbeiters des Bürgermeisters von Shanghai und jetzigen Chefökonomen Chinas, Zhu Rongji, erregte Aufsehen. Der gebürtige Shanghainese, der erst 1991 nach Hongkong gekommen war, galt als einer der fähigsten Wirtschaftsfunktionäre Chinas. Mit seinem Einzug ins Generalkomitee der HKGCC waren Peking und Shanghai der Kontrolle der ältesten Handelsorganisation Hongkongs einen großen Schritt näher gekommen. Das Gerücht, das Hongkong-Büro von Xinhua habe die rotchinesischen Firmen aufgefordert, für chinafreundliche Kandidaten zu stimmen, tat der Präsident der Kammer, Paul Cheng, mit dem Satz ab: »Ich glaube nicht, daß wir heute politischer sind als im vergangenen Jahr.«

Wie wenig glaubhaft die Bemerkung war, zeigt der Hinauswurf des Ersten Stellvertretenden Vorsitzenden der Handelskammer, LegCo-Mitglied Martin Barrow. Denn mit der Niederlage des Vorsitzenden von Jardine Matheson (China) und Direktors von Jardine Matheson Ltd. verlor auch Hongkongs älteste *hong* in der Machtzentrale der mit 3600 Mitgliedern größten und mächtigsten Handelsorganisation des Territoriums an Einfluß. Hatte Peking Jardines im Dezember zum Teufel gewünscht,[61] so machten Pekings Sekundanten in Hongkongs Wirtschaft nun der verhaßten Firmengruppe die Hölle heiß. Daß auch David Humann nicht wiedergewählt wurde und H. G. Webb-Peploe es vorgezogen hatte, auf eine erneute Kandidatur zu verzichten, konnte nur bedeuten: Im großen Hongkong-Monopoly spielten Chinesen bald nur mehr unter sich.

Die zweite Runde der Gespräche begann bereits am 28. April. Sir Robin strahlte: Man traf sich in Villa No. 15. Um ja keine Euphorie über das Villahüpfen aufkommen zu lassen, erklärte Jiang Enzhu trocken, No. 15 biete halt mehr Platz für Journalisten.

Zwar standen am Konferenztisch genügend Stühle für alle Teilnehmer; Namenskärtchen und Mikrofone aber gab es nur an den Plätzen der beiden Delegationsleiter. Der »dreibeinige Stuhl« blieb draußen vor der Tür.

Daß die Briten unmittelbar nach dem Ende der zweiten Runde am 30. April hatten durchsickern lassen, die Gespräche machten keine Fortschritte, da China auf einer Einigung über »Prinzipien« bestehe, bevor über »Substantielles« gesprochen werden könne, nutzten die Chinesen für einen Angriff auf die Gegenseite. Die britische Seite, hieß es, bediene sich »kleiner Tricks«, indem sie sich nicht an die vereinbarte strikte Vertraulichkeit halte.

Die Retourkutsche ließ nicht lange auf sich warten. Als Sir Robin gebeten wurde, sich zu Bemerkungen zu äußern, die Lu Ping am 5. Mai gegenüber einer Abordnung der Hong Kong Association for Democracy and People's Livelihood in Peking gemacht hatte, weigerte er sich mit dem lakonischen Hinweis auf die vereinbarte Vertraulichkeit.

Daß die dritte Runde erst für den 21. bis 23. Mai angesetzt wurde – die bloße Nachricht, die Gespräche würden fortgesetzt, trieb den Hang-Seng-Index am 28. April auf über 6900 Punkte –, kam den Briten gelegen: Während Jiang Enzhu Außenminister Qian vom 2. bis 13. Mai auf eine Reise nach Deutschland, Schweden, Italien und in die Niederlande begleitete, flog Patten in die USA.

Der Zeitpunkt war sorgsam gewählt, denn für den 11. Mai war in Peking ein Besuch des für Ostasien und den pazifischen Raum zuständigen Unterstaatssekretärs im US State Department, Winston Lord, angesagt. Lord, bis unmittelbar vor dem Massaker vom 4. Juni 1989 Botschafter in China, galt als Verfechter einer harten Linie, der die Meistbegünstigung (MFN) Chinas im Handel mit den USA künftig abhängig machen wollte von einem Dutzend Bedingungen, allen voran von einer deutlich besseren Achtung der Menschenrechte durch Chinas Kommunisten. Wie schlecht es um die Menschenrechte im Reich der Mitte bestellt war, hatte gerade erst die Entscheidung des Jeansgiganten Levi Strauss gezeigt, aus dem Chinageschäft auszusteigen. Es sei ethisch nicht länger vertretbar, in diesem Land zu produzieren, hatte das Unternehmen den ungewöhnlichen Schritt begründet. Sollte sich die Menschenrechtssituation nicht bessern, werde man auch die Produktion durch Unterlieferanten stoppen.

Oben: Margaret Thatcher traf Deng Xiaoping zum ersten Mal am 24. September 1982 in Peking. Nach dem Gespräch, das in äußerst gespannter Atmosphäre stattfand, stürzte sie die Stufen von der Großen Halle des Volkes hinunter zum Platz des Himmlischen Friedens: ein denkbar schlechter Auftakt für die Verhandlungen über die Zukunft Hongkongs.
Unten: Deng Xiaoping, Premierministerin Margaret Thatcher und Ministerpräsident Zhao Ziyang stoßen an auf die Unterzeichnung der »Gemeinsamen Erklärung über die Zukunft Hongkongs« am 19. Dezember 1984 in Peking. Dengs Kopf verdeckt teilweise das Gesicht von Außenminister Sir Geoffrey Howe.

Oben: Lu Ping, hier bei einer Rede am 18. Mai 1995 in Hongkong, ist als Direktor des Amts für Hongkong- und Macao-Angelegenheiten beim Staatsrat der Volksrepublik China der ranghöchste, speziell für Hongkong zuständige Funktionär Chinas. *Foto: Oliver Tsang*
Unten links: Xu Jiatun war von Ende Juni 1983 bis Ende 1989 Direktor des Büros der Nachrichtenagentur Neues China in Hongkong und somit de facto Botschafter Chinas in Hongkong. Seit seiner Flucht Ende April 1990 lebt Xu in Kalifornien. Das Foto zeigt ihn bei der Feier zum Nationalfeiertag Chinas am 2. Oktober 1989 in Hongkong. *Foto: Oliver Tsang*
Unten rechts: Zhou Nan, ab Januar 1984 im letzten Stadium der sino-britischen Verhandlungen über die Rückgabe Hongkongs an China Leiter der chinesischen Delegation, hatte Xu Jiatun Ende 1989 als Direktor von Xinhua abgelöst. Hier hebt er das Glas beim Frühjahrsempfang von Xinhua am 10. Februar 1995 in Hongkong. *Foto: Oliver Tsang*

Oben: Sir Percy Cradock, bis 1984 Botschafter in Peking und Leiter der britischen Delegation bei den Verhandlungen über die Zukunft Hongkongs, danach außenpolitischer Berater der Regierungen Thatcher und Major, war der geistige Vater der britischen Hongkong-Politik. Das Foto zeigt den erbitterten Gegner der Politik des Gouverneurs Patten am 23. Mai 1993 bei seiner Ankunft auf Hongkongs Flughafen Kai Tak. *Foto: David Wong*
Unten links: Sir Edward Youde war von Mai 1982 bis zu seinem plötzlichen Tod am 5. Dezember 1986 in der britischen Botschaft in Peking Gouverneur von Hongkong. Er hatte Hongkong bei den sino-britischen Verhandlungen von 1982 bis 1984 über die Rückgabe des Territoriums vertreten. Die Aufnahme datiert vom 11. Oktober 1985.
Unten rechts: Sir David – heute Lord – Wilson, hier auf einem Geburtstagsfoto vom 13. Februar 1992, war Mitglied des britischen Teams bei den Rückgabeverhandlungen. Als Nachfolger von Sir Edward war er von April 1987 bis Juli 1992 Gouverneur Hongkongs. *Foto: Eric Li*

Oben: John Major, der britische Premierminister, besuchte China als erster Führer einer westlichen Macht nach dem Zusammenbruch der Sowjetunion und dem Massaker vom 4. Juni 1989: Am 3. September 1991 unterzeichnete er mit Ministerpräsident Li Peng in Peking ein »Memorandum of Understanding« über den Bau eines neuen Flughafens in Hongkong, das China bei praktisch allen wichtigen Entscheidungen in Hongkong ein Vetorecht einräumt. *Foto: Mike FIALA/mf (AFP)*
Unten: Qian Qichen und Douglas Hurd, die Außenminister der Volksrepublik China und Großbritanniens, trafen sich am 25. September 1992 in New York am Rande der UN-Vollversammlung. Hurd unterrichtete dabei seinen chinesischen Amtskollegen über die bevorstehende Antrittsrede des Gouverneurs Patten. *Foto: dpa*

Christopher Francis Patten, der 28. und voraussichtlich letzte britische Gouverneur Hongkongs, verkündete in seiner Antrittsrede vor dem Legislative Council am 7. Oktober 1992 seine Pläne für demokratische Reformen in Hongkong und zog sich damit den Zorn Pekings zu. *Foto: Mark Round*

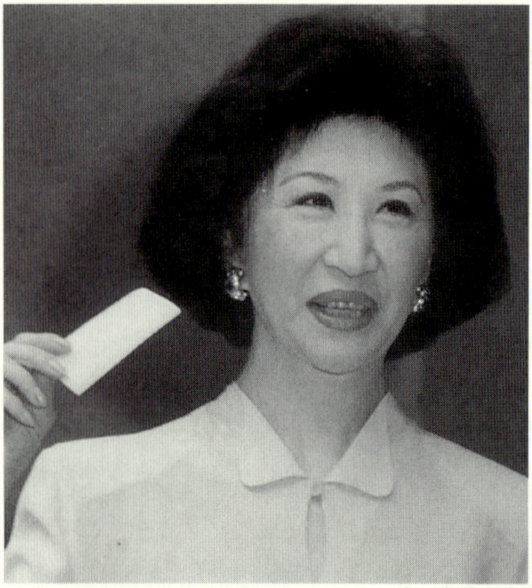

Oben links: Baroness Dunn, hier am 18. September 1994 bei der Stimmabgabe zur Bezirksausschußwahl. Die erfolgreiche Geschäftsfrau wurde 1976 zum Mitglied des Legislative Council und 1982 des Executive Council ernannt, dessen Mitglied sie bis Sommer 1995 war. Sie will Hongkong vor 1997 verlassen. *Foto: Tony Aw*
Oben rechts: Sir Sze-yuen Chung, ein einflußreicher Geschäftsmann Hongkongs, wurde 1965 zum Mitglied des Legislative Council und 1972 zum Mitglied des Executive Council ernannt, dessen Senior-Mitglied er von 1980 bis 1988 war. Im Juli 1992 in das »Preliminary Working Commitee« (PWC) berufen, ist Sir S. Y. heute einer der wichtigsten Hongkong-Berater Pekings. Das Bild datiert vom 26. März 1992. *Foto: Eric Li*
Unten links: Sir Yue-kong Pao, Präsident von World Wide Shipping, war einer der reichsten Männer Hongkongs. Viele sahen in dem 1985 von Peking zum Vizevorsitzenden des Entwurfskomitees für Hongkongs künftige Miniverfassung ernannten Großreeder den ersten Regierungschef Hongkongs nach Abzug der Briten. Sir Y. K., hier auf einem Bild vom 15. Juli 1985, starb am 23. September 1991. *Foto: Oliver Tsang*
Unten rechts: Li Ka-shing, der reichste Mann Hongkongs, begann als Plastikblumenproduzent und ist heute als Vorsitzender von Cheung Kong (Holdings) und Hutchison Herr eines weltweit operierenden Konglomerats. Der Immobilienzar gehört zum inneren Kreis der Hongkongberater Pekings. Das Bild wurde am zehnten Jahrestag der Unterzeichnung der Joint Declaration am 14. Dezember 1994 aufgenommen. *Foto: K. Y. Cheng*

Oben: Sir William Purves, heute Vorsitzender der HSBC Holdings, UK, unter dessen Führung die Hongkong and Shanghai Banking Corporation zu einem der zehn größten Finanzkonzerne der Welt aufstieg, war zugleich Chief Steward des Royal Hong Kong Jokkey Club sowie einflußreichstes Mitglied des Executive Council. Das Foto zeigt den spartanischen Schotten bei einer außerordentlichen Generalversammlung der Hongkong Bank am 19. September 1989. *Foto: David Wong*
Unten: Die Brüder Henry (*links*) und Simon Keswick (*rechts*), direkte Nachkommen von Jean Jardine, der Schwester des Firmengründers, kontrollieren die Jardine Matheson Group. Mit der Verlegung des Firmensitzes der »fürstlichen *hong*« auf die Bermudas leiteten sie 1984 den Rückzug des Unternehmens aus Hongkong ein. Bild vom 4. Juni 1992 bei der Jahreshauptversammlung auf den Bermudas, in der Mitte R. C. Kuok. *Foto: Wan Kam-yan*

Oben: Staranwalt Martin Lee (*links*) und Szeto Wah, Präsident des Lehrerverbands, sind die von Chinas Führern bestgehaßten Vorkämpfer für Demokratie in Hongkong. Das Massaker vom 4. Juni 1989 hat sie zu schärfsten Kritikern des Pekinger Regimes gemacht. Die populären Führer der Partei United Democrats, hier am 24. Dezember 1989, waren die Gewinner der Wahl vom 15. September 1991. *Foto: Martin Chan*
Unten links: Emily Lau, langjährige Hongkong-Korrespondentin der *Far Eastern Economic Review*, teilte der Presse am 15. April 1991 mit, sie werde sich bei den ersten Direktwahlen zum Legislative Council am 15. September 1991 als Unabhängige um einen Sitz bewerben. Die engangierte Kritikerin Londons wie Pekings gewann die Wahl mit überwältigender Mehrheit. *Foto: Billy Ho*
Unten rechts: Christine Loh, von Gouverneur Patten Anfang Oktober 1992 in den Legislative Council berufen, kämpft für Demokratie und Freiheit. Die Juristin, die sich vor allem für die Rechte der Frau einsetzt, ist eine der populärsten Abgeordneten. Über ihre politische Zukunft nach 1997 macht sie sich keine Illusionen. Sie weiß: »China mag keine Leute wie mich.« *Foto: Eric Li*

Der Streit um die Gewährung der Meistbegünstigung war nicht ohne historischen Reiz, denn die Klausel war ursprünglich eine Erfindung der Briten, erstmals angewandt im Vertrag von Humen vom 8. Oktober 1943, dem Ergänzungsvertrag zum Vertrag von Nanjing. Mittels dieses »raffiniertesten diplomatischen Tricks des [19.] Jahrhunderts«[62] hatten am Ende alle ausländischen Mächte sämtliche Privilegien genossen, die einer anderen Macht den Chinesen abzupressen gelungen war.

Er werde sich mit aller Kraft dafür einsetzen, daß China der MFN-Status nicht entzogen wird, hatte Patten bereits im Oktober Vizeaußenhandelsminister Wang Wendong bei seinem Besuch in Peking versichert.[63] Nun war der Zeitpunkt gekommen, sein Versprechen wahr zu machen, denn Bill Clinton mußte bis zum 3. Juni über Chinas Handelsstatus entscheiden.

»Sie können uns nicht dadurch helfen, daß Sie unsere Wirtschaft schädigen«, hatte Patten am 21. April vor der Amerikanischen Handelskammer in Hongkong erklärt. Sollte China seine MFN-Vorteile verlieren, würde dies Hongkongs Wachstumsrate halbieren und fast 70 000 Jobs vernichten. Aber auch die USA selbst würden leiden. Amerikas Konsumenten würde ein solcher Schritt 14 Milliarden US-Dollar kosten. Sollte China Vergeltungsmaßnahmen ergreifen, würden sich die Exportverluste der Vereinigten Staaten auf rund 8 Milliarden US-Dollar summieren, und 150 000 Arbeitsplätze wären gefährdet. Henry Kissinger hätte kaum anders argumentiert.

Zwar konnte Patten die Amerikaner nicht zur bedingungslosen Gewährung des MFN-Status bewegen, doch fand sein Anliegen, fünf vor zwölf in Hongkong ein Repräsentativsystem einzuführen, in Washington offene Ohren. »Ich hoffe, niemand fühlt sich dadurch beleidigt«, sagte Clinton kurz vor seinem Gespräch mit Chris Patten am 3. Mai, »aber wie können die USA gegen Demokratie sein? [...] Diese zu fördern, sind wir doch da.« Und nach dem Treffen im Oval Office, an dem auch der britische Botschafter Sir Robin Renwick teilnahm, erklärte der Präsident: »Ich meine, die Idee, nach 1997 [Hongkong als] offene Gesellschaft zu erhalten, ist im besten Interesse der Chinesen.« »Ich denke, die Initiative Pattens ist wohlbegründet, und ich unterstütze sie.«

Seit dem triumphalen Empfang Corazón Aquinos in den USA 1986 hatten die Amerikaner keinem Politiker aus Asien mehr so viel Bewunderung entgegengebracht wie nun dem Statthalter der Queen. Wie die philippinische Präsidentin wurde auch er als mutiger Freiheitskämpfer gefeiert. Der *New Yorker* pries ihn gar als den »begnadetsten britischen Politiker seiner Generation«.

Seinem Ansehen in Peking war dies wenig förderlich. China fühlte sich beleidigt. Der neue amerikanische Präsident, der es ein paar Tage zuvor gewagt hatte, den Dalai-Lama zu empfangen, wozu sich weder Kohl noch Kinkel bis dahin erdreistet hatten, aus Angst, Li Peng zu vergrätzen –, hatte dem Gouverneur von Hongkong eine Audienz gewährt, bevor er auch nur einem einzigen chinesischen Führer die Hand geschüttelt hatte. Und dann hatte Patten, der außer Vizepräsident Al Gore, Außenminister Warren Christopher und Winston Lord noch viele andere einflußreiche Leute traf, in New York auch noch zu sagen gewagt: »Ich dachte, drei Beine sind besser als zwei, weil zweibeinige Stühle umfallen.«

Entsprechend wütend war die Reaktion der KP-Presse. Patten, schrieb *Ta Kung Pao,* habe die »Theorie vom dreibeinigen Stuhl« propagiert und um internationale Unterstützung gebettelt, und *Wen Wei Po* fragte: »Hetzt er nicht auf schamlose Weise Hongkong dazu auf, sich von China zu lösen und eine unabhängige politische Einheit zu werden?« Daß ausgerechnet ein Brite als Lobbyist für Chinas MFN-Status auftrete, sei ein Witz. In Wahrheit gehe es ihm darum, »antichinesische Kräfte in den Vereinigten Staaten und anderen westlichen Ländern zu einer großen Anti-China-Liga zu vereinigen«. Patten habe sich in Amerika »verhalten wie eine Hure«, geiferte die Tageszeitung *Shenzhen Special Zone Daily* und verglich den Gouverneur der zehntgrößten Handelsmacht der Welt mit einer »Prostituierten, die erwartet, daß man ihr für ihre Keuschheit ein Denkmal setzt«.

Ungeachtet des Propagandagekeifes einigten sich Briten und Chinesen in der Sino-britischen Bodenkommission (SBLC) zum ersten Mal seit Monaten wieder auf den Verkauf von Land. Die freigegebenen 127,8 Hektar, hieß es in einer von beiden Seiten am 11. Mai herausgegebenen gemeinsamen Erklärung, umfaßten auch Land für das Hilfsprogramm für die *sandwich class,*[64] nicht jedoch für den Container Terminal 9. Die Börse quittierte die Nachricht dennoch mit einem kräftigen Schluck aus der Investitionspulle: Am 12. Mai durchbrach der Hang-Seng-Index zum ersten Mal die Schallmauer von 7000 Punkten – ein erfreulicher

Tag zumal für Li Ka-shing, dessen Anteile an Cheung Kong Holdings, dem größten Immobilieneigner Hongkongs, um 769 Millionen HK-Dollar an Wert gewannen.

Erfreulich war der Tag auch für Chris Patten. Es war sein 49. Geburtstag. Dazu hatte er einen besonderen Gast eingeladen: Baroneß Thatcher. Aus Hawaii kommend, traf die Eiserne Lady zwar zu spät ein zum Dinner im Familienkreis, zum Champagner-Toast aber reichte es noch. Schließlich wohnte sie diesmal im Government House. Bei ihrer letzten Stippvisite in Hongkong Anfang September hatte sie im Mandarin Oriental logiert.[65] Auf die 26 000-HK-Dollar-pro-Nacht-Suite im 24. Stock des zur Jardines-Gruppe gehörenden Hotels konnte sie diesmal verzichten, nachdem die Luft zwischen ihr und ihrem ehemaligen Umweltminister, der kräftig mitgeholfen hatte, sie aus dem Amt zu hebeln, inzwischen wieder rein war.

Lady Thatcher, seit ihrem Plädoyer im House of Lords[66] als leidenschaftliche Anhängerin der Reformvorschläge Pattens bekannt, wies Lu Pings Vorwurf zurück, der Gouverneur »internationalisiere« das Hongkong-Problem. Die Joint Declaration selbst sei ein internationaler Vertrag, stellte sie fest, hinterlegt bei den Vereinten Nationen in New York. Das sei ja auch keine »Internationalisierung« gewesen. Es gehe nur darum, daß Verträge eingehalten würden.

Daß sie ihren Gastgeber am nächsten Tag auch gegenüber Zhou Nan dafür pries, daß er »seine fundamentale Pflicht gegenüber der Bevölkerung Hongkongs« erfülle, ist allerdings wenig wahrscheinlich, denn nach dem Treffen mit dem Xinhua-Chef in dessen Residenz in Stanley meinte der kantige Mann begeistert: »Ich bin mit jedem Wort einverstanden, das Frau Thatcher gesagt hat.« Was sie gesagt hat, blieb freilich im dunkeln, das auch die 27 Wörter[67] nicht erhellten, mit denen die mit Abstand teuerste Rednerin der Welt[68] anschließend die Presse frustrierte.

Mehr Wirbel als der Besuch der alten Dame der britischen Politik verursachte die Fernostreise eines alten Herrn: Sir Percy Cradock. Anders als seine einstige Chefin, welche die Joint Declaration unterzeichnet hatte, kam ihr Chefsinologe a. D. und Architekt der chinesisch-britischen Vereinbarung über die Rückgabe Hongkongs nicht auf Einladung Pattens. Im Gegenteil. Wie es hieß, hatte der Gouverneur, nachdem das Foreign Office zunächst keine Einwände erhoben hatte, die Reise des Ruheständlers zu verhindern versucht. Sein Erscheinen in China, wohin der weiße Mandarin nach einem Zwischenaufenthalt in Hongkong unmittelbar nach Abschluß der dritten Runde der gerade erst in Gang gekommenen Gespräche fahren wollte, sei »nicht hilfreich«, hatte man ihn wissen lassen. Doch Pattens Erzkritiker blieb stur: »Es ist ein absolut harmloser Besuch«, beteuerte der zum Geschäftsmann mutierte Geheimdiplomat. »Es ist eine Privatreise, die mich nach Shanghai und auf dem Rückweg über Peking führt, wo ich ein paar alte Freunde treffen werde.« Anlaß seiner Reise sei die Teilnahme an der Aufsichtsratssitzung einer Investmentgesellschaft mit China-Interessen. Über Hongkong werde er mit den Chinesen nicht sprechen.

Zu den alten Freunden, mit denen Privatier Sir Percy in Peking kein Wort über Hongkong zu reden versprach, zählten ausgerechnet die beiden Delegationsleiter bei den Hongkong-Gesprächen: Jiang Enzhu, mit dem er das Memorandum of Understanding[69] von 1991 ausgehandelt hatte, und Sir Robin McLaren, der erst am 18. Mai ins chinesische Außenministerium zitiert worden war, um einen geharnischten Protest gegen das jüngste Treffen von Sir Douglas Hurd mit dem Dalai-Lama entgegenzunehmen. Jiang hatte Sir Percy gemeinsam mit Sir Robin für den 27. Mai zum Dinner geladen.

Gegen Ende der dritten Runde am 23. Mai hatte die chinesische Seite überraschend die Bedingung fallengelassen, daß man sich zuvor über »Prinzipien« einigen müsse, und sich bereit erklärt, über »Substantielles« zu sprechen – wie nach Pattens Treffen mit Clinton nicht anders zu erwarten, wieder in Villa No. 10.

VIII. Tick, tock, goes the clock

Der zweite Ofen

»Ein Haufen Schaden ist angerichtet worden. Und das macht die Verhandlungen jetzt schwieriger, denn man beginnt mit einer Menge Mißtrauen und unterschwelliger Feindschaft«, kommentierte Cradock kurz nach seiner Ankunft in Hongkong am 23. Mai 1993 den Stand der chinesisch-britischen Beziehungen nach einem Jahr ohne seine guten Dienste. »Doch glücklicherweise hat sich die Politik nun geändert, und wir sind zurückgekehrt auf den Weg vertraulicher Verhandlungen – ein Kurs, wie er in der Vergangenheit mit meiner Person verbunden war«, fügte er bescheiden hinzu.

Optimismus schien angesagt.

Die Ankündigung der nächsten Gesprächsrunde schon für den Tag nach dem Dinner Sir Percys mit Jiang Enzhu und Sir Robin bescherte Hongkongs Börse am 24. Mai ein Aktienhoch von 7276 Zählern. Der Rekord hielt keine 24 Stunden. Das Gerücht, Präsident Clinton werde China ein weiteres Jahr Meistbegünstigung gewähren, trieb den Hang-Seng-Index am 25. Mai weitere 92 Punkte nach oben. Und als es gar hieß, die seit fast sieben Monaten unterbrochenen Verhandlungen des Flughafen-Ausschusses der Joint Liaison Group würden am 4. Juni wiederaufgenommen, sprang der Index am 28. Mai auf 7528 Zähler. Seit Anfang des Jahres war Hongkongs Aktienbarometer somit um 2090 Punkte oder 38,4 Prozent gestiegen.

Die Euphorie der Investoren nährte sich nicht zuletzt aus der kurz zuvor veröffentlichten Studie *Hongkong 21 – Eine zehnjährige Vorausschau und Agenda für Hongkongs Wirtschaft,* die Hongkongs Zukunft als Dienstleistungskapitale Asiens in den rosigsten Farben malte. Mögliche politische Probleme und Gefahren infolge der Übernahme durch die VR China ignorierte das 5 Millionen

Hongkong-Dollar teure Gutachten tunlichst: Es war im Auftrag der Business and Professionals Federation erstellt und bereits im April der Führung in Peking übergeben worden. Die Chinesen, so hatte es den Anschein, behandelten Wirtschaft und Politik zunehmend als zwei Paar Stiefel. Hatten sie nicht gerade völlig unerwartet für eine zwölfjährige Pay-TV-Lizenz von Wharf Cable, für die Verlängerung der Konzession von Hongkong Electric und für eine Mülldeponie in den New Territories grünes Licht gegeben? Für den Container Terminal 9 indes blieb die Ampel weiter auf Rot.

In der vierten Runde der Gespräche am 28. und 29. Mai bestand die britische Seite nicht mehr darauf, daß alle Abgeordneten über 1997 hinaus ihren Sitz im Legislative Council behalten müßten. Statt dessen forderte sie klare und objektive Kriterien für eine Fahrt im »durchgehenden Zug« vor den Wahlen von 1995. Die Wähler müßten wissen, ob ihre Kandidaten eine politische Zukunft hätten oder nicht. Doch die Chinesen lehnten ab. Dies sei schon deshalb nicht möglich, so der Vizevorsitzende des Rechtsausschusses des Ständigen Komitees des Nationalen Volkskongresses, Xiang Chunyi, weil dies die Entscheidungen des Vorbereitungskomitees für das Sonderverwaltungsgebiet Hongkong (PCHKSAR) präjudizieren würde, und das sei laut Basic Law erst 1996 zu bilden.

Auch bei anderen Fragen, wie der Interpretation der zwischen den Außenministern Hurd und Qian über die LegCo-Wahlen von 1995 ausgetauschten diplomatischen Noten,[1] gab es keine Fortschritte. Ein Termin für die fünfte Runde wurde »aus technischen Gründen« nicht genannt.

Um so bedeutsamer war das Datum des angekündigten Treffens der Joint Liaison Group. Daß die Verhandlungen über den Flughafenbau just am 4. Juni wiederbelebt werden sollten, kam für die Briten einer Demütigung gleich: In seiner Ansprache im Legislative Council vom 11. Oktober 1989 hatte Gouverneur Wilson seine Entscheidung für den Neubau eines Großflughafens auf der Insel Chek Lap Kok und den Ausbau des Hafens mit den Container Terminals 8 und 9 ausdrücklich auch damit begründet, das »durch die tragischen Ereignisse in China schwer erschütterte Vertrauen« in Hongkongs Zukunft wieder zu festigen. Hatten die Briten 1989 unter dem unmittelbaren Eindruck des Blutbads auf dem Platz des Himmlischen Friedens die JLG-Treffen zeitweilig suspendiert, machte Peking auf den Tag genau vier Jahre später mit der Wiederaufnahme der nun von chinesischer Seite zeitweilig unterbrochenen JLG-Treffen seine Schlappe wieder wett.

Von einer »drastischen Verbesserung der chinesisch-britischen Beziehungen in den letzten Monaten«, von der der Hongkong-Beauftragte des Foreign Office, Alastair Goodlad, sprach, konnte keine Rede sein. Zudem hatte Peking sein Interesse an einem Fortgang des Flughafenprojekts erst signalisiert, nachdem die britische Seite – jetzt wieder auf geheimem Wege – neue Finanzierungsvorschläge gemacht hatte. Hongkong sei bereit, hatte sie wissen lassen, den Löwenanteil der zusätzlichen Kosten in Höhe von 40 Milliarden HK-Dollar zu übernehmen.[2] Wie zu erwarten, brachte die Sitzung des Flughafen-Ausschusses der JLG dennoch keinen Durchbruch im Streit um die Mittel für das Milliardenprojekt.[3] Der einzige Lichtblick war, daß die Chinesen gegen die Gewährung weiterer rund 560 Millionen HK-Dollar für die Provisorische Flughafenverwaltung (Provisional Airport Authority, PAA) keinen Einspruch erhoben.

Daß die Zeitschrift *The Mirror* ausgerechnet in ihrer Juni-Ausgabe Deng mit der Bemerkung zitierte, Hongkong werde seinen ökonomischen Wert verlieren, wenn es zu einer Stadt der politischen Konfrontation und Rivalität würde, ließ aufhorchen.[4] Denn während in Peking die Polizei am 4. Juni dafür sorgte, daß bei Einbruch der Dunkelheit auf dem Platz des Himmlischen Friedens kaum mehr Leute herumliefen, als im nahe gelegenen McDonald's-Restaurant nach Big Macs anstanden, gedachten in Hongkongs Victoria Park 12 000 Menschen bei Regen und Sturm mit brennenden Kerzen der Opfer des Massakers, legten vor Repliken der »Göttin der Demokratie« und des »Denkmals der Volkshelden« vom Tiananmen-Platz Kränze nieder und folgten betroffen den auf riesige Leinwände projizierten Videobildern des schrecklichen Geschehens von damals. Der alte Herr in Zhongnanhai dürfte von den Gebeten für Demokratie jedoch ebensowenig Notiz genommen haben wie von dem knappen Dutzend kleiner Flaschen, die kurz nach Mitternacht aus dem dunklen Fenster eines Studentenwohnheims der Peking-Universität geflogen waren.[5]

Sollte Walter M. Sulke, der für seine Unverblümtheit so geschätzte wie gefürchtete Regionalvertreter von Daimler-Benz und Altvorsitzende von Jardines International Motors Management

Ltd., recht haben, als er in einer Rede Anfang Mai die Ansicht vertrat, chinesisch-britische Gespräche über die Reformpläne Chris Pattens seien reine Zeitverschwendung?[6] Sulke, seit über vierzig Jahren im Chinageschäft und einer der wenigen Ausländer, die das Land zur Zeit der Kulturrevolution bereisen durften, gehört zur winzigen Minderheit derer, die von Anfang an gegen die Verhandlungen waren. Der Legislativrat solle die Vorschläge des Gouverneurs beraten, falls nötig modifizieren, verabschieden und dann Wahlen abhalten. »Ich glaube nicht, daß die Chinesen in der Lage sein werden, 1997 die Uhr zurückzudrehen«, meinte er. Sollte Peking Gewalt gebrauchen, würde dies jegliche Hoffnung auf eine Wiedervereinigung mit Taiwan zunichte machen. Das könnte zwar zur Folge haben, daß der neue Flughafen nicht gebaut und das CT9-Projekt verzögert würde, aber dies würde der chinesischen Wirtschaft mehr schaden als Hongkong. »Wir werden aus diesem ganzen Schlamassel nur herauskommen, wenn wir standhaft bleiben. Egal, was die Chinesen sagen, es kann nicht die Tatsache verschleiern, daß sie uns viel mehr brauchen als wir sie.«

Kaum etwas hätte die fünfte Runde vom 14. bis 16. Juni besser beschreiben können als Sulkes Wort von der Zeitverschwendung. Selbst der sonst so beherrschte Sir Robin machte seinem Unmut über die Fruchtlosigkeit der Gespräche Luft, indem er die Worte seines Dienstherrn Douglas Hurd zitierte, die Verhandlungen dürften sich nicht endlos hinziehen.

Die Chinesen hingegen echauffierten sich darüber, daß der Legislative Council mit dem Erlaß der »Boundary and Election Commission Ordinance« den Weg für die Planung der Wahlbezirke frei gemacht, Patten dem Parlament die Diskussion seiner Vorschläge zur Verfassungsreform gestattet und Goodlad dem Legislativrat das Recht zugesprochen hatte, eine zwischen Peking und London ausgehandelte Vereinbarung abzuändern oder gar zu kippen. »Sie sind zu weit gegangen. Ein kleiner Trick folgte dem anderen. Es gibt Grenzen für das, was wir tolerieren können«, warnte Lu Ping und beschuldigte die britische Seite mangelnder Aufrichtigkeit. Mit einem Abbruch der Gespräche freilich drohte er nicht.

Da die chinesische Seite offensichtlich auf Zeit spielte, lud Premierminister Major Gouverneur Patten zu einer Kabinettssitzung am 1. Juli nach London ein. Sollte die sechste Runde wiederum ohne greifbare Ergebnisse enden, so die Botschaft an Peking, werde man wohl über einen Abbruch der Verhandlungen nachdenken müssen – eine Option, die einer Umfrage der *Sunday Morning Post* zufolge zu diesem Zeitpunkt nur knapp 20 Prozent der Bevölkerung unterstützten. 71 Prozent der Befragten wünschten eine Fortsetzung der Gespräche um jeden Preis. Über den Nutzen der bisherigen Treffen war man sich eher einig: 54 Prozent hielten sie für Zeitverschwendung. Lediglich 31 Prozent glaubten an Lu Pings Theorie der »kleinen Tricks«. Die persönliche Popularitätskurve Chris Pattens war schon seit Wochen nahezu unverändert: Fast 60 Prozent wünschten sich Patten als Gouverneur bis 1997, 16 Prozent hofften auf seine vorzeitige Ablösung.

Am 22. Juni, dem Vorabend der sechsten Runde, gab China die Namen der Mitglieder jenes Gremiums oder »zweiten Ofens« bekannt, dessen Gründung Lu Ping immer wieder angedroht und das Zhou Nan am 21. März als »Vorbereitungskomitee für das Vorbereitungskomitee für das Sonderverwaltungsgebiet Hongkong«[7] definiert hatte. Während Tsang Yok-sing, der Vorsitzende der pekingtreuen Democratic Alliance for Betterment of Hong Kong (DABHK), bestritt, daß es sich um ein zweites Machtzentrum handele, warnte Allen Lee Peng-fei, der Vorsitzende des Vorbereitungskomitees der Liberal Party, der Schritt bedeute eine unmittelbare Herausforderung der Regierung Hongkongs. Martin Lee, der streitbare Vorsitzende der United Democrats of Hong Kong (UDHK), erinnerte daran, daß das Entwurfskomitee für das Basic Law (BLDC) die Bildung des Vorbereitungskomitees für das Sonderverwaltungsgebiet Hongkong (PCHKSAR) ausdrücklich erst für 1996 vorsehe, um einen negativen Effekt auf die britische Verwaltung zu vermeiden. Eine personelle »Konvergenz« der »zweiten Küche« mit dem PCHKSAR bedeute daher einen Bruch des Geistes des Basic Law.

Wie zu erwarten, rekrutierte Peking die Chefköche seines Küchenkabinetts weitgehend aus jenem 93köpfigen Beraterstab,[8] dessen gute Dienste es bei der Zusammenstellung seines Politmenüs für Hongkong längst in Anspruch nahm. Vorsitzender des aus 27 Funktionären Chinas und 30 Vertretern Hongkongs bestehenden »Vorbereitenden Arbeitskomitees« (Preliminary Working Committee, PWC) sollte Außenminister Qian Qichen werden, Leiter des Sekretariats Lu Ping. Zu den sieben Stellvertretern Qians zählten neben Lu Ping auch Jiang Enzhu, der Chefunterhändler bei den chinesisch-britischen Verhandlungen über das künftige politische System Hongkongs, sowie Xinhua-Direktor Zhou Nan.

Unter den Vertretern Hongkongs, die vom Nationalen Volkskongreß am 2. Juli offiziell in die Arbeitsgruppe berufen werden sollten, fanden sich wiederum der Milliardär Henry Fok, einer der Vizevorsitzenden der Politischen Konsultativkonferenz des Chinesischen Volkes, sowie Tsui Tsin-tong, Li Ka-shing, Vincent Lo und der DABHK-Vorsitzende Tsang Yok-sing. Auch das ehemalige Seniormitglied des Executive Council, Sir Sze-yuen Chung, gehörte zum engeren Kreis derer, die auserkoren waren, die Geschicke Hongkongs bereits vor 1997 im Sinne Pekings zu lenken. Daß Deng Xiaoping ihm neun Jahre zuvor voll Zorn vorgeworfen hatte, er habe kein Vertrauen in die chinesische Regierung und glaube nicht, daß die Chinesen fähig seien, Hongkong zu regieren, war scheinbar vergessen. Sir S. Y. und Lydia Dunn hatten damals Deng gegenüber Zweifel geäußert, ob das Konzept »ein Land, zwei Systeme« überhaupt praktikabel sei.[9]

Eine Überraschung aber bot die Liste doch: Ex-OMELCO-Mitglied Rita Fan Hsu Lai-tai, von Chris Patten am Morgen des 7. Oktober 1992 durch den Schnitt zwischen Legislative und Exekutive aus dem Amt gehebelt,[10] feierte ihr Comeback auf der politischen Bühne. »Hongkong muß den Weg zur Demokratie gehen, und wenn wir Demokratie haben, haben wir Politik. Aber ich bin nun mal ein Mensch, der nicht so politisch sein kann«, hatte sie damals gesagt und hinzugefügt: »Ich müßte mein Wesen ändern, wenn ich in der Politik bliebe. Ich bin froh, daß ich mir selbst noch treu bin.« Noch im März hatte sie dankend abgelehnt, als sie in Toronto, wo ihre beiden Kinder im ersten Semester studierten, vom Xinhua-Büro in Hongkong telefonisch eingeladen wurde, sich der zweiten Gruppe von Hongkong-Beratern anzuschließen. Nun hatte sie doch angebissen. »In den vergangenen Monaten habe ich gesehen, daß es Politiker gibt – und im besonderen einen –, mit denen ich mich nicht identifizieren möchte«, begründete sie ihren Wechsel aus der Höhle des Löwen ins Lager des Drachen.

Aversion gegen Demokratie und Verbitterung über Chris Patten prädestinierten Rita Fan, OBE, JP, zur Wunschkandidatin Pekings für eine Spitzenfunktion nicht erst in der künftigen SAR. Harmonisch fügte sie sich ein in die Phalanx derer, die verhindern sollten, daß die Briten den Chinesen die Suppe versalzten.

»Offen gesagt, ich bin ebenso konsterniert wie Sie«, beschrieb Anthony Galsworthy am 23. Juni seine Stimmung nach dem jüngsten Treffen der JLG gegenüber der Presse. Weder bei der Finanzierung des Flughafens noch beim CT9 sei man einen Schritt weitergekommen. »Das Ergebnis von drei Tagen Diskussionen ist ziemlich mager. Es ist mir klar, daß die chinesische Seite mit der Absicht in diese Gespräche gegangen war, nur minimale Fortschritte zuzulassen«, setzte er frustriert hinzu. »Bei diesem Tempo werden wir hundert Jahre brauchen, um unsere Aufgabe zu bewältigen.« Was sogleich zurückgewiesen wurde: »Ich bin nicht der Ansicht, daß es Jahrhunderte dauern würde, um die Arbeit an den internationalen Abkommen abzuschließen«, konterte der chinesische Teamchef und ehemalige Gastdozent am Londoner Institute for Strategic Studies, der Faust-Übersetzer Guo Fengmin, die Attacke. Im übrigen seien die Briten schuld, wenn es nicht vorangehe.

Am selben Tag, an dem das JLG-Treffen endete, begann in Peking die sechste Runde der Gespräche über Pattens Reformvorschläge. Anschließend verriet Lu Ping in einem Interview mit der vom PWC-Mitglied Lo Tak-shing herausgegebenen Zeitschrift *Window,* es habe »gewisse Fortschritte« gegeben, was Michael Sze, Hongkongs Minister für Verfassungsfragen, sofort herunterspielte. Auch Botschafter McLaren ließ durchblicken, man sei nicht viel weitergekommen. Erst kurz zuvor hatte Sir Robin die chinesische Verhandlungsführung mit der Feststellung angegriffen: »Man muß wirklich an der Aufrichtigkeit jener Leute zweifeln, die unentwegt von Aufrichtigkeit sprechen.« Es waren die vielleicht deutlichsten Worte des Diplomaten in seiner 35jährigen Karriere.

Machten die Chinesen plötzlich schön Wetter, so waren es nun die Briten, die einen Theaterdonner veranstalteten. War den einen daran gelegen, einen Abbruch der Gespräche zu vermeiden, ging es den anderen darum, möglichst rasch einen Durchbruch zu erzielen. Jeder Tag Verhandlungen mehr war ein Tag weniger für die demokratischen Reformen. Patten blieb nicht mehr viel Zeit. Doch als ihm die Journalisten kurz vor seinem Abflug nach London zu entlocken versuchten, wie lange er denn noch zuwarten wolle, orakelte er nur:

Tick, tock,
Goes the clock.

Da sollte sich nun einer einen Reim darauf machen.

Niemand war daher erstaunt, als es nach der Sitzung des Hongkong-Sonderausschusses des Kabinetts am 1. Juli in London hieß, man werde weiterverhandeln.[11] Sollten die Gespräche zu keinem befriedigenden Ergebnis führen, warnte Patten, werde der Zeitpunkt kommen, an dem man die notwendigen konstitutionellen Reformen im Alleingang werde durchführen müssen. Was den »durchgehenden Zug« betreffe, so habe sich die britische Position nicht geändert und werde sich nicht ändern. Von der chinesischen Seite erwarte man die Nennung objektiver Kriterien dafür, unter welchen Bedingungen ein Abgeordneter sein Mandat garantiert über 1997 hinaus behält. Eine Vereinbarung müsse auf jeden Fall fair, offen und für die Bevölkerung Hongkongs akzeptabel sein.

Aber dann gab es doch eine Neuigkeit: Douglas Hurd, hieß es, treffe in der folgenden Woche Qian Qichen. Er werde auf dem Rückflug vom G7-Gipfel in Tokio am Donnerstag nachmittag in Peking einen Zwischenstopp einlegen, bevor er am Freitag, dem 8. Juli, nach Hongkong fliege. »Ich werde nicht verhandeln. Ich werde keine neuen Vorschläge mitbringen. Ich werde lediglich die Parameter darlegen, die wir als essentielle Bestandteile der Verhandlungen betrachten, wenn diese Erfolg haben sollen«, betonte Hurd, der darauf bestand, Patten habe die Begegnung vorgeschlagen. In der knappen Meldung des chinesischen Außenministeriums hatte es geheißen, Hurd komme auf Einladung Qians.

Eigentlich hätten sich die beiden bereits im März[12] treffen sollen, da das Memorandum of Understanding jährlich zwei Besprechungen der Außenminister vorschreibt. Doch damals hatte die Veröffentlichung der Gesetzentwürfe zur Wahlrechtsreform in der Regierungsgazette die Chinesen so erbittert, daß sie den Termin platzen ließen.

»Good morning«, begrüßte Staatspräsident Jiang Zemin am 9. Juli katzenfreundlich Außenminister Hurd auf englisch. »Willkommen, willkommen, ich denke, wir sind alte Freunde. Ich habe gehört, daß Sie mit Außenminister Qian Qichen gute Gespräche geführt haben, und ich freue mich, Gelegenheit zu haben, Sie zu treffen. [...] Ich glaube, Sie waren schon einmal hier.«

Als ob es der Auffrischung des Gedächtnisses des Gastes bedurft hätte. Douglas Hurd erinnerte sich nur zu gut an jene sechs Tage im April 1991, in denen er vergeblich versucht hatte, Peking dazu zu bringen, das Flughafenprojekt abzusegnen. Daß Qian ihm, der es auf sich genommen hatte, als erster hochrangiger EG-Minister seit dem Tiananmen-Massaker chinesischen Boden zu betreten, den Fuß auf den Nacken setzten, hatte ihn auch persönlich geschmerzt: »It really hurts«,[13] hatte damals ein Spötter bemerkt.

Was Hurd mit seinem Hürdenlauf am Ende erreichte, ist bekannt: das Memorandum of Understanding – jenes demütigende Dokument, mit dem sich die Regierung Major doch noch Hongkongs Autonomie abhandeln ließ, nachdem die Regierung Thatcher sie mit der Joint Declaration zu retten versucht hatte.[14]

Seine Gespräche mit Qian über außenpolitische Fragen seien »gut« gewesen, stimmte Hurd seinem Gastgeber Jiang zu, und über Hongkong seien sie »nützlich« gewesen. Der Brite war offenbar nicht gewillt, bestehende Differenzen völlig zu übertünchen. Darauf, daß den Chinesen diesmal an einem zumindest atmosphärisch besseren Verlauf des Besuchs gelegen war, schien auch die Wahl des Ortes für die überraschend angesetzte Audienz zu deuten: Man traf sich in der reizvoll inmitten des Sees von Zhongnanhai gelegenen Yingtai-Villa. Eine Anspielung darauf, daß die Kaiserinwitwe Cixi 1898 nach der Niederschlagung der von westlichen Ideen beeinflußten 100-Tage-Reform auf derselben Insel den Guangxu-Kaiser gefangengehalten hatte, während sich der Anführer der Reformer, Kang Youwei, auf einem englischen Dampfer und unter dem Schutz eines britischen Kriegsschiffs nach Hongkong in Sicherheit gebracht hatte, machte Jiang Zemin nicht.

Die vorangegangene Begegnung mit Qian im Diaoyutai-Gästehaus war ähnlich harmonisch verlaufen, obwohl er dabei auch Pattens Vorschläge zur Wahlrechtsreform zur Sprache gebracht hatte. Am Ende verließ Douglas Hurd Peking nicht mit völlig leeren Händen: Peking hatte seine Unterstützung für ein mit dem Flughafenbau in Zusammenhang stehendes Landgewinnungsprojekt zugesagt und einen Termin für die nächste Sitzung der Joint Liaison Group genannt. Solche Triumphe hatte schon lange kein britischer Diplomat mehr in Peking gefeiert.

Stunden später landete Hurd in Hongkong, wo ihn eine Gruppe von etwa sechzig Vertretern der gerade gegründeten Vereinigung »Full Democracy '95« – darunter auch die LegCo-Abgeordneten Emily Lau, Christine Loh und Jimmy McGregor – mit Transparenten und dem Ruf empfing: »Wir wollen volle Demokratie für 1995!«

Lee gegen Li

Das Häuflein Radikaldemokraten, das den britischen Außenminister empfing, war auch deshalb so aufgebracht, weil Hurd in den drei Stunden, die er in Hongkong weilte, allein für den Exekutivrat eine halbe Stunde Zeit fand. Der Legislativrat war nur zum Cocktail geladen. »Man nimmt uns nicht ernst«, meinte Emily Lau und verzichtete demonstrativ auf ihren Drink.

Ein Jahr zuvor wäre ein solcher Protest kaum denkbar gewesen: Nichts hätte den Wandel der politischen Szene deutlicher machen können als der Boykott des Empfangs im Government House durch drei Viertel der LegCo-Mitglieder. Chris Patten – auf den Tag genau ein Jahr im Amt – hätte sich für den Erfolg seiner Bemühungen um demokratische Zustände in Hongkong kaum eine überzeugendere Bestätigung wünschen können.

»Hongkong, wie andere Gesellschaften auch, entwickelt sich ständig. Mit der ökonomischen Entwicklung kam die politische Entwicklung«, hatte Douglas Hurd erst drei Tage zuvor, am 6. Juli 1993, in Singapur gesagt. »Sie [die Chinesen] haben die Reaktion in Hongkong auf die Vorschläge des Gouverneurs gesehen. Sie haben gesehen, daß es dort jetzt sowohl eine politische Stadt gibt als auch eine kommerzielle. Das ist nun Teil der Wirklichkeit Hongkongs. Das war nicht immer so. Aber so ist es jetzt.«

Das waren deutliche Worte an die Adresse Chinas – hatte Qian im März doch ausdrücklich davor gewarnt, aus Hongkong eine »politische Stadt« zu machen. Daß es darüber in Peking nicht zum Eklat kam, konnte nur heißen: Den Chinesen war im Augenblick an einer Konfrontation nicht gelegen.

Auch Lu Pings Bemerkung, die Kriterien dafür, wer 1997 im »durchgehenden Zug« bleiben und wer aussteigen müsse, könnten von der vorläufigen Arbeitsgruppe (PWC) festgelegt werden, schien auf eine flexiblere Haltung der chinesischen Seite zu deuten. Sollte etwa doch ein Kompromiß möglich sein? Chris Patten jedenfalls zeigte sich entschlossen, Wahlrechtsänderungen notfalls im Alleingang durchzusetzen.

»Nach einem Jahr bin ich fitter, gesünder und glücklicher als bei meiner Ankunft«, zog Patten Bilanz. Daß er in den vergangenen Monaten als Hure, Dieb und Lügner geschmäht und von Lu Ping in alle Ewigkeit verdammt worden war, hatte ihn nicht aus der Fassung gebracht. »Es sind keine Worte, wie ich sie je gebrauchen würde, aber ich gebe zu, es gibt gewisse politische und kulturelle Traditionen, die sich von anderen unterscheiden«, bemerkte er hintergründig. Hatte man ihm nicht vorgehalten, es fehle ihm an Verständnis für die Besonderheiten chinesischer Politik und Kultur? Invektiven begegnet Patten mit Ironie.

»Man kann die Pekinger Mandarine nicht nach ihren eigenen Spielregeln schlagen. Die einzige Chance besteht darin, sie davon zu überzeugen, daß man ein Barbar ist, bei dem jeder Erziehungsversuch verlorene Liebesmüh ist«, schrieb Margaret Ng, Anwältin und Kolumnistin der *South China Morning Post,* in ihrer Bilanz nach einem Jahr Amtszeit des Populisten aus Bath: »Seine Popularität ist sein Mandat.«[15]

Daß Patten dieses Mandat noch nicht verloren hatte und sich bei der Bevölkerung Hongkongs nach wie vor großer Beliebtheit erfreute, hatten die jüngsten Umfragen ergeben: Bürgernähe bescheinigten ihm 84, Offenheit 75 Prozent.[16] Die Popularitätsrate des Gouverneurs lag noch immer bei fast 60 Punkten – ein gutes Ergebnis, verglichen mit den mageren 14 Prozent seines Freundes und Premierministers John Major im Vereinigten Königreich. Deutlich überwog auch die Zustimmung zu seiner Amtsführung (42 zu 17), zu seinen Vorschlägen zur Verfassungsreform (43 zu 22) sowie zu seiner Wirtschafts- (45 zu 20) und Umweltpolitik (51 zu 41).

Über Pattens Handhabung der sino-britischen Beziehungen waren die Meinungen geteilt: Mit je 36 Prozent hielten sich Gegner wie Befürworter die Waage, der Rest äußerte sich lieber nicht.

Doch es gab auch Bereiche, in denen die negativen Stimmen überwogen. So fand die Mehrheit, er habe seine sozialpolitischen Versprechen nicht erfüllt (51 zu 35), die Verwaltung nicht verbessert (40 zu 30) und britische Interessen über die Hongkongs gesetzt (66 zu 31). Vor allem aber waren 57 Prozent der Befragten der Ansicht, Patten habe zuviel Zeit mit Politik vertan und andere Dinge darüber vernachlässigt. »Wann immer ich mit ihm über etwas anderes zu sprechen versuche, verliert er das Interesse«, beklagte sich Emily Lau.

Der Beiname »Ein-Thema-Gouverneur« machte die Runde.

Hinzu kam das Wort von der »Einmannshow«. Entgegen seiner Verheißung einer gegenüber Bevölkerung und Legislative rechenschaftspflichtigen Regierung habe sich am alten Stil der Kolonialverwaltung nicht viel geändert. Noch immer, fand Christine Loh, mangele es an Transparenz. Der neue Exekutivrat sei sogar weniger offen als der Lord Wilsons. Erst kürzlich habe er sich in Fragen der Mietpreispolitik und Staatsangehörigkeit[17] über den Legislativrat hinweggesetzt. Nachdem der von Patten in seiner Rede vom 7. Oktober 1992 angekündigte gemeinsame Ausschuß von ExCo und LegCo nicht zustande gekommen war, habe die personelle Trennung zum Zusammenbruch der Kommunikation zwischen beiden Institutionen geführt. Die monatliche Fragestunde des Gouverneurs sei mittlerweile fast der einzige Kontakt zwischen Exekutive und Legislative, und die sei zur Routineveranstaltung verkommen.

Bei aller Sympathie für Patten, dem sogar Tsang Yok-sing, einer seiner Erzgegner vom »zweiten Ofen«, zugestehen mußte, daß er »das Territorium im Nu gewonnen hatte« und zum populärsten Politiker Hongkongs geworden war: Unkritisch begegnete man ihm nicht. Zumal die vehementesten Verfechter konstitutioneller Reformen erwiesen sich als oft unbequeme Weggenossen, indem sie Patten an seiner eigenen demokratischen Elle maßen, allen voran Martin Lee. Der Vorsitzende der United Democrats, dessen Popularitätsrat fünf Prozentpunkte über der des Gouverneurs lag, zeigte sich zunehmend unzufrieden.[18] Anstatt den Legislativrat zu stärken, habe Patten ihn geschwächt, indem er sich auf Geheimverhandlungen mit Peking eingelassen habe. »Wenn Gouverneur Patten am 30. Juni 1997 Hongkong in Ehren verlassen will«, so Martin Lees Fazit, »dann muß er in den nächsten vier Jahren erheblich mehr erreichen als in den ersten zwölf Monaten.«

»Ich gehe fest davon aus, daß ich, je näher wir 1997 kommen, eine immer weniger maßgebende Rolle spielen werde, da andere Leute nach vorn kommen werden, denn ich bin Teil Hongkongs bis 1997, ich bin nicht Teil der Zukunft Hongkongs«, verkündete Patten, nachdem er auf der politischen Bühne Hongkongs ein Jahr lang nahezu als Alleinunterhalter agiert hatte. Er werde Verwaltungsbeamte und Politiker ermutigen, künftig wichtigere Aufgaben zu übernehmen, fuhr er fort, denn: »Teil meiner Aufgabe muß es sein, vor allem nach den Wahlen von 1995, aber schon in der Zeit davor, auf verantwortungsbewußte Weise [einheimische] Leute nach vorn zu bringen.«

Während Patten in seiner »ersten Küche« Um- und Neubesetzungen plante, bereitete Peking durch die feierliche Ernennung der Mitglieder des »zweiten Ofens« – des PWC – am 16. Juli 1993 in der Großen Halle des Volkes nach bewährtem Rezept und mit bekannten personellen Zutaten systematisch die Bildung der ersten Legislative und Regierung des Sonderverwaltungsgebiets Hongkong (SAR) vor.

Vom Vizevorsitzenden Ann Tse-kai ermahnt, über die Arbeit der Arbeitsgruppe ja nichts nach außen dringen zu lassen, bildeten Chinas Köche fünf, von je einem Vertreter Pekings und Hongkongs geleitete Untergruppen: politische Angelegenheiten, Recht und Ordnung, Kultur und Bildung, Wirtschaft sowie Rechtsfragen.[19]

Der Kovorsitzende der Untergruppe für Rechtsfragen, der ehemalige Richter am Appellationsgericht Simon Li Fook-sean, hatte zwei Tage zuvor in Peking einigen Reportern verraten, Martin Lee, Szeto Wah, Emily Lau und Christine Loh erfüllten nicht die Bedingungen, unter denen er Abgeordnete auf den »durchgehenden Zug« in die erste Legislative der SAR lassen würde. Lee und Szeto hätten die Vereinigten Staaten zu wirtschaftlichen Sanktionen gegen China gedrängt, Parolen wie »Nieder mit der chinesischen Regierung!« gerufen, Exemplare des Basic Law verbrannt und nach dem 4. Juni 1989 die Bevölkerung aufgefordert, ihre Einlagen von den Instituten der Bank of China Group abzuziehen.[20] Die beiden Herren, die vom Ständigen Komitee des Nationalen Volkskongresses am 31. Oktober 1989 wegen »mit ihrem Status unvereinbarer Aktivitäten« formell aus dem Entwurfskomitee für das Basic Law (BLDC) ausgeschlossen worden waren, sollten ihre Missetaten eingestehen.

Die so Angegriffenen dachten gar nicht daran. Statt dessen verlangten sie von Simon Li eine formelle Entschuldigung. »Das waren andere, die die Bevölkerung Hongkongs zum Sturm auf die chinesischen Banken aufgerufen haben, während Herr Szeto und ich«, so Martin Lee, »in Wahrheit am selben Tag bei verschiedenen Gelegenheiten die Bevölkerung Hongkongs aufgefordert haben, nicht länger vor diesen Banken Schlange zu stehen.« Sollte Li seine Behauptung nicht bis zum Nachmittag des 20. Juli zurücknehmen, würden sie ihn wegen Verleumdung verklagen.

Da Simon Li nicht daran dachte, sich zu entschuldigen, beauftragten Martin Lee und Szeto Wah nach Ablauf der gesetzten Frist die Anwaltskanzlei Deacons, die Klage einzureichen. Doch Deacons legte das Mandat ohne Angabe von Gründen kurz darauf nieder. Auch die Kanzlei Haldane Midgley & Booth zog sich nach anfänglicher Zusage plötzlich zurück. Der Beklagte, erklärte die Firma, sitze im Aufsichtsrat einer ihrer Großkunden, der Bank of East Asia. Das habe man nicht gewußt, als man den Fall übernahm.

Der Direktor der Bank of East Asia, David Li Kwok-po, ein Neffe von Simon Li, war Vertreter von Hongkongs Banksektor im Legislative Council und ebenfalls Mitglied des PWC. David Li hatte im August 1987 über eine Sonderplazierung von Aktien Frankreichs Société Générale und die Bank of China Group mit je fünf Prozent an der Bank of East Asia beteiligt. Daß die Aktion etwas mit jenen Verlusten zu tun gehabt haben könnte, welche die Bank of East Asia Anfang der achtziger Jahre durch Kredite an die Carrian Group[21] erlitten hatte, bestritt David Li. »Die Beziehungen waren wichtiger als das Kapital«, betonte er. »Wir hatten das Gefühl, daß mit diesen beiden Partnern unsere langfristige Strategie gesichert wäre.«

»Beziehungen« – chinesisch *guanxi* – führen zu Abhängigkeiten. Die Beteiligung der Bank of China an der Bank of East Asia und sein starkes Engagement im China-Geschäft brachten den politisch ehrgeizigen David Li, der 1985 zu einem der Stellvertretenden Vorsitzenden des BLDC ernannt und zeitweilig sogar als Kandidat für den Posten des ersten Chefs der Exekutive der SAR gehandelt worden war, 1989 arg in die Bredouille: Hatte er den Studentenprotest kurz vor dem Massaker noch als patriotische Bewegung bezeichnet,[22] so teilte er der *Far Eastern Economic Review* am 6. Juni nurmehr mit, er sei mit den Vorgängen in Peking nicht einverstanden und habe an einem Trauermarsch für die Toten von Peking teilgenommen. Damit ließ er es aber auch gut sein und verzichtete auf jeden weiteren Kommentar.

Während David Li und Onkel Simon – 1985 ebenfalls ins BLDC berufen und, fünf Jahre nach seiner Pensionierung, im März 1992 gemeinsam mit seinem Neffen zum Hongkong-Berater avanciert – ihre Karrieren im »zweiten Ofen« fortsetzten, saß Onkel Ronald hinter Gittern: Milliardär Ronald Li Fook-siu, ehemals Vorsitzender der Hongkonger Börse sowie Mitglied des Beraterausschusses für das Basic Law (BLCC), hatte sich seit 1989 gemeinsam mit seinem Sohn Alfred wegen diverser Korruptionsvorwürfe vor

Gericht zu verantworten gehabt. So hatte die Zulassungskommission unter seiner Führung einem netten kleinen Club geglichen, wobei Li für die Unterstützung von mindestens zwei Börsenzulassungen mit Aktien belohnt worden war. Im Oktober 1990 war Ronald Li zu vier Jahren Haft verurteilt worden, aus der er im Juni entlassen worden war.

Die Familie Li, deren Mitglieder fast alle im Besitz vollwertiger britischer Pässe sind und zu der mit Onkel Li Fook-kow auch ein ehemaliger hoher Verwaltungsbeamter Hongkongs und mit Onkel Li Fook – wo ein ehemaliges Mitglied des Exekutive und Legislative Council zählt, ist einer der reichsten und einflußreichsten Clans Hongkongs.

Was Wunder, daß auch die Kanzleien Kwan and Co., Woo and Co. und Lee and Lo nicht wagten, Martin Lee gegen Simon Li zu vertreten. Am Ende waren es achtzehn Firmen, die sich entweder aus politischen Gründen nicht trauten oder ihre Chinageschäfte nicht verderben lassen wollten oder beides. Johnson, Stokes and Master gar gaben an, sie könnten den Fall nicht übernehmen, weil zu ihren Kunden der Royal Hong Kong Jockey Club gehöre, und Simon Li, Esq., LL.D. sei Steward des mächtigen Clubs.

Schließlich erbarmte sich die Kanzlei Herbert Smith der beiden und erklärte sich bereit, Simon Li zu verklagen.

Dem Vertrauen der Bevölkerung in Hongkongs Anwaltschaft versetzte die Justizkomödie »Anwalt sucht Anwalt« einen schweren Schlag. Wie eine im Auftrag der *Sunday Morning Post* Ende Juli durchgeführte Umfrage ergab, waren zwar 63 Prozent der Ansicht, Hongkong habe ein faires Rechtssystem, doch nur 23 Prozent hielten eine Klage gegen die Regierung nach 1997 noch für aussichtsreich. 59 Prozent schien dergleichen ein hoffnungsloses Unterfangen. Selbst Klagen gegen chinesische Firmen, meinten 44 Prozent, seien dann nutzlos, während 41 von 100 Befragten glaubten, diese hätten noch immer Aussicht auf Erfolg.

Dabei hatten die Kollegen Martin Lees nicht einmal gegen die Regeln ihres Berufsstandes verstoßen, denn zu den zahlreichen Eigentümlichkeiten des britischen Rechtssystems, das die Grundlage von Hongkongs Rechtssystem bildet und laut Joint Declaration Hongkong über 1997 hinaus erhalten bleiben soll, gehört auch die Unterscheidung zwischen zwei Arten von Advokaten: *barristers* und *solicitors*.[23]

Nur Barrister haben das Recht, in den mündlichen Verhandlungen vor den höheren Gerichten (High Court und Court of Appeal) aufzutreten. Besonders erfahrene und angesehene Barrister werden von der britischen Königin mit dem Titel »Queen's Counsel«, QC, ausgezeichnet. Martin Lee ist einer der etwa vierzig Queen's Counsels in Hongkong. Nach der von der Anwaltskammer der Barrister, der Bar Association, aufgestellten »Regel der wartenden Taxis am Droschkenstand« *(cab rank rule)* ist ein Barrister verpflichtet, jeden ihm angetragenen Fall zu übernehmen.

Das dumme ist nur, daß sich ein Klient nicht unmittelbar an einen Barrister wenden kann, sondern einen Solicitor mit seinem Fall beauftragen muß. Dem Solicitor aber erlauben die Regeln seiner Berufsorganisation, der Law Society, sich seine Klienten und Fälle auszuwählen. Und von diesem Recht hatten die Opportunisten und Angsthasen unter Hongkongs Solicitors in Sachen Lee gegen Li regen Gebrauch gemacht.

Wären Martin Lee und Szeto Wah auf ihrer Suche nach einem Solicitor letztlich nicht doch fündig geworden, hätte dies eine Verletzung der in Hongkong durch die »Hong Kong Bill of Rights Ordinance« gesetzlich garantierten Menschenrechte bedeutet, deren Artikel 14 wortgleich mit Artikel 17 des »Internationalen Pakts über bürgerliche und politische Rechte« von 1976 lautet:

> (1) Niemand darf willkürlichen oder gesetzwidrigen Eingriffen in seine Privatsphäre, Familie, sein Heim oder seinen Briefverkehr noch ungesetzlichen Angriffen auf seine Ehre und seinen guten Ruf ausgesetzt werden.
> (2) Jederman hat Anspruch auf rechtlichen Schutz gegen derartige Eingriffe oder Angriffe.[24]

Nur zwei Jahre früher hätte dies zu keinem Rechtskonflikt geführt, denn Hongkongs Bill of Rights war per Erlaß von Gouverneur Wilson »auf Rat und mit der Zustimmung des Legislativrats« erst am 8. Juni 1991 in Kraft getreten.

Daß die Menschenrechte überhaupt in Hongkongs Rechtssystem Eingang fanden, war allein dem Schock über das Massaker auf dem Platz des Himmlischen Friedens am 4. Juni 1989 zu verdanken. Damals war in einer Hongkonger Tageszeitung folgende ganzseitige Anzeige[25] erschienen:

Macht kommt nicht
aus Gewehrläufen
Sie kommt aus dem Willen
des Volkes
Das Volk von
Hongkong braucht seine
Bill of Rights JETZT

Hatten Sir David Ford, Hongkongs Chefminister, sowie der damalige Minister für Verfassungsangelegenheiten, Michael Suen Ming-yeung, noch im Mai 1989 betont, eine gesetzliche Absicherung der Menschenrechte könne erst nach der Verabschiedung des Basic Law durch den Nationalen Volkskongreß und nur in Übereinstimmung mit dessen Bestimmungen erfolgen, empfahl der Ausschuß für Auswärtige Angelegenheiten des britischen Unterhauses in einem am 30. Juni veröffentlichten Bericht: »Eine Bill of Rights sollte so bald wie möglich eingebracht werden, damit sie fest in Hongkongs System verankert (*entrenched*[26]) und eine substantielle Fallrechtssammlung darauf errichtet werden kann. Hongkong sollte 1997 nicht mit frischgebackenen und unerprobten Rechten und Freiheiten dastehen.«[27]

Als Gouverneur Wilson daraufhin am 11. Oktober 1989 in seiner LegCo-Rede verkündete: »Es ist klar, daß es jetzt in der Gesellschaft eine starke Unterstützung dafür gibt, diese Freiheiten fest zu verankern durch den Erlaß einer Bill of Rights«, die nach einer begrenzten Übergangszeit Vorrang vor allen anderen Gesetzen Hongkongs erhalten solle, konnte er sich des erbitterten Widerstands von seiten Pekings gewiß sein.

Bisher waren alle Versuche gescheitert, die Menschenrechte für Hongkong über 1997 hinaus als einklagbare Rechte festzuschreiben: Das Entwurfskomitee für das Basic Law hatte die internationalen Menschenrechtsabkommen einfach ignoriert. So hatte der Vorsitzende des Unterausschusses des BLDC, der für das Kapitel über die Grundrechte und Pflichten der Bürger der SAR zuständig war, den Vorschlag, den Wortlaut des »Internationalen Pakts über bürgerliche und politische Rechte« ins Basic Law aufzunehmen, bereits 1986 als »impraktikabel« abgetan, weil »der Text [dadurch] zu lang und schwerfällig« würde. Zudem sei es völlig »unnötig«, denn der Text würde dadurch »repetitiv«.[28]

Der Vorsitzende des Unterausschusses war niemand anderes als Simon Li Fook-sean.

Lu Ping, damals Stellvertretender Vorsitzender des BLDC, hatte Simon Li beigepflichtet und hinzugefügt, »internationale Dokumente sollten nicht mit dem Basic Law vermischt werden, welches ein chinesisches Gesetz ist«.

Durch die Ereignisse vom Frühjahr 1989 in Menschenrechtsfragen unnachgiebiger geworden denn je, widersetzte sich Peking entschieden dem überraschenden Versuch der Briten, den Chinesen mittels einer Bill of Rights im Umgang mit aufmüpfigen Geistern in Hongkong die Hände zu binden. Prompt erklärte Lu Ping, »alle Gesetze sind gleichrangig«,[29] und der »Unterausschuß Rechte und Pflichten« des Entwurfskomitees für das Basic Law, der Mitte Dezember 1989 in Guangzhou tagte, beschloß, daß »kein Gesetz, das Vorrang vor einem anderen Gesetz beanspruche, den Übergang 1997 überleben« werde.

Peking hatte Erfolg. Hongkongs Bill of Rights, die am 8. Juni 1991 in Kraft trat, ist nicht mehr als ein gewöhnliches, nach 1997 durch einfache Mehrheit jederzeit ergänzbares, veränderbares oder aufhebbares Gesetz. »Die Regierung Hongkongs«, schrieb Dr. Nihal Jayawickrama von der Juristischen Fakultät der University of Hong Kong, »hat sich den Forderungen der chinesischen Behörden gebeugt und die [ursprünglich] geplante Bill of Rights entmannt.«[30]

Die Schwierigkeiten des Anwalts Martin Lee beim Versuch, den pensionierten Richter Simon Li vor den Kadi zu zerren, brachten an den Tag, wie gefährdet die angeblich durch die Bill of Rights garantierten Menschenrechte in Hongkong bereits waren.

Die Erkenntnis, daß die Herrschaft des Gesetzes keineswegs gesichert war, wirkte wie ein Schock. Besorgt forderte die Vorsitzende der Hong Kong Bar Association, Jacqueline Leong, QC, die Schaffung einer unabhängigen Institution für die Gewährleistung eines rechtlichen Beistands, während Roderick Woo Bun, der Präsident der Law Society, über eine Änderung der Statuten seiner Kammer nachdachte. So kam es am 8. September 1993 zur Bekanntgabe einer neuen, im Vergleich mit allen anderen auf dem englischen Common Law basierenden Rechtssystemen der Welt einmaligen Regel, derzufolge kein Solicitor einen Klienten wegen seiner Rasse oder Hautfarbe, seiner ethnischen oder nationalen

Herkunft, seines Geschlechts oder seiner religiösen oder politischen Überzeugungen ablehnen darf. Tut er es doch, droht ihm der Entzug seiner Lizenz.

Natürlich glaubte niemand ernstlich, das Verbot könnte auch nur einen einzigen Anwalt dazu bringen, gegen seinen Willen Klienten zu akzeptieren. Schließlich waren die Mitglieder der juristischen Zunft auch weiterhin weder verpflichtet, jeden Fall zu übernehmen, noch Gründe für eine Ablehnung zu nennen. Wer sich heute beugt, bevor der Wind überhaupt zu blasen begonnen hat, von dem ist kaum zu erwarten, daß er morgen Rückgrat zeigt.

Rückgrat, mußte Simon Li erfahren, zeigte ausgerechnet seine Tochter Gladys. Gladys Li, QC und Mitglied des Bar Council, hatte auf die Eröffnung ihres Vaters, wen er alles aus dem »durchgehenden Zug« werfen würde, sogleich mit der Bemerkung reagiert, »Patriotismus« sei kein geeignetes Kriterium für die Erteilung der Erlaubnis zur Weiterfahrt. Zudem stünden einige Aspekte des Basic Law nicht im Einklang mit der Joint Declaration. »Ich meine nicht, das Verbrennen des Basic Law als bloßer Akt des Protests bedeutet, daß man nicht die Grundsätze der künftigen Verfassung Hongkongs achtet«, ließ die rebellische Tochter wissen. Das einfachste Mittel sei, die Mitglieder des Legislativrats – wie in Artikel 104 des Basic Law vorgesehen – einen Treueid auf das Sonderverwaltungsgebiet Hongkong und auf das Basic Law schwören zu lassen.

Simon Lis Schuß aus Peking war nach hinten losgegangen. Mit seiner Attacke auf die streitbaren Verfechter demokratischer Reformen hatte er unfreiwillig gerade jenen Schützenhilfe geleistet, die für den Erhalt einer unabhängigen Judikative kämpften: Besser als jedes juristische Lehrbuch es könnte, hatte er demonstriert, wie wichtig es ist, dem Gesetz stets auch gegen die Mächtigen in Staat und Wirtschaft Geltung zu verschaffen.

Olympische Spiele

»Die Freiheiten, die Hongkongs Bevölkerung genießt«, schreibt Professor Albert Chen von der juristischen Fakultät der University of Hong Kong, »sind Nebenprodukt einer liberalen Regierung und selbstverordneter Zurückhaltung beim Gebrauch der Macht durch die Herrschenden.«[31] Hongkongs Bürger erfreuen sich ihrer Freiheiten demnach allein deshalb, weil die drakonischen Gesetze des Kolonialregimes in der Praxis nur lasch angewandt werden.

Daß sich Großbritannien bei der Gewährung und Sicherung der Menschenrechte in Hongkong nicht gerade mit Ruhm bekleckert hat, dokumentierte der Menschenrechtsausschuß der Vereinten Nationen mit seinem 162seitigen Bericht über Hongkong vom November 1988. Ein langes Sündenregister darin macht deutlich, wie wenig die Briten ihrer Verpflichtung nachgekommen waren, die Rechte der Bürger Hongkongs durch innere Gesetze zu sichern. So sei – um einige der vielen Rügen zu nennen – die Todesstrafe noch in Kraft, die Prügelstrafe sei erlaubt, die Polizei habe zuviel Machtbefugnis, die Filmzensur widerspreche dem Recht auf freie Meinungsäußerung, die Presse- und Informationsfreiheit sei nicht garantiert, die Versammlungsfreiheit sei nicht gewährleistet, die Behandlung vietnamesischer Flüchtlinge sei unvereinbar mit den Artikeln 7, 9 und 12 des »Internationalen Pakts über bürgerliche und politische Rechte«, und vor 1984 hätte längst ein Repräsentativsystem eingeführt sein müssen.

Wie zu erwarten, taten die Regierungen in London und Hongkong, als seien sie zu Unrecht an den Pranger gestellt. Doch wie kam es dann, daß ausgerechnet *Ta Kung Pao* diesmal für sie eine Lanze brach? »Die Anschuldigungen«, schrieb Hongkongs KP-Blatt am 8. November 1988, »haben keine rechtliche Wirkung, und ihre Einschätzung des gegenwärtigen und künftigen Schutzes der Menschenrechte in Hongkong geben nicht die Meinung der Mehrheit wieder.« Offensichtlich war Peking daran gelegen, daß die beanstandeten Bestimmungen und Gesetze in Kraft blieben.

Die chinesischen Untertanen waren von jeher Stiefkinder Ihrer Majestät. So hatte Großbritannien, nachdem es 1951 die »Europäische Konvention zum Schutz der Menschenrechte und Grundfreiheiten« ratifiziert hatte, deren Gültigkeit auf alle Abhängigen Gebiete ausgedehnt – mit Ausnahme Hongkongs. Zudem blieb den Bürgern Hongkongs – im Gegensatz zu denen des übrigen Empire – der Zugang zur Europäischen Kommission und zum Europäischen Gerichtshof für Menschenrechte verwehrt.[32]

Ferner hatten es die Briten unterlassen, die Gültigkeit der UNO-Konventionen gegen Folter und andere grausame, unmenschliche oder erniedrigende Behandlungen und Strafen, über die Behandlung von Flüchtlingen sowie über die Beseitigung der Diskriminierung von Frauen auch auf Hongkong auszudehnen.

Der »Internationale Pakt über wirtschaftliche, soziale und kulturelle Rechte« (Sozialpakt) wie der »Internationale Pakt über bürgerliche und politische Rechte« (Zivilpakt) hingegen waren von der britischen Regierung 1976 für das Vereinigte Königreich und seine Abhängigen Gebiete ratifiziert worden – für Hongkong jedoch mit gewissen Einschränkungen und Vorbehalten. Beispielsweise gegen Artikel 25 (b) des Zivilpakts, der jedem Bürger das aktive und passive Wahlrecht in allgemeinen, gleichen und geheimen Wahlen zuspricht, sowie gegen Artikel 8, Abschnitt 1 (b) des Sozialpakts, der Gewerkschaften das Recht zur Gründung von nationalen Föderationen oder Dachverbänden einräumt und letzteren erlaubt, internationale Gewerkschaftsorganisationen zu bilden oder sich solchen anzuschließen.

Großbritannien hat freilich die Fakultativprotokolle über die Beschwerdemöglichkeiten von Einzelpersonen von 1976 und über die Abschaffung der Todesstrafe von 1991 nicht unterschrieben. Hongkongs Bürgern blieb also das individuelle Petitionsrecht beim Menschenrechtsausschuß der UNO vorenthalten, der seit 1977 die Achtung des Rechts auf Leben, das Verbot der Folter, die Glaubens- und Meinungsfreiheit, die Gleichheit vor dem Gesetz, den Schutz der Familie und den Minderheitenschutz überwachen soll. Daß es in Annex I, Abschnitt XIII der Joint Declaration in Artikel 39 des Basic Law heißt, die Bestimmungen des Sozial- und des Zivilpakts blieben »wie auf Hongkong angewandt« auch in der SAR in Kraft, entbehrt somit nicht der Komik.

China hat die beiden UNO-Dokumente ehrlicherweise erst gar nicht unterzeichnet. Die von den Vereinten Nationen 1948 verabschiedete »Allgemeine Erklärung der Menschenrechte« war ohnehin nicht mehr als eine Empfehlung der Generalversammlung, kein völkerrechtlich bindender Vertrag.

Mit welcher Vehemenz sich Peking gegen die Anerkennung der Menschenrechte als universeller Prinzipien wehrt, hatte die Weltkonferenz über Menschenrechte vom 14. bis 25. Juni 1993 in Wien gezeigt. Unter Führung Chinas hatte dort eine Reihe asiatischer Länder die Schaffung eines Internationalen Gerichtshofs zur Ahndung von Verstößen gegen die Menschenrechte verhindert. Die in Wien anwesenden Vertreter von rund 1800 regierungsunabhängigen Menschenrechtsorganisationen, darunter etwa 250 aus dem asiatisch-pazifischen Raum, beklagten denn auch den mageren Gehalt der »Wiener Erklärung«.

Der Wiener Konferenz war Anfang April ein Treffen asiatischer Länder in Bangkok vorausgegangen. Es hatte mit einer vom Iran eingebrachten Entschließung geendet, welche die uneingeschränkte Autonomie und Souveränität eines jeden Staates zum Angelpunkt macht, die Menschenrechte der wirtschaftlichen Entwicklung unterordnet und zwischen »westlichen« und »asiatischen« Vorstellungen von Menschenrechten unterscheidet. Auch enthält die »Bangkoker Erklärung«, an deren Ausarbeitung neben China besonders fleißig Indonesien und Burma mitgewirkt hatten, eine von Indien und mehreren Staaten des Mittleren Ostens unterstützte Klausel gegen die Einmischung anderer Länder in die inneren Angelegenheiten eines Staates. Japan distanzierte sich von der Erklärung. Anscheinend empfand es sich in solcher Gesellschaft nurmehr bedingt als asiatisches Land.

»Die einheimischen Menschenrechtsbewegungen Asiens widerlegen durch ihre bloße Existenz die Behauptung vieler Regierungen, daß solche Rechte fremde oder westliche Ideen sind«, schrieb Christine Loh, die an der Wiener Menschenrechtskonferenz als Vertreterin der Internationalen Juristenkommission teilgenommen hatte. Die Behauptung des chinesischen Vizeaußenministers Liu Huaqiu, jeder einzelne Bürger Chinas »erfreue sich echter Demokratie und Freiheit, bürgerlicher und politischer Rechte wie auch weitreichender wirtschaftlicher, sozialer und kultureller Rechte«, nannte sie »nachweislich totalen Unsinn«.

David Chu Yu-lin, Immobilienhändler, Motorradfan und Hongkong-Berater Pekings, hatte bereits am 29. März 1993 in der *South China Morning Post* mit Bezug auf die erschreckend »unchinesischen« Ansichten von Christine Loh erklärt: »Es gibt viele Leute in Hongkong, die, nachdem sie jahrelang westlichem Einfluß ausgesetzt waren, nicht fühlen, daß sie Chinesen sind, und kein gutes Gefühl dabei haben, der chinesischen Rasse anzugehören. Christine Loh beispielsweise ist wahrscheinlich weniger chinesisch als Sir David [Akers-Jones].«

Ähnlich abstruse Mischungen aus Politik und Rassismus hatte es schon früher gegeben. Man denke nur an den *Völkischen Beobachter* oder an den britischen Kolonialpionier Cecil Rhodes.[33]

Ohne mit der Wimper zu zucken, hätte David Chu wohl auch den bärtigen *gweilo* aus Trier an der Mosel namens Marx, auf dessen Lehre sich Chinas Kommunisten noch immer beriefen, posthum zum Ehren-Chinesen ernannt.

Was aber war dann der Arbeiterführer Han Dongfang? In den Augen Chus war auch er gewiß »weniger chinesisch« als Sir David.

Am Abend des 14. August 1993 nämlich, die Rush-hours waren gerade vorbei, bemerkten Hongkongs Grenzbeamte in Lo Wu auf der chinesischen Seite plötzlich einen Tumult. Ein gutes Dutzend Polizisten rangen mit einem sich heftig wehrenden Mann. Die Gruppe kam näher und schob den Mann auf die Brücke, die die Grenze zwischen Hongkong und Shenzhen markiert. Immer wieder versuchte der Mann zurückzugelangen. Vergeblich. Die Polizisten versperrten ihm den Rückweg nach China. Dann kletterte er auf das Geländer. Offenbar wollte er sich hinunterstürzen. Erst jetzt griffen Hongkongs Beamte ein, überredeten den verzweifelten Mann herabzusteigen und geleiteten ihn auf britisches Gebiet.

Der Mann, den die Chinesen ohne viel Federlesens abgeschoben hatten, war der dreißig Jahre alte ehemalige Eisenbahnarbeiter Han Dongfang. Bekannt geworden war er durch seine Gründung der ersten unabhängigen Gewerkschaft Chinas während der Demokratiebewegung im Frühjahr 1989, was ihm nach dem Tiananmen-Massaker 22 Monate Gefängnis eingebracht hatte – ohne Gerichtsverfahren. Die folgenden elf Monate hatte er sich in den USA wegen Tuberkulose behandeln lassen, die er sich in der Haft zugezogen hatte.

Han Dongfang, Chinas Lech Walesa genannt, war erst am Morgen des 13. August nach China zurückgekehrt: In Aotou, einer kleinen Hafenstadt der Provinz Guangdong, hatte er die Grenze passiert. 24 Stunden später war er in Guangzhou verhaftet und über zehn Stunden verhört worden. Dann hatte man ihn abgeschoben.

Eine Woche später, am 21. August, teilte ein Beamter von Xinhua in Hongkong mündlich mit, Han sei der Paß entzogen worden. Damit war er *de facto* staatenlos. Unklar blieb, ob ihm zugleich die chinesische Staatsbürgerschaft aberkannt worden war.

Die Ausweisung Han Dongfangs löste weltweit Empörung aus. Das US-Außenministerium ließ durchblicken, der Fall könnte Folgen haben für die im folgenden Jahr erneut zu treffende Entscheidung über die Meistbegünstigung (MFN) Chinas im Handel mit den USA. Bill Clinton hatte sie bei der jüngsten Verlängerung an wesentliche Verbesserungen der Lage der Menschenrechte in China geknüpft. Zudem informierte Washington die amerikanischen Mitglieder des Olympischen Komitees über Chinas Menschenrechtsverletzungen. In London bestellte das Foreign Office den chinesischen Botschafter ein. Hongkongs Regierung beschuldigte China, gegen internationales Recht und gegen Artikel 13 der Allgemeinen Erklärung der Menschenrechte verstoßen zu haben. Sogar die Anwältin Liu Yiu-chu, Hongkong-Abgeordnete im Nationalen Volkskongreß, beschrieb die chinesische Haltung als »feudalistisch« und bezeichnete Han als »echten Patrioten«.

»Wenn ich gegen irgendein Gesetz verstoßen habe«, sagte Han, »dann sollte mir in China nach chinesischem Recht der Prozeß gemacht werden.« Flüchtlingsstatus oder politisches Asyl zu beantragen, lehnte er ab.

Die Verweigerung des Rechts auf Rückkehr ins eigene Land verteidigte Hongkongs KP-Organ *Wen Wei Po* mit der Behauptung, Han arbeite für Chinas »Feinde«, habe »gegen die Regierung gerichtete Aktivitäten betrieben und den Interessen des chinesischen Volkes geschadet.« »Der Fall Han Dongfang ist kein isoliertes Ereignis, sondern eine sorgsam geplante Verschwörung von antikommunistischen und antichinesischen Organisationen im Westen und in Hongkong, die darauf abzielt, das Ansehen der chinesischen Regierung zu schädigen«, schrieb das Blatt. Und Xinhua behauptete, Han habe sein Versprechen gebrochen, sich im Ausland subversiver Aktivitäten zu enthalten.

Diese Begründung genügte selbst der Democratic Alliance for Betterment of Hong Kong (DAB) nicht. Der Fall Han, stellte die pekingfreundliche Gruppe fest, habe in der Bevölkerung Hongkongs zu Befürchtungen geführt, die Reisefreiheit und das Recht auf ungehinderte Aus- und Einreise – in Artikel 31 des Basic Law garantiert – könnten nach 1997 gefährdet sein. In einem an Ministerpräsident Li Peng gerichteten offenen Brief, den sie am 24. August auch an das Ministerium für öffentliche Sicherheit, das Amt für Hongkong- und Macao-Angelegenheiten und das Xinhua-Büro in Hongkong schickte, forderte die Gruppe die chinesische Regierung auf, jene Gesetze zu nennen, gegen die Han verstoßen habe, und rechtlich zu begründen, warum die »zuständigen Stellen« ihm den Paß entzogen hätten. »Sie müssen die Herrschaft des Gesetzes beachten, sie können nicht einfach sagen, es sei richtig, was sie getan haben«, meinte ein Insider, der lieber nicht namentlich genannt werden wollte.

»In flagranter Verletzung internationalen Rechts [...] ist er auf unser Territorium geschoben worden«, wetterte ein gut erholter Chris Patten am 3. September 1993 sichtlich aufgebracht kurz nach der Rückkehr aus seinem Italien-Urlaub. »Die Herrschaft des Rechts läßt es nicht zu, daß Beamte, daß Regierungen auf dem Gesetz herumtrampeln, wann immer es ihnen paßt«, donnerte er und warnte: »Wenn die Leute sehen, was im Fall Han passiert ist, dann fragen sie sich unweigerlich, wie es um die Gesetzestreue jener bestellt ist, die diese Entscheidungen getroffen haben.«

Peking saß in der Klemme. In den vergangenen Monaten hatte es Himmel und Hölle in Bewegung gesetzt, um die für den 23. September in Monaco angesetzte Wahl des Austragungsorts der Olympischen Spiele im Jahr 2000 für sich zu entscheiden, und nun das. Man hätte Han Dongfang ja einfach wieder einlochen können, aber dann wäre das Geschrei wohl noch größer gewesen. Wollte man den Traum von Olympia in Peking nicht gleich begraben, mußte man Han zumindest scheinbar die Möglichkeit zur Rückkehr bieten.

Han habe, zitierte ein Sprecher von Xinhua in Hongkong einen anonymen Sprecher des Ministeriums für öffentliche Sicherheit, zwar gegen chinesische Gesetze verstoßen, indem er geplant habe, in China erneut eine freie Gewerkschaft zu gründen, doch dürfe er unter bestimmten Bedingungen zurückkehren: »Er muß gestehen, daß er Dinge getan hat, die den Interessen und dem Ansehen des Landes schaden, [und] versichern, daß er nie wieder Aktivitäten entwickeln wird, die gegen die chinesische Regierung gerichtet sind und chinesisches Recht verletzen.« »Han«, so hieß es weiter, werde gestattet »zurückzukehren, wenn sich seine Reue nach einer gewissen Zeit als echt erwiesen hat und er bewiesen hat, daß er meint, was er sagt.« Er könne, schlug man vor, in ein beliebiges drittes Land reisen, das diplomatische Beziehungen zu China unterhalte, und bei der dortigen chinesischen Botschaft ein Geständnis ablegen. Wie dies ohne Paß und ohne Asylantrag zu bewerkstelligen sei, verriet der nicht genannte Sprecher nicht.

Wenig später erklärte der DAB-Vorsitzende Tsang Yok-sing,

Mitglied des »zweiten Ofens«, nach einem Gespräch mit dem Stellvertretenden Minister für öffentliche Sicherheit, Tian Qiyu, in Peking, die Zweifel der DAB an der Rechtmäßigkeit der Ausweisung seien ausgeräumt. Er sei mit der Auskunft zufrieden. Die Behörden hätten im Rahmen des Gesetzes gehandelt. Es liege bei Han, wie er sich entscheide.

Die chinesischen Behörden konnten beruhigt sein. Ein so entschlossener und hartnäckiger Mann wie Han Dongfang war wohl kaum bereit, Sünden zu beichten, die er seiner Überzeugung nach nicht begangen hatte.

Um sein angekratztes Image aufzupolieren, meldete Xinhua am 14. September – neun Tage vor der Abstimmung in Monte Carlo – die Entlassung Wei Jingshengs, des bekanntesten und am längsten einsitzenden politischen Häftlings. Wei, hieß es, sei »wegen guter Führung« sechs Monate vor Ablauf seiner fünfzehnjährigen Strafe auf Bewährung entlassen worden.

Wei Jingsheng, der desillusionierte Sohn Wei Zilins, eines Nachbarn Mao Zedongs und engen Vertrauten des mächtigen Deng-Rivalen Chen Yun, war der geistige Führer der Demokratiebewegung von 1978/79. Kurz nachdem Deng Xiaoping Mitte März 1979 seine »Vier Grundprinzipien«[34] verkündet hatte, war an Pekings Demokratischer Mauer eine Wandzeitung aus dem Pinsel Weis erschienen, in der es hieß, Deng wandele sich, »nachdem er durch Täuschung das Vertrauen des Volkes gewonnen hat, zum Diktator«. Vier Tage später war er auf Befehl des Gescholtenen verhaftet und im Oktober wegen Verrats »militärischer Geheimnisse« an einen ausländischen Reporter und der »Verbreitung konterrevolutionärer Propaganda und Aufwiegelung« verurteilt worden.

»Wir stellen fest, daß Diktaturen [. . .] wie die Sowjetunion, Vietnam und China vor der Zerschlagung der Viererbande ausnahmslos zu einer Art faschistischem System degeneriert sind, wo eine Minderheit der herrschenden Klasse die Diktatur über die breite Masse der Werktätigen ausübt«, hatte Wei, den ein Babyfoto in den Armen von Maos Frau Jiang Qing zeigt, vor Gericht erklärt.

Das eintägige öffentliche Verfahren unter Ausschluß der Öffentlichkeit von 1979 wie die Umstände seiner »vorzeitigen« Freilassung im September 1993 haben gezeigt: Heute wie damals ist Chinas Justiz der verlängerte Arm der Exekutive.[35]

Die lange Gefangenschaft – davon meist in Einzelhaft – hatte den inzwischen 43jährigen in seinen Überzeugungen eher bestärkt als geschwächt: »Meine politischen Ansichten haben sich nicht geändert [...] Ich bereue nichts«, beteuerte er und verkündete, er werde weiter für Demokratie und Menschenrechte kämpfen.

Einen Tag nach Wei Jingsheng wurde Zhai Weimin entlassen. Zhai, einer der wichtigsten Studentenführer der Demokratiebewegung von 1989, war im Mai 1990 verhaftet und zu dreieinhalb Jahren Haft verurteilt worden. Ein Sprecher des Justizministeriums bestritt jedoch, er sei vorzeitig auf freien Fuß gesetzt worden.

Einen Tag nach Zhai Weimin wurde Wu Xueqan entlassen. Wu war im Dezember 1989 verhaftet und zu vier Jahren verurteilt worden, weil er als Redakteur von *Renmin Ribao* im Mai 1989 eine unautorisierte Ausgabe der Zeitung herausgebracht hatte, die den unter Beschuß geratenen Ministerpräsidenten Zhao Ziyang verteidigte und die Studentenproteste auf dem Platz des Himmlischen Friedens pries. Wu hatte zwei Jahre in Einzelhaft verbracht. Ihm hatte man vier Monate erlassen.

Am 16. September, am Tag der Entlassung des dritten prominenten Dissidenten innerhalb von drei Tagen, flog eine Abordnung in Kompaniestärke, welche die 89 Mitglieder des Wahlausschusses des Internationalen Olympischen Komitees mit allen Mitteln dazu bringen sollte, für die chinesische Hauptstadt zu stimmen, mit einer Sondermaschine nach Monte Carlo. Zu dem von Vizepremier Li Lanqing befehligten Aufgebot von zweihundert Lobbyisten zählten außer drei ehemaligen Olympiasiegern und einem Kinderchor auch Pekings KP-Chef Chen Xitong.

Mit der Wahl Chens zum Vorsitzenden des Bewerbungskomitees hatte sich Peking allerdings einen Bärendienst erwiesen: Vier Jahre zuvor hatte Chen Xitong, damals Bürgermeister von Peking, das Blutbad auf dem Tiananmen-Platz gerechtfertigt.

Ebenfalls mit von der Partie war Hongkongs Henry Fok, Fußballclubpräsident und einer von sieben Stellvertretenden Vorsitzenden des »zweiten Ofens«. Fok, der jeden chinesischen Olympiasieger von Barcelona 1992 mit einem Scheck über 40 000 US-Dollar und einer 1000 Gramm schweren Goldmedaille belohnt hatte, hatte eine Woche zuvor versprochen, aus seiner Tasche ein Riesenstadion mit 100 000 Plätzen zu finanzieren, sollte Peking den Zuschlag erhalten.

Henry Fok hatte Glück. Diesmal konnte er sein Geld behalten. Das Internationale Olympische Komitee entschied sich für Sydney als Gastgeber von »Olympia 2000«.

Grund für die Niederlage Pekings war weniger die offen ausgesprochene Drohung, China könnte 1996 die Spiele in Atlanta boykottieren, als die traurige Lage der Menschenrechte im Reich der Mitte. Daß sich IOC-Präsident Juan Antonio Samaranch, Peking-Advokat und ehemaliger Anhänger des spanischen Diktators Francisco Franco, nicht durchsetzen konnte, ging vor allem auf das Konto der Amerikaner: Die Wahl Pekings, war aus ihren Reihen zu hören, käme der Vergabe der Spiele von 1936 nach Hitler-Berlin gleich. Doch auch der britische Außenminister Douglas Hurd hatte sich den Zorn der Götter von Zhongnanhai, Chinas Partei-Olymp, zugezogen: »Man muß nur täglich in die Zeitung schauen, um zu wissen, was sie sind«, hatte er ein paar Tage zuvor im australischen Fernsehen gesagt.

Tatsächlich hatten die Zeitungen in jüngster Zeit nicht nur über die Freilassung eines halben Dutzends der nach Schätzung der Menschenrechtsorganisation Asia Watch mindestens 3600 politischen Gefangenen berichtet, die die Zwangsarbeitslager, Gefängnisse und psychiatrischen Kliniken von Chinas Gulag (chinesisch: *laogai*) bevölkern, sondern auch über zahlreiche neue Verhaftungen. An die dreißig Dissidenten – meist Mitglieder von Gruppen, die im Untergrund für Demokratie und Menschenrechte kämpften –, stand da zu lesen, warteten zum Teil seit Monaten auf ihren Prozeß: Der Beginn der Verfahren war verschoben auf die Zeit nach Monte Carlo.

Nur drei Tage nach der Entscheidung des IOC berichtete Hongkongs Presse, Peking beginne, den Weg zu ebnen für das Kassieren von Hongkongs Bill of Rights. Der Schutz der Privatsphäre beispielsweise, garantiert in Artikel 14, behindere die Polizei im Kampf gegen das Verbrechen. Überhaupt widerspreche die Bill of Rights dem Basic Law. Neue Menschenrechtsgesetze, erlassen von der Regierung der SAR, seien Schutz genug.

Der Kampf gegen das Verbrechen, stand zu fürchten, könnte schon sehr bald nach dem 30. Juni 1997 auch in Hongkong so geführt werden wie in China, wo die Zeitungen wieder einmal voll waren von Berichten über Massenexekutionen. War die Bill of Rights einmal abgeschafft, ließ sich die Todesstrafe in Hongkong leicht wieder einführen, die der Legislativrat erst im April mit einer Mehrheit von 40 zu 9 Stimmen abgeschafft hatte, nachdem sie ohnehin längst nicht mehr angewandt worden war.

Kein Geringerer hatte die Annullierung der Bill of Rights gefordert, als der Kovorsitzende der Untergruppe für Rechtsfragen im »zweiten Ofen«: Richter i. R. Simon Li.

Cash und Kerry

Ihr Geschick bei der Wahl des jeweils günstigsten Zeitpunkts bewiesen die Chinesen einmal mehr vier Tage nach der Entscheidung des IOC: Am 27. September 1993 hatten Beamte der Staatssicherheit einen Reporter von Hongkongs chinesischsprachiger Zeitung *Ming Pao,* in Peking verhaftet – exakt eine Woche vor der Eröffnung der Weltkonferenz über Pressefreiheit in Hongkong.

Xi Yang, meldete die Nachrichtenagentur Neues China, sei wegen Spionage festgenommen worden. Er habe »Staatsgeheimnisse des Bankwesens« ausgekundschaftet und veröffentlicht. Gefragt, wie ein Reporter wissen könne, ob eine bestimmte Information ein Staatsgeheimnis sei, erklärte Zhang Junsheng, Stellvertretender Direktor von Xinhua in Hongkong, erfahrene Journalisten sollten fähig sein, selbst zu beurteilen, was ein »Staatsgeheimnis« ist.

Ming Pao hatte am 28. Juli von geplanten Goldverkäufen Chinas und der Entscheidung berichtet, die Zinsen im laufenden Jahr nicht weiter zu erhöhen. Die Vorwürfe gegen Xi standen offenbar in Zusammenhang mit diesem Bericht.

Erst zwei Jahre zuvor war Xi Yang nach Hongkong gekommen. Vorher hatte er in China als Reporter gearbeitet. Pekings Umgang mit den Medien war ihm also vertraut. Zusammen mit zwei Kollegen war er der Einladung zu einem Interview mit Deng Pufang gefolgt, dem Präsidenten des Chinesischen Behindertenverbands. Deng Pufang war querschnittsgelähmt: Während der Kulturrevolution, als sein heute so mächtiger Vater Deng Xiaoping bei der damals so mächtigen »Viererbande« in Ungnade gefallen war, hatte man ihn aus dem Fenster geworfen.

Xi Yang war nicht der erste Journalist aus Hongkong, der in China verhaftet wurde. Am 25. Oktober 1992 – zwei Tage nach Pattens fatalem Pekingbesuch – hatten Beamte eine Reporterin des *Hong*

Kong Express kurz nach Mitternacht aus ihrem Hotel geholt.[36] Leung Wai-man hatte sich die Rede von KP-Chef Jiang Zemin an den 14. Parteikongreß verschafft, so daß sie in Hongkong zu lesen war, bevor Jiang sie in Peking hielt. Aber sie hatte Glück gehabt: Nach der Abgabe eines schriftlichen Geständnisses sind sie bloß aus China ausgewiesen worden.

Weniger glimpflich war der Redakteur Wu Shishen davongekommen, der die Rede an Frau Leung verkauft hatte. Ursprünglich zu zehn Jahren Haft verurteilt, war seine Strafe auf Verlangen Jiang Zemins Anfang September 1993 zu »lebenslänglich« verschärft worden. Jiang Zemin war, wohlgemerkt, Parteivorsitzender, nicht Regierungschef und schon gar nicht Oberster Richter.

Während die Gesetze der VR China den Begriff »Staatsgeheimnis« gar nicht erst definieren, ist die Rechtslage in Hongkong eindeutig: Der »Official Secrets Act« erklärt nicht nur die Enthüllung jeglicher behördlichen Information durch jede Person, die unter Ihrer Majestät ein Amt innehat oder -hatte, zur kriminellen Handlung, sondern bereits den Erhalt einer solchen – selbst dann, wenn keine Absicht bestand, von ihr Gebrauch zu machen. Es war folglich ein Vergehen, als sich im März 1987 *The Asian Wall Street Journal* das Geheimdokument des Executive Council über Filmzensur verschaffte und daraufhin einen Artikel über die Zensur veröffentlichte, die seit 35 Jahren in Hongkong illegal stattfand. Als am nächsten Tag fast jede Zeitung Hongkongs ein Exemplar des Dokuments erhielt, hatten sich auch die Verleger oder Herausgeber dieser Blätter strafbar gemacht. Der Buchstabe des Gesetzes hätte es der Regierung erlaubt, mit einem Schlag die gesamte Presse auszuschalten. Aber geschehen war nichts.[37]

Was nach 1997 geschehen könnte, wenn – wie in Artikel 23 des Basic Law festgelegt – neue Gesetze gegen Verrat, Sezession, Agitation, Subversion und den Diebstahl von Staatsgeheimnissen den Official Secrets Act ersetzt haben, hatte der Fall Xi Yang gezeigt. »Die Botschaft ist klar«, meinte Daisy Li Yuet-wah, die Vorsitzende von Hongkongs Journalistenvereinigung, »es geht um die Einschüchterung der Hongkonger Medien, die eine entscheidende Rolle in der China-Berichterstattung für die Welt spielen.« »Es ist«, beschrieb sie die Situation, »wie wenn jemand, den Finger am Abzug, eine geladene Pistole auf einen richtet und versichert, er werde niemals abdrücken.«

Aufgeschreckt durch die Verhaftung des *Ming-Pao*-Reporters, forderten denn auch die Teilnehmer an der Weltkonferenz über Pressefreiheit in einem Brief an Gouverneur Patten: »Alte Gesetze, die ein Relikt aus der Zeit des Kolonialregimes sind, gefährden die Pressefreiheit und sollten außer Kraft gesetzt werden.« Die Journalistenvereinigung machte nicht weniger als siebzehn Gesetze aus, die entweder abgeschafft oder geändert werden müßten.

Die Freiheit der Presse war in Hongkong jedoch nicht allein durch anachronistische Gesetze bedroht, denn was ist schon die Inhaftierung eines Reporters gegen den Kauf einer ganzen Zeitung. Hongkongs Öffentlichkeit war daher stark beunruhigt, als Anfang September 1993 bekannt wurde, Robert Kuoks Kerry Group sei im Begriff, von Rupert Murdochs News Corp. die Kontrolle über die *South China Morning Post,* zu der auch die *Sunday Morning Post* und die chinesische Zeitung *Wah Kiu Yat Po* gehören, zu übernehmen.

Die *Post,* mit einer Tagesauflage von 110 000 Exemplaren weit vor dem *Hongkong Standard* der Sing-Tao-Gruppe Hongkongs führende englischsprachige Tageszeitung, hatte Pattens Bemühungen um demokratische Reformen von Anfang an mit Sympathie begleitet und kommentiert. »Kein Zweifel, China sähe die Zeitung lieber in den Händen von Kuok als in denen von Murdoch«, meinte daher Fred Bowers, Medienspezialist des Nomura Research Institute in Hongkong.

Die Familie des bislang eher als medienscheu geltenden Robert Kuok Hock Nien war einst aus dem chinesischen Fujian ins malaysische Johor ausgewandert. Durch Reis- und Zuckerhandel hatte es Vater Kuok dort zu einigem Wohlstand gebracht, so daß er seinen Sohn auf das renommierte Raffles Institute im benachbarten Singapur schicken konnte. Einer seiner Klassenkameraden war ein ehrgeiziger junger Chinese namens Lee Kuan Yew.

Bereits 1947, kurz nach der Kapitulation der Japaner, legte Robert Kuok die Fundamente für sein Firmenimperium, indem er das traditionelle Familiengeschäft durch Lebensmittelhandel und Schiffahrt ergänzte. Mitte der sechziger Jahre – Kuok war inzwischen als »Zuckerkönig« bekannt – kamen Kameras, Kühlschränke und Färbstoffe hinzu. Nun verlegte er den Sitz des Unternehmens nach Singapur, wo er 1971 das erste seiner Shangri-La Hotels errichtete. 1975 folgte das zweite in Hongkong, das nun Sitz der

Kerry Group wurde. Bald sammelte er außer Hotels und Immobilien auch Industrieunternehmen.

Die Öffnung des Landes 1979 durch Deng Xiaopings Reformen nutzend, investierte Kuok massiv in China. Das World Trade Centre in Peking (Anteil: 50 Prozent) und eine Ölraffinerie in Guangxi (Anteil: 70 Prozent) gehören hier ebenso zur Kerry Group wie Joint-ventures für Pflanzenölproduktion. Jüngste Töchter der Firmenfamilie: Coca-Cola-Abfüllanlagen in Sichuan, Shenzhen und Wuhan. Die Belohnung für das China-Engagement blieb nicht aus: Im März 1993 ernannte Peking Kuok zum Hongkong-Berater.[38]

Unterdessen hatte Robert Kuok in Hongkong weiter reiche Beute gemacht. Beachtliche Beteiligungen am piekfeinen Yacht-Club Aberdeen Marina zählen ebenso dazu wie am Western-Harbour-Tunnel-Konsortium oder an CITIC Pacific, dem in Hongkong notierten Arm von Chinas staatlichem Mega-Konglomerat. Hinzu kam ein 32-Prozent-Anteil an Sir Run Run Shaws TVB, Hongkongs größter Fernsehstation, die zugleich über das größte chinesischsprachige Filmarchiv der Welt verfügt. Mit dem Kauf von 34,9 Prozent der Aktien der *South China Morning Post (Holdings)* für die erkleckliche Summe von 349 Millionen US-Dollar war Kuok knapp unter den 35 Prozent geblieben, die ihn nach den Vorschriften von Hongkongs Effektenhandel zu einem kostspieligen 100-Prozent-Gebot gezwungen hätten. Murdochs News Corp. blieb damit nurmehr ein Anteil von 15,1 Prozent.

Rupert Murdoch, der eigentlich sein gesamtes Aktienpaket hatte abstoßen wollen, hatte die *Post* 1987 von drei Aktionären – einer davon war Dow Jones & Co., Eigentümerin der *Far Eastern Economic Review* – für 300 Millionen US-Dollar zu 100 Prozent gekauft, 1990 jedoch 50 Prozent der Aktien wieder abgestoßen.

Wie der ehemalige Xinhua-Chef Xu Jiatun in seinen Memoiren berichtet,[39] war Murdoch vor dem Kauf zu ihm gekommen und hatte ihn gefragt, wie China sich dazu stellen würde, was China nach 1997 mit Hongkongs Presse zu tun gedenke und ob die Zeitung auch auf dem chinesischen Markt vertrieben werden könne. Xu antwortete, die *Post* sei eine Hongkonger Zeitung, China sei es egal, wer der Besitzer sei. Natürlich wünsche man, daß das Blatt die Wahrheit schreibe und China gegenüber nicht negativ eingestellt sei. Im übrigen werde es nach 1997 nicht weniger Pressefreiheit geben als jetzt, und die Zeitungen könnten auch weiterhin China und den Kommunismus kritisieren. Was die Frage des Vertriebs in China betreffe, so werde er darüber mit Peking sprechen.

Murdoch, zufrieden mit dieser Auskunft, kaufte die *Post*.

Was Xus Zusicherung nach 1989 noch wert war, ist einer anderen Stelle seiner Memoiren zu entnehmen.[40] Xu berichtet dort, Jiang Zemin habe seinen Nachfolger Zhou Nan beauftragt, Hongkongs Pressesystem zu ändern, denn »es kämen Nachrichten nach China, die sich von denen der chinesischen Blätter unterscheiden«. Zhou Nan solle versuchen, Hongkongs Presse so unter Kontrolle zu bringen, daß ihre Berichte im Einklang mit Pekings Wünschen stehen. Hätte sich Xu Mitte der achtziger Jahre nicht die Chance durch die Lappen gehen lassen, die *South China Morning Post* über einen Hongkonger Geschäftsmann zu kaufen, weil ihm der Preis zu hoch war, hätte er Zhou Nans Aufgabe erheblich erleichtert.

Ob Peking die Fäden gezogen hatte oder nicht: Kuoks Einstieg bei der *Post* war ein Coup, der Hongkongs Medienlandschaft radikal verändern konnte. »Er ist hoch angesehen bei der chinesischen Führung«, sagte Tsang Tak-sing, der Herausgeber des KP-Sprachrohrs *Ta Kung Pao*, doch wisse er nicht, was Kuok mit der *Post* vorhabe. Allerdings sei es, fügte der jüngere Bruder des DAB-Vorsitzenden und PWC-Mitglieds Tsang Yok-sing hinzu, »ein offenes Geheimnis, daß China hier ein englischsprachiges Presseorgan haben wollte, das objektiver ist. Es war ein langfristiges Ziel.«

Wie dieses Ziel aussah, hatte Jiang Zemins Auftrag an Zhou Nan deutlich gemacht.

Medienmogul Murdoch, froh darüber, die *Post* los zu sein,[41] konnte das Cash von Kerry gerade gut brauchen, hatte er doch im Juli auf seiner Yacht im Mittelmeer den Vertrag für die Übernahme eines Anteils von 63,6 Prozent an HutchVision Ltd. unterschrieben, der Muttergesellschaft von StarTV. Die eine Hälfte des Kaufpreises von 525 Millionen US-Dollar beglich News Corp. durch die Ausgabe konvertibler Vorzugsaktien, die andere mit Stammaktien. Der Deal erbrachte für Hutchison Whampoa und die Familie ihres Vorsitzenden Li Ka-shing – bisher jeweils zur Hälfte Eigner von HutchVision – außer einem Anteil von 2,7 Prozent an News Corp. das Sechsfache der Gründungsinvestitionen des Unternehmens von vor nur drei Jahren. Daß Li Ka-shing mit 36,4 Prozent auch weiterhin eine beachtliche Minderheitsbeteiligung behielt, war Murdoch nur recht: »Der Name Li ist wichtig«, meinte ein Mitarbeiter von StarTV. »Es muß eine asiatische Verbindung geben.« Schließlich zielte Murdochs Strategie auf den riesigen chinesischen Markt, und da konnte PWC-Mitglied Li Ka-shing mit seinem hervorragenden *guanxi* zu Chinas KP-Fürsten und deren Kindern und Kindeskindern nur nützen.

Völlig überraschend kam das StarTV-Engagement Murdochs, dem in Europa 50 Prozent von British Sky Broadcasting und in den USA 20th Century Fox Film und Fox Broadcasting gehörten, vor allem für Sir Run Run, denn Murdoch hatte in den Monaten zuvor intensiv über eine Beteiligung von 22,2 Prozent an dessen TVB verhandelt. Der Einstieg des Australiers bei TVB war an Hongkongs Mediengesetzen[42] und am Widerstand Pekings gescheitert, »ausländische Mächte hereinzubringen, um Hongkongs Medien zu internationalisieren«, wie es in einer Erklärung von Xinhua in Hongkong hieß.

Während Kapitän Murdoch hoffte, mit Li Ka-shing an Bord selbst bei politischem Gegenwind aus dem Norden in chinesischen Gründen fischen zu können, kam im Südwesten Sturm auf. Malaysias Premierminister Datuk Seri Dr. Mahatir Mohamad, ein enger Freund Robert Kuoks, hatte Wind davon bekommen, daß Murdoch Großes plante. »Indien ist ein riesiger Markt. Ich sehe StarTV in mindestens zwei Unternehmen geteilt – eines für Indien und eines für China. Es sind zwei völlig unterschiedliche Kulturen«, hatte Murdoch der *Financial Times* in einem Interview verraten und hinzugefügt, StarTV könnte zusätzlich einen separaten Dienst für Indonesien starten. Schon jetzt erreichte sein Satellitenfernsehen rund 45 Millionen Menschen in 38 Ländern einschließlich China. Weitere Programme und Pay-TV-Kanäle waren geplant. Der im Juni zwischen Li Ka-shings HutchVision und dem zu Peter Woos Imperium gehörenden Wharf Cable[43] vereinbarte Exklusivvertrieb von StarTV-Kanälen – darunter BBC World Service – über Wharfs Kabelnetz mochte auch für andere Gebiete beispielhaft sein.

Murdochs News Corp. drohe in ganz Asien die Nachrichten zu kontrollieren, erhob Dr. Mahatir warnend seine Stimme. Dahinter stehe die Absicht, »Friktionen und Instabilität zu schaffen, damit sie [der Westen], wenn wir erst destabilisiert sind, mit uns in Wettstreit treten können«, erklärte der Malaysier, der seinen Wahlsieg von 1990 vor allem den Stimmen nichtmalaysischer Bürger seines Staates zu verdanken hatte, das heißt vor allem Chinesen.[44]

»Fremde Mächte versuchen stets, uns ihr Sozialsystem und ihre Wertvorstellungen aufzudrängen, um unsere Länder zu spalten und uns zu beherrschen«, hatte Dr. Mahatir am 14. Juni, am Tag des Beginns der Wiener UN-Menschenrechtskonferenz, bei seinem Besuch in Peking gesagt und damit seinem chinesischen Amtskollegen Li Peng Hilfestellung geleistet in dessen Kampf gegen die Anerkennung der Menschenrechte als universelle Werte. Entwicklungsländer – die beiden Herren waren sich da einig – können sich den Luxus von Menschenrechten, Demokratie und Pressefreiheit nicht leisten.

»Wir wollen die Medien dazu gebrauchen, Menschen zu informieren, nicht dazu, ihre Kultur zu zerstören«, sagte der Premier und kündigte an, seine Regierung werde verhindern, daß StarTV an seine Landeskinder »unerwünschte Dinge« ausstrahle. Wenn Murdoch nach Malaysia senden wolle, müsse er dies über das staatliche malaysische Fernsehen tun. Dies sei keine Zensur, sondern eine notwendige Kontrolle. Vorsorglich hatte seine Regierung mit dem Verbot des Privatbesitzes von Satellitenschüsseln ohnehin längst eine »Politik des geschlossenen Himmels« betrieben.

Mit seiner durchaus berechtigten Besorgnis, »westliches« Fernsehen könnte für die Kultur seines Landes wie die anderer asiatischer Länder negative Folgen haben, war Malaysias Premier nicht allein. Darauf, daß auch Gefahr im Verzug sein könnte, wenn allzuviel Medienmacht in einer asiatischen Hand konzentriert ist, kam der für seinen »präsidentialen Stil«[45] bekannte Dr. Mahatir freilich nicht. Als er erfuhr, Hongkongs Regierung bereite – womöglich mit rückwirkender Geltung – ein Gesetz gegen den gleichzeitigen Besitz von Print- und elektronischen Medien vor, glaubte er, es handele sich um eine »Lex Kuok«. Zu Unrecht. Die Debatte war seit anderthalb Jahren im Gange und hatte gerade durch Murdochs Absicht, bei TVB einzusteigen, an Brisanz gewonnen.

Darüber, ob der Wechsel des Hauptaktionärs der *Post* auch einen Wechsel der politischen Linie des Blattes zur Folge haben würde, ließ sich nur spekulieren. Hatte Kuok, wie er angab, für den Kauf wirklich nur kommerzielle Gründe, stellte sich noch immer die Frage, welches seiner zahlreichen Unternehmen er damit fördern wollte. Etwa die *Post*? Oder seine Projekte in China? Wie Xu Jiatun in seinen Memoiren schreibt, ist es zudem eine alte Strategie Pekings, eine Zeitung durch eine befreundete Persönlichkeit aufkaufen zu lassen, die sie dann, wenn sich die politische Linie nicht ändern läßt, kurzerhand dichtmacht.

Auch Anzeigenaufträge sind ein recht wirksames Druckmittel. So hatte *Ming Pao* am 4. Juni 1993 ein internes Schreiben der Bank of China vom 7. August 1991 veröffentlicht, mit dem von China kontrollierte Firmen in Hongkong angewiesen worden waren, in chinakritischen Publikationen keine Anzeigen zu schalten.[46]

Was passiert, wenn eine Zeitschrift nurmehr berichtet, was Peking freut, hatte längst das vom PWC-Mitglied Lo Tak-shing herausgegebene Wochenmagazin *Window* gezeigt, das eigentlich als Gegengewicht zur *Far Eastern Economic Review* gegründet worden war: Die Auflagenhöhe, hieß es, sei auf ein paar hundert Exemplare gesunken. Wer – außer Kommunisten – schaltet schon Anzeigen in einer Zeitschrift, die niemand liest?

Gerade ihrer kritischen Berichterstattung verdankt die *South China Morning Post* ihre Beliebtheit. Ihr Anzeigenaufkommen wird durch Auflage und Zielgruppe bestimmt. Und das hatte sie zu einem der profitabelsten Blätter der Welt gemacht.

Etwa 70 Prozent der Journalisten Hongkongs, hatte Shum Choisang, der Vorsitzende des Hongkonger Zeitungsverbands, am 14. September vor dem informationspolitischen Ausschuß des Legislative Council erklärt, fürchteten, nach 1997 nicht mehr so frei arbeiten zu können wie derzeit. Das Basic Law garantiere zwar Rede-, nicht aber Pressefreiheit. Bereits jetzt schrieben viele mit der Schere im Kopf. Selbstzensur breite sich aus. Die Angst vor späteren Repressalien gehe um. Und Fang So von der Journalistenvereinigung Hongkongs berichtete gar, es käme gelegentlich vor, daß Reporter, die unfreundlich über China geschrieben hätten, direkt von Xinhua einen Telefonanruf erhalten hätten.

Daß Kuok speziell für den Kauf der Murdoch-Anteile an der *Post* auf den Britischen Jungferninseln die Kerry Media gegründet hatte, mochte darauf deuten, daß er die Zeitung dem Zugriff Pekings entziehen wollte: Dort herrscht, und das hatte er als Geschäftsmann schätzengelernt, britisches Recht. Ebenso wie auf den Bermudas, wohin seit 1984 von den rund 350 an der Hongkonger Börse notierten Unternehmen über 200 ihren juristischen Firmensitz verlegt hatten, allen voran Jardine Matheson.[47]

»Vielleicht ist der wahre Grund für seine Beteiligung an der *Post,* daß er China am Rand ungeheurer sozialer und politischer Veränderungen sieht, was für unabhängige Medien nicht nur in Hongkong, sondern auch in China enorme Chancen eröffnen würde. Wenn dem so ist, dann können wir ihm nur Erfolg wünschen«, schrieb Christine Loh am 11. Oktober in der *South China Morning Post.*[48] Damit brachte sie einen völlig neuen Aspekt in die Debatte: die Möglichkeit, daß die Kommunistische Partei Chinas Deng Xiaoping womöglich nicht lange überleben könnte.

Chancen rechnete sich angesichts des Wirbels um die *Post* vor allem die taiwanfreundliche Oriental Press Group aus: Herman Hui, der Geschäftsführer der Gruppe, die mit den *Oriental Daily News* die auflagenstärkste chinesische Zeitung Hongkongs herausgibt, kündigte die Gründung einer dritten englischsprachigen Tageszeitung an, in Konkurrenz zur *South China Morning Post* und dem *Hong Kong Standard.*

Daß China nicht daran dachte, den Druck auf die Presse zu lokkern, zeigte es noch einmal mit aller Deutlichkeit zwei Tage vor dem Beginn der Weltkonferenz über Pressefreiheit in Hongkong: Am 2. Oktober 1993 verhafteten chinesische Sicherheitsbeamte ohne Angabe von Gründen die Pekinger Journalistin Gao Yu. Auch Gao, die für verschiedene Hongkonger Zeitungen und Zeitschriften gearbeitet hatte, hieß es später, habe Staatsgeheimnisse verraten.

Abschied der Taipans

Sir Robin hätte fast der Blitz getroffen: Dragonair-Flug KA330 aus Hongkong befand sich am 12. September 1993 im Landeanflug auf Peking, als ein Blitz in die Nase des Flugzeugs einschlug und das Radarsystem zerstörte. Eine Frontscheibe des Cockpits wurde zertrümmert, die zweite stark beschädigt. Da Pekings Flughafen wegen des Unwetters geschlossen war, entschied sich der Pilot für den Rückflug nach Hongkong.

Die Passagiere, nur durch die Sicherheitsgurte in ihren Sitzen gehalten, schrien vor Angst. »Ich sah die Leute beten«, berichtete Meike Laesch, die im Auftrag einer deutschen Werbeagentur nach Peking reiste: »Es war wie eine Fahrt in der Achterbahn.«

Sogar Sir Robin McLaren nannte den Flug »dramatisch« und »aufregend«. Der Botschafter hatte sich auf dem Rückflug nach Peking befunden, wo am 14. und 15. September die elfte Runde der Gespräche über politische Reformen in Hongkong stattfinden sollte. Die zehnte Runde war am 5. September ohne Fortschritt zu Ende gegangen, nachdem die britische Seite den Fall des bei Lo Wu über die Grenze geschobenen Gewerkschaftsführers Han Dongfang zur Sprache gebracht hatte.

Zu Spannungen war es auch wegen des britischen Vorschlags gekommen, der Zivilverwaltung Hongkongs einen Sitz als »funktionale Wählerschaft« im Legislativrat zu geben. Der Vorschlag ziele auf eine Politisierung des Verwaltungsapparats und sei ein Verstoß gegen die Joint Declaration, wetterte Lu Ping, worauf ihm das Government House vorwarf, die Vertraulichkeit der Gespräche verletzt zu haben.

Den Blitz, der Sir Robins Flugzeug getroffen hatte, konnte man meinen, hatte der Zeus von Zhongnanhai geschleudert. Einige glaubten sogar, die Maschine sei verhext: Zwei Tage später, nachdem Nase und Fenster repariert waren, schaffte sie es wiederum nicht nach Peking. Diesmal hatte die Heckturbine des Lockheed TriStar zu vibrieren begonnen und mußte abgeschaltet werden. Wieder entschied sich der Pilot für die Rückkehr.

Daß die zwölfte Runde am 26. und 27. September keine Wende bringen würde, war zu erwarten gewesen, hatte sich Außenminister Hurd doch wenige Tage zuvor für Sydney als Austragungsort der Olympischen Spiele stark gemacht.[49] Hinzu kam, daß Xinhua am 24. September – einen Tag nach der Niederlage in Monte Carlo und auf den Tag genau elf Jahre nach dem Treffen Deng Xiaopings mit Margaret Thatcher[50] – die Drohung des Patriarchen wieder ausgrub, China könnte Hongkong schon vor 1997 übernehmen.

»Das Leben ist zu kurz, um sich mit dergleichen Dingen zu beschäftigen. Da gibt es vieles zu tun, das wichtiger ist«, kommentierte Chris Patten die Meldung. »Es scheint mir nicht von besonderem Neuigkeitswert, eine Rede zu veröffentlichen, die vor elf Jahren gehalten wurde, eine Rede, die seither in ziemlich regelmäßigen Abständen hervorgeholt und abgestaubt wurde, eine Rede, die der Unterzeichnung der Joint Declaration vorausging.«

Dabei hatte Peking sich soviel Mühe gegeben, Dengs Worte[51] nicht als Schnee von gestern erscheinen zu lassen: Inlands- wie

Übersee-Ausgabe der *Volkszeitung,* das chinesische Fernsehen CCTV und die beiden KP-Sprachrohre *Ta Kung Pao* und *Wen Wei Po* hatten sie als Top-News gebracht.

Die Begegnung der Außenminister Hurd und Qian am 1. Oktober im UNO-Gebäude in New York verlief entsprechend harmonisch: Qian, der eine Stunde zuvor den Ministerpräsidenten von Kasachstan getroffen hatte, ließ die Briten erst einmal zwanzig Minuten warten. Man verhandele nicht, hieß es dann, beide Seiten erläuterten einander nur ihre Standpunkte. Heraus kam bei dem über zweistündigen Treffen nichts. Sollten künftige Verhandlungsrunden zu keiner Vereinbarung über politische Reformen führen, ließ Hurd sein Gegenüber wissen, werde Chris Patten seine Vorschläge in den Legislativrat einbringen, worauf Qian erwiderte, alle einseitig beschlossenen Reformen würden rückgängig gemacht, sobald China die Herrschaft über das Territorium übernommen habe.

Beide bereiteten sich auf ein Scheitern der Gespräche vor.

Pattens Rede zur Eröffnung der Sitzungsperiode 1993/94 des Legislative Council war für den 6. Oktober angekündigt. Alles deutete darauf hin, daß sie kein solcher Hit werden würde wie seine Jungfernrede vom Vorjahr. Das Ansehen des Gouverneurs war im Schwinden. Wie Umfragen ergaben, waren 53 Prozent der Meinung, er verbringe zuviel Zeit mit Gerede über politische Reformen, nur 37 Prozent waren anderer Ansicht. 32 Prozent fanden, er habe an Einfluß verloren, nur 19 Prozent, er habe an Einfluß gewonnen. 41 Prozent sahen keine Veränderung. Sein Image als Gouverneur hatte sich bei 28 Prozent der Befragten verschlechtert, verbessert hatte es sich nur bei 13 Prozent. 52 Prozent hatten ihre Meinung nicht geändert. Das wohl Bedenklichste aber war, daß nur 38 Prozent glaubten, Patten besitze den größten Einfluß in Hongkong, 42 Prozent hingegen Lu Ping für mächtiger hielten. 9 Prozent nannten sogar Li Ka-shing als einflußreichste Persönlichkeit.

Die letzten Monate hatten nicht nur einen Stimmungswandel gebracht. Hongkong selbst hatte sich dramatisch verändert. In vielen wichtigen Positionen fanden sich neue Gesichter, meist chinesische. Die überraschende Ablösung des Jardines-Mannes und LegCo-Mitglieds Martin Barrow als Ersten Vizepräsidenten der Hong Kong General Chamber of Commerce bei der Neuwahl ihres Generalkomitees Ende April[52] war nur der Auftakt gewesen:

- Mitte Juli hatten die Zeitungen berichtet, China Resources – das Handelskonglomerat des chinesischen Außenministeriums mit einem Jahresumsatz von 50 Milliarden HK-Dollar – übernehme mit dem Erwerb von Aktien im Gesamtwert von 509 Millionen HK-Dollar 50 Prozent der Hongkong Chinese Bank (HKCB). Die Bank gehört zur Lippo-Gruppe[53] der Familie Riady. Die sino-indonesischen Riadys, die wie die sino-malaysischen Kuoks aus der Provinz Fujian stammen, hatten von den chinesischen Behörden 1992 die mündliche Zusage erhalten, in China eine Joint-venture-Bank betreiben zu dürfen. »China Resources kann den Brückenkopf für die Expansion der Bank in China schaffen«, beschrieb der Patriarch der Lippo-Gruppe, Mochtar Riady, das langfristige Ziel der Beteiligung.

  »Angesichts der angestrebten Expansion der Bank in China und meiner bekannten Unterstützung Pattens gebot es mir meine Ehre, meinen Rücktritt anzubieten«, hatte Jimmy McGregor, einer der Direktoren der HKCB und Vertreter der Hong Kong General Chamber of Commerce im Legislativrat, am 24. Juli mitgeteilt. »Ich bin eine Art politisches Opfer«, meinte der leidenschaftliche Verfechter demokratischer Reformen, der zusammen mit vier weiteren Direktoren das Feld für ein Team von China Resources räumte. »Es wird noch eine Menge anderer Leute in dieser Situation geben«, fuhr er fort und bemerkte, er sei kürzlich bei einem Besuch der Handelskammer in Peking von Lu Ping recht kühl behandelt worden.
- Am 31. August hatte Simon Murray bekanntgegeben, er werde nach neun Jahren Hutchison Whampoa verlassen – der Mann, der Li Ka-shing geholfen hatte, die einst britische[54] *hong* durch Diversifikation, unter anderem mit Containerterminals, Einzelhandelsketten, Energieunternehmen, Telekommunikation und Immobilien, zu einer der größten Konglomerate Hongkongs zu machen. In die Ära Murray fielen indessen auch die verlustreiche Übernahme von Husky Oil of Canada und der nicht minder problematische Einstieg in das europäische Mobiltelefongeschäft – ebenso wie die Gründung des mit einem Riesengewinn an den Medienzar Murdoch veräußerten asienweiten Satellitenfernsehens StarTV. Meinungsverschiedenheiten über Lis riskante China-Geschäfte, so ging das Gerücht, hätten Murray die Segel streichen lassen. Nachfolger als Vizevorsitzender bei Hut-

chison Whampoa wurde Richard Li Tzar-kai, einer der Söhne[55] Li Ka-shings, geschäftsführender Direktor wurde Canning Fok, ein bislang wenig bekannter Gehilfe Lis.

Mit Murray verließ einer der schillerndsten Akteure die Hongkonger Bühne: Der 53jährige Veteran der französischen Fremdenlegion, Autor, Geschäftsmann und ehemalige Matrose, der vierzehn Jahre bei Jardine Matheson gedient hatte, bevor er bei Li Ka-shing anheuerte, galt zeitweise als Inbegriff des Taipan. Mit der Ungeschminktheit, mit der er seiner Meinung gern Ausdruck verlieh, hatte er sich freilich nicht nur Freunde gemacht. So hatte er in einer Rede am 24. März 1993 nicht allein Gutes über das China-Geschäft gesagt, sondern auch die Kehrseite der Medaille genannt: mangelnde gesetzliche Klarheit, die Unmöglichkeit, Rechtsansprüche mit juristischen Mitteln durchzusetzen, und nervtötende Entscheidungsprozesse, bei denen niemand »weiß, wer die Entscheidung trifft und warum, wodurch der Korruption Tür und Tor geöffnet werden«. Das größte Problem aber seien, so Murray, die staatlich kontrollierten Bereiche mit ihrer gewaltigen Bürokratie.

Simon Murray ging nicht als armer Mann: Seinen Aktienanteil an Hutchison Whampoa hatte er am 14. September für rund 25 Millionen HK-Dollar verkauft. Im übrigen hatte er schon eine neue Stelle: in Singapur als Regionalleiter der Deutschen Bank für Asien und den pazifischen Raum.

• Am 21. September hatte Jardines' Generaldirektor in Hongkong, Nigel Rich, die Geschäftswelt mit der Ankündigung überrascht, er werde im März 1994 abtreten. Seit er im November 1988 das Amt übernommen hatte, waren die Gewinne der Gruppe, zu der unter anderem Jardine Matheson, Mandarin Oriental, Jardine Strategic, Dairy Farm, Jardine International Motors, Jardine Pacific, und Jardine Fleming gehören, um 57,3 Prozent auf 2,47 Milliarden HK-Dollar im Jahr 1992 gewachsen – allen Angriffen aus Peking zum Trotz.[56] Die finanzielle Gesundung, nachdem die Gruppe beim Zusammenbruch des Immobilienmarkts in der Krise[57] von 1983/84 um ein Haar bankrott gegangen wäre, war nicht zuletzt das Verdienst ihres damaligen Finanzchefs Rich. Debakel wie bei Hutchison Whampoa zu Zeiten Murrays mit dem kanadischen Ölkonzern Hirsky Oil hatte es unter seiner Führung nicht gegeben.

Niemand erwartete infolge des Ausscheidens des Taipan mit dem Buchhalterimage einen Wechsel der Unternehmensstrategie: Jardines' Weichen wurden längst nicht mehr in Hongkong gestellt, sondern in London von den Brüdern Henry und Simon Keswick, Sir Charles Powell und Rodney Leach. Sie hatten die spektakuläre Entscheidung getroffen, den Sitz der Holding von Hongkong auf die Bermudas zu verlegen, um – so Simon Keswick am 28. März 1984 – sicherzustellen, daß das »Unternehmen [auch] in Zukunft unter englischem Recht operieren kann«.

Am 8. Juni 1991 war dann der zweite Schritt gefolgt, der die Primärnotierung der Aktien von sechs Jardines-Unternehmen,[58] von denen fünf fast 10 Prozent des Hang-Seng-Index ausmachten, in Hongkong aufgab und an die Londoner Börse verlagerte. Der Rückzug aus Hongkong war nicht zuletzt ein Akt der Selbstverteidigung: 1988 hatten die Keswicks Millionen verloren beim Rückkauf von 205 Millionen Stammaktien oder 8 Prozent der Jardines-Aktien zum Preis von 1,8 Milliarden HK-Dollar, nachdem drei Hongkonger Tycoons – Li Ka-shing, Lee Schau-kee und Cheng Yu-tung – sie in einem feindlichen Übernahmeversuch erworben hatten. Das daraufhin im Mai 1988 abgeschlossene Stillhalteabkommen, mit dem die »Räuber« und Chinas CITIC sich verpflichteten, sieben Jahre lang keine größeren Beteiligungen an Jardines-Unternehmen zu erwerben, lief im April 1995 aus.

»Ich möchte jung genug sein, um etwas anderes zu tun«, hatte der 48jährige Nigel Rich, der 1974 bei Jardine Matheson eingetreten war, zu seinem Rücktritt bemerkt. Das nötige Kleingeld dafür besaß er: Am 22. September hatte er 700 000 seiner Optionen auf Jardines-Aktien verkauft, was ihm fast 37 Millionen HK-Dollar Gewinn brachte. Weitere 950 000 behielt er auf der hohen Kante. Rich machte seinem Namen alle Ehre.

- Am 17. September hatte Gouverneur Patten den neuen Vorstandsvorsitzenden der Hongkong and Shanghai Banking Corp., John Gray, zum Mitglied des Exekutivrats ernannt, da sich dessen Vorgänger, Sir William Purves, auf die Abreise nach London vorbereitete. Er sollte dort den Vorsitz der HSBC Holdings übernehmen, der Muttergesellschaft der HongkongBank.

Der 1934 in Hongkong geborene Gray war drei Jahre jünger als Purves und vier Jahre länger bei der Bank: Als Gray 1951 in das Unternehmen eintrat, dem seine Familie seit zwei Generationen diente, kämpfte Leutnant Purves noch in Korea, wo er für seine Tapferkeit mit dem DSO ausgezeichnet wurde, einem hohen Kriegsverdienstorden. An Mut und eiserner Disziplin mangelte es Willy Purves auch später nicht.

Mit Sir William verließ der mächtigste Taipan Hongkong. Der Abschied des spartanischen Schotten, der zugleich als Chief Steward des Royal Hong Kong Jockey Club zurücktrat, bedeutete mehr als der jedes anderen das Ende einer Ära: Als er im Dezember 1986 den Chefsessel in »One Queen' s Road Central« als Nachfolger von Sir Michael Sandberg[59] übernahm, lag die HongkongBank auf Platz 20 der Weltrangliste der Banken und zählte rund 50 000 Mitarbeiter und 1300 Filialen in 55 Ländern. Durch ihre Tochtergesellschaft HongkongBank of Canada sowie Mehrheitsbeteiligungen an der British Bank of British Columbia und an der Marine Midland Bank war die Gruppe bereits die größte ausländische Bank in Nordamerika. Erklärtes Ziel war es, langfristig die Aktiva der Gruppe möglichst gleichmäßig über den Globus zu verteilen: je ein Drittel in Ostasien, Amerika und Europa.

Obwohl die Bank ihre größten Gewinne auch weiterhin vor allem in Hongkong und China erzielte, hielt Purves intensiv Ausschau nach einer europäischen Bank. Kaum hatte die HongkongBank im September 1987 die restlichen 48 Prozent der Marine Midland Bank übernommen – damit war sie das nach der Citibank zweitgrößte Kreditinstitut der USA –, kaufte sie für 383 Millionen Pfund neuemittierte Aktien der Midland Bank, der kleinsten der vier englischen Großbanken. Eine vollständige Übernahme war nicht möglich, denn die HongkongBank mußte sich verpflichten, ihren Anteil in Höhe von 14,9 am Gesamtkapital von Midland für die Dauer von drei Jahren weder zu erhöhen noch zu veräußern.

Hatte Sandberg Mitte der achtziger Jahre gesagt: »Wir werden Hongkong verlassen müssen, selbst wenn es bloß darum geht, unsere Interessen im Mittleren Osten zu sichern; Saudi [Arabien] beispielsweise würde nie Geschäfte machen mit einer Bank, deren Hauptsitz in einem kommunistischen Land liegt«, so ließ das Massaker auf dem Tiananmen-Platz vom 4. Juni 1989 der Bank gar keine andere Wahl. Steuerparadiese wie die Britischen Jungferninseln, die Bermudas oder die Kanalinseln kamen dabei als Firmensitz für ein Institut vom Rang der HongkongBank schon des Prestiges wegen nicht in Betracht.

Dennoch war die Überraschung groß, als Purves am 17. Dezember 1990 die Gründung einer »nichtansässigen« Holding in London verkündete: Die Hongkong and Shanghai Banking Corp., Hongkong, war damit Tochter der HSBC Holdings, UK. Daß dies ohne Sperrfeuer aus Peking geschah, war Purves' Verdienst: Wie Xu Jiatun[60] berichtet, hatte er die Zustimmung Li Pengs zu den Plänen erhalten, weil Chinas Ministerpräsident offenbar nicht begriffen hatte, worum es wirklich ging. Als Clearing- und Notenbank[61] war das Institut schließlich *de facto* Hongkongs Zentralbank. Lu Ping, der bei dem Gespräch am 7. Oktober 1990 zugegen war, hatte geschwiegen.

Seinen zweiten Coup landete Purves im Frühsommer 1992 mit der als »Fusion« kaschierten Komplettübernahme der Midland Bank für 3,9 Milliarden Pfund: Unter dem Dach der HSBC Holdings war mit einem Schlag der zehntgrößte Finanzkonzern der Welt entstanden mit rund 100 000 Beschäftigten – 20 000 davon in Hongkong –, einem weltweiten Netz mit über 3000 Filialen in 68 Ländern und einer Bilanzsumme von 246 Milliarden US-Dollar. Hongkongs Hang Seng Bank gehörte neben den bereits genannten Instituten ebenso zur Gruppe wie The British Bank of the Middle East, The Saudi British Bank, die HongkongBank of Australia, Trinkaus & Burkhardt, Wardley, James Capel, Samuel Montagu und das Reisebüro Thomas Cook, um nur die wichtigsten zu nennen. »Ich nehme an, die Leute werden ganz verwirrt bei all den Namen«, hatte Purves einmal bemerkt. Gehandelt wurden die Aktien der HSBC Holdings gleichberechtigt in London und Hongkong: Beide Börsenzulassungen galten als Primärnotierungen, eine wohl einmalige Konstruktion.

»Offene und faire Wahlen«, dichtete Sir William am 4. Oktober, »sind für jedes Land ebenso natürlich wie die aufgehende Sonne am Morgen.« Mit seiner Politpoesie trat er – seine letzte ExCo-Sitzung hatte er hinter sich – erstmals in der Öffentlichkeit für ein demokratischeres System in Hongkong ein. »Die Herrschaft des Gesetzes ist von allergrößter Bedeutung für kleine und große Unternehmen wie für die Bevölkerung Hongkongs. [. . .] Offene und faire Wahlen sind wesentlicher Bestandteil einer allgemeinen Atmosphäre, die die Leute nach Hongkong zieht.«

»Ich meine aber«, schränkte er seine Unterstützung Pattens zwei Tage später vor dem Club der Auslandspresse ein, »daß die Vorschläge für Wahlen zum gegenwärtigen Zeitpunkt vermutlich zu spät kommen [. . .] sie hätten schon vor langer Zeit gemacht werden sollen, dann wären wir nicht in der jetzigen Lage.« Allerdings habe es in der Vergangenheit auch keine Forderung und kein Verlangen nach demokratischen Reformen gegeben. »Ich denke, daß daran vielleicht die Geschäftswelt schuld ist«, fuhr der konservative Banker fort und zupfte sich damit auch an der eigenen Nase.

Tags darauf saß Purves im Flugzeug nach London: 38 Jahre nachdem er als kleiner Angestellter in die Bank eingetreten war, setzte er an zu neuem Höhenflug als Boß einer der größten Banken der Welt.

Sir Williams Flug verlief ruhig und ohne Turbulenzen.

IX. Klatschen mit einer Hand

Die Bullen sind los

Das Personalkarussell drehte sich nicht nur in den Chefetagen der Wirtschaft. Auch in den Spitzen der Regierung und Verwaltung Hongkongs hatte der große Wechsel begonnen:

- Bereits am 2. März 1993 hatte ExCo-Mitglied John Chan Cho-chak, seit 1991 Bildungs- und Arbeitsminister, überraschend »aus persönlichen Gründen« seinen Rücktritt erklärt. »Es ist klar, daß ich versuchen werde, eine nützliche Tätigkeit zu finden«, hatte der Fünfzigjährige, der bei Rennen nie verrät, auf welches Pferd er setzt, damals orakelt.
- Am 6. Juli wurde Rosanna Wong Yick-ming, das mit 41 Jahren jüngste ExCo-Mitglied, zur Leiterin der Wohnungsbauverwaltung berufen, nachdem Sir David Akers-Jones im März das Handtuch geworfen hatte.[1]
- Am 21. September hatte Chris Patten mit der Ankündigung, die in Shanghai geborene Anson Chan Fang On-sang werde am 29. November Nachfolgerin von Chefminister Sir David Ford,[2] seine womöglich wichtigste Personalentscheidung getroffen: Mit Anson Chan, seit Barrie Wigghams Beförderung zum »Botschafter« Hongkongs in den USA[3] im ExCo zuständig für die Zivilverwaltung, bekleidete dieses höchste Amt nach dem Gouverneur zum ersten Mal kein Brite und zum ersten Mal eine Frau.

Frau Chan, von der es hieß, sie habe zu Hause die Hosen an, galt als tüchtige Administratorin. 1962 in Regierungsdienste getreten, verfügte sie über reiche Erfahrung in diversen Bereichen der Verwaltung. Allerdings stand sie im Ruf, unflexibel zu sein und kalt, ja unmenschlich. »Sie ist eine äußerst zähe Frau, doch im Umgang mit sozialen Problemen hat sie noch die Haltung eines Kolonialbeamten«, urteilte Albert Chan von den United Democrats. Sie vertrete vor allem die Interessen der Reichen und Mächtigen und neige nicht zu Kompromissen.

»Ich lese zuweilen in der Presse, daß mein Verhältnis zu den Medien nicht so zu sein scheint, wie ich es gern hätte«, gestand die Eiserne Lady von Hongkong kurz nach ihrer Ernennung. Gefragt, ob sie der Kommunistischen Partei Chinas vertraue, antwortete sie lächelnd, sie sei stolz auf das, was China bisher erreicht habe. Ob sie über 1997 hinaus bleiben wolle? Antwort: »Ich bin erst 53. Ich habe für das neue Pensionsmodell optiert, kann also bis sechzig bleiben.« Einen fremden Paß habe sie nicht. Laut Artikel 101 des Basic Law war sie damit für eine Führungsposition in der künftigen SAR qualifiziert.

Nachfolger von Frau Chan als Chefin der Zivilverwaltung wurde Michael Sze Cho-cheung, bisher Minister für Verfassungsfragen. Ihr Vorgänger, Sir David Ford, 58, sollte als Hongkong-Kommissar mit einem Dreijahresvertrag nach England gehen. Sein Amtssitz ist nur ein Katzensprung von Westminster entfernt: die ehemalige Residenz des Bischofs von London.

- Am selben Tag, als Anson Chan aufstieg, stieg Yeung Kai-yin aus. Er werde sein Amt zum Monatsende aufgeben, erklärte der Verkehrs- und Transportminister. Ob ihn Hongkongs Parkprobleme den letzten Nerv gekostet hatten oder die Verhandlungen über den neuen Flughafen und den Container Terminal 9? Sie glaube nicht, daß der Rücktritt ihres Kollegen, der am selben Tag in Regierungsdienste getreten war wie sie, politisch motiviert sei, sagte die desiginierte Chefministerin. Wie es hieß, wollte Yeung einen Direktorenposten beim Immobilienriesen Sino Land des Singapurer Tycoons Robert Ng Chee Siong annehmen.

Am Vorabend seiner zweiten Regierungserklärung im Legislative Council fand sich Gouverneur Patten in einer wenig beneidenswerten Lage: Seine Popularität war unter 55 Punkte gerutscht und hatte damit fast wieder den Tiefpunkt von Mitte Dezember 1992 erreicht, zwei seiner fähigsten Minister waren abgesprungen, unter den chinesischen Geschäftsleuten gab es kaum mehr einen, der ihn unterstützte, und Peking traf alle Anstalten, um ihm mit dem »zweiten Ofen« die Hölle heiß zu machen. Sollte es ihm nicht gelingen, das Blatt zu wenden, sähe es düster aus für seine Reformpläne.

Kaum hatten am 6. Oktober 1993 Patten seine Ansprache und die Börsianer ihre Nachmittagssitzung begonnen, stieg der Hang-Seng-Index erstmals über 8000 Punkte: Der erste Teil der Rede mit dem forschen Titel »Erfolg von heute, Herausforderungen von morgen« hatte dem Markt keinen Grund zur Beunruhigung gegeben. Vor allem aus amerikanischen Quellen sprudelte das Cash. Die US-Investoren waren vom China-Fieber erfaßt.

»Es war ein Jahr des Erfolgs auf allen Gebieten«, verkündete Patten stolz, »[bis auf den] Versuch, eine bessere Verständigung mit China zu erreichen und Mißtrauen durch Vertrauen zu ersetzen.« Über seine Vorschläge zur Wahlreform sei nach rund hundert Verhandlungsstunden in zwölf Gesprächsrunden bei keinem einzigen Punkt Einigung erzielt worden. Wie trotz der vereinbarten Vertraulichkeit an die Presse durchgesickert sei, habe die britische Seite im Juli und August revidierte Vorschläge[4] mit Zugeständnissen bei den funktionalen Wählerschaften wie beim Wahlausschuß vorgelegt, doch vergeblich. Davon, daß Wahlen in Hongkong »offen, fair und für die Gesellschaft akzeptabel« sein müßten, sei man nicht abgerückt, denn »wir sind nicht bereit, unsere Prinzipien zu verraten, um ein Stück Papier zu unterschreiben«, rief er emphatisch. »Was wäre das wert?«

»Warum einen Vogel an einem Faden halten, wenn man ihn nicht von Zeit zu Zeit zurückzerren will?« fragte er und fuhr fort: »›Ein Land, zwei Systeme‹. Das ist es, was ich sehen möchte. Ich muß und werde für unser System kämpfen. Das ist meine Pflicht, aber am Ende kann der Gouverneur dieses System, diese Lebensverhältnisse nur mit Unterstützung durch die Gesellschaft verteidigen. Wenn wir nicht bereit sind, heute für Hongkongs Lebensweise zu kämpfen, welche Chance gibt es dafür dann morgen? [...] wir können nur so mutig sein wie ihr. [...] Wir können nicht mutiger sein als ihr, denn Freiheit kommt aus dem Herzen. Wenn sie dort welkt, kann nichts sie retten.«

Das wirkte. Wie eine Umfrage am Tag darauf ergab, war eine überwältigende Mehrheit von 78,6 Prozent überzeugt, Hongkongs Bevölkerung müsse für Demokratie kämpfen, nur 6,1 Prozent waren mit der Situation zufrieden.[5] Auf die Frage, ob der Interviewte bereit sei, sich persönlich für Demokratie einzusetzen, antworteten nur 52,4 Prozent mit Ja, während 17,5 Prozent meinten, die Lage sei gut. 16,1 Prozent überließen den Kampf lieber anderen. Patten solle seine konstitutionellen Reformen auch dann durchziehen, wenn keine Einigung mit China zu erzielen sei, fanden 43,4 Prozent, 26,3 Prozent widersprachen. 51,3 Prozent waren zudem der Meinung, der Legislativrat müsse das Recht zur Änderung der Vorschläge Pattens haben, sollte es zu einer Vereinbarung mit China kommen. 24,4 Prozent waren dagegen.

Letzteres war von besonderer Brisanz, zeigte es doch, daß die Mehrheit der Befragten sich den Legislativrat, wie von Goodlad versprochen,[6] nicht als einen Verein von Jasagern wünschten, sondern als echtes Parlament mit Mitspracherechten und Kontrollfunktionen – für Chinas Autokraten eine Horrorvision.

Wie zu erwarten, gab es für Pattens Rede aus Peking keinen Applaus. Besonders verärgert zeigten sich die Chinesen über die Bemerkung des Gouverneurs, für einen erfolgreichen Abschluß der Gespräche über die Verfassungsreform blieben »eher Wochen als Monate«. »Das ist ein Ultimatum«, sagte ein chinesischer Beamter. Patten versuche, den Weg für ein Scheitern der Gespräche zu bereiten, indem er der chinesischen Seite die Schuld zuschiebe.

Noch bevor sich zu Beginn der 13. Runde am 11. Oktober die Türen hinter den beiden Delegationen schlossen, kam es zu offenen Feindseligkeiten zwischen Sir Robin und Jiang Enzhu. Jiang, sichtlich verärgert angesichts von Bemerkungen der britischen Seite über mangelnde Fortschritte wie über den Vorwurf der Indiskretion, erklärte der Presse, die Gespräche befänden sich »am Scheideweg«. Sollten die Verhandlungen zusammenbrechen, »wäre das auch keine große Sache«. Käme es zu keiner Vereinbarung, würde die Amtszeit derer, die 1994 und 1995 gewählt würden, am 30. Juni 1997 enden. Einen »durchgehenden Zug« gäbe es dann nicht.

Daß es Patten mit seiner Rede wie im Vorjahr allen – mit Ausnahme Pekings – recht machen würde, hatte niemand erwartet. Es war ihm zwar gelungen, das Image des »Ein-Thema-Gouverneurs« abzustreifen, doch dafür geriet er nun im Legislative Council von allen Seiten unter Beschuß: »Es war, als ob der Gouverneur einem Schwarm Tauben eine Handvoll Krumen hingestreut hätte«, höhnte der Vertreter des Banksektors im LegCo, PWC-Mitglied David

Li Kwok-po, der bei Abstimmungen im Legislativrat meist durch Stimmenthaltung[7] oder Abwesenheit glänzte, am 20. Oktober in der Debatte über die Regierungserklärung. Und Elsie Tu, mit 68,6 Punkten die populärste Politikerin Hongkongs, sagte, der »Katalog mit Geschenken zur Infrastruktur, Bildung und Erziehung, Altenhilfe, Sicherheit, Gesundheitsfürsorge, zum Umweltschutz usw. bot kaum etwas Neues, wenngleich er wahrscheinlich etwas länger, großzügiger und sogar ein wenig langweiliger war, als politische Ansprachen sonst sind«.

»Ich habe alles versucht«, erklärte Elsie Tu, auf ihren Kreuzzug für Demokratie in den sechziger und siebziger Jahren anspielend, »um die britischen Regierungen sowohl von Labour als auch von Mr. Pattens Konservativer Partei davon zu überzeugen, daß wir, um in Hongkong Gerechtigkeit zu erreichen, eine allmähliche Entwicklung zur Demokratie hin brauchen.« Beide Parteien hätten sie ignoriert. »Jetzt, in letzter Minute«, fuhr Frau Tu fort, »haben die Konservativen zusammen mit den anderen politischen Parteien plötzlich die große Entdeckung gemacht, daß Demokratie ein Bollwerk gegen Korruption ist.« Schon im August hatte sie gesagt, Großbritannien »gibt uns zu viel zu spät«, und Patten vorgeworfen, er mache alles falsch. China habe Hongkong viel besser behandelt als England, fand sie. Elsie, 1912 in Newcastle upon Tyne als zweites Kind einer armen Arbeiterfamilie geboren und 1948 als Missionarin nach China gekommen, war zur schärfsten Kritikerin ihres eigenen Landes geworden.

Martin Lee wiederum, der Vorsitzende der United Democrats, ging mit Patten ins Gericht, weil dieser sich noch immer weigere, die Reformgesetze im Legislativrat einzubringen, und China gegenüber ständig Konzessionen mache. Ins gleiche Horn stieß auch Christine Loh, während Allen Lee, der Vorsitzende der konservativen Liberal Party, die Aufrichtigkeit und Bereitschaft des Gouverneurs zur Kooperation mit China grundsätzlich in Zweifel zog.

Auch der Vertreter der Juristen im LegCo stimmte in den Chor der Patten-Kritiker ein. Er sei enttäuscht, sagte Simon Ip Sik-on, denn die Regierung tue nichts, um in Hongkong einen unabhängigen Rechtshilfeausschuß, ein Oberstes Appellationsgericht und eine Menschenrechtskommission einzurichten. Letztere sei notwendig zum Schutz der Pressefreiheit und von Minderheiten.

Eine derart negative Reaktion des Legislativrats auf die Rede des

Gouverneurs hatte die Regierung nicht erwartet. »Ein Besucher aus dem Weltraum, der am vergangenen Donnerstag morgen nach Central herabgeschwebt wäre, [...] hätte sich verwundert gefragt, was das alles soll«, verlieh Sir David Ford in seiner Abschiedsrede im LegCo am 27. Oktober seiner Enttäuschung über die »destruktive« Haltung der Abgeordneten aller Couleur Ausdruck. Vor allem David Lis Taubenmetapher hatte ihn erbittert. Mit Wehmut dachte er wohl an die gute alte Kolonialzeit zurück, als Gouverneure Ihrer Majestät noch über alle Kritik erhaben waren.

Die Börse schien das alles nicht zu stören. War noch vor weniger als einem Jahr bei jedem Huster aus China den Spekulanten das Herz in die Hose gerutscht, ließ sie der Dauerstreit Pattens mit Peking nun ebenso kalt wie die Polarisierung der politischen Kräfte Hongkongs. Seit dem 29. September war der Hang-Seng-Index um 1778 Punkte oder 23,5 Prozent nach oben geschnellt: Am 29. Oktober schloß er mit einem neuen historischenHöchststand von 9329 Punkten. Diesmal waren es hauptsächlich Japaner, die den Händlern die *chips* nur so aus den Händen rissen.

Ausgelöst hatte die Hausse der Wall-Street-Guru Barton Biggs, Globalstratege der Investmentgesellschaft Morgan Stanley, mit der Bemerkung: »Nach acht Tagen in China bin ich bestens eingestimmt, überfressen und *maximum bullish.*«[8]

Biggs mag China. Den Kassandras, die allenthalben vor einer Bruchlandung der boomenden Wirtschaft Chinas mit ihrer überhitzten Konjunktur und galoppierenden Inflation warnten, hielt er von seinem New Yorker Büro aus entgegen: »Ich bin ziemlich skeptisch abgereist, aber man muß einfach eintauchen in dieses Land. [...] Manchmal spürt man sehr positive Schwingungen, manchmal sehr negative. Man kann sie nicht steuern, man muß sie strömen lassen.« Es werde eine sanfte Landung der chinesischen Wirtschaft geben, versicherte er den Managern der größten Investmentfonds der Welt allen Unkenrufen zum Trotz.

»Augen zu und kaufen«, lautete die Devise.

Hongkongs Finanzminister Hamish Macleod freilich war die Kursrallye suspekt. »Das ist nichts für Witwen und Waisen, sondern für Leute, die wissen, was sie tun«, warnte er, nachdem die Regierung die Wechselkursparität des durch den massiven Zufluß von Spekulationsgeldern unter Aufwertungsdruck geratenen Hongkong-Dollar nur mit einer Milliardenspritze hatte retten können.

Während an der Börse die Bullen los waren, kam auch in das Schneckenrennen um politische Reformen langsam Bewegung. Die 14. Runde am 20. und 21. Oktober in der elegant ausgestatteten Villa No. 14 des Diaoyutai-Gästehauses hatte in einer spürbar verbesserten Atmosphäre stattgefunden, nachdem Patten zuvor angekündigt hatte, er werde eine für November geplante Europareise abkürzen, um die Einbringung der Reformgesetze in den Legislativrat vorzubereiten: Erstmals hatten die Chinesen für Sir Robin und Michael Sze zwei Mikrofone bereitgestellt. »Damit Sie heute beide eine Erklärung abgeben können«, hatte Jiang Enzu die ungewöhnliche Geste begründet. Am Ende der ersten Sitzung ließ Sir Robin gar durchblicken, eine Vereinbarung über die Wahlen von 1994 sei in Reichweite.

Bei der 15. Runde am 27. und 28. Oktober in Villa No. 15 kam weiter Fahrt in die Gespräche, als die chinesische Seite vorschlug, über fünf Punkte ein Interimsabkommen zu schließen.[9] Sie griff damit ein Angebot Pattens auf, die Verhandlungen über die Bezirksausschuß- und Gemeinderatswahlen von 1994 und die Wahlen zum Legislativrat von 1995 voneinander abzukoppeln und erst die weniger hohe Hürde der Wahlen von 1994 zu nehmen.

Auf den Vorschlag Chinas reagierten die Briten umgehend mit dem Entwurf eines »Memorandum of Understanding«, das sie bereits am 3. November der chinesischen Seite übergaben. Dieser Entwurf enthielt jedoch eine wichtige Hinzufügung: Das Prinzip »single-seat, single-vote« sollte auch für die geographischen Wahlkreise bei den Wahlen zum Legislativrat gelten. Ferner hielten die Briten fest, daß es ihnen freistehe, bei den Wahlen von 1994/95 die Praxis der Ernennung von Mitgliedern der parlamentarischen Institutionen abzuschaffen.

In Anbetracht der jüngsten Signale aus Peking war nicht zu erwarten, daß auf der Kabinettssitzung am 10. November in Downing Street No. 10 der Abbruch der Verhandlungen beschlossen würde. Statt dessen wurde vorsichtiger Optimismus verbreitet. Premier Major sandte ein Schreiben an Ministerpräsident Li Peng, in dem er die Fortschritte bei den Gesprächen begrüßte, zugleich aber darauf hinwies, daß nicht mehr viel Zeit bleibe. Wie Patten in einem BBC-Fernsehinterview am 14. November kurz vor seinem Rückflug durchblicken ließ, hatte das Kabinett ihm jedoch grünes Licht gegeben, die Verhandlungen abzubrechen, sollten die Chinesen versuchen, die britischen Pläne durch Verschleppungstaktiken zu durchkreuzen.

Sir Robin, auf dessen Schultern bisher die Hauptlast der Verhandlungen gelegen hatte, sollte die letzte und entscheidende Phase nicht mehr leiten, da er sich einer Rückenoperation unterziehen mußte. Führer des britischen Teams wurde der Unterabteilungsleiter für Nordasien im Foreign Office, der 47jährige Christopher Hum. Der fließend Mandarin sprechende Karrierediplomat, der bereits in die Verhandlungen um die Joint Declaration involviert gewesen war, galt als überzeugter Anhänger der Reformvorschläge Pattens.

Unmittelbar vor Beginn der 16. Runde kam es an Hongkongs Börse zu Panikverkäufen: Am 18. November – dem deutschen Kanzler Helmut Kohl[10] wurde gerade zusätzlich zu seinen 18 Ehrendoktorhüten von der Tongji-Universität in Shanghai, die 1907 von Deutschen gegründet worden war, seine erste Professur ehrenhalber verliehen – verlor der Hang-Seng-Index 341 Punkte, bevor er sich wieder ein wenig erholen konnte. Ausgelöst hatte den Crash eben der, der zuvor die Bullen losgelassen hatte: Barton Biggs. Der Börsenmatador hatte seine Klientel wissen lassen, er werde den Anteil von Hongkong-Aktien in seinem Musterportfolio von 16 Prozent auf 10 Prozent reduzieren. Der Kursanstieg der letzten Wochen sei übertrieben gewesen, Hongkong-Werte seien nicht mehr billig, und »der Zauber Chinas [beginne] auszusehen wie eine Seifenblase«. Er glaube zwar noch immer, daß »China eines Tages die Mutter aller Bull-Märkte erleben werde«, erklärte der ehemalige Marineleutnant, doch wittere nun auch er Gefahren für Chinas Wirtschaft.

Daß die 16. Runde am 19. und 20. November keinen Durchbruch bringen würde, war klar: Vizepremier Li Lanqing, berichtete der Vorsitzende der New China Hongkong Group und Hongkong-Berater Pekings, Tsui Tsin-tong, habe ihm am 16. November gesagt, China werde bei der Wahlrechtsreform keinerlei Zugeständnisse machen. Der britische Versuch, durch den Entwurf einer Eidesformel für die LegCo-Abgeordneten den Chinesen objektive, nicht rückwirkend geltende Kriterien für die Erlaubnis zur Fahrt im »durchgehenden Zug« abzuhandeln, hatte von vornherein keine Aussicht auf Erfolg. Die Chinesen lehnten es strikt ab, bereits auf der ersten Stufe die Wahlmethode für die geographischen Wahlkreise zur LegCo-Wahl festzuschreiben. Ferner weigerten sie sich, den Briten freizustellen, die Praxis der Ernennung von Mitgliedern der Bezirksausschüsse und Stadträte abzuschaffen. Die britische Deutung des chinesischen Vorschlags sei ein Mißverständnis.

Aller Optimismus, am Ende doch noch zu einer Einigung zu kommen, war verflogen. Die Standpunkte beider Seiten waren unvereinbar wie eh und je. »Im April haben wir in Peking über diese Dinge zu sprechen begonnen«, klagte Patten am 23. November in einer Rede im Club der Auslandspresse, »jetzt fällt Schnee.«

Entsprechend eisig war die Atmosphäre bei der 17. Runde am 26. und 27. November. Das einzige, was die Chinesen bereit waren zu akzeptieren, war eine »Verständigung darauf, daß es keine Verständigung« gebe. Die Briten wiederum sahen sich außerstande, einer Regelung zuzustimmen, die der HKSAR lediglich das Recht einräumte, über die Zahl zu ernennender Mitglieder der Bezirksausschüsse und Stadträte selbst zu entscheiden, nicht jedoch darüber, ob die Praxis der Ernennung überhaupt beibehalten oder abgeschafft werden solle. Der Vorschlag bedeute, so die britische Seite, eine Aushöhlung des in Absatz 3, 2 der Joint Declaration verbrieften und in Artikel 2 des Basic Law verheißenen »hohen Maßes an Autonomie«[11] des Sonderverwaltungsgebiets Hongkong.

In einem letzten Versuch, die Gespräche aus der Sackgasse zu führen, wandte sich Außenminister Douglas Hurd am 30. November – die Nachricht vom Scheitern der 17. Runde hatte den Hang-Seng-Index tags zuvor um 240 Punkte nach unten geschickt – mit einer Botschaft an seinen chinesischen Amtskollegen Qian Qichen. Aus »praktischen und politischen Gründen«, schrieb Hurd, sei es notwendig, daß der Gouverneur den Gesetzentwurf über die in dem Vorschlag für ein »Memorandum of Understanding« behandelten Punkte in der ersten Dezemberhälfte im Legislativrat einbringe. Die Absicht, dies zu tun, werde der Gouverneur am 2. Dezember bekanntgeben.

In der Antwort, die am 1. Dezember 1993 in London eintraf, hieß es, dies bedeute den Zusammenbruch der Gespräche.

Opium für das Volk

Die chinesischen Führer »waren Schurken, sind Schurken und werden immer Schurken sein«:[12] Der dies sagte, mußte es wissen, denn es war ein »alter Freund Chinas«[13] – der Doyen der Mandarine des Foreign Office, Sir Percy Cradock.

Nicht daß der für seine stete Nachgiebigkeit gegenüber China bekannte Exbotschafter mit dieser reichlich undiplomatischen Äußerung eigene Fehler bei den Verhandlungen über Hongkong eingestehen wollte. Im Gegenteil: Sein unerschütterlicher Glaube, die chinesischen Führer würden selbst ihre schrecklichsten Drohungen wahr machen, sollten sich die Briten ihren Forderungen nicht beugen, war ihm Rechtfertigung genug für die Räumung nahezu sämtlicher britischer Positionen. Mit einem »außergewöhnlichen Maß an Geschicklichkeit und Geduld«, erklärte er am 9. Dezember 1993 vor dem Auswärtigen Ausschuß des Unterhauses, habe er »die bestmöglichen Bedingungen« ausgehandelt.

Da ihn niemand fragte, welche Konzessionen er Peking denn nun abgerungen hätte, nannte er selbst wenigstens eine: das Versprechen eines demokratisch gewählten Legislativrats, festgeschrieben in Annex I, Teil I der Joint Declaration. Die Chinesen hätten sich bis zum äußersten dagegen gewehrt. Die »generalisierende Wendung«[14] sei erst im allerletzten Moment gefunden worden. Damit aber war – wer wußte das besser als Sir Percy – von vornherein kaum anzunehmen, daß die Chinesen ihre Zusage einzuhalten gedachten. Die Wischiwaschiformulierung, die weder den Begriff »Wahlen« definierte noch festlegte, wann solche stattzufinden hätten, ließ Briten wie Chinesen freie Hand für Interpretationen entsprechend ihren jeweiligen politischen Zielen.

Von Anfang an konnte es nicht den geringsten Zweifel geben, daß beide Seiten völlig unterschiedliche Auffassungen davon hatten, was unter »Wahlen« zu verstehen sei: Mit ihrem *Green Paper* vom Juli und dem *White Paper* vom November hatten die Briten schon vor Unterzeichnung der Joint Declaration im Dezember 1984 deutlich gemacht, daß es ihnen um die stufenweise Einführung eines Repräsentativsystems ging, während spätestens seit Xu Jiatuns Pressekonferenz[15] vom 21. November 1985 und dem fragwürdigen Wahlverfahren[16] bei der Bestimmung des Exekutivkomitees des Beratungsausschusses für das Basic Law (BLCC) zwei

Wochen später auch der Öffentlichkeit klar sein mußte, daß die Chinesen alles daransetzen würden, um demokratische Reformen zu verhindern.

Nicht ahnen konnte die Öffentlichkeit, daß das BLCC nicht von China, sondern insgeheim von Hongkonger Tycoons wie Sir Y. K. Pao und Li Ka-shing finanziert wurde[17] und daß Xu Jiatuns heftiger Angriff auf die zaghaften Bemühungen der britischen Regierung um politische Reformen die ausdrückliche Zustimmung fand von Magnaten wie Lord Kadoorie, dem Vorsitzenden von China Light & Power, und Sir Y. K. Pao, einem stets gerngesehenen Gast in Downing Street No. 10 und Golfpartner von Sir Denis, dem Ehemann Margaret Thatchers. Sir Denis hatte es sich denn auch nicht nehmen lassen, nach dem Tode Paos am 23. September 1991 gemeinsam mit Li Ka-shing und Xinhua-Direktor Zhou Nan dem Freund als Sargträger die letzte Ehre zu erweisen. Schließlich hatte Sir Y. K. zu Lebzeiten die Parteischatulle der Tories vermutlich großzügiger gefüllt als jeder andere Milliardär Hongkongs.[18]

Hongkongs chinesische Geschäftswelt, das war schon immer so, wollte von Demokratie nichts wissen.

Die Vermutung liegt nahe, daß auch Sir Percy nie ernsthaft daran gedacht hatte, Hongkongs Bevölkerung ein Mitspracherecht in eigener Sache zu verschaffen. Wie ließe es sich sonst begreifen, daß er vor dem Unterhausausschuß erklärte: »Wir hätten uns an das Basic Law halten sollen.« Die vom Nationalen Volkskongreß im April 1990 verabschiedete Miniverfassung für Hongkong, die zudem erst am 1. Juli 1997 in Kraft tritt und an deren Entwurf die britische Regierung keinerlei Anteil hatte, besaß für ihn offenbar Vorrang vor der von ihm selbst ausgehandelten, von Frau Thatcher unterschriebenen und bei den Vereinten Nationen hinterlegten Joint Declaration. Deren Klausel, der Legislativrat der HKSAR sei durch Wahlen zu konstituieren, scheint es, war für den ehemaligen britischen Chefunterhändler, Thatcher-Berater und jetzigen Direktor einer Shanghaier Finanzgesellschaft kaum mehr als ein juristisches Placebo, verabreicht, um die Kröte der Auslieferung Hongkongs an Chinas Kommunisten, mußte sie denn geschluckt werden, leichter verdaulich zu machen.

Aber das Mittel wirkte nicht. Die Formel des Sinologen, die es den Briten erlauben sollte, das Gesicht zu wahren, hatte ihre Zauberkraft in dem Moment verloren, in dem John Major nach seiner demütigenden Erfahrung mit dem Flughafen-Memorandum[19] im September 1991 zur Überzeugung gekommen war, daß die alte Appeasementpolitik zu nichts führte als zu ständig neuen Forderungen Chinas, und Chris Patten ins Feld schickte. Daß der Nachfolger Lord Wilsons die Buchstaben der Joint Declaration mit anderem Geiste zu füllen sich anschickte als dem, den Sir Percy ihnen zugedacht hatte, drohte das Meisterwerk des Architekten der chinesisch-britischen Beziehungen wie ein Kartenhaus zum Einsturz zu bringen. Patten war in Cradocks Augen ein Spielverderber, da er sich nicht mehr an die Regeln hielt, die bis dahin gegolten hatten, und außer für »Stabilität und Prosperität« auch noch, o Schreck, für die »Freiheit«[20] Hongkongs zu kämpfen gelobt hatte.

»Der Duke of York hat seine Mannen unter den Klängen sämtlicher Regimentskapellen und unter dem Jubel der britischen Presse zum Gipfel des Berges hinaufgeführt. Wieviel schwieriger wird es sein, sie wieder herunterzuführen«,[21] schrieb Sir Percy, unmittelbar nachdem Chris Patten am 2. Dezember – wie von Douglas Hurd angekündigt – offiziell bekanntgegeben hatte, der erste Teil der Gesetzentwürfe zur Wahlrechtsreform werde am 10. Dezember im Amtsblatt veröffentlicht und am 15. Dezember im Legislativrat eingebracht.

»Der Zusammenbruch der Gespräche [...] und die Rückkehr zur Konfrontation sind eine Tragödie für Hongkong«, warnte Cradock, der der britischen Seite die Hauptschuld für das Scheitern der Verhandlungen anlastete. Patten bereite mit seiner Politik die eigene Niederlage vor, denn »wenn wir einen Alleingang versuchen, werden sie [die Chinesen] 1997 unsere Arrangements demontieren, und dann wird es ›großen Ärger‹ geben. [...] Als Folge der gegenwärtigen Politik wird Hongkong 1997 schlechter dastehen als 1992. [...] Die Bevölkerung Hongkongs, oder zumindest die weniger Begüterten, denen die Papiere und Mittel fehlen, ins Ausland zu gehen, werden in einen Konflikt geführt, den sie nicht wollen und in dem sie den Buckel hinhalten müssen. Das ist wenig ehrenhaft.«

Falls, spekulierte Cradock, der Legislativrat jedoch die eine oder andere Gesetzesvorlage ablehne, könnte dies den Weg für einen wenigstens dem Anschein nach ehrenhaften britischen Rückzug ebnen.

Mit seiner Kritik stand Sir Percy, der für Fernsehauftritte plötzlich Honorare zu verlangen begann, nicht allein da. Zwei seiner Nachfolger als Botschafter in Peking, Sir Alan Donald und Sir Richard Evans, hatten sich vor dem Unterhausausschuß ebenfalls für eine Rückkehr zu »konstruktiver Kooperation« und zur Geheimdiplomatie stark gemacht.

»Wir haben Redefreiheit in Hongkong, und wir haben Redefreiheit im Vereinigten Königreich. Sir Percy macht von seiner Redefreiheit Gebrauch, indem er Dinge sagt, [. . .] die er seit vielen, vielen Jahren sagt«, konterte Patten. Er verwies auf die einhellige Zustimmung[22] »jedes einzelnen der gewählten Mitglieder [des Unterhauses] – nicht pensionierter Beamter –«, zu der von ihm vertretenen Politik der Regierung Major und setzte hinzu: »Ich werde meine Redefreiheit ausüben und weiterhin für die Bevölkerung Hongkongs sprechen.«

Der Hinweis auf das Recht der freien Meinungsäußerung war freilich nicht ganz ohne bitteren Beigeschmack, nachdem es erst Mitte September über Sir Percys Memoiren zum Eklat gekommen war: Wie es hieß, hatte das Foreign Office an einigen Passagen[23] des Manuskripts Anstoß genommen und deren Streichung verlangt. Welch groteske Formen die Zensur im Vereinigten Königreich annehmen kann, hatte vor wenigen Jahren der weltweite Kampf der Regierung Thatcher gegen die Veröffentlichung des Buches *Spycatcher* gezeigt, der Autobiographie des britischen Geheimdienstagenten Peter Wright.

Pekings Attacken auf Pattens Alleingang waren im Vergleich zu dem, was man bisher gewohnt war, wenig spektakulär. Wohl hieß es, der einseitige Schritt zeige die »Entschlossenheit [der Briten], den Legislativrat über die Regierungen Großbritanniens und Chinas zu stellen«, weitere Gespräche über die politische Zukunft Hongkongs werde es daher nicht geben. Qian Qichen, Lu Ping, Guo Fengmin und andere hohe KP-Funktionäre hatten jedoch in jüngster Zeit immer wieder betont, »der Himmel werde nicht einstürzen«, sollte es zu keiner Vereinbarung kommen. Ein Ende der politischen Kooperation werde nicht notwendigerweise einen totalen Kollaps der chinesisch-britischen Zusammenarbeit zur Folge haben.

Schadensbegrenzung war angesagt. Kein Wunder, belief sich das Investitionsvolumen Chinas in Hongkong laut Lu Pings Stellvertreter Wang Qiren mittlerweile auf insgesamt 100 Milliarden HK-Dollar.

Nichts hätte die Trennung von Politik und Wirtschaft überzeugender demonstrieren können als Hongkongs Aktienkurse: Am 10. Dezember – am selben Tag, an dem im Amtsblatt der erste Teil von Pattens Reformpaket als *Electoral Provisions (Miscellaneous Amendments) (No. 2) Bill 1993* erschien – jagten Biggs Börsen-Bullen den Hang-Seng-Index über die 10 000er-Hürde auf 10 268 Punkte. Während in Hongkongs Exchange Square Champagnerkorken knallten und im Legislative Council die Regierungsgazette mit dem Gesetzentwurf zur Wahlrechtsänderung verteilt wurde, fand in Peking hinter verschlossenen Türen die zweite Plenarsitzung des Vorbereitenden Arbeitskomitees (PWC) statt.

Bei der feierlichen Eröffnung der Konferenz in der Großen Halle des Volkes galt das Augenmerk der Presse allerdings weniger der emotionslosen Rede des PWC-Vorsitzenden, Außenministers und Vizepremiers Qian als der Anwältin Dorothy Liu Yiu-chu: Fast während der ganzen zweistündigen Veranstaltung rannen ihr Tränen der Rührung über die Wangen, denn sie saß neben dem ehemaligen ExCo-Mitglied Sir Sze-yuen Chung.[24] »Ich konnte einfach nicht fassen, daß diese Leute, die früher im politischen Lager der Briten waren, nun in unser Lager gewechselt sind und hier höchst wichtige Ämter bekleiden«, erklärte sie ihren medienwirksamen Gefühlsausbruch. Dorothy Liu, zugleich eine von 28 Hongkong-Abgeordneten im Nationalen Volkskongreß, war zum ersten Mal dabei, nachdem sie aus Protest gegen die Zusammensetzung des PWC und den Status seiner Mitglieder alle bisherigen Sitzungen boykottiert hatte.

Die drängendste Aufgabe der vom 9. bis 10. Dezember unter größter Geheimhaltung stattfindenden Tagung – sickerte durch – sei die Beschleunigung der Arbeit des Komitees und die Vorbereitung von Neuwahlen 1997 angesichts des Zusammenbruchs der Gespräche. Premier Li Peng warnte, die wirtschaftlichen Beziehungen zwischen Großbritannien und China könnten Schaden nehmen, während Qian in seiner mit Deng-Zitaten gespickten Abschlußrede erneut mit der vorzeitigen Übernahme des Territoriums drohte, indem er das Vorgehen Pattens eben jene Art von »Unruhe« nannte, von der Deng Xiaoping vor zehn Jahren gegenüber Frau Thatcher gesprochen hatte.

»Ich meine«, kommentierte Patten seinerseits auf ein Deng-Zitat[25] anspielend die Drohung Qians, »Chinas Führer und Beamte können in dieser speziellen Frage ruhig und guten Mutes sein.« Hongkong sei geradezu ein Muster an Stabilität und werde es unter der Herrschaft des Gesetzes auch bleiben.

Unbeirrt von der Hintergrundmusik aus Peking brachte Hongkongs Minister für Verfassungsfragen, Michael Sze Cho-cheung, am 15. Dezember den »einfacheren« Teil der Reformgesetze zur ersten und zweiten Lesung im Legislativrat ein. Er sah vor:

- die Einführung des Prinzips »single-seat, single-vote« für alle geographischen Wahlkreise;
- die Herabsetzung des Wahlalters von 21 auf 18 Jahre;
- die Abschaffung der Praxis der Ernennung von Mitgliedern der District Boards (Bezirksausschüsse) und Municipal Councils (Stadträte);
- die Erhöhung der Zahl gewählter Mitglieder in den Stadträten als Folge der Abschaffung der Praxis der Ernennung;
- die Gewährung des passiven Wahlrechts für Bürger Hongkongs, die Mitglieder des Nationalen Volkskongresses Chinas sind, bei LegCo-, Gemeinderats- und Bezirksausschußwahlen.

  Am 23. Februar 1994 sollte der Legislative Council über das Paket abstimmen.

Trotz der Einbringung der Gesetzentwürfe im Legislativrat erklärte Michael Sze, die britische Seite sei weiterhin jederzeit gesprächsbereit. Die Forderung Lu Pings, den Inhalt der vertraulichen Verhandlungen zu veröffentlichen, lehne man jedoch ab, da man keine formelle Mitteilung über einen Abbruch der Gespräche durch die chinesische Seite erhalten habe. Sollte diese den Verhandlungstisch verlassen, werde man der Bevölkerung aber erklären müssen, wie es dazu gekommen sei.

Jede Seite schob eifrig der anderen den Schwarzen Peter zu.

In einer so verfahrenen Situation konnte wohl nur noch der Himmel helfen. Tatsächlich fühlte man sich an das Eingreifen des Deus ex machina der griechischen Tragödie erinnert, als die Hong Kong Buddhist Association und die Buddhist Association of China ankündigten, sie würden vom 20. bis 26. Dezember – dem 100. Geburtstag Mao Zedongs – eine Nonstopzeremonie für die Stabilität und Prosperität Hongkongs, Chinas und der Welt abhalten. Er hoffe, erklärte Zhen Chan, Vizepräsident des chinesischen Buddhistenverbands, das Ritual werde die Wünsche der Bevölkerung Hongkongs wahr werden lassen.

Anlaß für das Marathonbeten war freilich nicht der Streit zwischen London und Peking, sondern die Einweihung der größten unter freiem Himmel stehenden Buddha-Statue der Welt auf dem Muk-Yu-Hügel beim Kloster Po Lin auf der Insel Lantau. Der 26,4 Meter hohe, 250 Tonnen schwere und 68 Millionen HK-Dollar teure Koloß ruhte auf einem Unterbau, welcher der Basis des Himmelstempels (Tian Tan) in Peking nachgebildet war und genügend Anregung für politische Assoziationen bot: Entworfen von dem katholischen Architekten Peter Ng Pin-kin, ausgeführt von der China Astronautics Science and Technology Consultant Corporation und finanziert von frommen und weniger frommen Spendern in Hongkong und China, ist die innere Konstruktion[26] inspiriert von der Freiheitsstatue in New York.

Anders als Miss Liberty – in der Rechten die Fackel mit der Flamme der Freiheit, in der Linken die Tafel mit dem Datum der amerikanischen Unabhängigkeitserklärung und zu Füßen die zerbrochenen Ketten der Tyrannei – erinnert das Bildnis des Erleuchteten jedoch daran, daß es *in* der Welt keine Freiheit geben kann, sondern nur eine Befreiung *von* der Welt. Sakyamuni, der historische Buddha, erlangte den Zustand der Erlösung von allem Leiden im vollkommenen Nirvana selbst erst im Tod – »wie eine Flamme, die mangels Brennmaterial erlöscht«. Sein Leichnam wurde verbrannt. Was dann noch von ihm übrig war, wurde verteilt und an vielen Gedenkstätten aufbewahrt.

Die Anbetung eines reiskornähnlichen Überrests des vor bald 2500 Jahren Dahingegangenen auf einem mit Lotosblüten, dem Symbol der Reinheit, geschmückten Altar zu Füßen des Tian-Tan-Buddhas war der Höhepunkt des Einweihungszeremoniells. Die winzige Reliquie, ein Geschenk aus Sri Lanka, sollte in der Tempelanlage unter dem Lotosthron der Monumentalplastik ihre neue Ruhestätte finden.

Unter den Ehrengästen der buddhistischen Feier, zu der statt der erwarteten vierzigtausend nur zehntausend Besucher auf die Insel gekommen waren, fanden sich auch zwei Herren, deren Wege sich sonst kaum mehr kreuzten: der katholische Repräsentant des

Oberhaupts der Anglikanischen Kirche, Chris Patten, und der Vertreter des atheistischen China, Xinhua-Direktor Zhou Nan. Patten, von zwei Mönchen des Klosters zu seinem Kontrahenten geführt, reichte Zhou die Hand, doch dieser schlug nicht ein. Statt dessen hob der KP-Mann wie ein Mönch[27] mit einer leichten Verbeugung, die Handflächen aneinandergelegt, beide Hände zum Gruß. »Ich vermute, Herr Zhou ist Buddhist«, bemerkte später Patten, dem die Situation sichtlich peinlich war, während Zhou die Doppelbödigkeit seiner Geste mittels eines an buddhistische Sutren gemahnenden Spruchs noch unterstrich: »Für jene«, sagte er, »welche sich der ›drei Vergehen‹ schuldig machen, ist es eine Sünde, und sie werden in ein grenzenloses Meer der Bitterkeit eingehen [. . .] Für jene, die zu den drei Übereinstimmungen zurückkehren, ist es eine große Wohltat und wird ihnen unendliche Vorteile bringen.«[28]

Seine Ansprache nutzte Zhou Nan für weitere politreligiöse Botschaften. So sei der Buddha – »designed in Hongkong« und »made in China« – »Symbol für die Einheit der chinesischen Nation«. Sein Blick sei nach Norden gerichtet, und so sei er zugleich Sinnbild der »Loyalität« der Bevölkerung Hongkongs gegenüber ihrem Vaterland. Nicht von Religion als »Opium des Volkes« redete der Marxist, ohne rot zu werden, sondern davon, daß die »chinesische Regierung stets eine Politik der Religionsfreiheit« betrieben habe. Das bleibe, versicherte er, in Hongkong auch nach 1997 so.

Patten konnte in dem Riesendenkmal, das den Fluggästen dereinst beim Anflug auf den neuen Flughafen Chek Lap Kok als Wahrzeichen Hongkongs ins Auge fallen wird, dergleichen Symbolgehalt nicht erkennen: Von Religionsfreiheit als »einem der Merkmale unserer eigenen zivilisierten Gesellschaft« sprach er, und jeder wußte, was damit gemeint war.[29]

Ob es dem Sechstagebeten der Bonzen zu Ehren des Bronze-Buddha zu verdanken war? Der Hang-Seng-Index beendete 1993 mit einer Glückszahl:[30] Mit 11 888 Punkten, 115 Prozent über dem Stand von 5512 Zählern Ende 1992, ging er am 31. Dezember aus dem Markt. Hongkongs Börsenhimmel, schien es, kannte keine Grenzen. Was als *annus horriblis* begonnen hatte und für die Politiker ein solches geblieben war:[31] Für die Investoren war es ein *annus mirabilis*.

Ein Freudscher Versprecher

»Ich bin höchst erfreut zu hören, daß die Tür zur Wiederaufnahme von Verhandlungen zwischen Chinesen und Briten nicht zugeschlagen ist«, ließ Anson Chan, Hongkongs neue Chefministerin, am 1. Januar 1994 die Presse wissen. China hatte Großbritannien kurz vor dem Jahreswechsel eine entsprechende Nachricht übermittelt. Einzige Vorbedingung sei, hatte es darin geheißen, daß die Mitte Dezember im Legislativrat eingebrachten Gesetzentwürfe zurückgezogen würden. »Ich glaube nicht«, fuhr Frau Chan fort, »daß es für den Gouverneur irgendeine Möglichkeit gibt, die erste Stufe des Reformgesetzes zurückzuziehen.«

Patten biß nicht an. Die Türen der diversen Villen des Diaoyutai-Gästehauses in Peking blieben zu.

Allen Drohungen zum Trotz, sie werde die neuen Gesetze nach dem 1. Juli 1997 kassieren und zumindest die gewählten Vertreter aus dem »durchgehenden Zug« werfen, bereitete sich die chinesische Seite unterdessen stillschweigend auf die aktive Teilnahme an den Bezirksausschuß-, Gemeinderats- und Legislativratswahlen von 1994 und 1995 vor. Entgegen der bisherigen Annahme, China werde die Wahlen boykottieren, war am 9. Januar aus dem Xinhua-Büro in Hongkong zu hören, daß sogar mehr pekingfreundliche Parteien und Kandidaten antreten sollten als je zuvor.

Nachdem das Gesetzgebungsverfahren nicht mehr aufzuhalten war, zielte Pekings Strategie nun verstärkt auf die Ausdehnung seines Einflusses auf allen Ebenen der Verwaltung durch persönliche Kontakte mit den Beamten. Wichtigstes Instrument war dabei das Vorbereitende Arbeitskomitee (PWC), das Ende Oktober 1993 im Central District ein luxuriöses Verbindungsbüro eröffnet hatte:

- Hongkongs Sicherheitsminister, Alistair Asprey, hatte bereits am 29. Juli 1993 – keine zwei Wochen nach Einsetzung des PWC – in einem vertraulichen Brief an die höheren Offiziere der Hong Kong Royal Police allen Polizeibeamten verboten, an von PWC-Mitgliedern vorgeschlagenen Treffen teilzunehmen. Kurz zuvor hatte Rita Fan, die Leiterin der PWC-Untergruppe Recht und Ordnung, Vertreter aller Berufsorganisationen der Ordnungskräfte zu einem Gespräch eingeladen.
- Vincent Lo, der wiederholt gefordert hatte, Finanzminister

Hamish Macleod – seit Anfang 1994 Sir Hamish – müsse in Finanzfragen den PWC-Unterausschuß Wirtschaft konsultieren, hatte am 10. Dezember 1993 angeregt, Regierungsbeamte ins PWC zu berufen. Regierungssprecher Mike Hanson hatte die Idee sofort scharf zurückgewiesen. Köche der ersten Küche hatten in der zweiten Küche nichts zu suchen.

- Am 5. Januar 1994 lud das PWC den für die Gesetzgebung für die neue Flughafengesellschaft zuständigen Ministerialbeamten, Gordon Siu Kwing-chue, zu einer Sitzung des Unterausschusses Wirtschaft nach Peking ein. Die Einladung für Ende Januar war nur Stunden nach einem heftigen Angriff Lu Pings auf das generelle Kontaktverbot für Beamte mit dem PWC erfolgt. Als Gordon Siu erklärte, er werde nicht nach Peking reisen, warf Lu Ping dem Gouverneur vor, Politik und Wirtschaft miteinander zu vermengen. Die Regierung Hongkongs, so Lu, zeige sich selbst in unpolitischen Bereichen unkooperativ. Chris Patten hingegen verwies auf längst bestehende Kanäle wie die Joint Liaison Group und deren Flughafen-Ausschuß, wo sich seit Monaten nichts mehr bewege.

Der Hang-Seng-Index, am 4. Januar, dem ersten Börsentag des neuen Jahres, über 12 000 Punkte und am Tag darauf auf seinen historischen Höchststand von 12 201 Punkten geklettert, stürzte zwei Tage später auf 11 374 Zähler. Es war der größte Tagesverlust seit dem Crash vom 26. Oktober 1987, jenem Schwarzen Montag, an dem sämtliche Finanzmärkte der Welt in den Keller gesaust waren. Die Investoren, die in den vergangenen Monaten Risiken im China-Geschäft einfach ignoriert und Milliardenbeträge nach Hongkong gepumpt hatten, bekamen offensichtlich plötzlich kalte Füße. Berichte über die galoppierende Inflation, drohende soziale Unruhen und nach dem Tode des immer gebrechlicher werdenden Deng Xiaoping bevorstehende Machtkämpfe in der chinesischen Führung hatten dem Kaufrausch ein jähes Ende gesetzt, nicht die politische Lage in Hongkong. Diese hatte auf das Börsengeschehen kaum mehr Einfluß. Lu Ping und Patten mochten sagen, was sie wollten: Das große Geld bewegten sie nicht mehr.

Dennoch verlagerte sich die Auseinandersetzung zunehmend von der Politik auf die Wirtschaft. Die chinesische Ministerin für Außenhandel und wirtschaftliche Zusammenarbeit, Wu Yi, hatte gewarnt: »Die unfreundliche und unkooperative Haltung Großbritanniens in Hongkong wird Auswirkungen auf den normalen Handel mit China haben.« Und Li Ziliu, der Bürgermeister von Guangzhou, hatte versichert, »britische Unternehmen haben keine Chance«, die letzten beiden Verträge für den Bau der U-Bahn der südchinesischen Metropole zu bekommen.

Hatten die Deutschen im Verlauf von Professor Kohls Chinabesuch im November nicht schon Aufträge im Gesamtwert von rund 3 Milliarden Mark eingeheimst, darunter den Löwenanteil am U-Bahn-Projekt[32] in Guangzhou? Daß die Hälfte der Kosten in Höhe von über 700 Millionen Mark durch Entwicklungshilfekredite mit Niedrigstzinssatz, sogenannten *soft loans,* ausgerechnet an eine der reichsten Städte Chinas gedeckt werden sollten, trübte freilich das Bild. War nicht aus Paris zu hören, Premier Edouard Balladur werde voraussichtlich im März in den Fußstapfen des deutschen Kanzlers nach Peking pilgern, um die durch den Verkauf von sechzehn Fregatten der La-Fayette-Klasse und sechzig Kampfflugzeugen vom Typ Mirage 2000-5 an Taiwan belasteten Beziehungen wieder zu bessern? Und hatten nicht gerade erst chinesische Beamte die Jardine Transport Services (China), ein Tochterunternehmen von Jardine Matheson, gezwungen, die Hälfte ihrer Filialen zu schließen? Die Furcht, sie könnten im großen China-Poker die schlechteren Karten haben, machte britische Geschäftsleute zunehmend nervös.

»Von Mitte der achtziger Jahre bis voriges Jahr«, schrieb Patten zur Beruhigung der Herren der Londoner City am 15. Januar in *The Spectator,* »hatten wir effektiv einen ständigen Rückgang unserer Exporte nach China und einen Anstieg der chinesischen Exporte nach Großbritannien. Der britische Handelsbilanzüberschuß hat sich in einen Überschuß Chinas im Verhältnis 2 zu 1 verwandelt. 1993 begann unser Export endlich stark zu wachsen.« China wäre verrückt, meinte er, britische Firmen zu diskriminieren, bemühe es sich doch, dem Welthandelsabkommen GATT beizutreten. Er halte es daher mit Chinas Präsident Jiang Zemin, der US-Präsident Clinton kürzlich beim Gipfeltreffen mit Recht aufgefordert habe, Handel und Politik voneinander zu trennen, und fügte listig hinzu: »Was in Seattle richtig ist, ist genauso richtig in Peking.«

Darauf hinzuweisen, daß Großbritanniens Handel mit China in der goldenen Ära Cradock real abgenommen hatte, verglichen damit heute also geradezu boomte, bereitete Patten sichtlich Vergnügen, als er am 20. Januar in einer Anhörung des Auswärtigen Ausschusses des Unterhauses über den Stand der britisch-chinesischen Beziehungen mit Charme und Witz seine Politik verteidigte. Dabei ließ er es auch an Seitenhieben auf die Haltung Pekings nicht fehlen: »Ich finde, sie war ziemlich irrational, reichlich rhetorisch und gewöhnlich bar aller Argumente«, sagte er und beschuldigte die Chinesen, sich traditioneller Taktiken zu bedienen, indem sie die Angriffe auf ihn zu personalisieren versuchten. Es sei »albern« zu glauben, irgendein Gouverneur könne eine Politik, die eine derartige Kontroverse hervorrufe, auf eigene Faust betreiben. Als er dann, chinesisches Demokratieverständnis beschreibend, gar Pekings Hongkong-Berater Sir David Akers-Jones mit den Worten zitierte: »Es ist nicht Art der Chinesen, Wahlen zu manipulieren. Sie wissen nur gern das Ergebnis, bevor sie stattfinden«, brach der ganze Saal in schallendes Gelächter aus – mit Ausnahme der anwesenden Vertreter der chinesischen Botschaft.

Patten hatte gewonnen. Wieder hatte er es geschafft, sich der einhelligen Unterstützung des Unterhauses zu versichern, einschließlich des Schattenaußenministers Jack Cunningham und des Labour-Hitzkopfs Denis Canavan.

Die Angegriffenen fanden das alles gar nicht komisch. Sir David war beleidigt: Patten habe auf seine Kosten einen billigen Witz gemacht, das Zitat sei aus dem Zusammenhang gerissen. Nicht Bezirks- oder LegCo-Wahlen habe er gemeint, sondern Wahlen in Ausschüssen und traditionellen Organisationen. Sir Percy war empört: Patten habe wieder alles falsch gemacht, denn er denke nie über die Konsequenzen seines Tuns nach. Die aber seien schrecklich – falls, was ganz sicher sei, die Chinesen es ernst meinten und täten, was sie sagten. Patten spiele den Helden auf anderer Leute Kosten. Und die Chinesen waren wütend: In einem bösen Brief an den Auswärtigen Ausschuß des Unterhauses beklagte sich der Auswärtige Ausschuß des Nationalen Volkskongresses darüber, daß sich die britischen Kollegen »in die inneren Angelegenheiten Chinas grob eingemischt und die Normen internationaler Beziehungen mit Füßen getreten« hätten, indem sie die Lage der Menschenrechte in Tibet erörtert hatten. Von Hongkong war nicht die Rede, doch es war gemeint.[33]

Herrschte an der Heimatfront wieder Ruhe, so nahmen dafür

die Grabenkämpfe um die Finanzierung von Hongkongs neuem Großflughafen Chek Lap Kok an Heftigkeit zu. Weder die chinesische Regierung noch die der HKSAR werde für irgendwelche im Zusammenhang mit dem Bau des Flughafens entstandenen Kosten und Schulden haften, hieß es in einer am 25. Januar von Xinhua veröffentlichten Erklärung. Dieses Projekt betreffende Gesetze oder Erlasse des Legislativrats würden nach dem 1. Juli 1997 ungültig.[34] Die Freigabe von 1,67 Milliarden HK-Dollar durch den LegCo sei ebenso ein Bruch des Memorandum of Understanding (MoU) wie der Antrag der Regierung auf Genehmigung weiterer 4,6 Milliarden.

Lu Ping, geübt im Leckschlagen von Geheimabkommen, behauptete, es gebe eine Absprache zwischen ihm und Sir Percy, sämtliche Regierungsschulden für den Flughafen *und* die damit verbundenen Bahnprojekte mit einer Laufzeit über den 30. Juni 1997 hinaus pauschal auf eine Gesamthöhe von 5 Milliarden HK-Dollar zu begrenzen. »An diesen Behauptungen ist nichts wahr«, hieß es aus dem Foreign Office, während Hongkongs Finanzminister Sir Hamish wissen ließ, die Regierung sei »erstaunt« über die Äußerung Lu Pings. Sogar Sir Percy, geübt im Aushandeln von Geheimabkommen, sprang diesmal der britischen Abwehr bei. »Es gab keine geheime Zusage im Memorandum of Understanding, kein Zusatzprotokoll über Schulden der öffentlichen Hand. Ich habe weder eine geheime Übereinkunft unterzeichnet, noch habe ich über dergleichen Themen eine Vereinbarung getroffen«, ließ er sich aus London vernehmen.

Einmal mehr zeigte sich, wie verhängnisvoll Grauzonen in Abmachungen mit Peking sein können, denn Absatz D des Memorandum of Understanding sagt nicht, ob die Begrenzung der Kreditaufnahme für den Flughafen auch die Schulden für die Flughafenbehörde oder die Bahngesellschaft einschließt.[35]

Der jüngste Wirbel um den Milliardenpump für den Super-Airport sollte sich jedoch sehr rasch als Sturm im Wasserglas erweisen: Am 30. Januar bot die Regierung von Hongkong an, zusätzlich zu den in ihrem dritten Finanzierungsplan[36] von Mitte 1993 vorgeschlagenen 45,3 Milliarden HK-Dollar weitere 15 Milliarden aus den Reserven des Fiskus lockerzumachen und so die öffentlichen Mittel auf 60,3 Milliarden zu erhöhen. Voraussetzung sei, daß China zustimme, die 62 Hektar Land entlang der Bahnstrecke nicht den laut Joint Declaration jährlich freigegebenen 50 Hektar zuzurechnen.[37] Die von der Flughafen- und der Bahngesellschaft zu tragenden Lasten würden so auf unter 30 Milliarden reduziert. Dank des mit 130 Milliarden HK-Dollar prall gefüllten Staatssäckels bedurfte die neuerliche Kapitalspritze keines besonderen finanzpolitischen Kraftakts.

»Ich hoffe, [China] wird dies ein prima Geschenk [...] zu Chinesisch Neujahr finden«, meinte Patten, dem das Hickhack über die Finanzierung des Flughafens längst zum Halse heraushing. »Die Dokumente über den Flughafen«, machte er seinem Unmut Luft, »vermute ich, lassen die Dokumente der Gründung der Vereinten Nationen wie eine Kurzgeschichte erscheinen.«

Erste Reaktionen auf den jüngsten Finanzierungsvorschlag, mit dem die britische Seite Pekings Forderung, die Schuldenlast der HKSAR auf ein Minimum zu beschränken,[38] weitgehend erfüllte, deuteten auf eine positive Resonanz: China, hieß es, sei bei der Frage von Regierungszuschüssen stets flexibel gewesen, und auch über die Grundstücksfrage könne man verhandeln. Allerdings sollte dem Flughafen-Beratungsausschuß eine wichtigere Rolle bei der Überwachung der Kosten des Gesamtprojekts gegeben werden.

Unterdessen meldete sich Sir Percy Cradock wieder zu Wort. In einem zweiseitigen Brief an den Auswärtigen Ausschuß des Unterhauses, der dessen Mitglieder nur Minuten vor der Anhörung seines ehemaligen Chefs Douglas Hurd am 8. Februar erreichte, machte Sir Percy einen weiteren, geradezu verzweifelten Versuch, Pattens Politik zu diskreditieren. Der Gouverneur habe, schrieb er, nicht auf seinen Rat gehört und vor dem Ausschuß inakkurate Aussagen über ihn gemacht.[39]

»Ich habe den Eindruck, seine Zeit ist vorbei. Das Hongkong von heute ist nicht das, in dem sich Sir Percy zu Hause fühlt«, bemerkte der Außenminister trocken, nachdem er den Brief überflogen hatte.

Doch am 12. Februar erhielt der Unterhausausschuß einen weiteren Brief. Absender war der chinesische Botschafter, Ma Yuzhen. Ma, seit geraumer Zeit hinter den Kulissen eifrig bemüht, Pattens Position in London zu unterminieren, schrieb darin an den Ausschußvorsitzenden David Howell, wer glaube, China werde den Legislativrat, die Stadt- und Regionalräte sowie die Bezirksausschüsse 1997 nicht auflösen, irre gewaltig. China, behauptete er, habe bei den siebzehn Runden der Verhandlungen über politische Reformen im vergangenen Jahr erhebliche Zugeständnisse gemacht und sei daher völlig überrascht gewesen, als die Briten, die Lösung fast in Reichweite, eine Einigung blockiert hätten.

Als die britische Seite fünf Tage später erklärte, sie werde in Kürze einen Bericht über den Verlauf der siebzehn Runden in Form eines *White Paper* veröffentlichen, klagte Peking erbost: »Sie haben uns [nur] mitgeteilt, daß sie die Details bekanntgeben werden. Sie haben nicht versucht, mit uns darüber zu sprechen. [. . .] Das ist nicht recht.«

Dies sei »sehr verwunderlich«, kommentierte Hongkongs Regierungssprecher Mike Hanson die Reaktion der Chinesen, denn Lu Ping habe Chris Patten schon am 9. Dezember aufgefordert, den Inhalt der vertraulichen Verhandlungen zu veröffentlichen. Zudem sei am 7. Januar in der *Volkszeitung* ein ganzseitiger Artikel erschienen, der in Form eines Interviews mit einem namentlich nicht genannten Beamten die Gründe für den Zusammenbruch der Gespräche aus chinesischer Sicht detailliert dargelegt habe.

Zugleich gab Hanson bekannt, der Gouverneur werde nach der Abstimmung über den ersten Teil des Reformpakets auch den zweiten Teil im Legislativrat einbringen, und zwar in der von Patten am 7. Oktober 1992 in seiner Antrittsrede vorgeschlagenen Form[40] und ohne die im Laufe der Verhandlungen gemachten Abstriche.

In der Bevölkerung, die in der Hoffnung auf eine Einigung mit China bisher stets eine Hinausschiebung der Entscheidung im LegCo befürwortet hatte, war die Stimmung inzwischen umgeschlagen. Wie eine Umfrage der *Sunday Morning Post* vom 16. und 17. Februar ergab, waren nun 36 Prozent für eine Verabschiedung des ersten Teils der Reformgesetze am 23. Februar, nur 14 Prozent dagegen. Die Hälfte der Befragten war unentschieden. Geringe Zustimmung (14 Prozent) dagegen fand die Absicht, anschließend den zweiten Teil der Gesetze in ihrer ursprünglichen Form im Legislativrat einzubringen. 48 Prozent bevorzugten die Kompromißversion[41] vom Sommer 1993, die restlichen 38 Prozent hatten keine Meinung. Bedenklich allerdings war das hohe Maß an Gleichgültigkeit, mit dem die Menschen dem ganzen Unternehmen inzwischen begegneten: Nurmehr 23 Prozent zeigten sich an der Wahlrechtsreform interessiert, 71 Prozent erklärten, das Ganze interessiere sie nicht. Die Leute hatten das Thema mittlerweile gründlich satt.

Auch Pattens Popularität hatte gelitten: Mit 56,4 Prozent lag sie 2 Prozent unter der Marke vom November 1993.

Als die Abgeordneten nach neunstündiger Debatte am frühen Morgen des 24. Februar um 1 Uhr 20 endlich über den ersten Teil der Reformgesetze[42] abstimmten, billigten sie ihn mit großer Mehrheit in unveränderter Form. Zwei vorausgegangene Versuche, die Abstimmung zu verhindern, waren nach hitzigen Debatten gescheitert. Den ersten Versuch hatte Elsie Tu unternommen.

»Ich glaube an Demokratie«, hatte die Vizepräsidentin des Legislative Council ihren Antrag begründet, »wenn das heißt, Mittel und Wege zu finden, die Lebensverhältnisse der Menschen zu verbessern. Aber ich glaube nicht an einen politischen Machtkampf, der die Gemeinschaft in einen Zustand der Sorge und Angst über die Zukunft führt.« Eine Verabschiedung der Gesetze, hatte sie gewarnt, wäre das Ende der chinesisch-britischen Zusammenarbeit. »In einer zerrütteten Familie sind es die unschuldigen Kinder, die leiden. Und in diesem Fall sind die unschuldigen Kinder die kleinen Leute von Hongkong, die schweigende Mehrheit, die nichts anderes will als sich durchs Leben schlagen.«

Elsie, wie die Armen und Ärmsten Hongkongs, für die sie stets unerschrocken gekämpft hatte, sie allgemein liebevoll nannten, hatte Patten erst wenige Tage zuvor mit jenen Politikern in einen Topf geworfen, deren Demokratie- und Menschenrechtsgerede nur dazu dient, »ihre bösen Absichten gegenüber Ländern anderer politischer Couleur als der eigenen zu verbergen«. »Wenn Asien mit Herrn Patten in Sachen Menschenrechte nicht einer Meinung ist, dann muß Asien rassistisch sein«, hatte sie geschrieben und gefragt: Könnte es im Gegenteil nicht »schlimmster Rassismus sein, von allen anderen zu erwarten, daß sie denken wie wir«?

Es war das erste Mal, daß Elsie den uneingeschränkten Beifall des ihr sonst so verhaßten Big Business erhielt: »Ich bin tief bewegt. Sie hat den Mut, für die schweigende Mehrheit ihre Stimme zu erheben«, meinte Lau Wah-sum von der Liberal Party. Für ihren Antrag hatten alle fünfzehn Mitglieder seiner Partei gestimmt – kein einziges davon direkt gewählt –, dagegen alle dreizehn Mitglieder der liberalen Parteien United Democrats – fast alle direkt gewählt –, die vier Vertreter des Meeting Point sowie die meisten Unabhängigen, darunter Christine Loh, Anna Wu Hung-yuk, Emily Lau, Andrew Wong Wang-fat, Jimmy McGregor und Martin Barrow von Jardines. Ihr Antrag wurde mit 36 zu 23 Stimmen abgelehnt.

Frau Tu war enttäuscht. »Wenn ich gebeten würde«, sagte sie, »Berater [für China] zu werden, dann habe ich diesmal das Gefühl, daß ich es tun müßte.«

Der zweite, von Allen Lee, dem Führer der Liberal Party – den »Liberalen mit dem großen L« –, eingebrachte Antrag, das Prinzip »single-vote, single-seat« für die LegCo-Wahlen von 1995 aus dem Paket herauszunehmen, wurde gar mit 35 zu 15 Stimmen abgelehnt, denn die pekingfreundlichen Abgeordneten hatten sich diesmal der Stimme enthalten. Der Banker David Li Kwok-po und der Industrielle Ngai Shiu-kit – beides PWC-Mitglieder – hatten sich vorsichtshalber gleich ganz verdrückt.

Die bisher wohl wichtigste Entscheidung in der Geschichte des Legislative Council hatte einen klaren Sieg der demokratischen Kräfte gebracht.

Nur Stunden nach der Abstimmung, am 24. Februar gegen 17 Uhr, gab die Regierung von Hongkong 100 000 Exemplare – 70 000 davon auf chinesisch – des *White Papier* frei, das den Verlauf der siebzehn Gesprächsrunden über die politischen Reformen aus britischer Sicht darstellte.

Mit dem 36-Seiten-Papier, einer »destillierten« Version der Verhandlungen, »belüge« Großbritannien »die Öffentlichkeit und führe die Medien in die Irre«, klang es aus Peking. »Wir werden entsprechend handeln«, verkündete Zhang Junsheng, der Vizedirektor von Xinhua in Hongkong, weigerte sich aber zu verraten, wann, wie und wo die Chinesen ihre Version zu enthüllen gedachten. Fürs erste unterrichtete der chinesische Delegationsleiter, Jiang Enzhu, nur eine Gruppe von Hongkonger PWC-Mitgliedern vertraulich über die vertraulichen Gespräche.

Heftige Kritik an dem britischen Dokument übten auch die »Liberalen mit dem kleinen l«: Die im *White Paper* gegebene Darstellung sei ungenügend, monierten sie und forderten die Regierung auf, alle Karten auf den Tisch zu legen. Die jedoch bestand darauf, alles Wichtige wiedergegeben zu haben. Ein vollständiger

Bericht hätte ein Dokument ergeben »so dick wie ein Telefonbuch«, verteidigte sie sich, und damit habe man den Legislative Council, das britische Parlament und die Öffentlichkeit nicht bombardieren wollen.

Am Ende trug das *White Paper* eher zur Verwirrung bei als zur Klärung der Dinge. Schlüsselfragen blieben unbeantwortet, Behauptung stand nach wie vor gegen Behauptung, Schuldzuweisung weiter gegen Schuldzuweisung.

Dann kam die Überraschung: In seiner vom staatlichen Fernsehen live übertragenen Rede zur Eröffnung der zweiten Plenarsitzung des Nationalen Volkskongresses am 10. März in der Großen Halle des Volkes erklärte Chinas Ministerpräsident Li Peng, die Verantwortung für das Scheitern der Gespräche müsse von der »chinesischen Seite« übernommen werden.

Doch kaum war ihm das Schuldbekenntnis über die Lippen gekommen, korrigierte Li Peng sich auch schon und schob, sichtlich verlegen, die Schuld wieder den Briten zu. Botschafter Sir Robin McLaren, der die Ansprache von der Galerie aus verfolgt hatte, meinte, es war wohl ein kleiner Freudscher Versprecher.

Der Krieg der Sterne

»Die britische Kolonialherrschaft in Hongkong geht zu Ende. Nichts kann das verhindern«, las Li Peng fast dreitausend gelangweilten Abgeordneten des Nationalen Volkskongresses – nunmehr fehlerfrei – aus dem Manuskript seiner Rede vor, verzichtete ansonsten aber auf größere Ausfälle gegen die Kolonialmacht und deren Gouverneur. Hatte er im Vorjahr bei gleichem Anlaß[43] noch die »perfiden«, »mit List entwickelten« Vorschläge Pattens mit Vehemenz attackiert, begnügte er sich diesmal mit der Versicherung, China sei »entschlossen und fähig, die Souveränität über Hongkong zurückzugewinnen«.

Die eigene »Küche«, mit deren Einrichtung Lu Ping immer wieder gedroht hatte, war inzwischen in Gestalt der 91 Hongkong-Berater[44] und des 57köpfigen Vorbereitenden Arbeitskomitees (PWC)[45] fest installiert.

Durch die Ernennung von weiteren 274 Persönlichkeiten zu Beratern in Bezirksangelegenheiten (*district affairs advisers*) hatte

China seine Einheitsfront am 4. März weiter ausgebaut. Die jüngsten Hilfsköche rekrutierten sich aus einem LegCo-Mitglied, 20 Stadt- und Regionalräten, 108 Mitgliedern der Bezirksausschüsse und 145 weiteren Vertretern der Lokalprominenz, darunter erstmals auch ein paar zahme Liberale von der Hong Kong Association for Democracy and People's Livelihood (4) und vom Meeting Point (2). Aus den Reihen von Martin Lees United Democrats war keiner dabei.

Den drei Ebenen halbdemokratischer britischer Institutionen – Legislativrat, Stadt- und Regionalräte sowie Bezirksausschüsse – stand damit eine dreistufige chinesische Schattenorganisation gegenüber. Da beide durch teilweise doppelte Mitgliedschaften personell eng miteinander verflochten waren, ließ sich auf unterer Ebene ein Kontaktverbot wie das zwischen Verwaltungsbeamten und PWC-Mitgliedern kaum durchsetzen. Als Auge und Ohr wie als Sprachrohr Pekings war die Bedeutung der neuen, von Xinhua in Hongkong ausgewählten und von Zhou Nan ernannten Beratergruppe daher kaum zu überschätzen. Die Durch-, wenn nicht Zersetzung der britischen Verwaltung und der Aufbau einer zweiten Machtstruktur war in vollem Gange.

Die Bedeutung britisch-chinesischer Kooperation wurde von China systematisch heruntergespielt. Die Veröffentlichung des zweiten Teils von Pattens Reformpaket – *Legislative Council (Electoral Provisions) (Amendment) Bill 1994* – am 25. Februar in der Regierungsgazette war nahezu ignoriert worden. Auch die Einbringung der Gesetzentwürfe im Legislativrat durch den neuen Minister für Verfassungsfragen, Nicholas Ng Wing-fui, zur ersten Lesung am 9. März wurde keines Propagandafeuerwerks mehr für wert befunden. Der einseitige Schritt Großbritanniens, war aus Zhou Nans berufenem Munde zu hören, werde keinerlei negative Folgen haben für den reibungslosen Übergang.

Die Hauptziele der chinesischen Hongkong-Politik bestanden darin, den Einfluß seiner Beraterorgane zu stärken und das dicke Finanzpolster Hongkongs so ungeschmälert wie möglich über den 30. Juni 1997 hinüberzuretten. Als Sir Hamish Macleod am 2. März bekanntgab, die an die SAR zu übergebenden Reserven würden voraussichtlich nicht weniger als 269 Milliarden HK-Dollar betragen,[46] verlangte der Stellvertretende Xinhua-Direktor, Zhang Junsheng, dies gleich schriftlich. »Je mehr [Reserven], desto besser«, sagte er, während Xu Yongfu von der Hongkonger Filiale der Bank of China meinte, der Überschuß könnte viel größer sein, würden die Sozialausgaben nicht so hochgeschraubt. So drohten die Pläne der Regierung für eine Senkung der Steuern vor allem für die unteren und mittleren Einkommensschichten sowie für den Aufbau eines Rentensystems Hongkong zum Wohlfahrtsstaat werden zu lassen.

Pekings Gier nach Hongkongs prall gefüllten Taschen ist um so verständlicher, wenn man bedenkt, daß Chinas Finanzminister Liu Zhongli dem Nationalen Volkskongreß am 10. März von einem 70-Milliarden-Yuan-Loch (62,16 Milliarden HK-Dollar) im Staatssäkkel der Volksrepublik berichten mußte. Im Vorjahr hatte das Defizit mit 20,3 Milliarden Yuan noch weniger als ein Drittel betragen.

Wer brauchte nun eigentlich wen? Hongkong China oder China Hongkong?

Die letzten Monate hatten gezeigt, daß es vor allem das China-Fieber war, das Hongkongs Aktienkurse nach oben oder unten trieb. Hatte China-Fan Barton Biggs am 29. September 1993 die Bullen losgelassen, die den Hang-Seng-Index von 7000 auf über 12 000 Punkte jagten, so hatte die ernüchternde Erkenntnis, daß auch in einer Bonanza mit chinesischen Merkmalen nicht alles Gold ist, was glänzt, den Run fast ebenso plötzlich beendet, wie er begonnen hatte.

Doch allmählich drohte aus dem Schnupfen, den sich die Spekulanten am 6. Januar geholt hatten und zu dem am 4. Februar mit der Anhebung des Diskontsatzes durch die US-Zentralbank von 3 auf 3,25 Prozent noch ein Husten gekommen war, eine handfeste Lungenentzündung zu werden: Panikverkäufe durch eine Reihe ausländischer Investoren ließen den Index am Freitag, dem 18. März, erstmals wieder unter 9000 Zähler rutschen.

Wieder waren es Morgan Stanleys Investmentpropheten, die das Signal gaben: David Roche und Barton Biggs hatten am 16. März einen Bericht veröffentlicht, in dem sie weissagten, der Hang-Seng-Index könne sogar unter 7000 Punkte fallen, wenn – und nur wenn – die schlimmste aller Möglichkeiten eintreten und die USA die Meistbegünstigung (MFN) Chinas im Handel mit den USA streichen sollte. Würde der MFN-Status verlängert, könnte der Index zum Jahresende bei 14 000 Punkten stehen.

Am Montag, dem 21. März, verlor der Hang-Seng-Index weitere 5,1 Prozent seines Wertes und schloß mit 8667 Zählern. An der Hongkonger Börse hatten die Bären die Bullen abgelöst. Der Extorero Barton Biggs war zum Bärenführer anvanciert.

Ende Mai 1993 hatte Präsident Bill Clinton die künftige Gewährung des MFN-Status für China ausdrücklich von entscheidenden Verbesserungen der Menschenrechtssituation abhängig gemacht. Seit der Wahl Sydneys als Austragungsort der Olympischen Spiele im Jahr 2000 hatte sich die Lage jedoch dramatisch verschlechtert: Der Menschenrechtsbericht, den das US-Außenministerium am 1. Februar vorgelegt hatte, enthielt auf 34 China gewidmeten Seiten eine bestürzende Liste von Verstößen gegen die Menschenrechtsnormen der Vereinten Nationen. Verhaftungen politisch Andersdenkender, Mißhandlungen im Polizeigewahrsam, monate-, oft jahrelange Haft ohne Anklage oder Verurteilung, unfaire Gerichtsverfahren, Folter, Unterdrückung und Verfolgung von Anhängern der verschiedensten Religionsgemeinschaften, Zwangssterilisierungen, Verweigerung des Rechts auf freie Meinungsäußerung, Diskriminierung von Frauen – alles, was ein repressives Regime auszeichnet: im Reich der Mitte war es an der Tagesordnung.

Nach chinesischen Angaben vom Dezember 1993 verbüßten 3172 Menschen Gefängnisstrafen wegen konterrevolutionärer Verbrechen. In Wirklichkeit waren es viel mehr, denn in der offiziellen Statistik fehlte, wer ohne Anklage hinter Gittern saß. In dem am 20. Februar von Asia Watch veröffentlichten 664-Seiten-Bericht ist gar von Zehntausenden von Gefangenen die Rede. Die paar Fälle, die Tag für Tag die Spalten der Weltpresse füllten, bildeten nur die Spitze des Eisbergs. Dennoch sind sie signifikant:

- Am 3. März war in Peking der Rechtsanwalt Zhou Guoqiang verhaftet worden. Er hatte dem im August 1993 bei Lo Wu über die Grenze geschobenen Gewerkschaftsführer Han Dongfang bei dem Versuch geholfen, die chinesischen Behörden zu verklagen. Zhou habe, hieß es in einer Meldung der Hong Kong China News Agency, »mit feindlichen Mächten im Ausland zusammengearbeitet« und sich ungesetzlicher regierungsfeindlicher Aktivitäten, der Aufwiegelung und der Störung der gesellschaftlichen Ordnung schuldig gemacht. Han selbst hatte, nachdem alle seine Versuche zu Fuß, per Bahn oder mit dem Flugzeug in seine

Heimat zurückzukehren, von den chinesischen Behörden vereitelt worden waren, Hongkong am 10. März in Richtung USA verlassen.

- Am 4. März war Wei Jingsheng erneut verhaftet worden, keine sechs Monate nach seiner Entlassung unmittelbar vor der Olympia-Entscheidung von Monte Carlo und gerade eine Woche nach seinem Treffen mit dem für Menschenrechte zuständigen Abteilungsleiter im US-Außenministerium, John Shattuck. Shattuck, der sich in Peking aufhielt, um den Besuch von Außenminister Warren Christopher vorzubereiten, hatte Staatspräsident Jiang Zemin ein Schreiben einer Gruppe von Kongreßabgeordneten übergeben, in dem es hieß, China werde die Meistbegünstigung verlieren, sollten nicht mehr politische Gefangene freigelassen werden. Auf Druck Präsident Clintons war Wei 24 Stunden später wieder auf »freiem« Fuß, das heißt, er mußte Peking am 6. März mit unbekanntem Ziel freiwillig verlassen. So war garantiert, daß er sich während des Pekingaufenthalts des amerikanischen Außenministers, der am 11. März begann, nicht wieder mit den falschen Leuten treffen konnte.

Christophers Visite begann mit einem Eklat, als ihm sein Amtskollege Qian Qichen vorhielt, Shattuck habe chinesische Gesetze gebrochen, indem er sich mit Wei getroffen habe. Wei sei ein »auf Bewährung entlassener Krimineller« und dürfe sich daher nicht ohne Genehmigung mit ausländischen Besuchern treffen. Und Hongkong gehe die USA gar nichts an. China widersetze sich grundsätzlich der Verquickung von Handel und Politik. Man sei 23 Jahre lang ohne amerikanische Waren ganz gut ausgekommen und könne, wenn nötig, in Zukunft wieder darauf verzichten.

Auch Ministerpräsident Li Peng wies Clintons Forderung nach »einem generellen Fortschritt bei den Menschenrechten« als Voraussetzung für eine Verlängerung des MFN-Status entschieden zurück. »China wird niemals das Menschenrechtskonzept der Vereinigten Staaten akzeptieren«, ließ er den Amerikaner wissen. Im übrigen schadeten sich die USA mit einer Streichung der Handelsprivilegien selbst.

Die amerikanischen Politiker und Diplomaten – von Senator John Kerry über Finanzminister Lloyd Bentson bis Warren Christopher –, die sich seit geraumer Zeit in Peking die Klinke in die

Hand gaben, bissen allesamt auf Granit. »Wer sich am meisten um die Menschenrechte in China kümmert«, belehrte sie der Sprecher des chinesischen Außenministeriums, Wu Jianmin, »sind die chinesische Regierung und das chinesische Volk selbst.«

Daß Warren Christopher nach seiner Rückkehr in die USA dem Kongreß am 18. März von »echten Verbesserungen« in zwei zentralen Menschenrechtsfragen[47] berichtete, war der reinste Hohn angesichts der Begleitumstände seines Besuchs, in dessen Verlauf sogar Reporter von United Press International und *Newsweek* zeitweise festgenommen und stundenlang verhört worden waren. Es war wohl Zweckoptimismus: Ein Wechsel der China-Politik der Regierung Clinton begann sich abzuzeichnen. Lloyd Bentson forderte bereits eine Änderung der amerikanischen Strategie, um einen Zusammenbruch der Beziehungen zwischen beiden Ländern zu verhindern. Hongkongs neue Chefministerin Anson Chan, die sich Ende April in Washington für die bedingungslose Gewährung von Handelsvergünstigungen für China einsetzen wollte, mochte dann vielleicht schon offene Türen einrennen.

Ob es die Zuversicht war, daß das persönliche Pech von ein paar tausend Chinesen bald nicht mehr dem ganz großen Geschäft mit 1,2 Milliarden Menschen im Wege stehen würde, oder die Bemerkung von Morgan Stanleys David Roche, er denke, der Markt sei reif für eine Erholung: Niemand wußte, warum der Hang-Seng-Index nach seinem Sturz von über 1300 Punkten am 22. und 23. März plötzlich wieder um fast 800 Zähler auf 9465 Punkte sprang.

Daß die Aktien der sechs Unternehmen der Jardines-Gruppe,[48] die zusammen 9,77 Prozent des Index ausmachten, am Mittag des 23. März innerhalb von Minuten über 8 Prozent an Wert verloren und der Handel mit diesen Papieren daher am Nachmittag eingestellt wurde, hatte jedoch einen klaren Grund: Noch-Taipan Nigel Rich und Direktor Sir Charles Powell hatten kurz zuvor bekanntgegeben, Jardines werde seine Sekundärnotierung in Hongkong aufgeben. Nach dem 31. Dezember 1994 würden die Aktien der Gruppe, deren Gewinne im abgelaufenen Geschäftsjahr mit 388,8 Millionen US-Dollar um 23 Prozent über denen des Vorjahres lagen, nicht mehr an der Hongkonger Börse gehandelt. Die Geschäfte der Gruppe in Hongkong und China seien von der Entscheidung aber nicht betroffen.

Zheng Guoxiong, ein Vizedirektor von Xinhua in Hongkong, nannte Jardines' Flucht aus der Hongkonger Börse »äußerst unverantwortlich«.

Es war der logische dritte und letzte Schritt[49] des Rückzugs der noch immer britischen *hong* aus Hongkong, nachdem es Jardines nicht gelungen war, von der Securities and Futures Commission (SFC), Hongkongs Börsenaufsicht, eine Sonderregelung zum Schutz gegen eine feindliche Übernahme zu erwirken. Als auf den Bermudas eingetragenes Unternehmen war das Konglomerat nicht durch die strengen Londoner Vorschriften geschützt, nach den in Hongkong geltenden Regeln aber muß ein Käufer erst ab 35 Prozent ein Angebot zur vollständigen Übernahme machen. Der neue, auf Jardines' Betreiben auf den Bermudas eingeführte Übernahmecode verpflichtet einen Käufer bereits ab 30 Prozent zum 100-Prozent-Gebot. Dadurch hofften die Keswicks, die es verstanden, mit einem Kapitalanteil von nur wenig mehr als 5 Prozent das Firmenimperium ohne Zustimmung anderer Aktionäre zu kontrollieren, künftig dagegen gefeit zu sein, von Finanzhaien wie Li Ka-shing geschluckt zu werden. Denselben Zweck hatte die im Januar 1989 abgeschlossene Umstrukturierung und Verflechtung des Gesamtunternehmens unter dem Dach von Jardine Strategic Holdings.

Der Übernahmecode der Hongkonger Börse hatte erst kürzlich eine Rolle gespielt beim Verkauf von 34,9 Prozent der Aktien der *South China Morning Post* durch Rupert Murdochs News Corp. an die Kerry Group des Robert Kuok.[50]

Wie die Malayan United Industries (MUI) des Dr. Tan Sri Khoo Kay Peng am 21. April in Kuala Lumpur überraschend bekanntgaben, wechselten nun auch die seinerzeit News Corp. verbliebenen 15,1 Prozent den Besitzer: MUI kaufte die 226,5 Millionen Aktien zu 4,575 HK-Dollar das Stück für einen Gesamtbetrag von 1,036 Milliarden HK-Dollar (133 Millionen US-Dollar). Kerry Media hatte für seinen Teil bei einem Stückpreis von 5,17 HK-Dollar insgesamt 2,7 Milliarden HK-Dollar bezahlt. Damit waren 50 Prozent der *South China Morning Post* in Händen sino-malaysischer Tycoons.

Den Verdacht, Dr. Khoo, eines der stillen Wasser von Malaysias Geschäftswelt, und Robert Kuok könnten den Deal verabredet haben, wies der geschäftsführende Direktor von MUI, Ng Kwan

Cheong, zurück. Es habe sich um eine rein finanzielle Entscheidung gehandelt, nicht um eine politische, versicherte er.

Rupert Murdoch indes hatte mit seinem Einkauf bei Li Kashings HutchVision bislang wenig Freude gehabt: Kaum war er Herr des Satellitenfernsehens StarTV, hatte ihm Chinas Ministerpräsident Li Peng – wie zuvor Kuok-Freund Dr. Mahatir Mohamad in Malaysia – Anfang Oktober 1993 mit seiner Unterschrift unter die Proklamation No. 129 des Staatsrats den Himmel vor der Nase zugesperrt und den Besitz von Satellitenschüsseln ohne Sondergenehmigung kurzerhand verboten. Das Gesetz, hieß es, sollte den »Aufbau einer sozialistischen geistigen Kultur« fördern. Und dazu mußte der schädliche Einfluß der in China auf einem der fünf Kanäle von StarTV über AsiaSat 1 zu empfangenden Nachrichtensendungen des BBC World Service (BBC WSTV) unbedingt ausgeschaltet werden.

»Fortschritte in der Telekommunikationstechnik haben sich in der ganzen Welt für totalitäre Regime eindeutig als Bedrohung erwiesen«, hatte Murdoch im September 1993 in einer Rede erklärt. »Faxgeräte ermöglichen es Dissidenten, staatlich kontrollierte Printmedien zu umgehen; Telefondirektwahl macht es dem Staat schwer, mündliche Kommunikation zu kontrollieren. Und Satellitenübertragungen machen es informationshungrigen Bürgern vieler geschlossener Gesellschaften möglich, staatlich kontrollierte Fernsehkanäle zu umgehen.« Wie es schien, hatte er sich damit einen Bärendienst erwiesen.

Zumal die BBC war den Chinesen seit geraumer Zeit ein Dorn im Auge. Besonders geärgert hatte sie *Chairman Mao: The Last Emperor.* Der Dokumentarfilm war in Großbritannien ein paar Tage vor dem 100. Geburtstag des Großen Steuermanns am 26. Dezember gesendet worden, nachdem die Chinesische Botschaft in London vergeblich versucht hatte, die Ausstrahlung zu verhindern. In dem Film war auch Dr. Li Zhisui zu Wort gekommen, Maos Leibarzt von 1954 bis 1976. Dr. Li, seit 1988 in den USA, hatte in seinem Buch *The Private Life of Chairman Mao* den Gründer der Volksrepublik China als einen paranoiden Tyrannen mit einer unersättlichen Gier nach Sex mit unerfahrenen, ungebildeten jungen Mädchen beschrieben und auch im Film gesagt: »Frauen waren für Mao Spielzeug.«

»Indem die BBC darauf bestand, den Film auszustrahlen, hat sie die Gefühle des chinesischen Volkes verletzt und den Verfall des journalistischen Ethos des Senders offenbart«, hieß es in einer Verlautbarung des chinesischen Außenministeriums.

In Hongkong hatte Peking immerhin teilweise Erfolg. TVB, das die Lizenz erworben und die Gebühren dafür bereits bezahlt hatte, verzichtete auf die Ausstrahlung. Als daraufhin Hongkongs Club der Auslandspresse ankündigte, er werde den Film am 24. Januar 1994 seinen 300 Mitgliedern in einer Sonderveranstaltung vorführen, forderte Hongkongs Zensurbehörde, die Television and Entertainment Licensing Authority, den Presseclub auf, dafür eine Genehmigung einzuholen, was dieser allerdings nicht tat. Der Demokratieaktivist Lau Shan-ching, der »konterrevolutionärer Verbrechen« wegen sieben Jahre in chinesischen Gefängnissen verbracht hatte, hingegegen hatte sich eine Genehmigung besorgt und den Film wiederholt öffentlich gezeigt.

Murdoch, der in fünf Monaten drei Geschäftsführer gefeuert, sich mit Wharf Cable über die Vertragsbedingungen für das geplante Pay-TV zerstritten hatte und Presseberichten zufolge mit StarTV Woche für Woche eine Million US-Dollar Verluste einfuhr, hatte am 15. Februar wissen lassen, der Streit um den Mao-Film lasse ihn über eine Beendigung der Zusammenarbeit mit der BBC nachdenken. Tatsächlich erlaubte es der im Oktober 1991 abgeschlossene Zehnjahresvertrag beiden Seiten, vorzeitig zum 31. Dezember 1994 zu kündigen. An einen Hinauswurf des für den hohen Standard und die Sachlichkeit seiner Berichterstattung weltweit geachteten britischen Senders aus politischen Gründen hatte man damals nicht gedacht, denn die redaktionelle Kontrolle war, um politische Einmischung zu verhindern, ausdrücklich der BBC überlassen worden. »Entweder hat man glaubwürdige Nachrichten oder überhaupt keine«, hatte Li Ka-shings Sohn Richard damals gesagt.

Niemand war mehr überrascht, als Murdoch am 21. März ankündigte, StarTV werde ab 17. April die Ausstrahlung des BBC World Service auf seinem nördlichen, hauptsächlich China, Hongkong und Taiwan abdeckenden Richtstrahl einstellen. Auf dem südlichen Beam, der vor allem Indien abdeckt, würden die Sendungen bis mindestens 31. März 1996 fortgesetzt. Abgesehen von der erklärten Absicht, Peking zu hofieren,[51] schaffte die Absetzung des so teuren wie unbequemen Minderheitenprogramms in englischer Sprache freie Kapazitäten für die geplante 24-Stunden-Dauerberieselung des Milliardenvolks mit Action-Thrillern, Kung-fu-Klassikern, Blödel-Komödien und Fantasy-Filmen mit eingeblendeten Werbespots. »Schließt sich eine Tür, öffnet sich eine andere«, meinte ein Marketingprofi euphorisch.

Als elektronischer Türöffner nordasiatischer Himmelspforten betätigte sich derweil auch CNN-Boß Ted Turner. Der glühende Pazifist, der sein 6600-Personen-TV-Imperium von seiner mit Bildern berühmter Schlachten, alten Büchsen und Musketen dekorierten Kommandozentrale in Atlanta, Georgia, aus befehligte »wie Montgomery [die britischen Truppen] bei El Alamein«, war mit seiner Frau, Hollywood-Star Jane Fonda, als Gast des Wharf-Vorsitzenden Peter Woo und Frau Bessie, einer der Töchter des verstorbenen Großreeders Sir Y. K. Pao, nach Hongkong gekommen: Am 24. März hatte er den Vertrieb von CNN International (CNNI), das seit zwölf Jahren in Asien über Satellit zu empfangen war, auch über das Netz von Peter Woos Wharf Cable gestartet. Ende 1994 wollte Turner in Hongkong sein Asien-Hauptquartier errichten.

Turner, den eine Haßliebe mit Murdoch verband, ließ keine Gelegenheit ungenutzt für eine Spitze gegen den mächtigen Rivalen. »Wir haben in zwölf Jahren weniger Wirbel gemacht als jemand anderes in sechs Monaten«, erklärte der Mann, der im Golf-Krieg bewiesen hatte, daß sich aus Nachrichten Straßenfeger machen lassen, am selben Tag auf der Pan-Asia Satellite and Cable Television Conference in Hongkong. Hatte Murdoch mit seiner geschäftsschädigenden Bemerkung über die Gefährdung totalitärer Regime durch moderne Telekommunikation nicht auch ihm in die Satellitenschüssel gespuckt? Schließlich hatte Turner Broadcasting System (TBS) gemeinsam mit sechs anderen Anbietern – darunter Hongkongs TVB und Time Warner Entertainment[52] – bei der künftigen Konkurrenz von AsiaSat 1 gebucht: Apstar-1.

An dem neuen »heißen Vogel«, im Schnellverfahren ausgebrütet von APT Satellite Co., konnte sich Turner leicht die Finger verbrennen: Nicht genug damit, daß 57 Prozent des Aktienkapitals von APT von einer Phalanx chinesischer Regierungsinstitutionen[53] stammte, auf Anweisung Li Pengs hatte APT zudem von einem von der Bank of China dominierten Konsortium einen 75-Millionen-Kredit zur Anfangsfinanzierung des im Sommer 1994 mit einer chinesischen Trägerrakete vom Typ »Langer Marsch« in seine geostationäre Umlaufbahn zu schießenden Satelliten erhalten.

War Turner auf Gedeih und Verderb Peking ausgeliefert – APT besaß das Recht, China unliebsame Sendungen abzuschalten –, so befand sich Murdoch in einer vergleichsweise komfortableren Situation: AsiaSat 1, betrieben von Asia Satellite Telecommunications,[54] strahlte neben StarTV auch Chinas Staatsfernsehen CCTV sowie zwei chinesische Provinzsender aus. Sollte Peking Murdoch rupfen, lief es Gefahr, selbst Federn zu lassen.

»Ich glaube nicht, daß irgendein Land in der Position ist, einem anderen zu sagen, was es zu tun hat«, erklärte Ted Turner in Hongkong. Während der Ereignisse auf dem Platz des Himmlischen Friedens von 1989 sei CNN abgeschaltet worden, doch »wir sind Gäste dort, und sollten das respektieren«. Die Vereinigten Staaten sollten sich um ihre eigenen Probleme kümmern, bevor sie China der Menschenrechte wegen kritisieren, fügte er hinzu und forderte die USA auf, Chinas MFN-Status zu verlängern.

Der Kotau vor Peking konnte tiefer kaum sein. Im Krieg der Sterne an Chinas Himmel überboten der Möchtegernfeldmarschall aus Atlanta und der Medienfuchs aus Melbourne einander an Bereitschaft zur Selbstzensur.

Der eingerollte Teppich

»Zwölf Jahre Gefängnis ist eine milde Strafe«, hieß es offiziell von chinesischer Seite, als Anfang April 1994 bekannt wurde, daß der im September des Vorjahres[55] in Peking verhaftete Xi Yang wegen »Spionage und Diebstahls von Staatsgeheimnissen« in einem Geheimverfahren verurteilt worden war. Der 38 Jahre alte Reporter der Hongkonger Zeitschrift *Ming Pao,* dem außerdem für zwei Jahre alle politischen Rechte entzogen wurden, habe sich schuldig bekannt und Reue gezeigt. Auf einen Verteidiger habe er aus freiem Willen verzichtet.

Tian Ye, der Leiter der Auslandsabteilung der People's Bank of China, der Xi im Juni und Juli 1993 Muster neuer Banknoten sowie Informationen über geplante Goldverkäufe, Wechselkursanpassungen und Zinsentscheidungen zugespielt und dem Staat damit angeblich schweren wirtschaftlichen Schaden zugefügt hatte, war zu fünfzehn Jahren Haft verdonnert worden.

Die drakonischen Urteile lösten in Hongkong einen Schock aus.

1315 Journalisten verlangten in einer Petition Gerechtigkeit für ihren Kollegen, leitende Redakteure von *Ming Pao* traten in einen 72stündigen Hungerstreik, und selbst PWC-Mitglied Xu Simin, Herausgeber der chinafreundlichen Zeitschrift *The Mirror* und Hongkong-Delegierter bei der Politischen Konsultativkonferenz des Chinesischen Volkes, nannte Xi Yangs Verfahren unfair. »Der Schaden, den Xi angerichtet hat«, schrieb er besorgt in der *South China Morning Post* vom 10. April, »war sehr gering, verglichen mit [den Taten von] einigen skrupellosen chinesischen Bankbeamten, die illegal Geld verleihen und die wirtschaftliche Ordnung Chinas stören. Dennoch hatte Vizepremier Zhu Rongji sie mit Nachsicht behandelt und keiner kriminellen Machenschaften beschuldigt.«

Xu forderte ein spezielles Presserecht. Die bestehenden Gesetze seien über fünfzehn Jahre alt, zum Teil stammten sie noch aus der Zeit vor der Kulturrevolution. Der Fall zeige die Rückständigkeit des chinesischen Rechtssystems, das mit den wirtschaftlichen Reformen nicht Schritt gehalten habe.

Als dann am 15. April im Schnellverfahren auch noch Xis Berufung gegen das Urteil abgewiesen wurde, war das Vertrauen in die im Basic Law zugesicherte Pressefreiheit restlos erschüttert. Die Beteuerung des Sprechers des chinesischen Außenministers, Wu Jianmin, es gebe keinen Grund zur Besorgnis, solange Hongkongs Reporter sich daran hielten, »mit Wirtschaftsinformationen [Chinas] Wirtschafts- und Handelsbeziehungen zu fördern«, ließ Schlimmes ahnen. Da half auch Wus Behauptung nicht: »China ist ein Rechtsstaat, und der Fall von Xi Yang wurde strikt in Übereinstimmung mit dem Recht behandelt.«

Zu demonstrieren, was sie unter Rechtsstaatlichkeit versteht, ließ Chinas Führung nichts unversucht. Eine besonders günstige Gelegenheit, bei der ihr die Aufmerksamkeit der Weltpresse sicher war, bot nach Warren Christophers Besuch[56] der von Edouard Balladur. In der Annahme, Frankreichs Premier – bemüht, nach dem Waffengeschäft[57] mit Taiwan das Kriegsbeil mit Peking zu begraben – werde nicht allzu aufmüpfig sein, inszenierte sie ein Dakapo der Politposse »Rein ins Gefängnis, raus aus dem Gefängnis«:

Wei Jingsheng – erst am 4. März erneut verhaftet und am 5. März freigelassen – wurde am 1. April, sechs Tage vor Balladurs Ankunft, festgenommen, als er versuchte, nach Peking zurückzukehren. Auch Weis Assistentin Tong Yi wurde festgesetzt. Kaum waren die Franzosen in Peking gelandet, wanderte Xu Wenli hinter Gitter. Xu, ein Aktivist der Demokratiebewegung von 1978/79, war etwa zwölf Stunden vor der Verlängerung von Chinas Meistbegünstigung durch Präsident Clinton Ende Mai 1993 entlassen worden, nachdem er zwölf Jahre seiner fünfzehnjährigen Strafe abgesessen hatte. Nach Ablauf der ohne Haftbefehl zulässigen 24stündigen Festnahme wurde er für einen Moment aus dem Gefängnistor gelassen, sogleich aber wieder zurückgeschoben. Der Fall bedeutete einen besonderen Affront, denn Xus Tochter studierte zu der Zeit in Paris – mit einem Stipendium, das ihr ein ehemaliger französischer Botschafter aus humanitären Gründen verschafft hatte.

Kurz vor Ankunft der französischen Delegation in Shanghai betrieben die Behörden dort dasselbe Spielchen, indem sie die Menschenrechtler Bao Ge, Yang Zhou und Wang Fucheng festnahmen und wenig später wieder freiließen. Als Frankreichs Außenminister Alain Juppé nicht mehr umhinkonnte, eine Erklärung für die Vorgänge zu fordern, erhielt er die schlichte Antwort, es habe überhaupt keine Verhaftungen gegeben. »Sie haben uns versichert, daß es keine Verhaftungen gegeben hat und daß seit unserer Ankunft keine Dissidenten ins Gefängnis gesteckt wurden«, ließ Juppé die Presse wissen. Damit war für ihn die Sache, wie es schien, erledigt.

Seinem Unmut über das Verhalten der chinesischen Führung gab Balladur, der mit leeren Händen nach Hause zurückkehrte, aber dennoch Ausdruck: Statt Ministerpräsident Li Peng, wie das Protokoll es gefordert hätte, lud er Staatspräsident Jiang Zemin zum Gegenbesuch nach Frankreich ein.[58]

Während Paris und Bonn alles daransetzten, sich ihre China-Geschäfte nicht durch Menschenrechtsfragen vermasseln zu lassen, unterstützten in London einmütig alle Parteien den Kurs der Regierung. In dem am 13. April 1994 veröffentlichten 110-Seiten-Bericht des Auswärtigen Ausschusses des Unterhauses über China und Hongkong hieß es, die Mißachtung der Menschenrechte im eigenen Land und vor allem in Tibet sei eine Warnung für Hongkong. Anlaß zur Besorgnis gebe auch die Abschaltung des BBC World Service Television im chinesischen Raum. Das Vorgehen des Gouverneurs sei richtig gewesen, seine Reformvorschläge stünden im Einklang mit der Joint Declaration wie mit dem Basic Law. Im Gegensatz zu Patten, der dies bislang abgelehnt hatte, forderte der

Ausschuß jedoch die Einsetzung einer unabhängigen Menschenrechtskommission in und für Hongkong per Gesetz.

Die Zukunft der britisch-chinesischen Beziehungen in der Hongkong-Frage beurteilten die Ausschußmitglieder zutiefst pessimistisch. Die britische Regierung sei machtlos und könne die Unterminierung der demokratischen Institutionen vor und deren Abschaffung nach 1997 – wie von China angekündigt – nicht verhindern. Dennoch sei eine Politik, wie sie Sir Percy Cradock vertrete, nicht zu rechtfertigen, ja unehrenhaft. Die Ereignisse vom 4. Juni 1989 hätten den Wunsch der Bevölkerung Hongkongs nach mehr Demokratie zum »dringenden Bedürfnis« werden lassen.

Die Ernennung einer dritten Gruppe von – diesmal fünfzig – Hongkong-Beratern Chinas zwei Tage vor der Veröffentlichung des Berichts machte deutlich, daß der Pessimismus der Parlamentarier nur allzu berechtigt war. Peking baute seine Einheitsfront systematisch aus, diesmal sogar durch die Aufnahme von ein paar Liberalen wie Anthony Cheung Bing-leung, dem Vorsitzenden des Meeting Point, und Lau Kong-wah, einem ehemaligen Mitglied der United Democrats.

Als ein empfindlicher Schlag gegen die Autorität der britischen Regierung wurde empfunden, daß auch Leute mit dabei waren wie Vincent Cheng Hoi-chuen, Chefökonom der HongkongBank und deren Vertreter im Legislativrat, Sir Quo-wei Lee, der Vorsitzende der zur Gruppe der HongkongBank gehörenden Hang Seng Bank und ehemaliges Mitglied des Exekutivrats, sowie Paul Cheng Ming-fun, der Vorsitzende der Hong Kong General Chamber of Commerce und Mitglied des »Governor's Business Council«.

Mit Anna Pao Pui-hing, der ältesten Tochter des verstorbenen Reeders Sir Y. K. Pao und Gattin von Dr. Helmut Sohmen, dem Vorsitzenden von World Wide Shipping Group, Victor Li Tzar-kuoi, dem ältesten Sohn Li Ka-shings, und Ian Fok Chun-wan, einem Sohn Henry Foks, betraten zudem bisher politisch nicht profilierte Kinder der reichsten Tycoons Hongkongs den Vorhof der Macht.

Die sensationellste Neuernennung aber war Elsie Tu. Frau Tu, seit Beginn der Umfragen des Social Science Research Centre der Hong Kong University im Jahr 1991 stets Spitzenreiterin auf der Liste der beliebtesten Mitglieder des Legislativrats, war in den vergangenen Monaten zur schärfsten Kritikerin Pattens geworden –

bis sie sich Peking selbst als Beraterin angedient hatte, nachdem in der Schlußdebatte über den ersten Teil der Wahlgesetzreformen am 23. Februar ihr Gegenantrag[59] mit deutlicher Mehrheit abgelehnt worden war.

Kaum stand Elsie offiziell im chinesischen Lager, begann ihr Stern rapide zu sinken: Ende Mai fand man sie nicht einmal mehr unter den zehn populärsten Abgeordneten. Das Ohr Pekings mochte sie gewonnen haben, die Herzen der Bevölkerung hatte sie verloren. Ganz oben auf der Beliebtheitsskala rangierte jetzt Emily Lau, gefolgt von Martin Lee, Lau Chin-shek und Szeto Wah – alle drei United Democrats. Christine Loh belegte nun Platz fünf der Liste. Sie hatte sich in den letzten Wochen dadurch hervorgetan, daß sie gegen den wütenden Widerstand Pekings und traditioneller Clans der New Territories im LegCo ein Gesetz eingebracht hatte, das Frauen im Grundstückserbrecht mit Männern gleichstellen sollte.

»Ich hoffe, meine Beziehung zu China wird [darunter] nicht leiden«, erklärte der gerade erst zum Hongkong-Berater nominierte Vorsitzende des Meeting Point, Anthony Cheung Bing-leung, als er am 18. April überraschend bekanntgab, seine Partei werde sich im Oktober mit den United Democrats of Hong Kong zur Democratic Party zusammenschließen. Fest die Hände haltend mit Martin Lee und Szeto Wah, den beiden von Peking als »subversiv« gebrandmarkten Vorkämpfern für Demokratie, versicherte Cheung, er suche nicht die Konfrontation mit China, sondern den Dialog. »Als Politiker«, setzte er skeptisch hinzu, »bin ich immer auf das Schlimmste gefaßt.«

Bereits einen Monat später, am 19. Mai, war Anthony Cheung geschaßt: Gerade noch rechtzeitig vor der offiziellen Bestallung des neuen Beraterschubs durch Ministerpräsident Li Peng teilte ihm ein Beamter von Xinhua mit, die Nominierung sei zurückgezogen.

Daß liberale Geister und engagierte Demokraten in Hongkong bald keine Zukunft mehr haben würden, sollte zuvor aber ein weiterer spektakulärer Rausschmiß zeigen: Am 26. April wählte die Hong Kong General Chamber of Commerce Jimmy McGregor nicht mehr ins Generalkomitee. »Ich denke, das ist der Anfang vom Ende meiner politischen Karriere«, meinte der Siebzigjährige, der erst kurz zuvor seinen Direktorenposten in der Hongkong

Chinese Bank geräumt hatte,[60] um den China-Geschäften des Instituts nicht im Wege zu stehen. Nur acht Kandidaten hatten sich um sieben Sitze beworben, und dennoch hatte er haushoch verloren. Er war enttäuscht.

Der gebürtige Schotte, der sich in der Kammer ständig mit den Gegnern demokratischer Reformen wie Dr. Sohmen oder dem Vorsitzenden Paul Cheng Ming-fun in den Haaren lag, war 1991 völlig unerwartet zum zweiten Mal in den Legislativrat gewählt worden – gegen Paul Cheng. Daran, daß er es 1995 noch einmal schaffen könnte, glaubte er selbst nicht mehr.

Ein Jahr vorher hatte man Jardines' Martin Barrow[61] den Laufpaß gegeben, nun war es Jimmy McGregor. Der Trend war unverkennbar: Die Handelskammer entwickelte sich zusehends zum Instrument Chinas in Hongkongs Wirtschaft. Die Tage ihrer nichtchinesischen Mitglieder waren gezählt, sofern sie nicht wie Sir Y. K. Paos österreichischer Schwiegersohn Dr. Helmut Sohmen oder Sir David Akers-Jones die Interessen Pekings vertraten. »Da gibt es eine ganz entschiedene Trennung in diesem Territorium zwischen dem, was man den Busineßsektor nennen könnte, und dem Rest, [also] allen anderen«, sagte Jimmy McGregor nicht ohne Bitterkeit. In Hongkongs Geschäftswelt kämpften Leute wie er längst auf verlorenem Posten.

Und noch einen Abgang gab es: Am 30. April verließ Nigel Rich den erlauchten Kreis der Stewards des Royal Hong Kong Jockey Club. Zum ersten Mal seit seiner Gründung im Jahr 1846 saß in der Leitung des Clubs, von dem es heißt, er – und nicht der Gouverneur – regiere Hongkong, kein Vertreter von Jardines mehr.

Nachfolger von Rich wurde Larry Yung Chi-kin, stolzer Besitzer von Stellar Express und einem runden Dutzend weiterer Rennpferde sowie Vorsitzender von CITIC Pacific, dem milliardenschweren Hongkong-Arm der China International Trust & Investment Corporation. Der 52jährige Yung, Sproß einer der schon vor der Revolution reichsten Industriellenfamilien Shanghais, ist der Sohn des chinesischen Vizepräsidenten Rong Yiren. Rong war im April 1993 als Vorsitzender von CITIC zurückgetreten, um nicht den Verdacht eines Interessenkonflikts mit seinem neuen Staatsamt aufkommen zu lassen.

Yung, einer der »Prinzen« von Chinas Establishment, das Deng Xiaopings Losung »reich sein ist ruhmreich« zur wichtigsten Lebensregel erhoben hat, war 1978 nach Hongkong gekommen. Hier hatte der gelernte Elektroingenieur zunächst seine eigene Halbleiterfirma aufgebaut, bevor er 1987 in das von seinem Vater auf Geheiß Dengs geschaffene Staatsunternehmen CITIC eintrat und CITIC Pacific gründete. 1992 – munkelt man – soll er bereits über Einlagen in Höhe von rund 50 Millionen US-Dollar (390 Millionen HK-Dollar) auf persönlichen Bankkonten in Hongkong verfügt haben. (Die 37 Millionen HK-Dollar, die er im November 1993 durch einen Fehler bei einer Telefonwette gewann, spendierte er für Stipendien chinesischer Studenten in Stanford, USA.)

So richtig reden aber machte er von sich, als Anfang 1994 bekannt wurde, daß er sich nicht nur in Vancouver B.C. – wo Jahr für Jahr Zigtausende von Bürgern Hongkongs vor Chinas Kommunisten Zuflucht suchten – für 10 Millionen kanadische Dollar (58 Millionen HK-Dollar) eine Luxusvilla mit Seeblick bauen ließ, sondern daß er sich auch in England eingekauft hatte. War die kanadische Adresse (Point Grey, 5695 Newton Wynd) schon über die Maßen nobel, so bildete das 14-Schlafzimmer-Haus in Sussex, das er für geschätzte 5 Millionen Pfund (57 Millionen HK-Dollar) erstanden hatte, das Nonplusultra: Es war der ehemalige Landsitz des 1986 verstorbenen konservativen britischen Premierministers Harold Macmillan.

Larry Yung Chi-kin von CITIC Pacific mit seinem geliebten, mit Nitrogen statt ordinärer Luft gefüllten Zeiss-Feldstecher neben seinem »guten Freund Nigel Rich«, Baroneß Dunn von Swire Pacific und Attorney General a. D. Michael D. Thomas, Hongkongs ehemaligem Justizminister, beim Rennen in Ascot? Vorstellbar ist das schon, hatten sich ExCo-Mitglied Lady Dunn und ihr Mann doch im August 1993 für etwa 800 000 Pfund (9 Millionen HK-Dollar) nur dreizehn Kilometer von Prince Charles' Highgrove Estate entfernt ein Landhaus im Herzen Englands gekauft.

Chris Patten, der in Conkwell – etwa vierzig Kilometer südlich des Anwesens der Baroneß – seit seiner Zeit als Abgeordneter von Bath ein kleines Cottage sein eigen nannte, hatte zu der Zeit anderes im Kopf als Pferderennen: Lu Ping hatte seinen Besuch in Hongkong angekündigt, den ersten seit zwei Jahren.

Der Direktor des Amts für Hongkong- und Macao-Angelegenheiten beim Staatsrat der Volksrepublik China, hieß es, komme in seiner Eigenschaft als Stellvertretender Leiter und Generalsekretär des Vorbereitenden Arbeitskomitees für das Vorbereitungskomitee für das Sonderverwaltungsgebiet Hongkong zum ersten Treffen der Untergruppen Politik und Wirtschaft des PWC in Hongkong. Während der neun Tage seines Aufenthalts sei er aber zu beschäftigt, um den Gouverneur zu sehen. Sein Terminkalender sei einfach zu voll.

Das war eine schallende diplomatische Ohrfeige.

»Ich denke, wir würden vor Freude unsere Hüte in die Luft werfen, [sollte Lu Ping nach Hongkong kommen,] meine Tür ist stets offen, und ein roter Teppich liegt bereit, die Stufen des Government House hinunterzurollen«, hatte Chris Patten am 21. April im Legislative Council erklärt. Hatte Lu nicht gesagt, er könne erst wiederkommen, wenn der politische Streit mit London beendet sei? Für die PWC-Tagungen zeigte Patten allerdings wenig Begeisterung. Er begrüße sie, ließ er wissen, wie Treffen der Handelskammer oder des Internationalen Lions oder Rotary Clubs.

Obwohl Patten am Ende mit der Bemerkung »Es ist egal, welchen Hut er trägt« über seinen eigenen Schatten sprang und, entgegen dem von ihm selbst erlassenen Kontaktverbot mit PWC-Mitgliedern, Lu Ping auch in seiner Eigenschaft als Vizechef des PWC zu treffen sich bereit erklärte, blieben die Chinesen bei ihrem kategorischen Nein. Der Teppich blieb eingerollt.

Unmittelbarer Anlaß des Besuchs von Lu Ping waren die Feiern zur Ausgabe der ersten Hongkong-Dollar-Banknoten durch die Bank of China am 2. Mai. Bisher hatten allein The Hongkong and Shanghai Banking Corporation und die Standard Chartered Bank das Privileg, für Hongkong Geld zu drucken, wobei das Bild der von Sir Norman Foster erbauten Hauptverwaltung der Hongkong-Bank[62] 86 Prozent der umlaufenden Scheine zierte, den Rest das Hochhaus der Standard Chartered. Laut Xinhua plante die mit 350 Filialen zweitgrößte Bankengruppe Hongkongs, noch 1994 Banknoten im Wert von drei Milliarden HK-Dollar – 4 Prozent des umlaufenden Papiergeldes – mit dem Bild ihres von dem Sino-Amerikaner Ieoh Ming Pei entworfenen Bank of China Building herauszugeben.

Der Gouverneur stand nicht auf der Gästeliste der Bank of China zur Feier des historischen Augenblicks. »Die Ausgabe von Banknoten ist eine Angelegenheit der Finanzwelt«, erklärte General Manager Zhou Zhenxing das Fehlen des Namens Patten.

»Daher laden wir Persönlichkeiten aus dem Finanzbereich ein und Gäste aus dem Bank- und Börsensektor.« Tatsächlich hatte Finanzminister Sir Hamish eine Einladung erhalten. Aber leider hatte er keine Zeit.

Eine andere Version gab Bankdirektor Wang Qiren zum besten: »Herr Patten hat einen so wichtigen Job als Gouverneur, daß wir ihn nicht mit einer Einladung zu der Veranstaltung belästigen wollten«, sagte der ehemalige Stellvertreter Lu Pings.

Direktor Lu hingegen hatte es sich allen Terminschwierigkeiten zum Trotz nicht nehmen lassen, noch vor Beginn der PWC-Sitzung am Vormittag des 2. Mai kurz zum Empfang im Bank of China Building zu erscheinen. Nach Ende der Konferenz begab er sich dann gemeinsam mit allen anwesenden PWC-Mitgliedern zum Dinner in die Bank.

Ganz falsch war Wangs Annahme nicht, der Gouverneur sei äußerst beschäftigt. Denn während sich Lu Ping und die PWC-Leute von früh bis spät in der abhörsicheren Festung von Xinhua-Direktor Zhou Nan in Stanley hinter verschlossenen Türen und dicken roten Vorhängen verschanzten, hielt Patten in fünf Tagen vier Reden, besuchte ein Altersheim, zwei Schulen und sechs Distrikte und ließ keine Eröffnungsfeier aus, bei der ihm die Aufmerksamkeit der Medien sicher war. Mit einem Wort: Er stahl Lu Ping die Schau.

Zumindest die ersten Tage des Besuchs waren für China ein PR-Fiasko. Schon Lus Ankunft am Sonntag, dem 1. Mai, hatte für negative Schlagzeilen selbst in pekingfreundlichen Blättern gesorgt: Noch im Frachtbereich des Bahnhofs Hung Hom war er direkt vom Zug in die auf der Plattform vorgefahrene Mercedes-Limousine umgestiegen, um den Demonstranten aus dem Weg zu gehen, die einen Stock höher die Freilassung des zu zwölf Jahren Haft verurteilten Reporters Xi Yang forderten. Zu der angekündigten Pressekonferenz in der Empfangshalle war er einfach nicht erschienen. »Er zieht den Kopf ein wie eine Schildkröte«, witzelten die versetzten Journalisten.

Erst am Freitag, dem 5. Mai, gelang es Lu Ping mit einer Rede auf englisch im Hilton vor fünfhundert zum Lunch geladenen Geschäftsleuten, das Augenmerk der Presse voll auf sich zu lenken, als er verkündete, Hongkong werde voraussichtlich weit länger als fünfzig Jahre kapitalistisch bleiben. China werde Hunderte von Jahren brauchen, um sich zu einem starken sozialistischen Staat zu entwickeln, und in dieser Zeit sei Hongkong als Brücke zum Westen unentbehrlich. Daher könne Shanghai als sozialistische Metropole das kapitalistische Hongkong nie ersetzen. Mit Hongkong, beteuerte er, werde man nicht so umgehen wie einst mit Shanghai. Er sei zuversichtlich, daß das Prinzip »ein Land, zwei Systeme« funktionieren werde. Verheerend wäre es jedoch, wenn Hongkong zur politischen Stadt und von hier aus versucht würde, das System in China zu ändern.

»Kann Hongkong weiter gedeihen mit einem turbulenten China im Rücken?« fragte er und fuhr fort: »Während der Kulturrevolution [...] 1967 war es Zhou Enlai, der in allerletzter Minute die ›Viererbande‹ daran hinderte, Truppen nach Hongkong zu senden.« Es war das erste Mal, daß ein hoher chinesischer Beamter dies sagte. Bislang hatte es geheißen, es habe gegolten, die militärische Konfrontation mit der britischen Kolonialverwaltung zu beenden.

Zur selben Stunde, als Lu Ping im Ballsaal des Hilton sprach, sprach Patten – von den Medien fast unbeachtet – im Ballsaal des Ritz Carlton beim Lunch vor zweihundert Mitgliedern des Lions Club. »Eine Mittagszeit, zwei Reden«, bemerkte ein Reporter, und ein anderer: »Beide klatschen mit einer Hand.«

So medienscheu, wie er gekommen war, verließ Lu Ping am Montag, dem 9. Mai, Hongkong auch wieder – diesmal per Flugzeug. Ein am Sonntag noch rasch eingeschobener Besuch bei einer Familie in einem Sozialbau, um »mit der Bevölkerung Hongkongs in Kontakt« zu kommen, hatte nichts mehr retten können: Lu Pings Besuch hatte seinem und dem Ansehen Chinas in Hongkong beträchtlich geschadet.

Lu Pings Frau Xi Liang, seit Mitte der achtziger Jahre in Hongkong[63] und inzwischen Stellvertretende Geschäftsführerin von CITIC (Hong Kong), hatte die kostbare Zeit ihres Mannes in Hongkong nicht in Anspruch genommen. Sie befand sich, wie schon bei seinem letzten Besuch vor über zwei Jahren, gerade auf Dienstreise in China.

X. Perfides Albion

Es wäre ein Jammer, wenn die Bevölkerung Hongkongs infolge des Besuchs von Herrn Lu ihr Vertrauen in die Zukunft verloren hätte, meinte Chris Patten nach dem Abflug des PWC-Generalsekretärs.

Tatsächlich hatte der neuntägige Hongkong-Aufenthalt Lu Pings bei 36 Prozent der Bevölkerung einen Vertrauensverlust in Pekings Hongkong-Politik bewirkt, wie eine Umfrage der *South China Morning Post* am 9. Mai ergab. Eine Telefonumfrage von Asian Commercial Research vom Vortag war zum selben Ergebnis gekommen.

Lu Pings kategorisches Nein zur Schaffung eines unabhängigen Menschenrechtsausschusses für Hongkong, da ein solcher angeblich gegen das Basic Law verstoße, und die Ankündigung, statt eines »durchgehenden Zuges« werde es 1997 Neuwahlen des gesamten Legislativrats geben, hatten sowenig zur Beruhigung beigetragen wie die Ablehnung des Prinzips »single-seat, single-vote«. Die Arbeitsgruppe Politik des PWC hatte statt dessen leicht manipulierbare Wahlen nach dem Prinzip »multi-seat, single-vote« oder ein Proporzsystem favorisiert.

Daß ein am 3. Mai, dem Internationalen Tag der Pressefreiheit, vom Freedom House in New York veröffentlichter Bericht Hongkong aus der Kategorie »frei« in »teilweise frei« herabgestuft hatte, paßte ins Bild. Auf der Liste von 100 Punkten, bei der die repressivsten Staaten die höchste Zahl erhalten, wurde China mit 89, Hongkong mit 30 Punkten bewertet. In Hongkong gebe es starken politischen Druck, stand da, und die Printmedien seien zudem wirtschaftlichen Pressionen zur Kontrolle der Inhalte ausgesetzt. Die Regierung von Hongkong wurde daher dringend aufgefordert, die Gesetzesänderungen zum Schutz der Pressefreiheit voranzutreiben.

Als wollte China sogleich den Beweis für die Richtigkeit des Berichts liefern, verweigerte es am 5. Mai mindestens sieben der Journalisten die Einreise, die im April mit einer Petition ihre Besorgnis und ihren Zorn über die Verurteilung des *Ming-Pao*-Reporters Xi Yang zu zwölf Jahren Gefängnis zum Ausdruck gebracht hatten. Die Journalisten hatten beantragt, eine Delegation aus Taiwan zum Qiandao-See zu begleiten.

Am 31. März waren in einem Vergnügungsboot auf dem in der Provinz Zhejiang gelegenen See 24 taiwanesische Touristen, alle sechs Mann Schiffsbesatzung sowie zwei einheimische Reiseführer umgekommen. Zunächst hatten die chinesischen Behörden behauptet, es habe sich um einen Unfall gehandelt, dann aber doch zugegeben, daß es Mord war: Die 32 Menschen waren ausgeraubt, in eine Kabine getrieben und bei lebendigem Leibe verbrannt worden. Wie der taiwanesische Nachrichtendienst herausgefunden haben wollte, waren an dem Verbrechen chinesische Polizisten oder Soldaten beteiligt gewesen, was die Behörden von Zhejiang jedoch heftig bestritten.

Die sechstägige Reise der taiwanesischen Delegation konnte auch kein Licht ins Dunkel bringen. Nicht einmal in die Autopsieberichte wurde ihnen Einblick gewährt. Der Verdacht, Angehörige der bewaffneten Sicherheitsorgane oder Streitkräfte, die seit geraumer Zeit wegen Diebstahls, Schmuggels, Korruption, Unterschlagung und aller möglichen anderen freiberuflichen Erwerbstätigkeiten ins Gerede gekommen waren, seien an der schrecklichen Tat beteiligt gewesen, wurde jedenfalls nicht ausgeräumt.

Unterdessen feierte Chris Patten, der sich in seinen Reden von Hongkong bis Dublin gern als Verteidiger der Pressefreiheit und Menschenrechte hinstellte, bisher aber wenig Neigung gezeigt hatte, seinen Worten auch Taten folgen zu lassen, am 12. Mai 1994 seinen fünfzigsten Geburtstag.

Ob es als Geburtstagsgeschenk gedacht war? Während im Vestibül des Legislative Council in Hongkong auf englisch und kantonesich »Happy Birthday« erklang, gab Peking die Ernennung weiterer dreizehn PWC-Mitglieder bekannt. Damit erhöhte sich die Zahl der Chefköche des roten Küchenkabinetts auf 69, nachdem die Anwältin Dorothy Liu Yiu-chu – sie war wiederholt durch mangelnden Konformismus unangenehm aufgefallen – zuvor zurückgetreten war.

Unter den acht neuen Gesichtern aus Hongkong fanden sich außer Paul Cheng, dem Vorsitzenden der Hong Kong General Chamber of Commerce, mit Wilfred Wong Ying-wai und Arthur Garcia auch zwei ehemalige hohe Beamte.[1] Die beiden hatten zusammen mit John Chan Cho-chak und Yeung Kai-yin, deren vorzeitiges Ausscheiden aus Regierungsdiensten 1993 erheblichen Wirbel verursacht hatte,[2] sowie mit Chan Wa-shek und Nicky Chan Nai-keong, zwei weiteren Veteranen der Kolonialverwaltung, am 13. April ein »*Non-profit*-Unternehmen« zur Beratung in Verwaltungsfragen gegründet.

Die Einheitsfront, mit der Peking seit der Berufung des Entwurfkomitees für das Basic Law[3] im Juni 1985 seinen Einfluß in Wirtschaft und Politik systematisch ausbaute, begann ihre Tentakel nun auch in die Verwaltung zu stecken. Für die Regierung bedeutete dies eine Herausforderung, wenn nicht eine unmittelbare Bedrohung ihrer Autorität – so ernst, daß Exekutivratsmitglied Lady Dunn es für geboten hielt festzustellen, noch immer habe Großbritannien und nicht China die Souveränität über Hongkong. Das PWC sei ein Beratungs- und kein Machtorgan, betonte sie.

Der gewichtigste PWC-Neuzugang aus China war der Leiter des chinesischen Teams der Joint Liaison Group, der Spitzendiplomat Guo Fengmin. Von den anderen kamen je zwei von Lu Pings Amt für Hongkong- und Macao-Angelegenheiten und vom Xinhua-Büro Zhou Nans.

Die Ernennung Guos war ein weiterer Hinweis darauf, daß allmählich wieder Bewegung in die Gespräche über die Finanzierung des neuen Flughafens kam. Andeutungen über eine bevorstehende Wiederaufnahme der seit neun Monaten unterbrochenen Verhandlungen hatte es schon seit einer Weile gegeben. Auch über andere ungelöste Probleme, wie die Fragen der Staatsbürgerschaft, werde man bald wieder miteinander reden, hatte Lu Ping bei seinem Besuch in Hongkong durchblicken lassen.

Die beiden Delegationen des Flughafen-Ausschusses der JLG traten am 20. Mai erstmals wieder zusammen, wobei die britische Seite unter der Leitung von Hugh Davies, der Anthony Galsworthy abgelöst hatte, ihren vierten Finanzierungsplan[4] von Ende Januar unverändert auf den Tisch legte. Niemand erwartete, daß bei dieser Zusammenkunft viel herauskommen würde, doch die Atmosphäre war gut. Guo sprach sogar von »ermutigendem Fortschritt«. Seit Anfang März, war zu hören, habe es konstruktive Treffen auf Expertenebene gegeben. Hatte Lu Ping nicht bereits am 24. Februar, nur einen Tag nach der Verabschiedung des ersten Teils von Pattens Reformpaket durch den Legislativrat, einer Delegation von Schülern der Hongkonger Pui-Kiu-Mittelschule gesagt, er hoffe, Gouverneur Patten könne 1997 das Territorium von Chek Lap Kok aus verlassen? Die Zuversicht, es werde bald zu einer Einigung kommen, wurde weiter genährt, als Lu Ping und Guo Fengmin am 25. Mai erklärten, ein Abkommen sei in Sicht.

Für China hatte der Flughafen seinen Wert als Faustpfand verloren – so wie für Bill Clinton die Menschenrechte im Poker um Handelsvergünstigungen.

Die Entscheidung des US-Präsidenten vom 26. Mai, Chinas MFN-Status nicht nur zu erneuern, sondern künftig ganz darauf zu verzichten, Chinas Meistbegünstigung im Handel mit den USA an die Menschenrechtssituation in China zu koppeln, wurde in Hongkong mit Erleichterung aufgenommen, wenn auch nicht von allen. Chris Patten, der im vergangenen Jahr in Washington noch selbst als Lobbyist aufgetreten war,[5] hatte diesmal seine neue Chefministerin Anson Chan ins Feld geschickt, um die Regierung Clinton davon abzubringen, MFN als Druckmittel einzusetzen. »Ich glaube, wir sind am Ende des Nutzens dieser Politik angelangt«, erklärte Clinton seinen Verzicht auf die ökonomische Peitsche, die sich im Umgang mit China als wirkungslos erwiesen hatte.

Welchen Nutzen sie bisher gehabt hatte, war in der Tat nicht zu erkennen. Routinemäßige Entlassungen von ein paar politischen Gefangenen kurz vor Entscheidungen wie über den MFN-Status oder den Austragungsort der Olympischen Spiele hatten nichts mit einer Besserung der Lage der Menschenrechte zu tun.

Diesmal waren außer sechs chinesischen Christen auch Wang Juntao und Chen Ziming freigekommen. Die beiden galten als Organisatoren der Demonstrationen auf dem Platz des Himmlischen Friedens im Frühjahr 1989.

Wang Juntao, mit Chen im Oktober 1989 verhaftet und 1991 zu dreizehn Jahren Gefängnis verurteilt, war am 23. April auf freien Fuß gesetzt und zur medizinischen Behandlung in die USA gelassen worden. In der Haft hatte er sich Herzprobleme und eine Hepatitis zugezogen. Wie es hieß, hatte die amerikanische Regierung in zwei Monate andauernden Geheimgesprächen seine Freilassung erwirkt. »Sie haben mir gesagt, ich habe mich nicht sehr gebessert. Aber ich habe ihnen gesagt, daß nicht ich es sei, der sich bessern müsse, sondern sie«, hatte Wang kurz nach seiner Ankunft in New York berichtet, wo seine Frau Hou Xiaotian am Menschenrechtszentrum der Columbia University arbeitete.

Chen Ziming, ebenfalls herzkrank, war am 14. Mai aus Pekings Gefängnis Nr. 2 auf acht Jahre Bewährung entlassen und zusammen mit seiner Frau von der Polizei sofort für drei Wochen »zur medizinischen Behandlung« an einen unbekannten Ort außerhalb Pekings gebracht worden. Auch ihn hätten die Behörden am liebsten ins Ausland abgeschoben, aber das hatte er abgelehnt.

Daß Chen aus der Hauptstadt geschafft wurde, hatte einen guten Grund: Der fünfte Jahrestag des Massakers vom 4. Juni 1989 stand bevor. Seit Wochen schon waren Chinas Sicherheitskräfte damit beschäftigt, politisch unliebsame »Elemente« einzusammeln. Auch befand sich Wei Jingsheng seit seiner jüngsten Inhaftierung Anfang April noch immer in Polizeigewahrsam, ohne daß Anklage gegen ihn erhoben worden wäre. Zu den zumindest zeitweise Festgenommenen zählten auch Zhai Weimin, Lin Muchen, Li Guotao, Dai Xuezhong, Wang Fucheng und Yang Qingheng, um nur einige der bekannteren Namen zu nennen.

Nicht ohne Ironie war die Festnahme Wang Dans: Wang, während eines Interviews mit dem Fernsehsender NBC am 17. Mai verhaftet, hatte dem US-Team gerade erklärt, er sei für eine bedingungslose Erneuerung von Chinas MFN-Status, als die Polizei zuschlug. Zudem hatte er, den seine führende Rolle in der Studentenbewegung von 1989 für dreieinhalb Jahre hinter Gitter gebracht hatte, sich ohnehin bereits entschieden, die ersten Junitage vorsichtshalber außerhalb Pekings zu verbringen.

Die steigende Nervosität der chinesischen Führung steckte auch die britischen Behörden an, die sich Ende Mai nicht mehr darauf beschränkten, Demonstrationen vor dem Xinhua-Gebäude in Happy Valley zu verbieten, sondern nun auch chinesischen Dissidenten die Einreise verweigerten: Auf Empfehlung von Hongkongs Immigration Department hatte die britische Vertretung in den USA Ruan Ming und Liu Binyan keine Visa erteilt. Ruan, ein ehemaliger Sekretär des KP-Generalsekretärs Hu Yaobang, und Liu, ein ehemaliger Reporter der Pekinger *Volkszeitung* und Herausgeber des von der Princeton China Initiative herausgegebenen Informationsdienstes *China Focus,* waren zu einer Veranstaltung zur Erinnerung an den 4. Juni 1989 als Redner nach Hongkong eingeladen.

Chris Patten rechtfertigte das britische Verhalten gegenüber zwei der prominentesten Exilanten Chinas unmittelbar nach der Rückkehr von seinem, wie er sagte, »äußerst erfolgreichen« zehntägigen Besuch in Großbritannien – dem zweiten in acht Wochen – am 30. Mai mit den Worten: »Ich glaube nicht, daß die Gesellschaft als Ganzes dies überraschend findet oder der Weise, mit der wir generell mit diesen Dingen umgehen, ihre Unterstützung versagt. Doch gibt es eben einige Momente, Sie wissen das ebensogut wie ich, die sensibler sind als andere, und niemand von uns will Probleme noch komplizierter machen.«

Es klang, als hätte der Gouverneur Kreide gefressen.

Herr Patten »ist einfach ein zu teurer Luxus für Hongkong, gemessen an unserem China-Handel«, hatte Mitte Mai ein für Londons Handelsbeziehungen mit Peking verantwortlicher Beamter des Handels- und Industrieministeriums gesagt. Die Meinungsumfragen zeigten zwar weiterhin breite Zustimmung zu seiner Politik, hatte er eingeräumt, »am Ende aber zählen doch nur Pfund und Dollar in den Taschen«. Es war der erste öffentliche Angriff eines noch aktiven Beamten auf den Gouverneur. Whitehall und Downing Street No. 10 mochten da noch so sehr beteuern, die Regierung stehe nach wie vor voll hinter Patten: Seine Basis zu Hause begann zu bröckeln.

Auch in einer vom pensionierten Hongkong-Minister Lord Glenarthur beantragten Debatte im House of Lords am 19. Mai war Patten unter Beschuß geraten. Diesmal waren es vor allem die Exgouverneure Lord MacLehose und Lord Wilson, die ihren Nachfolger für dessen »Fehler« kritisiert hatten, China das Gefühl gegeben zu haben, »bewußt getäuscht« worden zu sein. Daß Lord MacLehose für die Politik Pattens nichts übrig hatte, war bekannt. Erst am 11. März hatte er ihm vorgeworfen, das »kooperative Verhältnis« zwischen Großbritannien und China gestört zu haben und hinzugefügt, eine »solche sinnlose politische Polarisierung kann nicht im Interesse Hongkongs sein«. Neu war, daß nun auch Lord Wilson, seit Herbst 1992 Vorsitzender von Schottlands zweitgrößtem Energieunternehmen Hydro-Electric, seine Stimme gegen seinen Nachfolger erhob.

Hinzu kam der dramatische Imageverlust der Regierung Major.

Der Stern der Tories war im Sinken und mit ihm der Pattens. Die Boulevardpresse hatte ihn bereits als »Mann von gestern« bezeichnet. War Politik die Kunst des Möglichen, dann konnte er es sich nicht leisten, China weiter zu reizen und sich noch mehr Feinde zu machen. Zurückhaltung war geboten.

Vor allem die vom Auswärtigen Ausschuß des Unterhauses und zuvor von der LegCo-Abgeordneten Anna Wu Hung-yuk[6] geforderte unabhängige Menschenrechtskommission war daher eines der Themen, um die es in London gegangen war. Zwei Hinterbänkler, die nicht genannt werden wollten, plauderten nach einer nichtöffentlichen Sitzung im Unterhaus aus, Patten bevorzuge andere Mittel und Wege zum Schutz der Menschenrechte, zum Beispiel weitreichende Änderungen bestehender Gesetze. Hierzu zählte auch eine Reihe von Verordnungen und Erlassen, die nach Meinung des Hongkonger Journalistenverbands die Pressefreiheit einschränkten. Derart komplexe Maßnahmen rückgängig zu machen, argumentierte Patten, sei für eine künftige Regierung sehr viel schwieriger als die Abschaffung eines Menschenrechtsausschusses.

»Wir wollen praktische Maßnahmen ergreifen, die [. . .] diese Rechte schützen und die die Chance haben, jetzt und nach 1997 von Bestand zu sein«, erklärte Anson Chan am 2. Juni. Im Klartext: Einen unabhängigen Menschenrechtsausschuß werde es nicht geben.

Ob die von Patten und der Regierung in London bevorzugten »komplexen Maßnahmen« Peking auf Dauer wirksam davon abhalten könnten, mit unbelehrbaren Dickschädeln in Hongkong ähnlich zu verfahren wie in China, war zu bezweifeln.

Eine deutliche Warnung an die Adresse lästiger Nörgler hatte es gerade erst wieder gegeben:

Die Behörden der Hongkong benachbarten Sonderwirtschaftszone Shenzhen hatten für den 30. und 31. Mai eine Gruppe Hongkonger Journalisten zur Eröffnung eines neuen Freizeitparks mit dem vielversprechenden Namen »Window of The World« eingeladen. Auf 480 000 Quadratmetern wurden hier nicht nur sieben, sondern gleich 118 Weltwunder von außerhalb des Reichs der Mitte gezeigt – von einem 108 Meter hohen Eiffelturm über den in die Niagarafälle übergehenden Grand Canyon bis zu den Pyramiden samt Sphinx. Der Anlaß für die Pressefahrt schien so harmlos, daß viele der Geladenen gar nicht erschienen.

Für die, die sich das kulturelle Ereignis dennoch nicht entgehen lassen wollten, sollte der Ausflug ins chinesische Disneyland jedoch eine überraschende Wendung nehmen, denn nach Absolvierung des touristischen Teils der Veranstaltung fanden sich die Journalisten unverhofft bis Mitternacht in einer vertraulichen Sitzung hinter verschlossenen Türen. Diskussionsleiter waren der Stellvertretende Direktor des Nachrichtenbüros des Staatsrats, Li Yuan, und ein weiterer Medienbeamter namens Zuo Linshu. Die Botschaft, welche die beiden Herren aus Peking den Reportern aus Hongkong mit auf den Weg gaben, war einfach: Die Formel »ein Land, zwei Systeme« bedeute nicht, daß die Journalisten die Freiheit besäßen, Ereignisse in China zu kritisieren oder unfreundlich zu kommentieren.

Um sicherzugehen, daß die Warnung nicht ungehört verhallte, wiederholte Hongkongs KP-Sprachrohr *Ta Kung Pao* sie prompt am 2. Juni in einem Leitartikel mit der Überschrift »Harmonische Beziehungen zwischen Hongkong und China sind der Wunsch des Volkes«.

Zwei Tage später sahen die Zuschauer der südchinesischen Provinz Guangdong, die Hongkongs Fernsehsender ATV eingeschaltet hatten, nach einer der 236 Episoden der taiwanesischen Serie *Richter Pao* zunächst die vertraute Grafik der Dokumentarsendung *News Magazine.* Dann wurde der Bildschirm schwarz, und ein Konzert des Popstars Sally Yeh kam aus dem Äther.

Statt des Konzerts sahen die Zuschauer in Hongkong zur selben Zeit auf demselben Kanal einen spanischen Dokumentarfilm über die Ereignisse auf dem Platz des Himmlischen Friedens von 1989. Doch er lief nur deshalb, weil am 30. Mai sechs Redakteure des Senders aus Protest gegen die Absetzung des Films gekündigt hatten. Man solle nach vorn blicken, hatte das Management der Nachrichtenredaktion erklärt, fünf Jahre seien seither vergangen, und es tue niemandem gut, zurückzuschauen. Am Ende wurde die Dokumentation dann doch ausgestrahlt.

Der von der Bevölkerung Hongkongs mit überwältigender Mehrheit verurteilte Akt von Selbstzensur war um so unverständlicher, als die sieben Minuten des Materials, das in den frühen Morgenstunden des 4. Juni 1989 gedreht worden war, keine Schießereien zeigten. Die Szene hätte sogar als Beleg für die Behauptung der chinesischen Propaganda dienen können, der zufolge es überhaupt keine Toten gegeben habe und das Massaker eine bösartige Erfindung antikommunistischer Medien sei.

Nachfolger des aus Protest zurückgetretenen Nachrichtenchefs von ATV, Poon Fu-yim, wurde Leung Yu-shing, zuletzt Herausgeber der chinesischsprachigen Zeitschrift *Pai Shing*. Leung, ehemals Mitglied des Entwurfskomitees für das Basic Law, war 1993 Leiter der Zeitschrift geworden, nachdem PWC-Mitglied Tsui Tsin-tong, Präsident der CNT Group und Vorsitzender der New China Hongkong Group, sie gekauft hatte. Unter Leungs Führung hatte sich die zuvor chinakritische Halbmonatsschrift in ein pekingfreundliches Wochenblatt verwandelt. Da der Kurswechsel von den Lesern nicht honoriert wurde und die Zeitschrift bald rote Zahlen schrieb, hatte Tsui sie im Mai 1994 sterben lassen.[7]

Fast unbemerkt von der Öffentlichkeit hatte es in Hongkongs Medienlandschaft derweil eine weitere Veränderung gegeben: Malayan United Industries (MUI) des Dr. Tan Sri Khoo Kay Peng hatten Ende Mai von der Singapore Press Holdings weitere 75 Millionen Aktien der *South China Morning Post* erworben und ihren Anteil so auf 20,6 Prozent erhöht. Damit kontrollierten die beiden sino-malaysischen Tycoons Kuok und Khoo zusammen über 55 Prozent der Zeitung.

An der politischen Linie der *Post* waren die veränderten Eigentumsverhältnisse bis Mai 1995 nicht abzulesen. Schließlich hatte die Zeitung Konkurrenz bekommen: Die Oriental Press Group,[8] deren chinesischsprachiges Boulevardblatt *Oriental Daily News* mit einer Tagesauflage von über 1,5 Millionen Exemplaren fast ein Drittel der Leserschaft Hongkongs erreicht, hatte am 1. Februar 1994 mit dem *Eastern Express* die dritte englischsprachige Tageszeitung gestartet. Etwa vierzig der hundert Redakteure kamen von der *Post*. Wie Regierungssprecher Mike Hanson im Oktober 1994 einräumte, hatte er bei der Neugründung seine Finger im Spiel.

War das gemeint, als Patten zur Eröffnung der World Press Freedom Conference am 4. Oktober 1993 sagte: »Diese Regierung – und dieser Gouverneur – werden die Freiheit der Presse landauf, landab verteidigen. Wir unternehmen alle praktischen Schritte, die dazu beitragen können, sie zu sichern.«?

Die bisher eher »pattenfreundliche« Presse fand allmählich immer mehr Haare in der politischen Suppe, die der Gouverneur für Hongkong kochte. Unentschlossen sei er und halbherzig, schrieben gerade jene Journalisten, die seine Bemühungen um demokratische Reformen stets unterstützt hatten. Für seine ablehnende Haltung gegenüber einem unabhängigen Menschenrechtsausschuß brachten sie ebensowenig Verständnis auf wie für seine Hinhaltetaktik gegenüber der seit Ende Januar 1994 von Christine Loh erhobenen Forderung nach einer »Access to Information Bill«. Zur Sicherung der Informationsfreiheit, argumentierte Frau Loh und mit ihr das ganze demokratische Lager von Emily Lau über Martin Lee bis Jimmy McGregor, genügten nicht rein administrative Maßnahmen, sondern es bedürfe gesetzlicher Garantien entsprechend Artikel 19 der »Allgemeinen Erklärung der Menschenrechte« der Vereinten Nationen und Artikel 16 (2) der »Hong Kong Bill of Rights Ordinance«.

Zur Enttäuschung über Pattens mangelnde Bereitschaft, die drakonischen Gesetze des Kolonialregimes[9] abzuschaffen und die Rechte der Bürger Hongkongs durch liberale Gesetze zu sichern, kam Verärgerung: Am 14. Mai hatte der Gouverneur von seinen in den »Royal Instructions« verankerten kolonialen Vollmachten Gebrauch gemacht und einen Änderungsantrag von Abgeordneten der Liberal Party, United Democrats und Meeting Point zum Regierungshaushalt gar nicht erst zugelassen. Die Abgeordneten fühlten sich von Patten überfahren und warfen ihm Mißachtung des Parlaments vor. Am 8. Juni brachten sie einen Mißtrauensantrag ein, der mit 21 zu 11 Stimmen angenommen wurde. Es war das erste Mal in der Geschichte Hongkongs, daß ein Gouverneur auf diese Weise getadelt wurde.

Was in Westminster zum Sturz der Regierung geführt hätte, den Statthalter Ihrer Majestät in Hongkong focht es nicht an. »Ich werde das Recht dieses Rates, die Regierung wie den Gouverneur zu kritisieren, immer verteidigen«, versicherte er, machte aber zugleich klar, daß er von seinen außerordentlichen Befugnissen jederzeit wieder Gebrauch machen würde, sollte es seiner Meinung nach im langfristigen Interesse Hongkongs sein.

Was aber ist eine Gesetzgebende Versammlung, die wohl reden darf, was sie will, von der Exekutive jedoch überfahren wird, wann immer diese es für geboten hält, mehr als eine Quasselbude? Peking wußte schon, warum es auf den Fortbestand einer der Kontrolle durch den Legislativrat weitgehend entzogenen Regierung in Hongkong pochte.

Bei aller Dickfelligkeit, die Patten an den Tag legte – sein Image als ein in der Wolle gefärbter Demokrat war angeschlagen. Der »Mann, dessen Ankunft einst als ein Schlußstrich unter die schlechte alte Zeit gesehen wurde, in der sich die Regierung rücksichtslos über die Wünsche des Legislativrats hinwegsetzte, ist nun – in dieser Hinsicht wenigstens – zum Abklatsch seines Sinologenvorgängers Lord Wilson geworden«,[10] klagte Danny Gittings von der *South China Morning Post.* Und Szeto Wah von den United Democrats fragte, »ob der Legislativrat vom Gouverneur bloß als Werkzeug in seinem politischen Spiel gesehen wird«. Mit seinem Verhalten habe er für die Regierung des Sonderverwaltungsgebiets Hongkong nach 1997 einen wahrlich gefährlichen Präzedenzfall geschaffen.

Nicht einmal zwei Jahre nachdem der aller Voraussicht nach letzte Vertreter der britischen Krone in Hongkong gelobt hatte, seine Regierung werde gegenüber Bevölkerung und Legislative Council voll rechenschaftspflichtig sein, hatte auch er nach Kolonialherrenart das Parlament matt gesetzt.

Perfides Albion!

Kurz vor der auf den 29. Juni festgesetzten Entscheidung des Legislativrats über den zweiten Teil der Wahlrechtsreform war Pattens Ansehen in der Bevölkerung auf knapp über 55 Punkte gesunken. Wie eine Umfrage ergab, waren 52 Prozent gar der Meinung, er habe in Hongkong überhaupt keine nützliche Rolle mehr zu spielen. Nur 36 Prozent waren gegenteiliger Ansicht. Die restlichen 12 Prozent wußten nicht, was sie sagen sollten.

Geradezu erschreckend war das allgemeine Desinteresse der Bevölkerung am Ausgang der Abstimmung: 69 Prozent gaben an, es sei ihnen gleichgültig, nur 15 Prozent sagten, es interessiere sie. Die übrigen 16 Prozent hatten keine Meinung. War es Apathie oder Resignation? Die Menschen hatten den Streit, den London und Peking über ihre Köpfe hinweg führten, gründlich satt. 68 Prozent waren ohnehin fest davon überzeugt, daß China 1997 den Legislativrat auflösen werde. Warum also das ganze Geschrei? Nur 17 Prozent glaubten noch an einen »durchgehenden Zug«, 15 Prozent waren sich nicht sicher, was passieren würde.

Als die entscheidende Debatte am Morgen des 29. Juni 1994 um 9 Uhr begann, lag den Abgeordneten die Rekordzahl von vierzehn Anträgen zur Abstimmung vor, wobei es bis zuletzt ein Kopf-an-

Kopf-Rennen zwischen zwei Hauptmodellen zur Wahlreform gab: den Vorschlägen Pattens, wie er sie in seiner Rede am 7. Oktober 1992 vorgetragen hatte,[11] und einem von der Liberal Party entwikkelten Gegenmodell. Der Antrag der unabhängigen gewählten Abgeordneten Emily Lau, sämtliche Sitze im Legislativrat in Direktmandate umzuwandeln, hatte von vornherein keine Chance, ebensowenig der Vorschlag des unabhängigen Einzelgängers Chim Pui-chung, die Amtszeit der Abgeordneten per Gesetz am 1. Juli 1997 enden zu lassen.

Zweck des Antrags der Liberal Party war es, das Patten-Modell so zu verwässern, daß es für China akzeptabel wurde. Dazu war die dem Big Business nahestehende Partei auf die Idee gekommen, zwar ebenfalls neun neue funktionale Wählerschaften[12] einzuführen, diese jedoch nach dem alten Muster der bereits bestehenden 21 zu bilden. Dadurch hätte sich die Zahl der Wahlberechtigten lediglich um rund 122 000 erhöht, nicht aber, wie vom Gouverneur vorgeschlagen, um 2,7 Millionen.[13]

Von einer Liberalisierung des Wahlrechts, wie Patten es anstrebte, konnte beim Modell der Liberalen Partei also keine Rede sein. Dennoch hatte China nicht den geringsten Zweifel daran gelassen, daß es den Legislativrat auch dann am 1. Juli 1997 auflösen werde, wenn der Kompromißvorschlag der LP durchkäme.

Kurz vor 20 Uhr fiel die Entscheidung: Der Antrag der Liberal Party wurde mit 28 zu 29 Stimmen abgelehnt. Die Stimmen der fünfzehn LP-Mitglieder, der sechs Unabhängigen sowie der sieben Abgeordneten aus dem Lager Pekings – unter ihnen Elsie Tu – hatten nicht gereicht. Damit war auch ein Antrag der Partei zum Wahlausschuß vom Tisch. Patten hatte gewonnen.

Ein Triumph freilich war es nicht. Denn gegen den Antrag der LP hatten außer den siebzehn Mitgliedern der United Democrats of Hongkong (UDHK) und des Meeting Point (MP) sowie neun unabhängigen und liberalen Abgeordneten wie Anna Wu, Christine Loh und Emily Lau auch jene drei Exekutivratsmitglieder gestimmt, die von Amts wegen – *ex officio* – noch immer im Legislativrat saßen. Allen Lee, der Vorsitzende der LP, hatte daher gefordert, Chefministerin Anson Chan, Finanzminister Sir Hamish Macleod und Justizminister Jeremy Mathews sollten sich der Stimme enthalten. Doch Patten, der bis zuletzt um jede Stimme kämpfen mußte, hatte abgelehnt.

Den Ausschlag für das Scheitern der LP hatte gegeben, daß sich Simon Ip und Martin Barrow der Stimme enthalten hatten. Beiden war diese Entscheidung nicht leichtgefallen. Simon Ip begründete seine Stimmenthaltung damit, daß die Juristen, die er im LegCo vertrat, mehrheitlich gegen das Modell der Liberal Party waren, allen voran die Barrister. Er selbst habe es akzeptabel gefunden. Martin Barrow von Jardine Matheson dagegen betonte, es sei seine ganz persönliche Entscheidung gewesen. Die Regierung habe keinen Druck auf ihn ausgeübt. Er habe das Wort jenen überlassen wollen, deren Zukunft – anders als seine – in Hongkong liege.

Nachdem Patten um Haaresbreite der Niederlage entgangen war, folgte eine Reihe weiterer Anträge. Erst um 2 Uhr 30, am frühen Morgen des 30. Juni, kam das Paket der Regierung zur Abstimmung: Mit 32 zu 24 Stimmen bei zwei Enthaltungen wurde es angenommen. Der Banker David Li hatte die Versammlung bereits verlassen.

Damit waren auf den Tag genau drei Jahre vor der Einholung des Union Jack in Hongkong die Würfel gefallen: Der Kampf um demokratische Reformen endete mit einem Sieg der Kolonialmacht.

Im Gasthaus zur Goldenen Gans

»Wie viele Siege können wir uns leisten?« hatte Old China Hand Henry Kissinger gefragt, als Bill Clinton noch versuchte, im Kampf um eine Verbesserung der Lage der Menschenrechte in China Handelsschranken als Waffe einzusetzen.

Nach seinem Sieg im Legislative Council stellte sich für Patten dieselbe Frage. Der mit allen Wassern gewaschene Wahlkämpfer aus Bath hatte seine Schlacht gewonnen, den Krieg um Hongkongs Zukunft aber noch lange nicht. Zur Hochstimmung bestand kein Anlaß. Sir Percy Cradock – er hatte sich im April bei seinem letzten Besuch in Hongkong von Xinhua-Direktor Zhou Nan, nicht jedoch vom Gouverneur über den Gang der Dinge unterrichten lassen – hatte gewarnt: Sollte der Legislativrat die Reformvorschläge des Gouverneurs annehmen, würde er damit sein eigenes Todesurteil unterschreiben. Gegen den Willen Pekings mehr Demokratie zu wagen sei Selbstmord.

War es ein Pyrrhussieg, den Patten errungen hatte?

»Wenn mein Nachbar von nebenan sagt, daß er in dreieinhalb Jahren zu meinem Haus kommen und die Scheiben einschlagen wird«, hatte Patten ein paar Wochen zuvor im Legislativrat gesagt, »dann scheint mir dies kein sehr überzeugendes Argument dafür, schon heute alle Fenster« zu zertrümmern.[1]

Der Unterschied zwischen den Positionen der beiden Antipoden der britischen Hongkong-Politik lag also nicht darin, daß der eine den Teufel an die Wand malte, der andere aber die Existenz des Teufels leugnete, sondern darin, daß der Sinologe glaubte, das Verhalten der Chinesen mit Sicherheit voraussagen zu können, während der Historiker nicht ausschloß, daß es auch anders kommen könnte. Betätigte sich Sir Percy als Prophet, der mit seinen Unkenrufen allen Kleinmütigen riet, sich ins Unvermeidliche zu schikken, hielt sich Patten an Popper: »Man muß einsehen, daß eines der Prinzipien einer vorurteilsfreien Beurteilung der Politik in dem Grundsatz besteht, daß in menschlichen Dingen alles möglich ist; und insbesondere, daß man keine vorstellbare Entwicklung ausschließen kann [...].«[2]

Für den altgedienten kalten Krieger Cradock, der sich über den Charakter kommunistischer Diktaturen[3] keinerlei Illusionen machte, bestand *realpolitik* darin, bei den Verhandlungen mit den Pekinger Machthabern so weit zu gehen, wie man gehen kann, ohne ein Scheitern zu riskieren – aber keinen Schritt weiter. »Letzten Endes hingen Fortschritt und schließlich der Erfolg der Gespräche [über die Joint Declaration] von einer Reihe von Urteilen darüber ab, wie weit die andere Seite gedrängt werden könnte [...] Diese Urteile waren nicht blind: Sie beruhten auf der Kenntnis der Verhaltensweisen und Geisteshaltungen der anderen Seite sowie auf einem Gefühl für die ›Wechselwirkung der Kräfte‹«, rechtfertigte er sich in seinen Memoiren, räumte jedoch ein: »Bis zu einem gewissen Grad aber sind sie alle Glaubenssachen, Sprünge ins Ungewisse. Nachträglich läßt sich nicht beweisen, [ob sie richtig waren].«[4]

»Wohl das einzige, woran sich ermessen läßt, wie weit wir gegangen waren und wie nahe an der Toleranzgrenze wir operiert hatten«, fügte Cradock hinzu, »war die heftige chinesische Reaktion auf spätere begrenzte Versuche, die Autonomie Hongkongs zu erweitern.« Den politischen Wirbelsturm, der mit der Ankunft von Taifun-Chris über Hongkong hereinbrach, nahm Sir Percy als Beweis für die Richtigkeit seines eigenen Tuns.

In den Augen jener, die Cradocks Nachgiebigkeit China gegenüber als Verrat an Hongkong empfanden, bestätigte hingegen gerade die wütende Reaktion Pekings, daß Patten recht hatte mit seinem Versuch, fünf vor zwölf noch den offenen Bruch zu riskieren: Die Chinesen hatten ihrer Meinung nach nie die Absicht gehabt, Hongkong wirklich jenes »hohe Maß an Autonomie« zu gewähren, das die Joint Declaration dem künftigen Sonderverwaltungsgebiet in vagen Formulierungen verheißt – und schon gar nicht einen durch freie Wahlen zu konstituierenden Legislative Council sowie eine der Legislative rechenschaftspflichtige Exekutive. Patten hatte Peking nur gezwungen, vorzeitig die Maske fallen zu lassen.

Auch Patten betrieb *realpolitik*. Die Parameter, die sein Kalkül bestimmten, waren jedoch ganz anderer Art als die Cradocks.

Cradock, damals Kanzleichef, hatte 1967 die Erstürmung und Inbrandsetzung der Britischen Botschaft in Peking miterlebt. Er war geschlagen und stundenlang gefangengehalten worden. Die Roten Garden hatten versucht, ihn zum Kotau oder wenigstens zu einer kleinen Geste der Unterwürfigkeit zu zwingen. Vergeblich. Der hochgewachsene Mann im Nadelstreifenanzug war ein Elitediplomat der alten Schule: stolz und unbeugsam. Ein Feigling war er nicht.

Sir Percys Einschätzung des Gegners war von persönlichen Erfahrungen geprägt, und die sagten ihm: Chinas Führer sind zu allem fähig. Der oft gegen ihn erhobene Vorwurf, seine »Kotaupolitik« gegenüber China rühre von Sinophilie, ist falsch. Richtig ist eher das Gegenteil: Die Prämissen seiner Politik sind geradezu beleidigend sinophob. Wenn sie ihre Macht gefährdet sehen – so sein pessimistisches Credo –, würden die Chinesen nicht mit der Wimper zucken, Hongkong wieder zu jenem öden Eiland zu machen, das es war, bevor die Briten dort den Union Jack hißten.[5]

Chris Patten war da optimistischer. Er setzte darauf, daß die Chinesen die Gans, die goldene Eier legt, nicht willentlich schlachten würden. Psychologische und kulturelle Faktoren hielt er für weniger entscheidend als den nackten wirtschaftlichen Eigennutz der Spitzenkader der KP, bevölkern doch die als *gang of princelings,* als »Prinzenbande« bekannten Sippschaften der Führungscliquen die Chefetagen der Unternehmen Chinas bis in deren Büros in Hongkong hinein. Allein die Beteiligungen der Familie Deng Xiaopings an vierzehn an der Hongkonger Börse notierten Firmen werden auf über 2 Milliarden US-Dollar geschätzt.[6]

Dafür, daß Pattens Rechnung in diesem Punkt aufgehen könnte, hatte es schon vor der Verabschiedung der Reformgesetze durch den Legislativrat Anzeichen gegeben: Am 14. Juni 1994 hatte Chinas Vizepremier und Außenminister, der PWC-Vorsitzende Qian Qichen, einer Delegation von Gewerkschaftern aus Hongkong gesagt, der Krach über die politischen Reformen sei vorüber und beide Seiten sollten zu mehr Kooperation zurückkehren, vor allem auf wirtschaftlichem Gebiet. Die gestörten Beziehungen zwischen den beiden Mächten sollten »korrigiert und verbessert« werden, wobei er den »guten Fortschritt« bei den Gesprächen der Joint

Liaison Group über die Finanzierung des neuen Flughafens hervorhob.

Pragmatismus herrschte vor. War der ganze Streit womöglich doch kein Taifun gewesen, sondern nur ein Sturm im Wasserglas?

Tatsächlich war nur die Schlammschlacht beendet. Der Konflikt schwelte weiter. Gegner und Anhänger demokratischer Reformen standen einander so unversöhnlich gegenüber wie eh und je.

Das Lager der Gegner bestand aus einer seltsamen Allianz aus Kommunisten und Kapitalisten, Patrioten und Kolonialisten, Whitehall-Mandarinen und chinesischen Mitgliedern des britischen Establishment, Opportunisten und Idealisten. Zhou Nan und Li Ka-shing, Lord Wilson und Lu Ping, Sir S. Y. Chung und Sir Percy Cradock, Tsang Yok-sing und Elsie Tu: Nichts wäre verfehlter, als sie alle über einen Kamm zu scheren. Gemeinsam war ihnen kaum mehr als ihre Gegnerschaft zu Patten und dessen Politik, und das aus den unterschiedlichsten Gründen. Lu Ping und Sir S. Y. fühlten sich verbunden in der Überzeugung, daß ein Bettler nicht dieselben Rechte haben dürfe wie der reichste Tycoon, während Sir Percy und Elsie Tu Hongkongs Zukunft durch nichts so sehr gefährdet sahen wie durch eine Konfrontation mit China. Der Mehrzahl aber ging es einzig und allein um Geld und Macht. Ihre Loyalität galt stets dem, von dem sie sich das meiste erhofften.

Gemischt war auch das Lager der Verfechter von mehr Demokratie. Mit Baroneß Dunn, Martin Barrow, Jimmy McGregor oder Anson Chan fand sich auch unter ihnen mancher Vertreter der Creme der Gesellschaft. Selbst der Banker Sir William Purves hatte kurz vor seinem Abschied von Hongkong offene und faire Wahlen »ebenso natürlich wie die aufgehende Sonne am Morgen« genannt. Die überwiegende Zahl derer, die engagiert und oft unter großen persönlichen Opfern für mehr Demokratie kämpften, waren jedoch Anwälte (meist Barrister), Journalisten, Lehrer und Gewerkschafter wie Martin Lee, Emily Lau, Christine Loh, Anna Wu, Szeto Wah oder Lau Chin-shek – eben die, die sich in der Bevölkerung der größten Beliebtheit erfreuten, wie Umfragen regelmäßig ergaben.

Im Gegensatz zu den Gegnern Pattens waren sich die Advokaten eines Repräsentativsystems in einem Punkt jedoch einig: Ihnen allen ging es in erster Linie um den Erhalt der Herrschaft von Recht und Gesetz *(rule of law)*. Und dazu bedurfte es der Kontrolle der Exekutive durch die Legislative und der Legislative durch das Volk. Das britische Rechtssystem – davon waren sie überzeugt – war Voraussetzung auch für wirtschaftlichen Erfolg. Würde es abgeschafft oder bräche es zusammen, bedeutete dies das Ende Hongkongs.

Was macht deutlicher, daß dem Streit zwischen China und Großbritannien auch ein kultureller Konflikt zugrunde liegt, als der Familienzwist im Hause Li? Simon Li, PWC-Mitglied und ehemaliger Richter am Appellationsgericht, hatte seine Tochter Gladys Li, QC, nicht mehr verstanden, als diese ihrem Vater öffentlich widersprochen und erklärt hatte, Patriotismus sei kein brauchbares Kriterium für die Eignung zum Parlamentarier.[7] Ferner hatte sie versucht, China wegen des Bruchs der Joint Declaration vor den Internationalen Gerichtshof in Den Haag zu bringen. Damit nicht genug, hatte sie gar dem Demokratieaktivisten Lau Shanching kostenlose Rechtsberatung angeboten, weil ihn die Regierung bei den Bezirksausschußwahlen vom September 1994 nicht als Kandidaten zugelassen hatte.[8]

Gladys Li, 1948 in London geboren, als ihr Vater dort am University College Jura studierte, war mit elf Jahren zur Ausbildung nach Großbritannien zurückgeschickt worden. Sie hatte in Cambridge Rechtswissenschaften studiert und anschließend zehn Jahre in England als Barrister praktiziert, bevor sie 1982 nach Hongkong ging. Ihre Karriere wurde am 19. Januar 1995 mit ihrer einstimmigen Wahl zur Vorsitzenden der Hong Kong Bar Association gekrönt. Sie sei, sagte sie kurz nach ihrer Wahl, besorgt über die juristischen Probleme in der Zeit des Übergangs unter chinesische Souveränität und über die Bewahrung der *rule of law* nach 1997.

Vater Simon, sonst voll Stolz auf seine Tochter, war in einem Interview einmal mit der Bemerkung zitiert worden, er bereue, daß er sie im Ausland habe erziehen lassen, denn dadurch sei sie zu »extremen politischen Ansichten über China« gekommen. Später hieß es, er habe nur gesagt: »Das einzige, was ich bedauere, ist, daß ich meinen Kindern nicht genug über chinesische Kultur und Zivilisation beigebracht habe. Hätten sie mehr Kenntnisse, würden sie leichter verstehen, warum die Situation im Osten so anders ist als im Westen.« In den Augen ihres Vaters war Gladys, was man in Hongkong eine Banane nennt: außen gelb und innen weiß.

Wenn sich schon Eltern und Kinder nicht verstanden, wie konnten dann Patten und Zhou Nan einander verstehen? Hatte Singapurs Lee Kuan Yew nicht recht, wenn er dem Gouverneur vorwarf, mit den Chinesen die »britische parlamentarische Sprache« zu sprechen? Es sei, sagte Lee, eine kantonesische Redewendung gebrauchend, »wie wenn das Huhn zur Ente spricht«.[9]

Nichts anderes hatte Australiens ehemaliger Premierminister Malcolm Fraser gemeint, als er Patten Anfang 1994 beschuldigte, China vorschreiben zu wollen, »wie es sich zu regieren habe«, und ihn ein Musterbeispiel nannte »für die britische Unfähigkeit, Asien zu verstehen, indem er versucht, demokratische Elemente in Hongkong einzuführen« – was Patten sogleich mit der Bemerkung zurückwies: »Ob Großbritannien Asien versteht oder nicht [...] nicht zu bestreiten ist, daß die Menschen Hongkongs Hongkong verstehen.«

Daß Patten, wenn schon nicht ganz recht, doch auch nicht ganz unrecht hatte, zeigte die erste Abstimmung nach dem neuen Wahlrecht: Bei den Bezirksausschußwahlen vom 18. September 1994 errangen die demokratischen Parteien einen klaren Sieg: Martin Lees Democratic Party (DP) und die Hong Kong Association for Democracy and People's Livelihood (ADPL) gewannen 104 der 346 Sitze. 167 Sitze gingen an nicht parteigebundene Kandidaten. Alle anderen, darunter Allen Lees busineßfreundliche Liberal Party (LP) und Tsang Yok-sings pekingtreue Democratic Alliance for Betterment of Hong Kong (DAB), teilten sich den Rest.

Nicht anders war es bei den Gemeinderatswahlen vom 6. März 1995, bei denen die DP 25 der 77 Mandate gewann, die DAB es aber gerade auf 10 Sitze brachte. Besonders bitter war die Niederlage für Elsie Tu, die als Spitzenkandidatin der DAB angetreten war: Sie unterlag Szeto Wah, dem Simon Li so verhaßten[10] Mitbegründer der DP – und das im Stimmbezirk Kwun Tong North, einer traditionellen Hochburg Pekings.

Sollten, wie zu erwarten, die Wahlen zum Legislative Council im September 1995 ein ähnliches Ergebnis bringen, stünde fest: Die Mehrheit der Bevölkerung Hongkongs ist allen kulturellen Unterschieden zwischen Ost und West zum Trotz für Demokratie.

Es waren wohl auch weniger kulturelle Gründe als die Gefahr, es sonst mit einem mehrheitlich demokratischen, wenn nicht antikommunistischen LegCo zu tun zu bekommen, die das Ständige Komitee des Nationalen Volkskongresses am 31. August 1994 veranlaßt hatte, einstimmig zu erklären: »Der letzte Legislative Council, Urban Council, Regional Council und die *district boards* [Bezirksausschüsse] werden am 30. Juni 1997 aufhören zu bestehen.«

Das war das Todesurteil, vor dem Sir Percy gewarnt hatte. Daß das PWC am 7. Oktober 1994 die Idee ventilierte, Ende 1996 oder Anfang 1997 – unmittelbar nach der Benennung des ersten Regierungschefs der SAR – einen »provisorischen Legislativrat« zu bilden, war nur konsequent: Am 1. Juli 1997 sollten sechzig von einem Wahlkomitee bestimmte Persönlichkeiten die im September 1995 weitgehend demokratisch gewählten sechzig Abgeordneten ablösen und bis zu einem Jahr im Amt bleiben. Wie die vierhundert Mitglieder des Wahlkomitees bestimmt werden sollten, wurde nicht verraten. Chinas Kommunisten waren wild entschlossen, sich keine demokratische Laus in den sozialistischen Pelz setzen zu lassen.

Eine der Läuse, die zu knacken die Herren in Peking sich gewiß nicht scheuen würden, ist Lau Shan-ching: »Konterrevolutionärer Verbrechen« wegen hatte er von den letzten zehn Jahren sieben in chinesischen Gefängnissen verbracht. Nach Auffassung der Behörden war er folglich weniger als zehn Jahre in Hongkong wohnhaft, wodurch ihm eine notwendige Voraussetzung fehlte, bei Wahlen zu kandidieren. Zu den Bezirksausschußwahlen vom 18. September hatte man ihn daher nicht zugelassen. Daraufhin hatte Lau die Regierung verklagt – mit Erfolg: Am 19. Januar 1995 hob der Oberste Gerichtshof das Verbot auf, erklärte die Wahl in Laus Wahlkreis Lai Wah für ungültig und ordnete eine Neuwahl an.

Hongkongs Justiz hatte damit in einem exemplarischen Fall ihre Unabhängigkeit von der Regierung bewiesen.

Lange, steht zu fürchten, wird sie dies nicht mehr können, sollte das Rechtssystem der Volksrepublik China das Common Law nach 1997 allmählich ablösen. Daß dies kommen wird, hatte im März 1994 kein Geringerer vorausgesagt als Zheng Duanmu, Vizepräsident des Obersten Volksgerichtshofs Chinas und ehemaliges Mitglied des Entwurfskomitees für das Basic Law. Hongkongs Anwaltschaft war schockiert. Wenn ein so hochrangiger Jurist und Funktionär Chinas dergleichen zu sagen wagte, was waren dann alle in der Joint Declaration und im Basic Law gegebenen Zusicherungen wert?

Die Einführung chinesischen Rechts in Hongkong wäre ein Verstoß gegen das Prinzip »ein Land, zwei Systeme«, erklärte Dr. Nihal Jayawickrama von der Juristischen Fakultät der University of Hong Kong, und Gladys Li, QC, pflichtete ihm bei. »Es bedarf immensen Mutes, den chinesischen Drohungen zu widerstehen«, hatte sie einmal gesagt.[11] Und den hat nicht jeder, wie ihr Barristerkollege Martin Lee, QC, erfahren hatte, als er einen Solicitor suchte, der bereit war, Gladys' Vater Simon zu verklagen.[12]

Man muß schon über ein hohes Maß an Optimismus oder Opportunismus oder über beides verfügen, um das Menetekel nicht zu sehen. Doch auch die, die weder blind sind noch blauäugig, sagen nur selten, was sie wirklich denken. Die meisten schweigen oder lügen lieber sich und anderen in die Tasche, als daß sie sich die Geschäfte verderben.

Wie schlecht es dem bekommen kann, der anderen reinen Wein einschenkt, hatte der deutsche Generalkonsul in Hongkong, Wolfgang Göttelmann, zu spüren bekommen. Er hatte Vertretern der deutschen Wirtschaft, die Helmut Kohl auf seiner Geschäftsreise[13] nach China begleitet und im Schlepptau des Kanzlers am 20. und 21. November 1993 noch rasch Hongkong mitgenommen hatten, prophezeit, nach der Übergabe an China werde »das bestehende Rechtssystem erschüttert« und »Vetternwirtschaft und Korruption« würden die Herrschaft übernehmen. Die Zusicherung Pekings, das Territorium werde finanz- und fiskalpolitisch unabhängig bleiben, sei »kaum glaubhaft«. Zweifel bestünden auch, ob Hongkong den Vertrauensverlust ausländischer Unternehmen verkraften werde. Insider rieten eher zu Investitionen in den Sonderwirtschaftszonen und Ballungszentren auf dem Festland, wo China die Marktwirtschaft probt.

Zeigten sich britische Diplomaten nur »überrascht« über die freimütigen Äußerungen ihres deutschen Kollegen, die kurz darauf in der *Wirtschaftswoche*[14] nachzulesen waren, beschwerte sich das Bonner Auswärtige Amt wegen der Veröffentlichung der vertraulichen Bemerkungen gleich bei der Redaktion. Göttelmann selbst sah sich zu einem Dementi genötigt und gab nur noch zu, gesagt zu haben, daß »nach dem Abzug der Briten [. . .] alles viel chinesischer sein wird. Dies betrifft die Herrschaft des Gesetzes, die Effizienz der Verwaltung und die Rolle der Medien«. Im übrigen habe er geradezu geraten, in Hongkong zu investieren.

Es ist ein Irrtum zu glauben, Investoren könnten »ruhig und guten Mutes sein«, sollte in Hongkong eines Tages die britische *rule of law* der chinesischen *rule of man* weichen. Die Hoffnung trügt, wenn Unternehmer glauben, sie könnten selbst ungeschoren bleiben, während Gewerkschafter, Journalisten, Menschenrechtler und andere Störenfriede hinter Gittern sitzen: Von den achtzehn Personen mit Verbindungen nach Hongkong, die seit 1991 in China verschwanden oder oft monatelang ohne Anklage gefangengehalten wurden, sind siebzehn Geschäftsleute.

Der bekannteste Fall ist der des Sino-Australiers James Peng. Er war im Oktober 1993 in Macao von der Polizei aus seinem Hotelzimmer geholt und den chinesischen Behörden des benachbarten Zhuhai übergeben worden. Grund: Peng hatte gegen den chinesischen Partner seiner Joint-venture-Firma in Guangzhou einen Prozeß gewonnen. Er wurde festgenommen, nachdem sein Partner im nahen Shenzhen, wo die Fabrik lag, einen neuen Prozeß gegen ihn angestrengt hatte.

Ein zweiter Fall: Philip Cheng war vom August 1993 bis März 1994 ohne Anklage in China festgehalten worden. Grund: Sein chinesischer Geschäftspartner Liu Xianyou verlangte die 165 000 US-Dollar zurück, die er in Chengs Fabrik investiert hatte. Cheng war in der Provinz Hunan von einem Richter und sechs Gerichtsaufsehern verhaftet worden. Wie sich später herausstellte, waren alle sieben mit Liu befreundet. Obendrein gehörte die Haftanstalt, wo man ihn siebzig Stunden gefangengehalten hatte, Lius Schwager. Zum Glück war Cheng, der in Hongkong wohnte, amerikanischer Staatsbürger, und die US-Botschaft bekam ihn frei.

Ein drittes Beispiel: Mitte Januar 1995 entführten in Hongkong sechzehn Chinesen vom Festland am hellichten Tag einen einheimischen Geschäftsmann und luden ihn auf einen Frachter mit Kurs auf die Provinz Guangdong. Nach einer zwanzigminütigen Verfolgungsjagd durch den Hafen gelang es Hongkongs Wasserpolizei, das Schiff zu stoppen. Sie fand den Mann, der angab, er sei Textilfabrikant, gefesselt in der Kabine. Dem Polizeiprotokoll zufolge behaupteten die Entführer, er habe sie um Tausende von Dollars betrogen.

»Selbsthilfe ist die früheste Form der Justiz«, kommentierte Michael Mosher vom Hongkonger Büro der Anwaltsfirma Baker & McKenzie die chinesische Praxis, Zahlungsforderungen durch

Kidnapping Nachdruck zu verleihen. Waren die Opfer bis vor kurzem ausnahmslos Chinesen oder Ausländer chinesischer Abstammung, werden nun immer häufiger auch Weiße zu Freiwild. »Der nationale Mythos von der Unberührbarkeit des weißen Mannes«, meint Mosher, »bekommt Löcher.«

Rechtssicherheit hat es in China nie gegeben. Das chinesische Rechtssystem basiert seit alters auf Moralvorstellungen, nicht auf geschriebenem, gesetztem Recht. Es war daher fast ausschließlich Strafrecht. Gesetzgebung wie Gerichtsbarkeit blieben weitgehend auf die Gewährleistung eines gesitteten Verhaltens der Bevölkerung beschränkt. Dem Aufbau eines Gemeinwesens auf zivilrechtlicher Grundlage waren damit von vornherein enge Grenzen gesetzt.

Wie wenig sich darin das heutige vom alten China unterscheidet, wurde deutlich, als Chinas Kommunisten den von ihnen 1973/74 auf den Müllhaufen der Geschichte geworfenen Konfuzius plötzlich wieder aufpolierten und als Erlöser von allen Übeln – allen voran den westlichen – auf den Schild hoben. So schrieb die Pekinger *Volkszeitung* in einem Artikel anläßlich des 2545. Geburtstags[15] des Meisters Kong im Oktober 1994, die Ursache der Krise der westlichen Kultur »liegt in der Unvereinbarkeit von Wissenschaft und Religion. [...] Würden Moralvorstellungen und Werte des Westens auf einem anderen Humanismus gründen als auf dem des Christentums, wäre dieser Widerspruch nicht entstanden. Die richtige Lösung bietet der Konfuzianismus, denn er ist ein nichtreligiöser Humanismus.«[16] »Eine neue, ostasiatische Kultur, die Konfuzianismus und Wissenschaft miteinander verbindet«, schloß der Artikel prophetisch, »wird vor allem im nächsten Jahrhundert blühen und die moderne westliche Kultur ablösen.«

Konfuzius statt Christus?

Die *Vier Bücher*[17] statt kodifizierten Rechts?

Wie weit China trotz aller Anstrengungen, ein verläßliches Rechtssystem zu entwickeln, von der Einhaltung internationaler Spielregeln entfernt ist, bewiesen Pekings Stadtväter im November 1994, als sie kurzerhand verfügten, McDonald's habe seinen Laden an der Ecke Chang'anjie/Wangfujing dichtzumachen. Daß sie mit dem amerikanischen Bulettenkonzern – laut *Far Eastern Economic Review* nach Coca-Cola und Motorola in Asien Nummer 3 unter den Multis – für seinen weltweit größten Laden erst zwei Jahre zuvor einen Pachtvertrag auf zwanzig Jahre unterschrieben hatten, störte sie wenig. Die Goldgrube des Fast-food-Riesen sollte einer 1,2 Milliarden US-Dollar teuren Shopping-, Büro- und Appartementanlage mit dem trefflichen Label »Oriental Plaza« Platz machen. Bauherr: ein Konsortium unter der Federführung des Immobilien- und Investmentkonzerns Cheung Kong von Hongkongs Tycoon Li Ka-shing.

Doch bereits Ende Dezember ruhte die Arbeit an dem 850 000 Quadratmeter großen Komplex an Pekings Ku'damm. Wie es hieß, hätten »mehrere« Bürokraten der Stadtverwaltung das Projekt ohne Zustimmung der Zentralregierung und unter Mißachtung von Bauvorschriften genehmigt und dafür Schmiergelder kassiert.[18] Ins Netz gegangen sei unter anderen ein Sekretär von Zhang Baifa, dem Stellvertreter von Bürgermeister Li Qiyan. Zhang, Anführer in der verlorenen Schlacht um die Nominierung Pekings als Austragungsort der Olympischen Spiele im Jahr 2000, war ein dynamischer Protegé Deng Xiaopings.

Als Anfang April 1995 bekannt wurde, daß sich der ebenfalls unter Korruptionsverdacht stehende zweite Vizebürgermeister Wang Baosen am 4. April erschossen hatte, wurde sofort ein Zusammenhang mit dem Projekt vermutet: Wang war als Vorsitzender der Planungskommission für die Pekinger Stadtplanung zuständig gewesen. Allerdings, wurde gemunkelt, könnte er sich nicht allein der gegen ihn persönlich erhobenen Vorwürfe wegen umgebracht haben, sondern weil er geopfert werden sollte, um einen Höheren zu schützen. »Wangs Selbstmord ist ein Beispiel für das Sprichwort: ›Opfere den Bauern, um den General zu retten‹«, hieß es aus einer mit dem Fall vertrauten chinesischen Quelle.

Oder war es Mord?

Am 10. April erschien in der Pekinger Tageszeitung *Beijing Ribao* ein Artikel, in dem es hieß, die Leute hätten lange geglaubt, der große Dichter Qu Yuan habe sich durch den Sprung in einen Fluß umgebracht. Der einzige Hinweis darauf, daß es sich dabei um Selbstmord gehandelt habe, sei jedoch ein Gedicht Qus, in dem es heißt, diese Art der Selbstentleibung sei für seinen Freitod gewählt. Einige Forscher, schrieb das Blatt, hätten darauf hingewiesen, daß das Gedicht möglicherweise eine Fälschung sei. Worauf der Artikel die Frage aufwirft, ob der Kaiser nicht Mörder geschickt haben könnte, um Qu zu töten.

Die sensationelle Neuigkeit, der legendäre Poet und Staatsmann Qu Yuan könnte nicht aus freien Stücken vor 2272 Jahren aus dem Leben geschieden, sondern gemeuchelt worden sein, ging wie ein Lauffeuer durch die Stadt. »Es ist wieder ganz wie zur Zeit der Kulturrevolution«, bemerkte ein hoher Parteifunktionär und erinnerte damit an die schlimme Zeit, in der sich politische Verfolgungskampagnen oft durch historische Allegorien in führenden Zeitungen ankündigten.

Wang Baosen war ein Protegé des Exbürgermeisters und gegenwärtigen Pekinger Parteichefs und Politbüromitglieds Chen Xitong gewesen, eines Rivalen des ehemaligen Shanghaier Parteichefs und jetzigen Staatspräsidenten Jiang Zemin. Wie westliche Botschaften in Peking vermuteten, könnte sich Jiang der Korruptionsvorwürfe als Waffe im Kampf gegen seine Feinde bedient haben. »Es sieht ganz so aus, als ob Jiang gegen Leute vorgeht, die ihn in der Vergangenheit herausgefordert haben oder ihm in Zukunft gefährlich werden könnten«, meinte ein westlicher Diplomat in Peking.[19]

Während man noch rätselte, wem es als nächstem an den Kragen gehen werde – an die sechzig Spitzenfunktionäre der Hauptstadt waren zurückgetreten oder saßen bereits ein, darunter persönliche Sekretäre Chens, des Bürgermeisters Li Qiyan, seines Vize Zhang Baifa sowie des toten Wang –, verkündeten die Medien, Chen Xitong sei am 27. April mit Billigung des Zentralkomitees der KP von seinem Amt als Sekretär des Pekinger ZK zurückgetreten. Chen, der die Baugenehmigung für das Oriental Plaza erteilt habe, hieß es in offiziellen Presseberichten, sei für den Fall Wang Baosen und für den Korruptionsskandal in der Stadtverwaltung verantwortlich.

Vier Tage später, am 1. Mai 1995, wurde Chens Sohn verhaftet. Gegen Chen Xiaotong, der im Immobiliengeschäft tätig war, liefen schon länger Ermittlungen wegen »Wirtschaftsverbrechen«.

Doch das war nicht alles. Am 13. Februar war Zhou Beifang unter dem Vorwurf nicht spezifizierter »schwerer Wirtschaftsverbrechen« verhaftet worden. Zhou Beifang ist der Sohn von Zhou Guanwu, einem alten Waffengefährten Deng Xiaopings aus der Zeit des Antijapanischen Kampfes und des Bürgerkriegs. Keine 24 Stunden nach der Festnahme seines Sohnes und unmittelbar nachdem ihm Genosse Chen Xitong – damals noch in Amt und Würden

– einen Besuch abgestattet hatte, trat Vater Zhou aus Altersgründen als Vorsitzender und Parteisekretär der Shougang Corp. zurück. Das auch als Capital Iron & Steel firmierende Staatsunternehmen ist die Mutter von Shougang Concord International Enterprises und Shougang Concord Grand in Hongkong. Vorsitzender beider Unternehmen war bis zu seiner Inhaftierung Zhou Beifang.

Unter Zhou dem Jüngeren hatte Shougang Kontrollmehrheiten über sechs an der Hongkonger Börse zugelassene Unternehmen[20] erworben. Ohne die Mitwirkung von ein paar Freunden wäre das nicht möglich gewesen. Keiner war dabei hilfreicher als Li Ka-shing: Im Oktober 1992 zahlte ein Konsortium aus Shougang Cheung Kong und CEF Capital (einer 50prozentigen Tochter von Li Ka-shings Cheung Kong) 239 Millionen HK-Dollar für 77 Prozent der Anteile an der Hongkonger Baustahl-Handelsfirma Tung Wing Steel, die später in Shougang Concord International umbenannt wurde. Damit war auch Shougang an der Hongkonger Börse. *Back door listing* nennt man das, »Börsenzulassung durch die Hintertür«.

Li Ka-shing war nicht der einzige einflußreiche Verbündete Zhous: Beim Kauf von Kader Investments im Mai 1993 für 582 Millionen HK-Dollar hatte außer Li auch Deng Zhifang, der zweite Sohn Deng Xiaopings, seine Finger im Spiel. Der jüngere Deng, der im Immobiliengeschäft sein Glück suchte[21] und zusammen mit der Volksbefreiungsarmee in Shanghai Luxusvillen baute, wurde denn auch Geschäftsführer des nach der Übernahme in Shougang Concord Grand umbenannten Unternehmens mit »geerbter« Börsenzulassung. Auch Lis Sohn Richard nahm im Vorstand Platz.

Daß er persönlich oder irgendeines der Unternehmen von Cheung Kong etwas mit möglichen Unregelmäßigkeiten im Zusammenhang mit dem Bau des Oriental Plaza oder den Geschäften von Shougang zu tun gehabt haben könnte, wies Li Ka-shing weit von sich: Die *Far Eastern Economic Review,* die am 2. März 1995 in Verbindung mit den beiden Korruptionsskandalen Lis Namen genannt hatte, mußte sich in der Ausgabe vom 23. März dafür in aller Form entschuldigen.

Ob und – wenn ja – wie weit das für seine guten Beziehungen zur chinesischen Führung und zumal zu Deng bekannte PWC-Mitglied

Li Ka-shing involviert gewesen sein mag, ist hier ohne Belang. Interessant ist, daß es in beiden Fällen Leute des Deng-Clans getroffen hatte. Der sieche Patriarch war offenbar nicht mehr in der Lage, seine Schützlinge zu schützen. Anfang Mai drang durch, auch Deng Zhifang sei wiederholt verhört worden. Angeblich hatte man sogar seinen Paß konfisziert. Die Macht seines Vaters, schien es, hatte zu schwinden begonnen wie dessen physische Kräfte.

»Sein Gesundheitszustand verschlechtert sich von Tag zu Tag. Die Menschen müssen begreifen, daß er jetzt neunzig ist, ein alter Mann. Und der Tag wird kommen, an dem er dahingeht«, hatte Dengs Tochter Deng Rong am 13. Januar 1995 in einem Interview mit der *New York Times* erklärt.

Zhongnanhai war entsetzt. Chinas Führer hatten von dem Interview erst erfahren, als es schon veröffentlicht war. Deng Rong hatte gegen die Regel verstoßen, alles Brisante vorab vom Politbüro oder zumindest vom Propagandaministerium absegnen zu lassen. Prompt hatte es offiziell geheißen, für Dengs Leben bestehe keine akute Gefahr. Das Ableben des Ehrenpräsidenten der Bridge-Gesellschaft Chinas war schließlich keine Privatsache.

Noch beunruhigender als die unverantwortlichen Äußerungen der Tochter über die schwindenden Lebensgeister des Vaters aber waren ihre Bemerkungen über die größten Desaster in der Geschichte der Kommunistischen Partei Chinas: das Massaker auf dem Platz des Himmlischen Friedens 1989 und die Anti-rechts-Kampagne von 1957.

»Es war eine Tragödie«, hatte sie über die Ereignisse von 1989 gesagt. »Aber mein Vater hat wenigstens tief im Herzen geglaubt, daß er keine Alternative hatte und daß er so handeln mußte. Wenn keine entschiedenen Schritte unternommen worden wären, Chinas Zukunft wäre zu schrecklich, um sie sich auszumalen.« Eine »Versöhnung« mit den Opfern des Massakers hielt sie für möglich. »Das ist etwas für jene [Führer], die nachher kommen. Es ist unmöglich für mich zu wissen, wie sie denken werden«, hatte sie hinzugefügt.

Mao Zedong und ihr Vater seien zu »hitzköpfig« gewesen bei der Verfolgung Tausender von Intellektuellen während der Anti-rechts-Kampagne, hatte Frau Deng im selben Interview eingeräumt. »Eine große Zahl von Leuten, die zur Zielscheibe wurden, waren in Wirklichkeit gute Menschen.«

War der Ölzweig, den sie den Opfern der Politik ihres Vaters wie Zhao Ziyang darbot, zugleich der Fehdehandschuh gewesen für die Shanghai-Fraktion des Staatspräsidenten, Parteivorsitzenden und Vorsitzenden der Zentralen Militärkommission Jiang Zemin, der sich eisern an den Strohhalm der Unfehlbarkeit der Partei klammerte? War es eine Kriegserklärung an den als Schlächter von Peking verschrieenen Ministerpräsidenten Li Peng? War es ein Angebot an den Clan der von Deng 1992 ausmanövrierten Halbbrüder Yang Shangkun und Yang Baibing? Setzte der Deng-Clan gar auf eine Zukunft, die dem Volk gehörte und nicht denen, die es regierten? So viele Fragen, so viele Antworten.

Der Kampf um den Thron hatte begonnen.

Auch wenn Li Peng den von Deng einst zum Kronprinzen gekürten Jiang Zemin nicht, wie von Richard Nixon prophezeit, zum Lunch verspeisen sollte:[22] Ein charismatischer Führer ist Jiang nicht. Kaum jemand sieht in ihm mehr als eine Übergangsfigur. Für die meisten ist er nur ein blasser Kompromißkandidat ohne breite Basis in Partei und Armee, der über kurz oder lang wohl einem noch ausgekochteren Taktiker Platz machen wird. Wer dies sein könnte, darüber schießen die Spekulationen ins Kraut.

Einer indes wird künftig im Pekinger Palastroulett nicht mehr mitspielen: Chen Yun, der Förderer und Beschützer Jiang Zemins wie Li Pengs. Der mächtigste Rivale Deng Xiaopings unter den »Acht Unsterblichen«[23] starb am 9. April 1995 im Alter von 89 Jahren.

Chen, der schärfste Kritiker der Wirtschaftsreformen Dengs, hatte dessen »Katzen-Theorie«[24] seine »Vogel-Theorie« entgegengestellt: Die chinesische Wirtschaft, so Chen, sei zu halten wie ein Vogel im Käfig: Der Vogel ist der Markt, der Käfig der Plan. Der Käfig dürfe nicht zu klein sein, da der Vogel sonst ersticke. Auf ihn verzichten aber könne man auch nicht, da der Vogel sonst entflöge. Was dem ehemaligen Planungschef vorschwebte, läßt sich am besten beschreiben als leninistische Marktwirtschaft.

Dengs Reformen haben aus Chens Käfig eine riesige Raubvogelvoliere gemacht. Das Gitter ist geblieben. Der atemberaubende wirtschaftliche Wandel seit 1992 kann nicht darüber hinwegtäuschen, daß auch ökonomische Freiheit in China noch immer dort ihre Grenzen hat, wo die Macht der Partei in Gefahr ist. Es ist daher illusorisch zu glauben, Hongkong werde sich unter den Fittichen der KP echter Autonomie erfreuen. In Wahrheit ist Hongkong schon heute nur begrenzt autonom.

Hongkongs Schicksal ist mit dem Chinas unauflöslich verknüpft. Ob es nach dem Tod Dengs zu einem relativ sanften Übergang unter einem Führungskollektiv kommt oder ob das Reich der Mitte im Chaos versinkt: Hongkong wird unmittelbar davon betroffen sein.

Deng selbst war sich der Gefahren der »neuen Ära« durchaus bewußt. Wie sein »politisches Testament«[25] zeigt, quälte ihn die Vorstellung, China könnte auseinanderbrechen wie die Sowjetunion. Ob Destabilisierung durch ethnische Konflikte, soziale Unruhen, Regional- und Militärmachthaber oder die wachsende Kluft zwischen den reichen Küstenregionen und dem armen Hinterland: Allheilmittel war für ihn nach wie vor der Erhalt der absoluten Autorität der Zentrale.

Die aber ist unterminiert durch Nepotismus und Korruption.

Auf der ausschließlich dem Thema Korruption gewidmeten Kabinettssitzung vom 15. Februar 1995, bei der auch die Vorgänge um Shougang Concord und das Oriental Plaza zur Sprache gekommen waren, und erneut am 5. März in seiner Eröffnungsansprache an den Nationalen Volkskongreß erklärte Ministerpräsident Li Peng, beim Kampf gegen die Korruption gehe es auf Leben und Tod. Ins gleiche Horn stieß der Präsident des Obersten Gerichts, Ren Jianxin. Die Korruption, berichtete Ren am 13. März dem Parlament, habe sich bis in die höchsten Regierungsebenen ausgebreitet und bedrohe die Herrschaft der Kommunistischen Partei.

Darin, daß die Partei nicht erst das Vertrauen der Bevölkerung verlieren könnte, wie Li Peng warnte, sondern bereits verspielt hat, sind sich die meisten Beobachter einig. Für viele ist der Untergang der KP Chinas nur noch eine Frage der Zeit. Was danach kommen wird, wagt niemand mit Sicherheit vorauszusagen. Nur einige wenige sind so optimistisch wie Roderick MacFarquhar. »Ich denke«, hatte der Harvard-Sinologe auf einem Seminar der Asia Society Anfang Januar 1994 in Hongkong erklärt, »daß wir in China in 25 Jahren eine Art pluralistische Gesellschaft sehen werden, irgendeine Art repräsentativer Regierung. Welcher Art diese sein wird? Ich weiß es nicht. [...] Aber es wird keine Gesellschaft sein, die von der Kommunistischen Partei Chinas geführt wird.«

Sollte Professor MacFarquhar recht behalten, wäre es gewiß das Beste nicht nur für Hongkong: Die von Gouverneur Patten gegen den erbitterten Widerstand der kommunistischen Führung in Peking durchgesetzten politischen Reformen könnten dann nach 1997 Freiheit, Prosperität und Stabilität nicht nur im künftigen Sonderverwaltungsgebiet Hongkong sichern helfen, sondern auch Vorbild sein für den Aufbau eines demokratischen Rechtsstaats in China.

Ein Vierteljahrhundert dürfte es freilich nicht dauern: Bis dahin wäre die goldene Gans zwar längst gerupft, geschlachtet und zerteilt.

Anhang

Glossar

feng shui	Die chinesische Geomantik (wörtlich: »Wind und Wasser«) ist die altchinesische Kunst, unter Berücksichtigung der natürlichen Gegebenheiten eines Ortes die örtlichen und kosmischen Kräfte miteinander in Einklang zu bringen und so alle Dinge gedeihen zu lassen.
durchgehender Zug	(*through train*) Metapher für die Beibehaltung der Abgeordnetensitze im Legislative Council über den 30. Juni 1997 hinaus
dreibeiniger Stuhl	(*three legged stool*) die von China abgelehnte Mitsprache Hongkongs in seinen eigenen Angelegenheiten, da Hongkong keine souveräne Macht sei und daher auch kein Recht habe, neben Peking und London über sein eigenes Schicksal mitzuentscheiden
guanxi	Beziehungen: Grundlage der persönlichen Beziehungsgeflechte in Politik und Wirtschaft Chinas, Kern aller politischen Fraktionsbildung
guixi	Die chinesischen Zeichen für *gui* und *xi* bedeuten einzeln »zurückkehren« und »Westen«, zusammen bedeuten sie »sterben«.
gweilo	»fremder Teufel«, wörtlich »Geist-Mann«, ein traditionelles Schimpfwort für Weiße
Hang-Seng-Index	Hongkongs Aktienindex, vergleichbar dem DAX oder dem Dow-Jones-Index

hong	die mächtigen alten britischen Unternehmen Hongkongs, allen voran die Hongkong and Shanghai Banking Corporation, Jardine Matheson und Swire and Sons
laogai	Chinas »Gulag«, das chinesische System von Gefängnissen, Zwangsarbeitslagern und psychiatrischen Kliniken, in denen Tausende von Dissidenten gefangengehalten und oft auch gefoltert werden
neue Küche	siehe »zweiter Ofen«
Konvergenz	Der von Peking verwendete Begriff enthält die Forderung, daß die britische Seite schon vor Inkrafttreten des Basic Law am 1. Juli 1997 nicht nur alles unterläßt, was aus ihrer Sicht nicht mit der künftigen Miniverfassung der HKSAR vereinbar ist, sondern sich *de facto* bereits vor der Übergabe Hongkongs an das vom Nationalen Volkskongreß verabschiedete und nur von ihm zu interpretierende Basic Law hält.
sandwich class	die soziale Schicht Hongkongs, deren Einkommen zu hoch ist für den Anspruch auf eine Sozialwohnung und zu niedrig für den Erwerb einer Eigentumswohnung
Taipan	westlicher Spitzenmanager ausländischer Unternehmen im halbkolonialen China
Tiananmen	Tor des Himmlischen Friedens
Tycoon	ursprünglich eine westliche Bezeichnung für japanische Generäle der Tokugawa-Zeit; heute Bezeichnung für einflußreiche Geschäftsleute, Großkapitalisten und Industriemagnaten, aber auch für mächtige Führer politischer Parteien
Xinhua	Nachrichtenagentur Neues China
Zhongnanhai	der Teil der Verbotenen Stadt in Peking (wörtlich: Mittel- und Süd-See), wo Chinas Politprominenz residiert: Chinas Kreml
zweiter Ofen	oder »zweite Küche« bzw. »Herd« (*second stove* oder *second kitchen*): das von Peking

immer wieder angedrohte und am 2. Juli 1994 gegründete Vorbereitungskomitee für das Vorbereitungskomitee der HKSAR, kurz Preparatory Working Committee (PWC)

Abkürzungen

ADPL	Kurz für Hong Kong Association for Democracy and People's Livelihood (HKADPL)
ATV	Asia Television
BBC	British Broadcasting Corporation
BBC WSTV	BBC World Service Televison
BDTC	British Dependant Territories Citizen
BL	Basic Law
BLCC	Basic Law Consultative Committee
BLDC	Basic Law Drafting Committee
BN (O)	British National (Overseas)
BPF	Business and Professionals Federation
BOC	British Overseas Citizen
CAAC	Civil Aviation Administration of China
CBE	Commander of the (Order of the) British Empire
CCTV	China Central Television
CHC	*Cambridge History of China*
CITIC	China International Trust & Investment Corporation
CNN	Cable News Network
CRC	Cooperative Resources Centre
CT9	Container Terminal 9
DAB	Kurz für DABHK
DABHK	Democratic Alliance for Betterment of Hong Kong
DP	Democratic Party
DSO	Distinguished Service Order
Esq.	Esquire
ExCo	Executive Council
FEER	*Far Eastern Economic Review*

GATT	General Agreement on Tariffs and Trade
HK	Hongkong
HKADPL	Hong Kong Association for Democracy and People's Livelihood (kurz: ADPL)
HKCB	Hongkong Chinese Bank
HKDF	Hong Kong Democratic Foundation
HKGCC	Hong Kong General Chamber of Commerce
HKJA	Hong Kong Journalists' Association
HKMAO	Hong Kong and Macao Affairs Office
HKS	*The Hongkong Standard*
HKSAR	Hong Kong Special Administrative Region
HMWC	Hongkong Macao Work Committee
HSBC	The Hongkong and Shanghai Banking Corporation, Kurzform: HongkongBank
HSI	Hang-Seng-Index
IHT	*International Herald Tribune*
JLG	Joint Liaison Group
JP	Justice of the Peace
KMT	Kuomintang (auch: Guomindang; die Partei Sun Yat-sens wurde unter Chiang Kai-shek 1949 Staatspartei auf Taiwan)
KP	Kommunistische Partei
LegCo	Legislative Council
LDF	Liberal Democratic Federation
LL.D.	Doctor of Laws
LP	Liberal Party (Nachfolgerin des CRC)
MFN	Most Favoured Nation
MP	Meeting Point
MoU	Memorandum of Understanding
MTRC	Mass Transit Railway Corporation
MTV	Music Television
MUI	Malayan United Industries
NCNA	New China News Agency (Nachrichtenagentur Neues China, chin. Xinhua)
NHKA	New Hong Kong Alliance
OBE	Officer of the (Order of the) British Empire
OMELCO	Office of the Members of the Executive and Legislative Councils; früher UMELCO

PAA	Provisional Airport Authority
PCHKSAR	Preparatory Committee for the Hong Kong Special Administrative Region
PWC	Preliminary Working Committee, meist »zweiter Ofen« genannt; die volle Bezeichnung lautet Preliminary Working Committee for the Special Administrative Region Preparatory Committee
QC	Queen's Council
RMRB	*Renmin Ribao (Volkszeitung)*
SAR	Kurzform für HKSAR
SBLC	Sino-British Land Commission
SCMP	*South China Morning Post*
SEHK	Stock Exchange of Hong Kong
SFC	Securities and Futures Commission
SMP	*Sunday Morning Post* (Sonntagsausgabe der *SCMP*)
TBS	Turner Broadcasting System
TVB	Television Broadcasts Limited
UD	Kurzform für UDHK
UDHK	United Democrats of Hong Kong
UK	United Kingdom
UMELCO	Unofficial Members of the Executive and Legislative Councils (im Oktober 1986 umbenannt in OMELCO)
WTO	World Trade Organization
ZK	Zentralkomitee

Anmerkungen

Hongkong Transit

1 1993 wanderten 53 000 Personen, 1994 aber bereits wieder 62 000 aus. Diese Schätzungen basieren auf der Zahl der in Hongkong ausgestellten Einwanderungsvisa. In anderen Ländern erteilte Visa sind darin nicht enthalten.

2 Von den zwischen 1982 und 1992 Ausgewanderten sind schätzungsweise 12 Prozent zurückgekehrt. Wie viele von diesen einen ausländischen Paß haben, ist nicht bekannt.

3 Insgesamt wurde damit rund 225 000 Personen die volle britische Staatsbürgerschaft zuerkannt.

4 William Kwong Wai-tim in: *SCMP*, 10. 12. 1992

5 Außer dem in Anmerkung 2 genannten Personenkreis mit britischen Vorzugspässen lebten in Hongkong Anfang 1995 über 400 000 Ausländer sowie eine unbekannte, mit Sicherheit jedoch in die Zigtausende gehende Zahl von Hongkong-Chinesen mit fremder Staatsbürgerschaft. Hinzu kommen Tausende, die dank der unmittelbar nach dem Massaker von Peking liberalisierten Einwanderungsgesetze Singapurs die Aufenthaltsgenehmigung des Stadtstaats bereits in der Tasche haben, ohne deshalb dort wohnen zu müssen. Daß eine Dreiviertelmillion Menschen Hongkong jederzeit verlassen kann, ist also eine durchaus realistische Schätzung.

6 Der Welthandelsorganisation (WTO) zufolge war Hongkong 1994 nach den sieben bedeutendsten Industrieländern der Gruppe der G7-Staaten die achtgrößte Handelsmacht der Welt. Nimmt man die Länder der EU als Einheit, rangiert Hongkong sogar auf Platz fünf. Im selben Jahr betrug Hongkongs Bruttoinlandsprodukt 130,8 Mrd. US-Dollar, das sind pro Kopf 21 800 US-Dollar. Gemessen an der Kaufkraft, war dies das sechsthöchste der Welt – nach Luxemburg, den USA, der Schweiz, den Vereinigten Arabischen Emiraten und Katar.

I. Opium, Tee und Territorien

1 Mexikanische Silberdollars waren damals an der chinesischen Küste ein übliches Zahlungsmittel.

2 zit. nach HSÜ, S. 187 f.

3 zit. nach CAMERON, *Barbarians and Mandarins,* S. 313
4 Chinesische Unze, zwischen 32 und 39 g, auch *tael* genannt (ein malaiisches Wort, das von den Europäern übernommen wurde; vgl. GERNET, S. 352). Als Geldeinheit gab es über 150 verschiedene *tael.*
5 Zum Umkippen der chinesischen Handelsbilanz und zur Entwicklung des Wertes der chinesischen Währung sowie von Gold und Silber vgl. u.a. GERNET, S. 454f., 510f. und *CHC* Bd. 10, Teil I, S. 178, Teil II, S. 404.
6 zit. nach HSÜ, S. 171
7 Opium war in Kisten mit einem Gewicht von etwa 100 *catties* (chin. *jin*) für Malwa (westindisches Opium) oder 120 *catties* für Patna (bengalisches Opium) verpackt. 1 *catty* entspricht 16 *tael.* Bei einem *tael*-Gewicht von 37,78 g wog eine Kiste Patna also 72,54 kg (vgl. HSÜ, S. XXXIII und S. 169).
8 zit. nach HSÜ, S. 180
9 zit. nach COTTRELL, S. 8
10 zit. nach COTTRELL, S. 7
11 zit. nach *The Hong Kong Guide 1893*, Shanghai: Kelly and Walsh 1893; Neudruck: Hongkong, Oxford, New York, Tokyo: Oxford University Press [3]1985, S. 30
12 zit. nach CAMERON, *An Illustrated History of Hong Kong*, S. 30
13 ebd., S. 31
14 ebd., S. 31
15 vgl. SPENCE, »Opium smoking in Ch'ing China«, S. 143–173
16 Absatz 4 der Kabinettsordre vom 20. Oktober 1898, welche die Pachtgebiete uneingeschränkt zu Bestandteilen der Kronkolonie erklärte, hatte die Jurisdiktion über die sogenannte »City of Kowloon« noch China vorbehalten, sofern dies nicht mit den militärischen Erfordernissen der Verteidigung Hongkongs unvereinbar sei.

II. Maggie und die Mandarine

1 Die Labourregierung unter Harold Wilson hatte das ehemalige Colonial (ab 1967: Commonwealth) Office im Foreign Office aufgehen lassen. Die Gouverneure der Kolonien wurden traditionell vom Colonial Office ernannt. Sir Murray MacLehose war der erste vom Außenministerium ernannte Gouverneur Hongkongs. Das Problem der begrenzten Laufzeit des Pachtvertrages für die New Territories hatte erstmals Sir Cecil Clementi 1925 zur Sprache gebracht.
2 zit. nach COTTRELL, S. 89
3 ebd., S. 90
4 ebd., S. 32
5 zit. nach WESLEY-SMITH, S. 163
6 Am 3. März 1971 hatte Zhou Enlai dem britischen Geschäftsträger in Peking klargemacht, der Preis für die Normalisierung der Beziehungen

sei eine Änderung der britischen Haltung in bezug auf die chinesische UN-Mitgliedschaft sowie die Schließung des britischen Konsulats in Taipei (vgl. KISSINGER, *White House Years,* S. 708).

7 zit. nach COTTRELL, S. 33

8 ebd., S. 63

9 ebd., S. 86

10 vgl. THATCHER, S. 259

11 ebd., S. 260

12 ebd., S. 262

13 *The Week in Hongkong,* 27. 9. 1982

14 »I asked the advice of that old China hand, Henry Kissinger: his response was ›don't worry – that's just their way‹. But I was worried and became more so as time passed« (THATCHER, S. 488).

15 ebd., S. 489

16 Xi Zhongxun, Vizepräsident des Nationalen Volkskongresses, erklärte am 19. Mai 1983 einer Delegation »junger Leute« aus Hongkong: »Frau Thatcher ist eine kluge Frau, und wir haben eine hohe Meinung von ihr. Zwar war ihr erster Zug – vergleichen wir es mit einer Partie Schach – falsch, doch dann änderte sie ihre Meinung, und ihr zweiter Zug war richtig« (COTTRELL, S. 106).

17 ebd., S. 111

18 ebd., S. 112

19 Anhänger der KMT (Kuomintang), der Regierungspartei der Republik China auf Taiwan

20 vgl. THATCHER, S. 490

21 zit. nach COTTRELL, S. 133

22 »Er wartete einfach wie ein nasser Sumpf und bot nie jenen festen Boden, den man für ein logisches Argument braucht. Cradocks ganze brillante Logik versank einfach in diesem Sumpf, während Yao selbst einfach wartete, bis die chinesische Haltung ihre Wirkung tat«, bemerkte einmal ein britischer Beobachter im privaten Gespräch (ebd., S. 139).

23 vgl. THATCHER, S. 491

24 zit. nach COTTRELL, S. 149

25 vgl. *FEER,* 7. 6. 1984

26 D. Davies, »An open letter to Sir Geoffrey Howe«, *FEER,* 21. 7. 1984

27 zit. nach COTTRELL, S. 156

28 Zum Treffen mit Deng vgl. COTTRELL, S. 162 f., sowie Emily Lau und Derek Davies, »Suddenly it's summer«, *FEER,* 9. 8. 1984.

29 zit. nach COTTRELL, S. 163. Das Zitat hat eine kuriose Geschichte, denn es findet sich auch auf einem Fächer, den Howe eine Woche vor seiner Reise nach Peking von Hongkongs Großreeder Sir Y. K. Pao erhalten hatte. In einem Interview mit der *SCMP* am 16. September 1985 sollte Sir Y. K. berichten, daß ein »hoher britischer Beamter« ihn gebeten hatte, zwischen Großbritannien und China zu vermitteln, um

vor Howes Besuch »zwei oder drei Punkte« zu klären. Wie britische Beamte Cottrell 1992 sagten, erinnerten sie sich nicht an einen solchen Auftrag, bestätigten jedoch, daß Pao informell Rat und Unterstützung gewährt hatte (vgl. COTTRELL, S. 233).

30 vgl. THATCHER, S. 492

31 Joint Declaration, Annex I, Teil I

32 zit. nach COTTRELL, S. 93

33 Bei ihrem ersten Besuch im April 1977 – damals noch als Oppositionsführerin – war die »Viererbande« bereits verhaftet, Deng Xiaoping aber noch nicht wieder aufgetaucht.

34 vgl. THATCHER, S. 493

35 ebd., S. 494

36 Emily Lau, »A question of semantics«, *FEER,* 23. 8. 1984

37 Absatz 1 der Joint Declaration lautet: »Die Regierung der Volksrepublik China erklärt, daß es das gemeinsame Trachten des gesamten chinesischen Volkes ist, das Gebiet von Hongkong (einschließlich der Insel Hong Kong, Kowloons und der New Territories, in der Folge Hongkong genannt) zurückzuerlangen, und sie hat beschlossen, die Ausübung der Souveränität über Hongkong mit Wirkung vom 1. Juli 1997 wiederaufzunehmen.« Eine Vereinbarung mit den Briten (oder auch nur deren Zustimmung) war offensichtlich nicht nötig. Die britische Regierung erklärt in Absatz 2 lediglich, daß sie Hongkong der Volksrepublik China wiedergeben wird.

III. Die Scherben der kleinen Flasche

1 »election by nomination«, zit. nach: Emily Lau, »Haste makes Waste«, *FEER,* 19. 12. 1985

2 Der englische Originaltext lautet: »The Hong Kong Special Administrative Region will enjoy a high degree of autonomy, except in foreign and defence affairs which are the responsibilities of the Central People's Government.«

3 Die Vereinbarung der *Zentralen Volksregierung und der Lokalen Regierung von Tibet für die friedliche Befreiung Tibets* vom 23. Mai 1951, in der die Rede davon ist, wie die »lokale Regierung« Opfer imperialistischer Intrigen geworden sei und »eine unpatriotische Haltung gegenüber dem Vaterland« eingenommen habe, hatte dem tibetischen Volk Autonomie versprochen und u.a. garantiert, daß die Zentralregierung das bestehende politische System Tibets nicht ändern werde. Peking hat keine einzige Zusage gehalten.

4 Die englische Fassung des betreffenden Absatzes von Artikel 17 lautet: »Laws enacted by the National People's Congress or its Standing Committee, which relate to defence and foreign affairs as well as other laws which give expression to national unity and territorial integrity and which, in accordance with the provisions of this Law, are outside the limits of the high degree of autonomy of the Hong Kong Special Admi-

nistrative Region, shall be applied locally by the government of the Hong Kong Special Administrative Region by way of promulgation or legislation on the directives of the State Council, whenever there is the need to apply any of such laws in the Region.«

5 zit. nach Cheng, Joseph Y. S., »The Basic Law: Messages for Hong Kong People«, in: *The Other Hong Kong Report 1990,* S. 44

6 Emily Lau, »Red cards on the table«, *FEER,* 7. 7. 1988

7 Emily Lau, »The Kowtow Constitution«, *FEER,* 26. 1. 1989

8 *Süddeutsche Zeitung,* 16.–18. 6. 1989. Der Berichterstatter Gerd Kröncke erlebte, wie er schrieb, »nur die Ausläufer dieser Trauer« (sic!).

9 »Spricht auch die Tat gegen ihn, so entschuldigt ihn doch der Erfolg«, schreibt Machiavelli über den Brudermörder Romulus. Allerdings fährt er fort: »[...] nur wer Gewalt braucht, um zu zerstören, und nicht, wer sie braucht, um aufzubauen, verdient Tadel« (*Discorsi,* Buch I, Kapitel 9).

10 *IHT,* 5. 6. 1989. Weiter sagte Frau Thatcher, sie betrachte »diese Ereignisse in Peking mit besonderer Besorgnis wegen unserer Verantwortung für Hongkong«. Die Menschen Hongkongs hätten »angesichts der jüngsten tragischen Ereignisse eine Entschlossenheit gezeigt«, die sie »bewundere«.

IV. Urlaub im Tempel

1 *SCMP,* 19. 5. 1990

2 Es handelte sich um kleinkapitalistische Reformen nach dem Motto: »Bestelle dein eigenes Stückchen Land.«

3 s. S. 59.

4 »The Further Development of Representative Government in Hong Kong«: Das *Green Paper,* am 18. Juli 1984 veröffentlicht, also noch bevor die Briten den Chinesen das Zugeständnis abgerungen hatten, daß der Legislativrat der HKSAR durch Wahlen zu konstituieren und die Exekutive der Legislative rechenschaftspflichtig sei, war allgemeiner gehalten als das *White Paper* vom 21. November 1984, das die Grundlage bildete für die Wahl vom September 1985.

5 Bei diesen ersten Wahlen in der Geschichte Hongkongs wurden je zwölf der insgesamt 56 Abgeordneten des LegCo (Legislative Council, Legislativrat) durch »funktionale Wählerschaften« sowie durch einen »geographische Wahlkreise« repräsentierenden Wahlausschuß (vgl. S. 96) gewählt.

6 Anna Chennault pflegte enge Beziehungen zur Familie Soong und deren berühmtem Schwesterntrio aus Soong Ching-ling, der Frau Sun Yat-sens, Soong May-ling, der Frau Chiang Kai-sheks, und Soong Ai-ling, der Frau des Kuomintang-Finanzministers H. H. Kung (vgl. SALISBURY, S. 309, und SEAGRAVE, hier vor allem zur Rolle von Claire Chennault).

7 *HKS,* 11. 5. 1990

8 *SCMP,* 19. 5. 1990
9 *SCMP,* 22. 5. 1990
10 *RMRB,* 16. 4. 1980
11 XU Jiatun, »Peaceful Development and Progress: Rethink in the Wake of the Low Tide in the World Socialist Movement«, abgedruckt in: *SCMP,* 1. 6. 1992 unter dem Titel: »The best of capitalism can stop the collapse of communism – Lessons to be learned from June 4«
12 *HKS,* 11. 5. 1990
13 Die nachfolgenden Informationen sind zumeist der Buchveröffentlichung der Memoiren Xu Jiatuns mit dem Titel *Xianggang Huiyi Lu* (Hongkong-Memoiren) entnommen. Sie erschienen im Oktober 1993 in Hongkong im taiwanesischen Verlag Lien Ho Pao (United Press). Das Copyright liegt in Taiwan.
14 Damals waren nur zehn Studenten festgenommen worden. Und die waren schon drei Tage später wieder auf freiem Fuß (vgl. HSÜ, S. 504).
15 *FEER,* 12. 5. 1994
16 Diese Bemerkung Dengs wurde erst Ende 1993 bekannt; vgl. *FEER,* 25. 11. 1993
17 s. Anm. 10 in Kap. VII

V. Die Tränen des Herrn Lu

1 Der Vater des 1908 in Tokio geborenen Liao Chengzhi war der engste Vertraute Sun Yat-sens, des Führers der republikanischen Revolution und Gründers der Kuomintang (KMT). Seine Mutter, He Xiangning, war von 1954 bis zu ihrem Tod im Jahr 1972 Vorsitzende des Nationalen Volkskongresses. Liao selbst führte ein bewegtes Leben als Revolutionär. Im Kontext dieses Kapitels ist vor allem seine Tätigkeit als Sekretär des Südchina-Büros des ZK der KP Chinas hervorzuheben, das seine Aktivitäten während des Krieges gegen die Japaner auf die Provinz Guangdong und Hongkong konzentrierte. Von den Nationalisten Chiang Kai-sheks wurde er gleich zweimal inhaftiert: das erste Mal 1932, das zweite Mal 1942 bis 1946. Im September 1980 war er zum Mitglied des Komitees zur Verfassungsänderung ernannt worden. Deutsche Leser mag es interessieren, daß Liao Ende der zwanziger Jahre wegen kommunistischer Propaganda in Hamburg verhaftet und aus Deutschland deportiert worden war.
2 vgl. COTTRELL, S. 59, 75
3 Danny Gittings, »Lu Ping: The Man behind the Mask«, *SCMP,* 18. 10. 1992 (Einzelheiten seines Hongkong-Aufenthalts während der Tätigkeit seines Vaters als Lehrer in der Kronkolonie sind, wie so vieles im Leben Lu Pings, kaum bekannt).
4 »The socialist system and policies shall not be practised in the Hong Kong Special Administrative Region, and the previous capitalist system and way of life shall remain unchanged for 50 years.«

5 »The ultimate aim is the election of all members of the Legislative Council by universal suffrage.«

VI. Taifun-Chris

1 Noch am 21. November 1990 hatte John Major den Gedanken, mit Frau Thatcher zu brechen, weit von sich gewiesen. Am Tag darauf verkündete die Eiserne Lady nach elfjähriger Amtszeit ihren Rücktritt.

2 zit. nach ANDERSON, S. 307

3 ebd., S. 375

4 The Right Honourable Christopher Francis Patten: »The Rt. Hon.« (Der Sehr Ehrenwerte) ist Titel von Earls, Viscounts, Barons, gewisser Kinder von Peers sowie der Mitglieder des »Privy Council«, des britischen Staatsrats.

5 Zwischen Youdes Tod im Dezmber 1986 und dem Antritt Wilsons im April 1987 wurde das Amt von Sir David Akers-Jones verwaltet.

6 Sir Percy Cradock widerspricht in seinen Memoiren dieser Version. Premierminister Major, so Cradock, sei überhaupt nicht verärgert gewesen, sondern höchst zufrieden mit seiner Reise. Schon Margaret Thatcher habe die Absicht gehabt, den Posten des Gouverneurs neu zu besetzen, und zwar mit einem Politiker (CRADOCK, S. 243 f.).

7 Nach den Unterhauswahlen vom Juni 1983 wurde Chris Patten zum Parlamentary Under Secretary of State im Northern Ireland Office ernannt, im September 1985 zum Minister of State im Department of Education and Science, ein Jahr später zum Minister for Overseas Development im Foreign & Commonwealth Office. In dieser Eigenschaft war er auch einmal an Verhandlungen mit China beteiligt. Im Juli 1989 übertrug ihm Margaret Thatcher das Amt des Umweltministers, das er auch im ersten Kabinett Major behielt. Unmittelbar nach Frau Thatchers Sturz im November 1990 wurde Chris Patten Chancellor of the Duchy of Lancaster und Vorsitzender der Konservativen Partei Großbritanniens.

8 Im Zuge derselben Umverteilung von Landsitzen samt dazugehörigen Kabinettstühlen war Christopher Francis Patten Minister für Umweltfragen und Städtebau, John Major Außen- und Douglas Hurd Innenminister geworden.

9 In Annex II, Punkt 6 der Joint Declaration heißt es: »Die Joint Liaison Group wird ein Verbindungs- und kein Machtorgan sein. Sie wird keine Rolle in der Verwaltung Hongkongs oder des Sonderverwaltungsgebiets Hongkong spielen. Auch wird sie keinerlei Rolle als Überwachungsorgan über diese Regierung haben.«

10 Chinesen geben Ausländern gerne chinesische Namen, wobei neben der phonetischen Ähnlichkeit zum Geburtsnamen die Bedeutung der Schriftzeichen eine wichtige Rolle spielt. Die Schriftzeichen von Pattens kantonesischem Namen Pang Ting-hong – in der auf dem Hochchinesischen basierenden Pinyin-Umschrift Peng Dingkang – bedeuten

etwa: »Pang der Standfeste, Wohlhabende und Gesunde« – eine Anspielung auf »Stabilität« und »Prosperität«.

11 THATCHER, S. 261

12 »Governor called to Beijing for October summit«, *SCMP,* 22. 8. 1992

13 Das Konzept des *through train,* d.h. die unveränderte Zusammensetzung des Legislative Council in der Schlußphase der britischen und der Anfangszeit der chinesischen Herrschaft, gilt als Voraussetzung für einen »sanften« Machtwechsel und somit als Garantie für Stabilität und Prosperität Hongkongs in der Zeit des Übergangs.

14 *FEER,* 30. 7. 1993

15 »New Financing Proposals for the Airport and the Airport Railway«, Pressemeldung der Regierung Hongkongs vom 17. 9. 1993

16 Übergriffe chinesischer Patrouillenboote gab es auch weiterhin: 1993 wurden an die fünfzig Schiffe in den Gewässern Hongkongs und Taiwans auf eine Weise aufgebracht, die einem Bericht des Büros der International Maritime Organisation der UNO in Kuala Lumpur zufolge »als Piraterie klassifiziert werden können« (*FEER,* 9. 12. 1993). Zahlreiche Zwischenfälle, an denen zum Teil die chinesische Marine beteiligt gewesen sein soll, ereigneten sich auch in internationalen Gewässern, Hunderte von Kilometern von der chinesischen Küste entfernt (*SCMP,* 18. 3. 1994).

17 Simon T. Davies, »The Private Chris Patten«, in: *Sunday Morning Post Magazine,* 20. 12. 1992

18 KUNGFUTSE, Buch XII, 3 und Buch VIII, 14. Der letztere Spruch des Konfuzius war gegen die Kamarillawirtschaft gerichtet.

19 Bei den ersten Direktwahlen zum LegCo vom 15. September 1991 hatte es neun geographische Wahlkreise mit je zwei Mandaten gegeben. Jeder Wahlberechtigte konnte in seinem Wahlkreis für höchstens zwei Kandidaten stimmen. Die beiden Kandidaten mit den meisten Stimmen erhielten Sitze im Parlament. Nach den Wahlen behaupteten die Verlierer – die konservativen Rechten und die pekingfreundlichen Linken –, dieses Wahlsystem habe die Liberalen – allen voran Martin Lees UDHK – begünstigt. Die schwächeren liberalen Kandidaten hätten nur auf den »Rockschößen« des populäreren Partners den Einzug in den Legislativrat geschafft. Ironischerweise war das System »double seat, double vote« ursprünglich jedoch gerade deshalb gewählt worden, weil man sich davon eine Benachteiligung der Liberalen versprochen hatte.

20 vgl. S. 45. Frau Thatcher hatte damals – im Oktober 1983 – bereits alle Hoffnung aufgegeben, Hongkong in ein selbständiges Territorium zu verwandeln. »Von nun an«, heißt es in ihren Memoiren, »müssen wir uns auf die Fragen der Autonomie und die Erhaltung des bestehenden Rechts-, Wirtschafts- und Sozialsystems nach 1997 konzentrieren« (THATCHER, S. 491).

21 »Ich sehe keinen Grund, warum Ausländer dünnhäutiger sein sollten«,

bemerkte Singapurs Vizepremier als Antwort auf den scharfen Protest der US-Regierung gegen die Verurteilung des achtzehnjährigen Amerikaners Michael Fay wegen Vandalismus – er hatte Autos mit Farbe besprüht und mit Eiern beworfen – zu vier Monaten Gefängnis und sechs Stockhieben mit dem nassen Rattanrohr (*FEER*, 24. 3. 1994). Auf Präsident Clintons Gnadengesuch hin wurde die Strafe auf vier Schläge reduziert. In Singapur, wo die Prügelstrafe einst von den Briten eingeführt worden war, herrscht eben noch Zucht und Ordnung. Danach schnüffelte der junge Mann aus Ohio Butangas – um das schreckliche Erlebnis zu vergessen, wie er sagt.

22 THATCHER, S. 853

23 Danny Gittings, »Patten's praise for Lu: ignorance or strategy?«, *SCMP*, 18. 10. 1992

24 s. S. 52

25 vgl. COTTRELL, S. 103; s. S. 46

26 vgl. COTTRELL, S. 157; s. S. 49

27 *Green Paper:* »The Further Development of Representative Government in Hong Kong«, 18. Juli 1984; *White Paper:* »The Further Development of Representative Government in Hong Kong«, 21. November 1984

28 s. S. 56

29 Lu Ping behauptete, London und Peking hätten sich geeinigt, daß der Wahlausschuß aus 800 Personen unterschiedlicher Berufsstände zu bilden sei. Pattens Vorschlag für die Zusammensetzung des Election Committee s. S. 115.

30 *Green Paper:* »The 1987 Review of Developments in Representative Government«, Government Printer, 27. Mai 1987; *White Paper:* »The Development of Representative Government: The Way Forward«, Hong Kong: Government Printer, 10. Februar 1988

31 s. S. 50

32 Shens Verhaftung am 1. September, nur vier Wochen nach seiner Rückkehr aus den USA, wohin er unmittelbar nach dem Massaker vom 4. Juni 1989 geflohen war, hatte die Spannungen zwischen China und den USA über Menschenrechtsfragen weiter verschärft: 74 US-Senatoren einschließlich Vizepräsidentschaftskandidat Al Gore hatten in einem Brief an Ministerpräsident Li Peng die Freilassung Shens und zweier seiner Mitstreiter gefordert. Da er während der Haft seine regierungsfeindliche Tätigkeit gestanden und Zeichen der Reue gezeigt habe, meldete Xinhua, habe man ihm erlaubt, das Land zu verlassen und seine Studien in Amerika fortzusetzen.

33 Nicht nur Leung Wai-man wurde verhaftet. Für die Weitergabe des Textes der Rede an den *Express* erhielt der junge chinesische Redakteur Wu Shishen »lebenslänglich« (s. S. 210).

34 Patten nannte den Kurssturz eine »technische Korrektur«. Am nächsten Tag kletterte der Index prompt wieder um 155 Punkte. Die Woche sollte gar mit einem Gewinn von 73 Zählern enden.

35 Das Zitat lautet im Original: »I agree in principle with the arrangements which you propose for an Electoral Committee, which could be established in 1995. The precise details can be discussed in due course. I hope that the five principles which you have agreed can be reflected in the Basic Law.« Zu den fünf Prinzipien, mit denen sich Chinas Außenminister einverstanden erklärt hatte, zählte auch, daß die Abstimmung des Wahlausschusses geheim sein sollte. Eine solche Bestimmung findet sich im Basic Law allerdings nicht.

36 s. S. 57 f.

37 Wie am 1. November 1992 im Sonntagsblatt der *South China Morning Post* zu lesen war,
- kannten Patten 97 Prozent der Befragten, nur 67 Prozent hingegen Zhu Senlin, den Gouverneur der Provinz Guangdong;
- hatten 61 Prozent eine positive Meinung von Patten, jedoch nur 47 Prozent von Zhu; umgekehrt äußerten sich 22 Prozent negativ über Patten, aber nur 3 Prozent über Zhu, den zu beurteilen die meisten sich allerdings geweigert hatten;
- erwarteten 68 Prozent für Hongkong eine Verbesserung nach 1997, 22 Prozent keine Veränderung und 10 Prozent eine Verschlechterung;
- glaubten 54 Prozent, Pattens Pläne seien gut für Hongkong, 46 Prozent hielten sie für schlecht;
- sprachen sich 77 Prozent für eine Verhandlungslösung im Streit um die demokratischen Reformen aus, während 10 Prozent meinten, sie sollten auch ohne Zustimmung Chinas verwirklicht werden, und bloß 5 Prozent glaubten, Patten solle sich den Forderungen Pekings beugen;
- hätten 44 Prozent gerne einen Mann wie Patten als Oberhaupt ihrer Stadt, wenngleich eine Mehrheit von 54 dagegen war.

38 Sir Gordons Nachfolger war der Chairman der HongkongBank, William Purves.

39 Die einzige politische Gruppierung in Hongkong, die man bereits als ausgewachsene Partei bezeichnen konnte, waren die liberalen United Democrats of Hong Kong (UDHK) mit ihrem Vorsitzenden Martin Lee Chu-ming. Daneben gab es das konservative Cooperative Resources Centre (CRC), die einen Tag nach Chris Pattens Ankunft in Hongkong gegründete pekingtreue Partei Democratic Alliance for Betterment of Hong Kong (DABHK), die New Hong Kong Alliance (NHKA) und die Liberal Democratic Federation (LDF) – beide ebenfalls pro Peking – sowie die Business and Professional Federation (BPF). Letztere entschied Ende 1992, sich nicht als politische Partei zu formieren. Eine weitere liberale Gruppe, Meeting Point (MP), hatte sich bereits am 13. September 1992 als Partei konstituiert. Weitere liberale Gruppierungen waren die Hong Kong Democratic Foundation (HKDF) sowie die Hong Kong Association for Democracy and Peo-

ple's Livelihood (HKADPL), die sich bis zu den LegCo-Wahlen 1995 zur Partei mausern wollte. (Eine kurze Übersicht über die Entwicklung der politischen Gruppierungen und Parteien in den ersten Monaten der Regierung Patten bietet Frank Ching, »Politics, Politicians and Political Parties«, in: *The Other Hong Kong Report 1993,* S. 22–37).

40 Die im April 1990 gegründeten UDHK – die erste politische Partei Hongkongs – waren als die großen Sieger aus den LegCo-Wahlen vom 15. September 1991 hervorgegangen: Von den 18 Direktmandaten der geographischen Wahlkreise hatten sie 12 gewonnen (vgl. S. 98). Hinzu kamen zwei weitere LegCo-Sitze durch funktionale Wählerschaften.

41 zit. nach Jonathan Mirsky, »The Battle for Hong Kong«, *The New York Review,* 10. 3. 1994

42 vgl. S. 118

43 Sichuan ist die Heimatprovinz von Deng Xiaoping.

44 Die Australische Botschaft in Peking reagierte sofort. Australien, hob Botschaftssprecher Grant Thompson hervor, habe 2 Milliarden US-Dollar in Hongkong investiert, und es gebe ein ausgedehntes Netz familiärer Beziehungen mit dem Territorium.

45 s. S. 104

46 s. S. 104

47 George Bush war 1974 Leiter des US-Verbindungsbüros in Peking. Im Augenblick jedoch war China wütend über Bushs Genehmigung des Verkaufs von Kampfflugzeugen an Taiwan.

VII. Hongkong-Yo-Yo

1 Zhu Rongji war zuvor nicht einmal Vollmitglied des ZK gewesen. Die anderen Mitglieder des Ständigen Komitees des Politbüros der KP, des innersten Zentrums der Macht, waren seit dem 14. Parteitag Ministerpräsident Li Peng (64), KP-Generalsekretär Jiang Zemin (66), Propagandachef Li Ruihan (58), General Liu Huaqing (76), Geheimdienstschef, Qiao Shi (68) und Organisationschef Hu Jintao (50).

2 Die Bemerkung war Teil einer Antwort Zhus auf die Frage eines Reporters, nicht Teil einer Rede. Zhu sprach englisch.

3 In Zhongnanhai (Mittel- und Süd-See), einem Teil der Verbotenen Stadt im Herzen Pekings, residiert Chinas Politprominenz.

4 s. S. 39; vgl. THATCHER, S. 262

5 s. S. 122

6 Hong Kong Polling and Business Research hatte die Umfrage durchgeführt. Eine Umfrage des Social Science Research Centre ergab eine geringere Abnahme der Unterstützung Pattens.

7 s. S. 129

8 Die beiden Unternehmen waren Tsing Yi Container Terminal Consortium und Hongkong International Terminals. HIT, das zu Li Ka-shings Hutchison-Gruppe gehört, sollte vierzehn Tage später verkünden, es erwäge den Ausstieg aus dem Projekt. Das Unternehmen, bereits mit

1,4 Milliarden HK-Dollar an der Modernisierung und am Ausbau der drei Container-Terminals in Shanghai beteiligt, dachte über weitere Hafenprojekte in China nach. CT9 sei womöglich seinen Preis nicht wert, hieß es auf einmal.

9 In der Joint Declaration war die Joint Liaison Group ausdrücklich als Verbindungs- und nicht als Machtorgan definiert; s. S. 51

10 »Wir können keine Konzessionen machen«, verriet eine chinesische Quelle in Hongkong. »Diese harte Linie wurde von Deng Xiaoping eingeschlagen, und niemand kann seine Entscheidung umstoßen. Nur Deng Xiaoping selbst kann die Situation ändern, weil er gesprochen hat« (*FEER,* 17. 12. 1992). Von den »Acht Unsterblichen« – eine Anspielung auf die acht Unsterblichen des Daoismus – aus der Zeit des Langen Marsches lebten außer Deng Xiaoping noch Chen Yun, Wang Zhen, Bo Yibo, Peng Zhen und Yang Shangkun. Li Xiannian und Zhou Enlais Witwe Deng Yingchao waren im Laufe des Jahres 1992 gestorben. Die »Acht Unsterblichen« hatten sich nach dem Tiananmen-Massaker von 1989 zu einem fragilen Bündnis zusammengetan, um hinter den Kulissen die Kontrolle über Partei und Staat auszuüben.

11 Auf dem 14. Parteitag der KP hatte Präsident Yang Shangkun, einer der ältesten Waffenbrüder Dengs, seinen Posten als Erster Vizevorsitzender der Zentralen Militärkommission verloren. Sein Halbbruder Yang Baibing hatte gleich drei Positionen räumen müssen: die des Generalsekretärs der Zentralen Militärkommission, die des Obersten Politkommissars und die Mitgliedschaft im Sekretariat des Zentralkomitees. Die Kaltstellung des Yang-Clans war einer der größten Coups Dengs, der den Verdacht hegte, die Yangs könnten nach seinem Tod die Macht an sich reißen.

12 Damit lag der Hang-Seng-Index zwar 572 Zähler unter den 5550 Punkten unmittelbar vor Pattens Rede am Morgen des 7. Oktober, aber immer noch über der Marke von 4300, mit der er das Jahr 1992 begonnen hatte.

13 100 Punkte bedeuteten bedingungslose Unterstützung Pattens, 0 Punkte radikale Ablehnung, 50 Punkte eine neutrale Haltung (vgl. Chung, Robert T. Y., »Public Opinion«, in: *The Other Hong Kong Report 1993,* S. 401–423).

14 Treibende Kraft hinter dem Protest der Makler gegen Pattens Vorschläge war PW Asia. Mehrheitseigner der erst Ende Oktober gegründeten Maklerfirma waren Ye Xinfu, der älteste Sohn Ye Xuanpings, des ehemaligen Gouverneurs der Provinz Guangdong, und sein Neffe Ye Ming. Ye Xuanping, Mitglied des gerade neu gewählten Zentralkomitees der KP Chinas, ist wiederum ein Sohn des berühmten Marschalls Ye Jianying (vgl. BARTKE, *Die großen Chinesen der Gegenwart,* S. 274 ff.) – ein klassisches Beispiel für *guanxi,* d.h. Beziehungen. Ye Xuanping ist ein alter Freund von Xu Jiatun, des seit Mai 1990 in Kali-

fornien lebenden Dauerurlaubers und ehemaligen Leiters des Xinhua-Büros in Hongkong (s. S. 69 und 76).

15 Auf einer Liste mit den Namen von 500 Börsenmaklern und Bankern, die am 14. Dezember in mehreren Zeitungen erschien, fanden sich zu ihrer Verwunderung auch Michael Mak und 27 andere Mitarbeiter einer britischen Handelsbank. Sie hatten die Anzeige, in der Patten des Bruchs der sino-britischen Vereinbarungen beschuldigt wurde, nicht unterschrieben. Tatsächlich konnte William Kwong Wai-tim, einer der Hauptakteure der Kampagne, nicht bestätigen, daß alle Namen im Einverständnis mit den Namensträgern veröffentlicht worden waren. Aber das spiele keine Rolle, meinte er, denn »zwanzig Namen mehr oder weniger« machten das Kraut nicht fett. Vielleicht hätten ja zwanzig andere Leute gleichen Namens unterzeichnet. Ähnlich argumentierte Chim. Wichtig sei die Botschaft an Mr. Patten, nicht die Zahl der Unterzeichner (*SCMP*, 15. 12. 1992).

16 s. S. 120

17 s. S. 48; THATCHER, S. 488

18 Als Stellvertretende Vorsitzende der HongkongBank, Direktorin des schwedischen Automobilkonzerns Volvo, Präsidentin von Caroll Reed International mit Sitz in den USA, Vorsitzende des Lord Wilson Heritage Trust und Aufsichtsratsmitglied von Swire Pacific hat Lydia Dunn – einschließlich Tochtergesellschaften und angegliederten Firmen – hatte sie Einfluß auf weltweit rund 2000 Unternehmen. Verheiratet ist Lady Dunn mit Michael D. Thomas, bis 1988 als Attorney General (Generalstaatsanwalt und Justizminister Hongkongs in einem) ebenfalls Mitglied des Executive Council.

19 Von Amts wegen – *ex officio* – gehörten dem Exekutivrat an der Chief Secretary (Chefminister), der Commander British Forces (Kommandeur der britischen Streitkräfte), der Financial Secretary (Finanzminister) und der Attorney General (Justizminister und Generalstaatsanwalt in einem). Zu diesen vier kamen zehn weitere, vom Gouverneur ernannte Mitglieder, von denen der Secretary for the Civil Service (Minister für Zivilverwaltung) als *official,* die anderen neun als *unofficial* bezeichnet wurden.

20 Barrie Wiggham sollte seinen Platz im ExCo nach 31 Jahren in Regierungsdiensten Anfang 1993 räumen. Er sollte Leiter von Hongkongs Wirtschafts- und Handelsbüro in Washington werden, also neuer »Botschafter« Hongkongs in den USA. Der Commander British Forces war seit 1844 *ex officio* Mitglied des ExCo, bis 1902 sogar Stellvertreter des Gouverneurs. Seine Entfernung aus dem Zentrum der Macht war ein geschickter Schachzug. Er verhindert, daß der künftige Kommandeur der Garnison der Volksbefreiungsarmee in der HKSAR den angestammten Platz seines britischen Vorgängers einfach wird übernehmen können. Da die Streichung des Sitzes einer Änderung der Royal Instructions bedurfte, blieb Generalmajor Foley

bis zum 19. Februar 1993 *de jure* im Kabinett, nahm aber an keinen Sitzungen mehr teil.

21 OMELCO hatte gefordert, daß bis 1997 die Hälfte der Sitze im LegCo in Direktmandate umgewandelt werden sollten.

22 Zur »diplomatischen Korrespondenz« s. S. 126.

23 Wie erst später bekannt wurde, hatte auch Patten seine LegCo-Rede vom 7. Oktober 24 Stunden zuvor mit Lady Thatcher besprochen.

24 Lady Thatcher, »Why we are not going to let Hongkong down«, *SCMP*, 20. 12. 1992

25 s. S. 140

26 In Annex II, Absatz I der Joint Declaration heißt es wörtlich: »After the establishment of the Hong Kong Special Administrative Region, the laws previously in force in Hong Kong (i. e. the common law, rules of equity, ordinances, subordinate legislation and customary law) shall be maintained, save for any that contravene the Basic Law and subject to any amendment by the Hong Kong Special Administrative Region legislature.«

27 Frau Thatcher auf ihrer Pressekonferenz vom 26. 9. 1992 in Hongkong; s. S. 53, vgl. COTTRELL, S. 93f.

28 Die fünfzehn Unternehmensgruppen sind CITIC, China Merchants Holdings, China Resources, China Travel Services, Shougang (Holdings) Co. Ltd., China National Nonferrous Metal Industry Corporation, China Everbright, China State Construction Engineering Corporation, China Aerospace Industry Corporation, CEROILFOOD, China Venturetech, Petroleum-related Companies, Guangdong Enterprises (Holdings) Ltd., Yuer Xiu und Fujian Investment & Enterprise Corporation.

29 Die neun staatseigenen Unternehmen waren Shanghai Petrochemicals, Tsingtao Brewery, Guangzhou Shipyard, Beiren Printing Machinery, Maanshan Iron and Steel, Dongfang Electric Co., Tianjin Bohai Chemicals, Yiangsu Yizheng Chemical Fibre und Kunming Machine Tool.

30 s. Anm. 14

31 XU, S. 82 f. u. 267

32 Die beiden chinesischen Zeichen für *gui xi* bedeuten einzeln »zurückgehen« und »Westen«, zusammen bedeuten sie »sterben«.

33 Zu den mächtigen britischen Unternehmen oder *hongs,* die Hongkongs Wirtschaft und Politik dominierten, zählen vor allem The Hongkong and Shanghai Banking Corporation, Jardine Matheson und Swire and Sons.

34 s. S. 20

35 39 Prozent der Befragten erklärten, ihre Meinung über die Reformvorschläge sei seit dem 7. Oktober unverändert, 38 Prozent sagten, sie habe sich verschlechtert, und 12 Prozent gaben an, sie habe sich verbessert. Zur Umfrage vom 8. Oktober s. S. 116.

36 s. S. 95 f.

37 s. S. 103

38 *The Mirror,* 28. 1. 1993

39 der »fette Pang«; zu Pattens chinesischem Namen s. S. 101

40 Am 23. Januar 1992 hatte China verkündet, man plane, örtliche »Berater in Hongkong-Angelegenheiten« zu ernennen, denen dann am 11. März in Peking feierlich ihre roten Ernennungsurkunden mit Goldprägung überreicht wurden. Zu ihren Aufgaben gehöre es, hatte Li Peng ihnen erklärt, Hongkongs Bevölkerung Pekings Politik zu erläutern, um das gegenseitige Verständnis zu erleichtern. Sprecher der chinesischen Regierung stritten ab, daß es sich bei dem Gremium um ein zweites Machtzentrum als Gegengewicht zum Legislative Council handele. Gouverneur Wilson hatte damals säuerlich auf die Ernennungen reagiert, aber keine prinzipiellen Bedenken angemeldet.

41 s. S. 141

42 s. S. 107

43 s. S. 138

44 s. S. 99

45 In der Einleitung zur Joint Declaration heißt es auf Seite 3: »Der Gouverneur von Hongkong nahm an jeder Runde der formellen Gespräche als Mitglied der britischen Delegation teil.« Auch an den Sitzungen der Joint Liaison Group waren Vertreter Hongkongs stets gleichberechtigte Verhandlungspartner. Zudem hatte Michael Sze Cho-cheung, Hongkongs Minister für Verfassungsfragen, auf Betreiben Pattens Ende September 1992 an den Gesprächen der Außenminister Hurd und Qian in New York teilgenommen (s. S. 108).

46 s. S. 48

47 s. S. 51 und Anm. 9 in Kapitel VI

48 s. S. 99

49 Bei diesen »morning prayers«, der täglichen Lagebesprechung Pattens mit seinen engsten Mitarbeitern im Government House, waren auch der Minister für Verfassungsfragen Michael Sze Cho-cheung und sein Stellvertreter Peter Lai Hing-ling zugegen, deren Status als Vertreter Hongkongs die Gespräche über Gespräche hatten platzen lassen.

50 Die Bezeichnung war früher ausschließlich Erzfeinden der Volksrepublik China wie Chiang Kai-shek vorbehalten.

51 Allen Lee – »viele haben Liberalismus mit Demokratie verwechselt« – berief sich in einem gelehrten Aufsatz »Why we are the true liberals of Hongkong« (*SMP,* 4. 4. 1993) vor allem auf J. J. Rousseau und Voltaire, welche die Demokratie »als Beginn der Herrschaft des Mobs fürchteten«. Die Ideen John Lockes, der dem König die Souveränität ab- und dem Volk zugesprochen habe, das im Besitz unveräußerlicher Bürgerrechte sei, bildeten zwar die Grundlage der Verfassung der USA, doch ignorierten viele »selbsternannte Progressive« Hongkongs, daß die Idee der wirtschaftlichen Freiheit ebenso wichtig sei. Schließlich zitierte er Montesquieu mit den Worten: »[Gesetze] sollten dem Volk angepaßt

werden, für das sie geschaffen werden.« Fazit: Für Chinesen eignet sich nur eine »Demokratie mit chinesischen Merkmalen« – eben das, was Li Ruihan, Mitglied des Ständigen Komitees des ZK, in seinem Angriff auf westliche politische Ideen und »bourgeoisen Liberalismus« vertrat. Am 31. 3. 1994 ging das Cooperative Resources Centre (CRC) offiziell in der neugegründeten Liberal Party auf.

52 Das erste Mal war die Verkündung seiner Reformvorschläge in seiner Rede im Legislative Council am 7. Oktober 1992.

53 s. S. 158 und Anm. 40

54 s. S. 131 und Anm. 6 in Kapitel VI

55 s. S. 158

56 Die Investitionen aus Hongkong, Macao und Taiwan in der VR China haben inzwischen einen Anteil von 81 Prozent am gesamten ausländischen Investitionsvolumen erreicht, wobei der Löwenanteil mit rund 63 Prozent aus Hongkong kommt (*The Nineties,* April 1994).

57 »Bekanntlich war Hongkong während der letzten 150 Jahre britischer Herrschaft unter der Diktatur eines Gouverneurs. Wir dagegen sind sehr dafür, in Hongkong Demokratie einzuführen. Wir wollten es aber allmählich und unter Berücksichtigung des historischen Hintergrunds des Territoriums tun«, schrieb Zhou Nan in der *Sunday Morning Post* vom 11. 4. 1993, wo er erklärte, »Why Patten proposals are complete breach of faith«. Als Kronzeugen führte er Lord MacLehose, Sir Edward Heath, Sir Percy Cradock und den ehemaligen Generalstaatsanwalt Lord Shawcross ins Feld.

58 Eine detaillierte Darstellung der Bemühungen um konstitutionelle Reformen bietet Steve Tsang Yui-sang in seinem Buch *Democracy Shelved: Great Britain, China, and Attempts at Constitutional Reform in Hong Kong, 1945–1952,* Hong Kong, Oxford, New York: Oxford University Press 1988.

59 ExCo-Mitglied Rosanna Wong Yick-ming wich der Frage, ob die Gesprächsteilnehmer aus Hongkong Vollmitglieder des britischen Teams seien, aus, indem sie lediglich sagte, sie hätten denselben Status wie in früheren Verhandlungen.

60 vgl. S. 41

61 s. S. 152

62 FAIRBANK, *The United States and China,* S. 169 und 315; vgl. *CHC* Vol. 10, Part I, sowie John K. Fairbank, »The early treaty system in the Chinese world order«, in: FAIRBANK (Hg.), *The Chinese world order;* zum Vertrag von Humen (zu deutsch »Tigermaul«, in der englischen Literatur »The Bogue« oder »Bocca Tigris«), s. auch S. 25

63 s. S. 123

64 s. S. 111. Zuvor hatten die Chinesen den Gouverneur monatelang angegriffen, weil er vor der Ankündigung seines Hilfsprogramms für die »sandwich class« nicht die sino-britische Bodenkommission zu Rate gezogen hatte.

65 Als offizieller Grund dafür, daß Lady Thatcher vom 5. bis 7. September 1992 nicht in der Upper Albert Road nächtigte, war genannt worden, im Government House sei kein Platz, da Alastair Goodlad und Patten-Tochter Kate gerade da waren.

66 s. S. 146 f.

67 »Very, very briefly. We met, we exchanged views. We are very pleased that talks have started again and we hope they will come to a successful conclusion.«

68 Die Honorare, die Lady Thatcher als Gastrednerin verlangt, sind ein streng gehütetes Geheimnis. Der *Sunday Morning Post* zufolge kostet eine vierzigminütige Ansprache mit anschließendem kurzen Empfang jedoch rund 1,5 Millionen HK-Dollar (knapp 200 000 US-Dollar). Hinzu kommen wahrlich königliche Nebenkosten und Aufwandsentschädigungen (»Maggie talks her way to a fortune«, *SMP*, 6. 9. 1992).

69 s. S. 95 f.

VIII. Tick, tock, goes the clock

1 s. S. 122, 124, 126

2 s. S. 107

3 Das im September 1991 unterzeichnete MoU (s. S. 95 f.) verlangte die ausdrückliche Zustimmung Chinas, sollte die Schuldenaufnahme durch die Regierung von Hongkong 5 Milliarden HK-Dollar überschreiten und die Rückzahlung des Gesamtbetrages nach dem 30. Juni 1997 erfolgen. Was fehlte, war eine Bestimmung, für welche Schulden dies galt. So vertrat die britische Seite die Auffassung, Kredite von Hongkongs S-Bahn-Gesellschaft (Mass Transit Railway Corporation, MTRC) und der Provisorischen Flughafenverwaltung seien in diesem Limit nicht enthalten. Das Gegenargument der Chinesen: Eigentümerin beider Institutionen sei die Regierung.

4 »Gut informierte Kreise« in Peking zitierend, berichtete die chinafreundliche Zeitschrift, Deng habe gesagt: »Die Briten wollen politischen Ärger machen, bevor sie sich aus Hongkong zurückziehen. Das zeigt, daß die Briten Hongkong nicht wirklich an uns übergeben wollten.« An der Sitzung Anfang Mai soll neben KP-Generalsekretär Jiang Zemin, Vizepremier Zhu Rongji, Vizepremier und Außenminister Qian Qichen auch Lu Ping teilgenommen haben.

5 s. S. 65

6 Sulke hatte die Rede vor dem australischen Komitee des Pacific Basin Economic Council in Perth gehalten (*SMP*, 8. 5. 1993).

7 s. S. 166

8 Es handelt sich um die beiden Gruppen von Hongkong-Prominenz, deren erste (44) im März 1992 und deren zweite (49) im März 1993 ernannt worden war (s. S. 166 und Kapitel 7, Anm. 40). Von den 30 Vertretern Hongkongs im PWC zählten nur drei nicht bereits zur Beratergruppe.

9 s. S. 49; The Honourable Sir S. Y. Chung, CBE, JP gehörte bereits zu der ersten von Peking ernannten Gruppe von Beratern in Hongkong-Angelegenheiten.

10 s. S. 113, 147

11 An der Sitzung unter Vorsitz von Premierminister John Major hatten außer Patten und Außenminister Hurd auch Übersee-Entwicklungsministerin Dame Lynda Charkler, Innenminister Michael Howard, der Führer des Unterhauses Anthony Newton, Staatsminister für Hongkong-Angelegenheiten Alastair Goodlad, Botschafter Sir Robin McLaren sowie – in Vertretung von Verteidigungsminister Malcolm Rifkind – der Staatsminister im Verteidigungsministerium Jeremy Hanley teilgenommen.

12 s. S. 155, 163; die beiden Außenminister hatten sich das letzte Mal im September 1992 in New York getroffen, wo Hurd Qian vorab über Pattens Reformvorschläge informierte.

13 *FEER,* 18. 4. 1994; Hurd war vom 2. bis 8. April 1991 in Peking.

14 s. S. 95 f.

15 *SCMP,* 6. 7. 1994

16 *SMP,* 4. 7. 1993

17 Neben dem doppelten Mietzins für wohlhabende Mieter in Sozialwohnungen hatte die Entscheidung, die »Staatsbürgerschaft Abhängiger Britischer Gebiete« (British Dependent Territories Citizenship, BDTC) durch den Status »Britische Übersee-Nationalität« (British National [Overseas], BNO) zu ersetzen, die Wogen der Empörung hochgehen lassen. Die Frage der Staatsbürgerschaft und/oder Nationalität ist einer der moralisch fragwürdigsten Aspekte der britischen Hongkong-Politik, seit die meisten Bürger Hongkongs 1962 durch den Commonwealth Immigration Act das Aufenthaltsrecht in Großbritannien verloren haben.

18 Mit seinen 65 Punkten lag Martin Lee aber noch immer hinter den 67,4 Punkten von Emily Lau, die es schon in ihren Journalistentagen nie an demokratischem Engagement hatte fehlen lassen. Gefolgt wurde Martin Lee mit ebenfalls über 60 Punkten vor Lau Chin-shek, Yeung Sum und Szeto Wah – alle drei Abgeordnete der United Democrats of Hongkong. Vor ihnen rangierte auf der Liste der beliebtesten LegCo-Mitglieder mit 70,3 Punkten nur noch Elsie Tu, mit achtzig Jahren ältestes Mitglied und Vizepräsidentin des Legislativrats. Ihr Rat im Streit um Pattens Demokratisierungspläne: »Half a loaf is better than no bread.« (Besser den Spatz in der Hand als die Taube auf dem Dach.)

19 Zu Gruppenleitern wurden folgende Vertreter Chinas (1) und Hongkongs (2) erhoben: Xiao Weiyun und Leung Chun-ying (politische Angelegenheiten), Wang Shuwen und Rita Fan Hsu Lai-tai (Recht und Ordnung), Wu Jianfan und Raymond Wu Wai-yung (Kultur und Bildung), Gao Shangquan und Nellie Fong Wong Kut-man (Wirtschaft) sowie Shao Tianren und Simon Li Fook-sean (Rechtsfragen). Simon Li

war wie Henry Fok und Ann Tse-kai zugleich einer der Stellvertretenden Vorsitzenden der Politischen Konsultativkonferenz des Chinesischen Volkes. Ann Tse-Kai, bereits Stellvertretender Vorsitzender des BLDC, war im Dezember 1985 auch zum Vorsitzenden des BLCC »gewählt« worden (s. S. 58).

20 Keine anderen chinesischen Unternehmen in Hongkong hatten den Zorn der Bevölkerung so zu spüren bekommen wie die aus dreizehn Banken in Hongkong und einer in Macao bestehenden Gruppe der Bank of China: In den ersten beiden Tagen nach dem Massaker waren zwischen 8 und 12 Milliarden HK-Dollar auf Konten und in Fonds anderer Geldinstitute Hongkongs geflossen. Auch ein paar ausländische Banken profitierten von der unverhofften Springflut an Cash.

21 Der Kern des wie voll aufgeklärten Skandals ist rasch erzählt: Ein bankrotter Singapurer borgt sich von Malaysias Staatsbank Bumiputra riesige Summen, die er in Hongkongs Immobilienmarkt investiert. Als der Markt Anfang der achtziger Jahren zusammenbricht, zeigt sich, daß das Imperium der 1979 gegründeten Carrian Group auf Sand gebaut war. Bei ihrem Zusammenbruch 1983 schuldete sie einer Reihe von Banken auf vier Kontinenten über eine Milliarde US-Dollar. Hongkongs bisher größter und spektakulärster Finanzskandal war, nachdem er zehn Jahre die Gerichte beschäftigt hatte, am 25. Juni 1993 zu einem unbefriedigenden Ende gekommen: Der malaysische Bankier Lorrain Osman hatte sich immerhin eines von über dreißig Betrugs- und Korruptionsvorwürfen schuldig bekannt.

22 s. S. 64

23 Um die chinesische Übersetzung der beiden Begriffe war es in den letzten Jahren zum Streit gekommen, denn die traditionelle kantonesische Übersetzung *dai lut si* (wörtlich: großer Anwalt) für *barrister* und *sai lut si* (kleiner Anwalt) für *solicitor* empfanden letztere als degradierend. Am Ende wurde die alte Terminologie aber doch beibehalten.

24 Der englische Text von Artikel 14 der Hong Kong Bill of Rights lautet: »No one shall be subjected to arbitrary or unlawful interference with his privacy, home or correspondence, nor to unlawful attacks on his honour and reputation. Everyone has the right to the protection of the law against such interference or attacks.«

25 Die Anzeige war geschaltet worden von Eric Ho-Tung, dem Gründer und Vorsitzenden des Hotung Institute for International Studies, 6 Black's Link, Hongkong. Der englische Text lautet: »Power does not come / out of the muzzle of a gun / It comes from the will / of the people / The people of Hong Kong need their / Bill of Rights NOW« (zit. nach Nihal Jayawickrama, »The Bill of Rights«, in: WACKS, *Human Rights in Hong Kong,* S. 70).

26 »Eine Bill of Rights«, schreibt Nihal Jayawickrama, »ist vermutlich kein ausreichend wirksames Instrument für den Schutz der bürgerlichen Freiheiten, wenn sie nicht verankert (*entrenched*) ist. Sie muß

nicht nur für die Legislative bindend sein, sondern ihre Bestimmungen müssen auch unabänderlich sein außer durch eine besondere Mehrheit oder durch ein besonderes Verfahren« (Nihal Jayawickrama, »Protecting Civil Liberties«, in: WACKS, *The Future of the Law in Hong Kong,* S. 161).

27 Der elfköpfige Ausschuß hatte Hongkong im April 1989 besucht, zur selben Zeit, als die Studentendemonstrationen für demokratische Reformen auf dem Platz des Himmlischen Friedens in der Bevölkerung zunehmend Unterstützung fanden. Beunruhigt über die immer lauter werdenden Rufe nach einem Wohnrecht in Großbritannien für die rund 3,25 Millionen britischen Untertanen in Hongkong, hatte der Ausschuß zudem empfohlen, die Sitze im Legislative Council 1991 zur Hälfte und 1995 vollständig in Direktmandate umzuwandeln. Die von Lydia Dunn in London vorgetragene Forderung des OMELCO, bis 1997 die Hälfte der Abgeordneten wählen zu lassen, hatte er als ungenügend zurückgewiesen (s. S. 148).

28 Simon F. S. Li, »Some Thoughts on Rights under the Basic Law«, Rede gehalten am 30. 10. 1986 in der Chinese University of Hong Kong (zit. nach Nihal Jayawickrama, »The Bill of Rights«, in: WACKS, *Human Rights in Hong Kong,* S. 66).

29 *HKS,* 20. 12. 1989

30 Nihal Jayawickrama, »The Bill of Rights«, in: WACKS, *Human Rights in Hong Kong,* S. 74

31 zit. nach McGURN, *Basic Law, Basic Questions,* S. 114

32 Das Fehlen einer geschriebenen Verfassung und das Festhalten an der reinen Lehre von der absoluten Souveränität des Parlaments haben den Erlaß einer Bill of Rights im Vereinigten Königreich bislang verhindert. Die Bewohner der Britischen Inseln können daher die Menschenrechte vor keinem Gericht ihres Landes einklagen. Einklagbar sind sie für Briten durch die Ratifizierung der Europäischen Menschenrechtskonvention durch Großbritannien nur beim Europäischen Gerichtshof für Menschenrechte.

33 Im *Völkischen Beobachter* hätte natürlich »deutsch« gestanden statt »chinesisch« und »jüdisch« statt »westlich«. Was Cecil Rhodes betrifft, so hatte dieser einmal geschrieben: »Ich behaupte, daß wir [die Engländer] die erste Rasse der Welt sind und daß es um so besser für die Menschheit ist, je mehr wir von der Welt bewohnen.«

34 s. S. 66. In dem Artikel »Die Fünfte Modernisierung«, erschienen im Januar 1979 in der ersten Nummer der von ihm gegründeten Zeitschrift *Tansuo* (»Untersuchungen«), hatte Wei Menschenrechte und Demokratie als Voraussetzungen für Chinas Modernisierung gefordert.

35 Zu Wei und seinem Prozeß vgl. BUTTERFIELD, S. 554 ff.

36 s. S. 125

37 vgl. McGURN, *Basic Law, Basic Questions,* S. 120. Erwähnt sei in die-

sem Zusammenhang auch die Verärgerung der Queen, als einmal ihre Weihnachtsansprache vorab der BBC zugespielt wurde.

38 s. S. 169

39 vgl. XU, S. 353

40 vgl. XU, S. 299

41 Wie die *Financial Times* am 4. September 1993 schrieb, war Murdoch »zunehmend nervös angesichts der Schwierigkeiten, eine Tageszeitung zu führen, wenn Hongkong 1997 unter chinesische Herrschaft zurückgekehrt sein würde«.

42 Eine Bestimmung verbietet eine ausländische Beteiligung an einheimischen Fernsehstationen von mehr als 10 Prozent, eine zweite begrenzt die Beteiligung eines Senders an einem anderen auf 15 Prozent.

43 Peking hatte am 20. Mai 1993 überraschend einer zwölfjährigen Pay-TV-Lizenz von Wharf Cable zugestimmt (s. S. 182). Auch Peter Woo Kwong-ching, Schwiegersohn des verstorbenen Großreeders Sir Y. K. Pao, war Hongkong-Berater Chinas (s. S. 168).

44 Von den 18,3 Millionen Einwohnern Malaysias sind 30 Prozent chinesischen und 8 Prozent indischen Ursprungs. In Malaysia leben also etwa ebenso viele Chinesen wie in Hongkong.

45 »Dr. Mahatir [...] neigt dazu, alle konstitutionelle Macht in seiner eigenen Hand zu versammeln, er bevorzugt ein loyales, nur ihm rechenschaftspflichtiges Kabinett, und er ist entschlossen, seine starken ideologischen Werte dem malaysischen Volk unmittelbar aufzudrücken«, schreibt WANG Gungwu (S. 227) und vergleicht ihn in diesem Punkt mit Singapurs Lee Kuan Yew.

46 Auf der von *Ming Pao* veröffentlichten schwarzen Liste befanden sich acht chinesischsprachige Zeitungen *(Hongkong Economic Times, Hongkong Daily News, Express Daily, Sing Tao Jih Pao, Sing Tao Wan Pao, Hongkong Economic Journal, Financial News* und die taiwanfreundliche *Hongkong Times)* und elf Zeitschriften *(Pai Shing, The Nineties, Cheng Ming, Open Magazine, The Contemporary, The Trend, News File, The Wave, South and North Poles, Newsdom Weekly* und *Ming Pao)*.

47 Die älteste und berühmteste *hong* hatte mit diesem aufsehenerregenden Schritt am 28. März 1984, also noch vor dem Abschluß der Verhandlungen über die Joint Declaration, den Zorn Pekings auf sich gezogen; s. S. 222.

48 Der Artikel hätte ursprünglich in der Ausgabe vom 27. September erscheinen sollen. Die Veröffentlichung war verschoben worden, weil Frau Loh darin den Verkauf der Murdoch-Anteile an Kuok kommentierte, bevor der Handel perfekt war. Abgeschlossen war die Transaktion erst am 4. Oktober 1993.

49 s. S. 208

50 s. S. 38

51 Deng hatte u.a. gesagt: »Wir haben darüber nachgedacht, was wir tun

sollten, falls es während der fünfzehnjährigen Übergangszeit in Hongkong zu ernsthaften Unruhen kommt. Die chinesische Regierung wäre dann gezwungen, Zeitpunkt sowie Art und Weise der Übergabe neu zu überdenken.«

52 s. S. 175

53 Die Lippo-Gruppe, Käufer der HKCB 1984 durch ihre Hongkonger Lippo Strategic Holdings, hatte im September 1992 40 Prozent der Aktien der Bank an die Börse gebracht – nur Monate nachdem China Resources bekanntgegeben hatte, für 118,5 Millionen HK-Dollar 5,6 Prozent der Lippo Ltd. zu übernehmen, der Hongkonger Holding der Gruppe. Die Riadys kontrollieren auch die in Jakarta ansässige Bank Central Asia und die Lippo Bank.

54 Am 25. September 1979 hatte Li Ka-shing von der Hongkong and Shanghai Banking Corp. deren 22prozentigen Aktienanteil an Hutchison Whampoa gekauft und damit die Kontrolle über das Unternehmen gewonnen. Es war der wohl entscheidende Coup seines Lebens. Drahtzieher des dubiosen Handels war der damalige Vorstandsvorsitzende der Hongkong Bank, Michael Sandberg.

55 Li Ka-shings zweiter Sohn Victor konzentrierte sich derweil bei Cheung Kong, Lis Investment-Arm, auf den zweiten Kernbereich, das Immobiliengeschäft. Die Übernahme der Macht in Lis Familienimperium durch die nächste Generation war damit eingeleitet. Man beachte die bei Chinesen beliebte symbolträchtige Namensgebung: Reich sollen die Kinder sein und siegreich.

56 s. S. 152

57 s. S. 43

58 Jardine Strategic Holdings Ltd. (JSH), Jardine Matheson Holdings Ltd. (JMH), Dairy Farm International Holdings Ltd., Hongkong Land Holdings Ltd., Mandarin Oriental International Ltd., Jardine International Motor Holdings Ltd.

59 Sandberg hatte sich mit dem von dem britischen Stararchitekten Norman Foster entworfenen, 5,23 Milliarden HK-Dollar teuren Neubau der Hauptverwaltung in Hongkongs Skyline ein Denkmal gesetzt. Eine Beschreibung des Baus bei LUDWIG, »Geld hinter Glas«.

60 vgl. XU, S. 426

61 83 Prozent der Banknoten Hongkongs wurden von der HongkongBank ausgegeben, der Rest von der Standard Chartered.

IX. Klatschen mit einer Hand

1 s. S. 166 f.

2 Sir David Ford war zum Chief Secretary aufgerückt, nachdem sein Vorgänger Sir David Akers-Jones durch den plötzlichen Tod von Sir Edward Youde in Peking im Dezember 1986 Interimsgouverneur geworden war.

3 s. S. 147 und Anm. 20 in Kapitel VII. Barrie Wiggham hatte bis zur

Ankunft Pattens in Hongkong als einzig möglicher Kandidat für den Posten des Chief Secretary nach Sir David Ford gegolten.

4 Die in der 8. und 9. Runde der Gespräche am 21. und 22. Juli sowie am 16. und 17. August 1993 von den Briten vorgeschlagenen Änderungen sahen eine Verringerung der Zahl der Stimmberechtigten bei den funktionalen Wählerschaften von 2,7 auf 1 Million vor. Beim Wahlausschuß waren die Briten den Chinesen in der Frage der Zusammensetzung des Komitees entgegengekommen, hatten jedoch darauf bestanden, daß die Mitglieder des Ausschusses selbst durch gleiche Wahlen bestimmt werden müßten nach dem Prinzip »one man, one vote« (*SCMP,* 17. 8. 1993). Die Chinesen hatten die Kompromißvorschläge strikt abgelehnt (*SCMP,* 23. 8. 1993).

5 Die Umfrage des Social Sciences Research Centre der Hong Kong University war im Auftrag der *South China Morning Post* erfolgt.

6 s. S. 184

7 David Li Kwok-po hatte in der Legislaturperiode 1992/93 an keiner einzigen der 38 Abstimmungen über kontroverse Fragen teilgenommen, wie die *South China Morning Post* am 25. August berichtete. So hatte er seine persönliche Einstellung vor allem zu Pattens Reformvorschlägen verheimlicht.

8 Wörtlich sagte Biggs: »After eight days in China, I'm tuned in, over-fed and maximum bullish« (*FEER,* 14. 10. 1993); *bullish* = auf hausse spekulierend; in optimistischer Stimmung sein, im Gegensatz zu *bearish* = auf Baisse spekulierend; in bezug auf die Entwicklung des Aktienmarkts pessimistisch sein.

9 Die fünf Punkte waren: 1. Wesen wie Funktion der District Boards (Bezirksausschüsse) und Municipal Councils (Gemeinderäte) sollten unverändert bleiben. 2. Das Wahlalter sollte generell auf achtzehn Jahre herabgesetzt werden. 3. Bürger Hongkongs, die Mitglieder des Nationalen Volkskongresses Chinas sind, sollten zu Hongkongs repräsentativen Institutionen zugelassen werden. 4. Für die Bezirksausschuß- und Gemeinderatswahlen sollte das Prinzip »single seat, single vote« gelten, das heißt, jeder Wähler sollte nur eine Stimme für einen einzigen direkt zu wählenden Vertreter pro Wahlbezirk erhalten (s. S. 114). 5. Es sollte der SAR selbst überlassen bleiben, die Zahl der »ernannten« Mitglieder der District Boards und Municipal Councils festzusetzen (hierzu und zum weiteren Verlauf der Verhandlungen vgl. *White Paper:* »Representative Government in Hong Kong« vom 24. Februar 1994).

10 Kohl und 180 Vertreter von Politik und Wirtschaft waren in zwei Sondermaschinen angereist, um für die krisengeschüttelte deutsche Industrie Milliardenaufträge zu ergattern. Das Ergebnis des Besuchs rechtfertigte den zur Schau gestellten Optimismus nicht. Zudem sollte die Menschenrechtsorganisation Human Rights Watch in ihrem Jahresbericht vom Dezember 1994 der Bonner Regierung vorwerfen, »bei den Kontakten mit autoritären asiatischen Ländern federführend gewesen

zu sein und dabei die Menschenrechtsverletzungen ignoriert zu haben« (*Süddeutsche Zeitung,* 10./11. 12. 1994).

11 s. S. 59 f.

12 »[...] the Chinese leaders ›were thugs, are thugs, and always will be thugs‹ [...]« (*SMP,* 12. 12. 1993).

13 s. S. 120

14 s. S. 53

15 s. S. 59

16 s. S. 57 f.

17 Wie Xu Jiatun berichtet, zogen es die Geldgeber vor, anonym zu bleiben (XU, S. 161).

18 Bis zu sechsstellige Summen waren auch aus den Taschen von Li Kashing, Tsui Tsin-tong, David Tang und anderen in die chronisch leeren Kassen der Konservativen Partei geflossen.

19 s. S. 95 f.

20 s. S. 101; CRADOCK, S. 245

21 *SCMP,* 5. 12. 1993

22 Mitglieder des Unterhauses zeigten sich verärgert über Sir Percy Cradocks Aussagen vor dem Ausschuß für Auswärtige Angelegenheiten, da diese in Peking den irreführenden Eindruck erwecken müßten, Regierung und Opposition seien in bezug auf Pattens Politik geteilter Meinung. Der Ausschußvorsitzende David Howell stellte zugleich klar, Sir Percys Ansichten stünden im Gegensatz zu allen anderen Aussagen vor dem Ausschuß.

23 Es soll sich vor allem um Einzelheiten über ein geheimes Treffen mit John Major gehandelt haben, in dessen Verlauf Sir Percy versucht haben soll, den Premierminister zu überreden, die Politik des Gouverneurs zu kippen, sowie um Bezugnahmen auf den Briefwechsel zwischen Major und Li Peng in Zusammenhang mit dem Flughafen-Memorandum von 1991.

24 Zur Rolle Sir S. Y. Chungs siehe ROBERTI (passim)

25 s. S. 36

26 Wie Gustave Eiffel hatte sich auch Peter Ng für ein Stahlskelett entschieden, an dem die von der Changuang Machinery Manufacturing Company in Nanjing gegossenen 202 Bronzeteile in Blendwandtechnik angebracht sind.

27 Der Gruß ist nicht nur bei buddhistischen Mönchen üblich. Es handelt sich vielmehr um ein ursprünglich hinduistisches Handzeichen, bei der die Finger die fünf Elemente darstellen. Die Handflächen aneinandergelegt ist die Geste ein Symbol der Einheit. Das Händereichen dagegen ist, wie die Verhaltensforschung gezeigt hat, schon im Tierreich üblich. So schreibt Irenäus Eibl-Eibesfeldt: »Schimpansen geben sich [...] die Hände, ähnlich wie wir. Die Initiative geht vom Rangniederen aus, der in einer Bettelbewegung die nach oben offene Hand dem Ranghöheren reicht. Auf diese ursprünglich wohl infantile Geste der

Kontaktsuche reicht der Ranghohe seine Hand, was den anderen beruhigt. Rangniedere holen auf diese Weise auch das Einverständnis Ranghöherer ein [...] Sie verbeugen sich ferner beim Grüßen« (*Grundriß der vergleichenden Verhaltensforschung. Ethologie,* München: Piper ^{7}1987, S. 246).

28 »For those who make the ›three violations‹, it is a sin and he will go into a boundless bitter sea. For those who return to three accords, it is very benevolent and will hold unlimited virtues« (*SCMP,* 30. 12. 1993).

29 Tibets Buddhisten haben bislang noch nicht viel von der von Zhou Nan gepriesenen Religionsfreiheit gemerkt. Ein Vertreter des Dalai-Lama war zu der Zeremonie, an der Mönche aus dreizehn Ländern teilnahmen, denn auch nicht eingeladen. In jüngster Zeit aber hatte vor allem die zunehmende Verfolgung chinesischer Christen bis hin zur Folter Schlagzeilen gemacht. Die Menschenrechtskommission der Vereinten Nationen bereitete darüber ein Dossier vor.

30 Acht, kantonesisch *baat,* gilt in Hongkong als Glückszahl, denn sie klingt ähnlich wie *faat,* reich werden. Chinesischen Investoren galt die dreifache Acht – dreifacher Reichtum – daher als gutes Omen für 1994.

31 s. S. 54

32 90 Prozent des Projekts wurden Siemens und AEG zugeschlagen, die restlichen 10 Prozent gingen an das britisch-französische Konsortium GEC-Alsthom.

33 »Daß man da keinen Fehler macht. Dieser Brief betrifft nicht nur Tibet. Es ist eine Botschaft, wie bitter die chinesische Seite über Hongkong empfindet«, sagte ein Ausschußmitglied. (Am 8. Dezember 1993 hatte der Außenminister der tibetischen Exilregierung des Dalai-Lama, Tashi Wangdi, als Zeuge vor dem Unterhausausschuß ausgesagt.)

34 Die Drohung war nicht neu (s. S. 123).

35 In Absatz D des MoU heißt es: »Wenn die gesamten, nach dem 30. Juni 1997 zurückzuzahlenden Schulden 5 Milliarden HK-Dollar nicht überschreiten, hat die Regierung von Hongkong freie Hand zur Kreditaufnahme nach Bedarf, wobei sie die chinesische Regierung darüber informiert. Wenn die Summe solcher Schulden 5 Milliarden HK-Dollar überschreitet, wird die Kreditaufnahme nur erfolgen, wenn über den Vorschlag Übereinstimmung erzielt wurde.«

36 Im Sommer 1993 hatte die britische Seite vorgeschlagen, zusätzlich zu den im ersten, Peking im April 1992 übermittelten Finanzierungsplan vorgesehenen 20,3 Milliarden HK-Dollar weitere 20 Milliarden zur Verfügung zu stellen. Davon sollten 15 Milliarden mit Grundstücken der Zubringerbahn vom Flughafen und 5 Milliarden aus Reservemitteln finanziert werden.

37 s. S. 107

38 s. S. 106

39 Großbritannien – schrieb Sir Percy – habe die chinesische Regierung 1992 über den Inhalt der Rede Pattens im Legislative Council vorab informiert, Chinas Bitte um vorherige Konsultation jedoch abgelehnt. Demgegenüber hatte Patten in der Anhörung vom 20. Januar erklärt, die chinesische Seite habe wenige Tage vor dem 7. Oktober gefordert, daß er seine Vorschläge erst vortrage, wenn mit China Einvernehmen darüber erzielt worden sei. Dies aber wäre einem Vetorecht gleichgekommen. Unter »Konsultation« verstünde er, Patten, etwas anderes. Ferner schrieb Sir Percy, er habe den Gouverneur vor einer Mißachtung des chinesischen Widerstands gegen eine Erhöhung der Zahl der Direktmandate bei den Wahlen zum Legislative Council von 1995 gewarnt. Dabei habe er jedoch keine Ahnung gehabt, daß dieser vorhatte, die bestehenden Abkommen durch die Einführung neuartiger funktionaler Wählerschaften zu umgehen.

40 s. S. 140

41 s. S. 228 und Anm. 4 in Kapitel IX

42 s. S. 240. Auf Antrag des gewählten Abgeordneten Andrew Wong Wang-fat wurde der Titel des Gesetzespakets geändert in *Electoral Provisions (Miscellaneous Amendments) (No. 2) Bill 1994.*

43 s. S. 163

44 s. S. 166. Henry Litton, in der ersten Gruppe von 44 Beratern im März 1992 ernannt, war im Juli 1992 nach seiner Berufung zum Richter am Appellationsgericht zurückgetreten.

45 s. S. 185

46 Der Betrag setzt sich zusammen aus 141 Milliarden HK-Dollar fiskalische Reserven und 128 Milliarden aus dem Land-Fonds.

47 Die zwei Bereiche, in denen sich China flexibel gezeigt hatte, betrafen ein paar offene Emigrationsfälle sowie die Zusicherung Chinas, daß in Gefangenenlagern hergestellte Produkte nicht in die USA exportiert würden.

48 s. Kapitel VIII, Anm. 58

49 s. S. 222

50 s. S. 212

51 »[Kritiker] sagen, es sei eine feige Handlungsweise, aber wir haben gesagt, um da hineinzugelangen und akzeptiert zu werden, werden wir die BBC herausnehmen«, hatte Murdoch seinem Biographen William Shawcross in einem Interview für das Juni-Heft der Zeitschrift *Esquire* gesagt. Am liebsten hätte er, gab er zu, »natürlich einfach BBC hinausgeworfen und [das eigene] Sky hereingeholt. Aber dazu waren sie nicht bereit.«

52 Die übrigen vier Anbieter – ebenfalls alle USA – waren Home Box Office (Filme, ebenfalls Time Warner), ESPN (Sport), Discovery Channel (Wissenschafts- und Naturdokumentationen), Viacom (Musik, Unterhaltung).

53 Mit je 14,3 Prozent des Aktienkapitals von APT waren beteiligt:

China Telecommunications Broadcast Satellite Corp. (Eigner: Ministry of Posts and Telecommunications, China); China Yuang Wang (Group) Corp. (Eigner: State Commission of Science Technology and Industry for National Defence, China); Ever-Victory System Co. (Eigner: China Aerospace Industry Corp., ehem. Ministry of Aerospace Industry, China); China Travel Fok Tai (Eigner: China Travel Service, China, und Ng Fok, Macao); Orient Telecom & Technology (Eigner: Charoen Pokphand, Thailand); Singapore Telecom (Eigner: Temasek Holdings, Singapur); Kwang Hua Development & Investment (Eigner: Ruentex Industries und China Development Corp., Taiwan, ein Arm der Kuomintang).

54 Deren Eigner sind Cable & Wirless (Großbritannien), CITIC (China) und Hutchison Whampoa (Li Ka-shing, Hongkong).

55 s. S. 209

56 Der Unterstaatssekretär im US State Department, Winston Lord, verteidigte seinen Boß Warren Christopher nach dessen Pekingbesuch wie folgt: »Wir sollten die Reise ein wenig betrachten wie Mark Twain die Musik Wagners: Sie ist nicht so schlecht, wie sie klingt.« In Zusammenhang mit der Visite des amerikanischen Außenministers hatte es in China siebzehn Verhaftungen gegeben.

57 s. S. 245

58 Mit viel Sinn für historische Symoblik hatte Li Peng gewünscht, am 14. Juli, unmittelbar im Anschluß an seinen geplanten Deutschlandbesuch, in Paris zu sein. Ausgerechnet den Mann, der neben Deng allgemein als Hauptverantwortlicher für das Massaker vom 4. Juni 1989 gilt, am Jahrestag des Sturms auf die Bastille in Paris zu haben, wäre für Balladur politischem Selbstmord gleichgekommen.

59 s. S. 251

60 s. S. 220

61 s. S. 175

62 s. Anm. 59 in Kapitel VIII

63 s. S. 89. Lu Pings Sohn Lu Kong, seit 1993 wieder verheiratet, lebte noch immer in Peking, wo er für Li Ka-shings Cheung Kong arbeitete. Zuvor war er bei dem Hongkonger Immobilienriesen Sino Land und bei Shell Hong Kong angestellt gewesen.

X. Perfides Albion

1 Wilfried Wong war ehemals Direktor der Gefängnisverwaltung und Stellvertretender Minister der Zivilverwaltung, Arthur Garcia Richter am High Court und erster Ombudsmann Hongkongs gewesen.

2 s. S. 226

3 s. S. 56

4 s. S. 247.

5 s. S. 177

6 Anna Wu, Solicitor und Frau des bekannten Journalisten Frank Ching

(*Far Eastern Economic Review*), war im Januar 1993 von Patten in den Legislativrat berufen worden. Im Februar 1994 hatte sie einen Gesetzesantrag zur Schaffung einer »Human Rights and Equal Opportunities Commission« angekündigt, was von Professor Wu Jianfan, einem führenden Rechtsexperten der Peking-Universität (s. S. 61), sogleich als Bruch des Basic Law bezeichnet wurde.

7 Der Fall ist ein treffendes Beispiel für die von Xu Jiatun beschriebene Methode, eine Zeitung durch eine befreundete Persönlichkeit aufkaufen zu lassen, die sie dann, wenn sich die politische Linie nicht ändern läßt, kurzerhand dichtmacht (s. S. 215 f.).

8 Eigner der Oriental Press Group ist die Familie Ma. Die Mas haben starke Bindungen nach Taiwan und eine schillernde Vergangenheit: Vater und Onkel des Vorsitzenden der Gruppe, Ma Ching-kwan, hatten sich 1978 nach Taiwan abgesetzt, um sich Verfahren im Zusammenhang mit Drogengeschäften zu entziehen.

9 s. S. 200

10 *SCMP,* 22. 5. 1994

11 s. S. 114

12 Die neun von der LP als neue funktionale Wählerschaften vorgeschlagenen berufsständischen Gruppen sind: Landwirtschaft und Fischerei; Textil und Bekleidung; Sport, Kultur und Unterhaltung; Transportwesen; Einzelhandel mit Import und Export; Versicherungswesen; Informationstechnologie sowie zwei zusätzliche Sitze für Gewerkschaftsvertreter. Die ersten fünf waren von britischer wie von chinesischer Seite vorgeschlagen worden, bevor die Gespräche zusammenbrachen. Die Gesamtzahl der Stimmberechtigten der bestehenden 21 funktionalen Wählerschaften betrug lediglich 107 000.

13 Die neun von Patten vorgeschlagenen neuen Gruppen waren Primärproduktion, Energie- und Bauwirtschaft; Textil und Bekleidung; herstellende Industrie; Import und Export; Groß- und Einzelhandel; Hotel und Gaststätten; Transport und Kommunikation; Finanzen, Versicherungen, Immobilien und andere kaufmännische Berufe; Sozial-, Gemeinde- und Personaldienstleistungen.

Im Gasthaus zur Goldenen Gans

1 *FEER,* 10. 3. 1994

2 Karl R. Popper, *Die offene Gesellschaft und ihre Feinde* Band II, *Falsche Propheten – Hegel, Marx und die Folgen,* München: A. Francke [5]1977, S. 141

3 Cradock hatte nicht nur in Asien Erfahrung mit sozialistischen Regimes: Von 1976 bis 1978 hatte er auch als britischer Botschafter in Ost-Berlin gedient.

4 CRADOCK, S. 214

5 Chinas Stellvertretender Außenminister Zhang Wenjin hatte Cradock 1982 gesagt, China würde Hongkong eher »als kahlen Felsen zurück-

nehmen, als es weiterhin von den Briten verwalten« zu lassen (ROBERTI, S. 54).

6 *FEER*, 2. 3. 1995

7 s. S. 199

8 Kandidaten mußten seit einem Jahrzehnt in Hongkong wohnen, Lau Shan-ching aber hatte von den letzten zehn Jahren sieben wegen »konterrevolutionärer Verbrechen« in chinesischen Gefängnissen verbracht (s. S. 260).

9 Lee Kuan Yew hatte auf einer internationalen Konferenz führender Politiker und Geschäftsleute am 14. Oktober 1994 den Briten zudem den Bruch der Joint Declaration vorgeworfen, was von einem Sprecher des Foreign Office mit der Bemerkung kommentiert wurde: »Er hat ein Recht auf seine Ansichten, die wir nicht teilen und die wir in der Vergangenheit bei zahlreichen Gelegenheiten zurückgewiesen haben.«

10 Mit der Bemerkung »wenn er drin ist, bin ich draußen« hatte sich Simon Li 1985 gegen die Berufung von Szeto Wah ins Beratungskomitee für das Basic Law (BLCC) gestemmt. Xu Jiatun hatte ihn aber doch umstimmen können (ROBERTI, S. 149).

11 *FEER*, 26. 1. 1995

12 s. S. 195

13 s. S. 233

14 Stefan Wichmann, »Warnung vor Investitionen«, in: *Wirtschaftswoche*, 26. 11. 1993

15 Aus diesem Anlaß versammelten sich in der chinesischen Hauptstadt Hunderte von Gelehrten aus der ganzen Welt zur Gründung der Internationalen Konfuzius-Gesellschaft. Vorsitzender der Gesellschaft wurde der wie Konfuzius in Shandong geborene ehemalige Vizepremier Gu Mu; Ehrenvorsitzender wurde Singapurs Lee Kuan Yew.

16 zit. nach Frank Ching, »Confucius, the New Saviour«, *FEER*, 10. 11. 1994

17 Die Gespräche des Konfuzius *(Lunyu)*, Menzius *(Mengzi)*, die »Große Lehre« *(Daxue)* und die »Lehre der Mitte« *(Zhongyong)*.

18 Mit 70 Metern Höhe hatte der ursprüngliche Bauplan gegen die Begrenzung auf 45 Meter im Gebiet um die Verbotene Stadt verstoßen. Nachdem die Höhe des Oriental Plaza auf 60 Meter reduziert worden war, erteilte die Zentralregierung in der zweiten Hälfte März eine Sondergenehmigung.

19 *IHT*, 25. 4. 1995

20 Shougang Concord International, Eastern Century, Santai Manufacturing, Shougang Concord Grand, Hoi Sing Holdings und Paul Y-ITC Construction. Ende 1993 belief sich der Marktwert des Gesamtkapitals dieser Unternehmen auf rund 1,7 Milliarden US-Dollar.

21 Deng Xiaopings älterer Sohn Deng Pufang, der Präsident des Chinesischen Behindertenverbands, ist Aktienspekulant (*China Focus*, 30. 3. 1993).

22 s. S. 81
23 s. Anm. 10 in Kapitel VII. Wang Zhen war bereits am 12. März 1993 im Alter von 85 Jahren gestorben.
24 s. S. 65
25 Dengs Instruktionen von Ende 1994, durch Mitglieder seiner Familie übermittelt, zirkulierten im Januar 1995 als »Erlasse« unter den Spitzenkadern der Partei (*SCMP*, 20. 1. 1995).

Literaturverzeichnis

A Primärquellen

BYRNES, Andrew, CHAN, Johannes (Hgg.), *Public Law and Human Rights: A Hong Kong Sourcebook,* Hongkong, Singapur, Malaysia: Butterworths 1993

Kowloon Disturbances 1966 – Report of Commission of Inquiry, Hongkong: Government Printer 1967

White Paper: District Administration in Hong Kong, Hongkong: Government Printer, Januar 1981

Die Verfassung der Volksrepublik China, angenommen von der 5. Tagung des V. Nationalen Volkskongresses der Volksrepublik China am 4. Dezember 1982, Peking: Verlag für Fremdsprachige Literatur 1983

Green Paper: The Further Development of Representative Government in Hong Kong, Hongkong: Government Printer, Juli 1984

A Draft Agreement between the Government of the United Kingdom of Great Britain and Northern Ireland and the Government of the People's Republic of China on the Future of Hong Kong, White Paper published by Her Majesty's Government in London on 26 September 1984; die Dokumentensammlung enthält u. a. den Wortlaut der »Gemeinsamen Erklärung« Großbritanniens und Chinas mit dem Titel *Joint Declaration of the Government of the United Kingdom of Great Britain and Northern Ireland and the Government of the People's Republic of China on the Ouestion of Hong Kong*

White Paper: The Further Development of Representative Government in Hong Kong, Hongkong: Government Printer, 21. November 1984

White Paper on the Draft Hong Kong (British Nationality) Order 1986, Hongkong: Government Printer, 17. Oktober 1985

Green Paper: The 1987 Review of Developments in Representative Government, Hongkong: Government Printer, 27. Mai 1987

Address by the Governor Sir David Wilson, KCMG, at the opening of the 1987/88 Session of the Legislative Council on 7 October 1987, Hongkong: Government Printer, 7. Oktober 1987

White Paper on the Annual Report on Hong Kong 1987 to Parliament, Hongkong: Government Printer, 14. Januar 1988

White Paper: The Development of Representative Government: The Way Forward, Hongkong: Government Printer, 10. Februar 1988

British National (Overseas) Passport – A General Guide, Hongkong: Government Printer, April 1988

The Draft Basic Law of the Hong Kong Special Administrative Region of the People's Republic of China (for Solicitation of Opinions), Introduction and Summary compiled by the Consultative Committee for the Basic Law, Hongkong: Drafting Comittee for the Basic Law, 28. April 1988

The Basic Law of Hong Kong Special Administrative Region of the People's Republic of China (Draft), Peking, Februar 1989

The Basic Law of the Hong Kong Special Administrative Region of the People's Republic of China, Peking, 4. April 1990

Hong Kong Bill of Rights Ordinance 1991

An Introduction to Hong Kong Bill of Rights Ordinance 1991

Memorandum of Understanding concerning the construction of the new airport in Hong Kong and related questions, unterzeichnet von Premierminister John Major und Ministerpräsident Li Peng in Peking am 3. September 1991

International Covenant on Economic, Social and Cultural Rights and International Covenant on Civil and Political Rights, Hongkong: Government Printer 1992

Our Next Five Years – The Agenda for Hong Kong, Address by the Governor The Right Honourable Christopher Patten at the opening of the 1992/93 Session of the Legislative Council, Hongkong: Government Printer, 7. Oktober 1992

White Bill: Consultation Paper on the Airport Corporation Bill, Hongkong: Government Printer, Januar 1994

White Paper: Representative Government in Hong Kong, Hongkong: Government Printer, 24. Februar 1994

White Paper on the Annual Report on Hong Kong 1993 to Parliament, Hongkong: Government Printer, März 1994

B Sekundärliteratur

ANDERSON, Bruce, *John Major – Eine unbritische Karriere,* Düsseldorf, Wien, New York, Moskau: ECON 1991

BARTKE, Wolfgang, *Die großen Chinesen der Gegenwart,* Frankfurt am Main: Insel Verlag 1985

BARTKE, Wolfgang, *Who's Who in the People's Republic of China,* München, New York, London, Oxford, Paris: K. G. Saur 1985; dritte, aktualisierte Ausgabe 1991

BARTKE, Wolfgang, SCHIER, Peter, *China's New Party Leadership – Biographies and Analysis of the Twelfth Central Committee of the Chinese Communist Party* (Eine Veröffentlichung des Instituts für Asienkunde Hamburg), New York: M. E. Sharpe 1985

BONAVIA, David, *The Chinese,* New York: Lippincott & Crowell 1980

BONAVIA, David, *Hong Kong 1997: The Final Settlement,* Hongkong: South China Morning Post 1985

BUTTERFIELD, Fox, *China – Alive in the Bitter Sea,* Neuausgabe New York: Random House 1990

CAMERON, Nigel, *An Illustrated History of Hong Kong,* Hongkong, Oxford, New York: Oxford University Press, 1991

CHAN, Joseph Man, LEE, Chin-Chuan, *Mass Media and Political Transition: The Hong Kong Press in China's Orbit,* New York, London: The Guilford Press 1991

CHAN LAU, Kit-ching, *China, Britain and Hong Kong 1895–1945,* Hongkong: The Chinese University Press 1990

CHAN, Ming K., CLARK, David J. (Hgg.), *The Hong Kong Basic Law: Blueprint for »Stability and Prosperity« under Chinese Sovereignty?,* New York, London: M. E. Sharpe 1991

CHEN, Albert H. Y., *An Introduction to the Legal System of the People's Republic of China,* Singapur: Butterworths 1993

CHENG, Joseph Y. S. (Hg.), *Hong Kong: In Search of a Future,* Hongkong, Oxford, New York: Oxford University Press 1984

CHING, Frank, *Hong Kong and China: For Better or For Worse,* New York: China Council of The Asia Society and the Foreign Policy Association 1985

CHU, Samuel C., LIU, Kwang-Ching (Hgg.), *Li Hung 'chang and China's Early Modernization,* New York: M. E. Sharpe 1994

COLLIS, Maurice, *Foreign Mud – An account of the Opium Imbroglio at Canton in the 1830's and the Anglo-Chinese War that followed,* London: Faber & Faber 1946; Singapur: Graham Brash 1980

COOPER, John, *Colony in Conflict: The Hong Kong Disturbances May 1967 – January 1968,* Hongkong: Swindon 1970

COTTRELL, Robert, *The End of Hong Kong – The Secret Diplomacy of Imperial Retreat,* London: John Murray 1993

CRADOCK, Percy, *Experiences of China,* London: John Murray 1994

CRISSWELL, Colin N., *The Taipans: Hong Kong's Merchant Princes,* Hongkong, Oxford, New York: Oxford University Press 1981

DAVIES, Stephen, ROBERTS, Elfed (Hgg.), *Political Dictionary for Hong Kong,* Hongkong: Macmillan 1990

EDWARDS, R. Randle, HENKIN, Louis, NATHAN, Andrew J., *Human Rights in Contemporary China,* New York: Columbia University Press 1986

ELLIOT, Elsie (Elsie TU), *Crusade for Justice – An Autobiography,* Hongkong, Singapur, Kuala Lumpur: Heinemann Asia 1981

EVANS, Richard, *Deng Xiaoping and The Making of Modern China,* London: Hamish Hamilton 1993

ENDACOTT, G. B., *A History of Hong Kong,* Hongkong, Oxford, New York: Oxford University Press ^{5}1979

FAIRBANK, John K., TWITCHETT, Denis (Hgg.), *The Cambridge History of China,* Cambridge, London, New York, Melbourne: Cambridge University Press 1978 ff.; hier vor allem:
- Vol. 10, *Late Ch'ing, 1800–1911, Part 1,* 1978
- Vol. 10, *Late Ch'ing, 1800–1911, Part 2,* 1980
- Vol. 15, *The People's Republic, Part 2: Revolutions within the Chinese Revolution 1966–1982,* 1991

FAIRBANK, John K., *The United States and China, Cambridge* (Mass.), London: Harvard University Press, 4., erweiterte Ausgabe 1983

GERNET, Jacques, *Die chinesische Welt – Die Geschichte Chinas von den Anfängen bis zur Jetztzeit,* Frankfurt am Main: Insel Verlag 1979

GOODHART, William, *Countdown to 1997: Report of a Mission to Hong Kong,* Genf: International Commission of Jurists 1992

HICKS, George (Hg.), *The Broken Mirror: China After Tiananmen,* London: Longman 1990

HSU, Berry Fong-Chung, *The Common Law in Chinese Context: Hong Kong Becoming China – The Transition to 1997,* Hongkong: Hong Kong University Press 1992

HSÜ, Immanuel C. Y., *The Rise of Modern China,* Oxford, New York: Oxford University Press ³1983

HUGHES, Richard, *Borrowed Place, Borrowed Time: Hong Kong and Its Many Faces,* London: André Deutsch 1968, Singapur: Toppan 1976

KESWICK, Maggie, *The Thistle and the Jade: A Celebration of 150 Years of Jardine, Matheson & Co.,* London: Octopus 1982

KISSINGER, Henry, *White House Years,* Boston, Toronto: Little, Brown and Company ⁴1979

KUNGFUTSE, *Gespräche (Lun Yü),* aus dem Chinesischen von Richard Wilhelm, Düsseldorf, Köln: Eugen Diederichs 1974

LANE, Kevin P., *Sovereignty and the Status Quo – The Historical Roots of China's Hong Kong Policy,* Boulder, San Francisco, Oxford: Westview Press 1990

LAU, Emily Wai-hing, *Miandui Xianggang (Emily Lau's Hong Kong),* Hongkong: Open Magazine 1991

LEE, Martin, und SZETO, Wah, *The Basic Law: Some Basic Flaws,* Hongkong: Kasper Printing 1988

LI Zhisui, *The Private Life of Chairman Mao – The inside story of the man who made modern China,* London: Chatto & Windus 1994

LUDWIG, Karl-Heinz, »Geld hinter Glas: Hongkong Bank«, zum Neubau der Hauptverwaltung der Hongkong and Shanghai Banking Corp. von Norman Foster, in: *Frankfurter Allgemeine Magazin*, 16. 6. 1988

LUDWIG, Karl-Heinz, »Eleganter Dolch im Herzen Hongkongs«, zum Neubau der Bank of China in Hongkong von Ieoh Ming Pei, in: *Frankfurter Allgemeine Magazin*, 18. 5. 1990

McGURN, William (Hg.), *Basic Law, Basic Questions – The Debate Continues,* Hongkong: Review Publishing 1988

McGURN, William, *Perfidious Albion – The Abandonment of Hong Kong 1997,* Washington, D.C.: Ethics and Public Policy Center 1992

MACKERRAS, Colin, CHAN, Robert, *Modern China – A Chronology from 1842 to the present,* London: Thames & Hudson 1982

McMILLEN, Donald, DeGOLYER, Michel E. (Hgg.), *One Culture, Many Systems,* Hongkong: The Chinese University of Hong Kong 1993

MORRIS, Jan, *Hongkong, Geschichte und Zukunft der letzten britischen Kronkolonie,* aus dem Englischen von H.-G. Grusdt, Bergisch Gladbach: Lübbe 1991 (englischsprachige Originalausgabe 1988)

NADEAU, Jules, *Hong Kong 1997: Dans la gueule du Dragon rouge,* Montréal: Editions Québec 1990

NATHAN, Andrew J., *Chinese Democracy,* New York: Alfred A. Knopf 1985

One Country Two Systems Economic Research Institute (Hg.), *Hong Kong in Transition 1992,* Hongkong: Hong Kong Institute of Asia-Pacific Studies, Chinese University of Hong Kong, Centre for East-West Studies, Hong Kong Baptist College 1992

PATTEN, Christopher Francis, »Hongkongs Zukunftsaussichten – Die Notwendigkeit offener und fairer Wahlen«, in: *Europa-Archiv,* Folge 11/1994, S. 299–305

PATRIKEEFF, Felix, *Mouldering Pearl – Hong Kong at the Crossroads,* Sevenoaks (Kent): Hodder and Stoughton 1990

PEYREFITTE, Alain, *The Collision of Two Civilisations: The British Expedition to China 1792-4,* London: HarperCollins 1992

RAFFERTY, Kevin, *City on the Rocks – Hong Kong's Uncertain Future,* London: Penguin 1991

ROBERTI, Mark, *The Fall of Hong Kong: China's Triumph & Britain's Betrayal,* Chichester, New York: John Wiley 1994

SCOTT, Ian, *Political Change and the Crisis of Legitimacy in Hong Kong,* Honolulu: University of Hawaii Press 1989

SEAGRAVE, Sterling, *The Soong Dynasty,* New York: Harper & Row 1985

SPENCE, Jonathan D., »Opium smoking in Ch'ing China«, in: Frederic WAKEMAN Jr., Carolyn GRANT (Hgg.), *Conflict and control in late imperial China,* Berkeley: University of California Press 1975

SPENCE, Jonathan D., *The Search for Modern China,* New York: W. W. Norton 1990

SUNG, Yun-Wing, *The China-Hong Kong Connection. The Key to*

China's Open-Door Policy, Cambridge (Mass.), New York u.a.: Cambridge University Press 1991

THATCHER, Margaret, *The Downing Street Years,* London: HarperCollins 1993

TSANG, Steve Yui-sang, *Democracy Shelved: Great Britain, China, and Attempts at Constitutional Reform in Hong Kong, 1945–1952,* Hongkong, Oxford: Oxford University Press 1988

VAUGHAN, Roberts, SUM Ngai Ling, BRADSHAW, Peter, *Historical Dictionary of Hongkong & Macau,* Metuchen, London: Scarecrow Press 1993

WACKS, Raymond (Hg.), *Civil Liberties in Hong Kong,* Hongkong, Oxford, New York: Oxford University Press 1988

WACKS, Raymond (Hg.), *The Law in Hong Kong 1969–1989,* Hongkong, Oxford, New York: Oxford University Press 1989

WACKS, Raymond (Hg.), *The Future of the Law in Hong Kong,* Hongkong, Oxford, New York: Oxford University Press 1989

WACKS, Raymond (Hg.), *Human Rights in Hong Kong,* Hongkong, Oxford, New York: Oxford University Press 1992

WALEY, Arthur, *The Opium War Through Chinese Eyes,* London: George Allen & Unwin [3]1973

WEGGEL, Oskar, *Taiwan, Hongkong,* München: C. H. Beck 1992

WELSH, Frank, *A History of Hong Kong,* London: HarperCollins 1993

WESLEY-SMITH, Peter, *Unequal Treaty 1898–1997 – China, Great Britain and Hong Kong's New Territories,* Hongkong, Oxford, New York, Melbourne: Oxford University Press 1980

WESLEY-SMITH, Peter, CHEN, Albert H. Y. (Hgg.), *The Basic Law and Hong Kong's Future,* Singapur: Butterworths 1988

XU Jiatun, *Xianggang Huiyi Lu (Hongkong-Memoiren),* Hongkong: United Press 1993

C Periodika

Hong Kong [Jg.] *A Review of* [Jg.] (Offizielles Jahrbuch der Regierung von Hongkong), Government Information Services (Hg.), Hongkong: Government Printer 1951 ff.

The Other Hong Kong Report, Hongkong: Chinese University Press

– *1989:* hg. von T. L. Tsim und Bernard H. K. Luk
– *1990:* hg. von Richard Y. C. Wong und Joseph Y. S. Cheng
– *1991:* hg. von Sung Yun-wing und Lee Ming-kwan
– *1992:* hg. von Joseph Y. S. Cheng und Paul C. K. Kwong
– *1993:* hg. von Choi Po-king und Ho Lok-sang
– *1994:* hg. von Donald H. McMillen und Man Si-wai

Bauhinia, Hongkong
Cheng Ming, Hongkong
China Daily, Peking
China Focus, Princeton
Contemporary, Hongkong
Renmin Ribao (Volkszeitung), Peking
Eastern Express, Hongkong
Far Eastern Economic Review, Hongkong
Financial Times, London
Hong Kong Daily News, Hongkong
Hongkong Economic Journal, Hongkong
International Herald Tribune
Lien Ho Pao (United Daily News), Taipei
Ming Pao Monthly, Hongkong
Next Magazine, Hongkong
Open Magazine, Hongkong
Oriental Daily News, Hongkong
South China Morning Post (mit *Sunday Morning Post*), Hongkong
Ta Kung Pao, Hongkong
The Asian Wall Street Journal, Hongkong
The Economist, London
The Hongkong Standard, Hongkong
The Mirror, Hongkong
The Nineties, Hongkong
The Times, London
The Week in Hongkong, Hongkong
Wen Wei Po, Hongkong
Window, Hongkong

Register

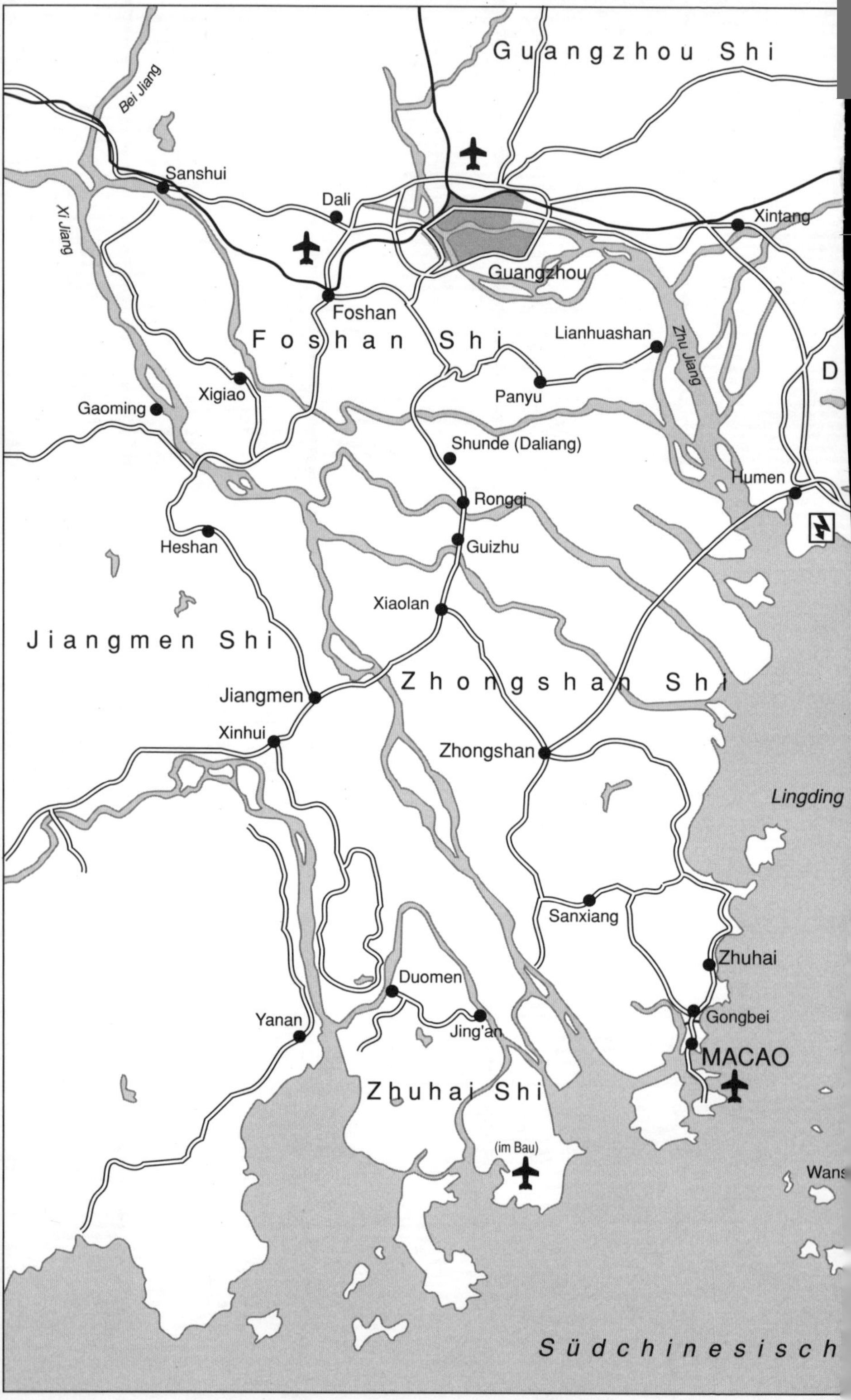

Guangzhou Shi
Bei Jiang
Sanshui
Xi Jiang
Dali
Guangzhou
Xintang
Foshan
Foshan Shi
Lianhuashan
Zhu Jiang
Panyu
D
Gaoming
Xigiao
Shunde (Daliang)
Humen
Rongqi
Heshan
Guizhu
Xiaolan
Jiangmen Shi
Zhongshan Shi
Jiangmen
Xinhui
Zhongshan
Lingding
Sanxiang
Zhuhai
Duomen
Gongbei
Yanan
Jing'an
MACAO
Zhuhai Shi
(im Bau)
Wans
Südchinesisch